贪污贿赂犯罪司法实务办案系列

贪污贿赂犯罪
司法实务百问精解

肖中华 /著

人民法院出版社

图书在版编目（CIP）数据

贪污贿赂犯罪司法实务百问精解 / 肖中华著. --北京：人民法院出版社，2020. 5
（贪污贿赂犯罪司法实务办案系列）
ISBN 978-7-5109-2843-7

Ⅰ. ①贪… Ⅱ. ①肖… Ⅲ. ①贪污贿赂罪-中国-问题解答 Ⅳ. ①D924. 392. 4-44

中国版本图书馆 CIP 数据核字（2020）第 079933 号

贪污贿赂犯罪司法实务百问精解

肖中华 著

责任编辑：赵作楝
执行编辑：吴朔桦
出版发行：人民法院出版社
地　　址：北京市东城区东交民巷 27 号（100745）
电　　话：（010）67550629（责任编辑） 67550558（发行部查询）
　　　　　65223677（读者服务部）
客服 QQ：2092078039
网　　址：http://www.courtbook.com.cn
E - mail：courtpress@sohu.com
印　　刷：保定市中画美凯印刷有限公司
经　　销：新华书店

开　　本：787 毫米×1092 毫米 1/16
字　　数：540 千字
印　　张：27. 25
版　　次：2020 年 5 月第 1 版 2020 年 5 月第 1 次印刷
书　　号：ISBN 978-7-5109-2843-7
定　　价：98. 00 元

内容提要

本书注重问题意识性和实务面向性，对刑法规范中贪污贿赂犯罪的司法实践难点疑点问题进行了较为全面、深入的阐释、分析和论述。对于实践中情况复杂、长期存疑、认定困惑的以下一些问题，结合有权解释的规定，从刑法解释论的角度进行了详细的探讨和论证：

(1) 刑法规范意义上的国家工作人员如何认定，尤其是《刑法》第九十三条第一款、第二款的规范意义及其关系，特别是国家出资企业中国家工作人员的认定；

(2) 贪污罪、受贿罪的对象范围，不动产作为贪污罪对象及其对犯罪既遂未遂的影响；

(3) 贪污罪和受贿罪中“利用职务上的便利”之含义，受贿罪中“利用职权或者地位形成的便利条件”的含义及其与“利用职务上的便利”；

(4) 国家出资企业改制过程中贪污罪的认定，以及（贪污罪与国有公司、企业人员滥用职权罪的区别；

(5) “挪而未用”案件的定性；

(6) 挪用公款罪与贪污罪的区分、挪用公款罪转化为贪污罪的条件；

(7) 挪用人与使用人构成共犯的认定；

(8) “索而未取”“收而不受”“受而未收”等情况的处理；

(9) 涉及有价证券、股票受贿案件认定中的疑难；

(10) 利用影响力受贿罪中“关系密切的人”、实行行为的界定；

（11）利用影响力受贿罪与受贿罪共犯的区分；

（12）私分国有资产罪与贪污罪区分的实质根据，等等。

对上述问题所作的理论与实践紧密结合的研究结论，对于刑事司法具有重要的指引和参考作用。

前　言

本书在性质上属于刑法规范解释读本，内容以我国刑法分则第八章贪污贿赂罪的司法实务问题为核心，主要围绕此类犯罪认定中的疑难争议问题展开论述，对于一些突出的量刑问题，也略有涉及。

本书于2006年初版。十多年来，我国贪污贿赂罪立法经过数次刑法修正，规范内容发生了较大变化。全国人大常委会和最高人民法院、最高人民检察院也陆续出台了许多立法解释、司法解释和规范性文件。这些规范性文件的内容，有的与本书初版时本人所表达的观点基本一致，有的则存在较大差异。本着以刑法规范及其有权解释为核心进行解释的原则，在本次修订过程中，作者力图以新的立法和司法解释为基础对规范进行重新解读，以有效指引司法实务。对于十几年来司法实践中出现的典型新问题，作者也尽可能作为重点加以论述。

刑法解释是刑法理论最基础的范畴和课题。就司法实践而言，刑法适用的过程，本身就是刑法解释的过程。包括贪污贿赂罪在内的所有刑法规范，其司法适用除了运用目的解释、体系解释、历史解释等具体解释方法之外，还应当遵循一些刑法解释的基本方法和立场。唯有如此，才能在坚持正确理论指引的前提下得出经得起实践检验的解释结论。在本书的写作过程中，作者力图把握以下方法论：

1. 摆脱以抽象刑法理念作为规范解释规则的做法

在刑法领域，由于立法和司法经验的积累，理论上形成了很多刑法理念、原则。从理论研究和司法实践的做法来看，这些理念、原则往往被当着刑法规范的解释规则加以运用。比如，我们经常会在讨论案件的时候听到这样一些声音：我们要坚持罪刑法定原则；我们要“严格解释”刑法；刑法适用要讲究谦抑性。本书作者认为，在理念上或观念上强调刑法的谦抑性、坚持罪刑法定原则、严格解释刑法，都是无可厚非的，也是十分必要的。但是，以这种理念性的范畴直接作为刑法解释、刑法适用的指导规则，则是没有实际意义的，甚至是容易造成刑法解释迷失方向而极为不妥的。以刑法谦抑性为例，其强调的主要是在立法的层面，应当注意刑法的节俭性和经济性，能不动用刑法调整的就尽量不动用刑法。但是，当立法成为规范现实之后，在法官面对案件事实和刑法适用、规范解释之时，特别是出现解释的争议时，究竟选择怎样的解释结论才是因符合“刑法谦抑性”而彰显合理性的？实际上由于缺乏具体标准而难以定夺！如果认为刑法谦抑性要求对被告人有利，那么，在刑法规范适用存在疑难的时候，采取有利于被告人的解释的立场就更为不妥。因为这样的立场可能有损于刑法的保护机能，不利于实现刑法保护国家和人民利益的目的。又如罪刑法定原则，作为刑法的基本原则之一，其作用在于从观念意识上提示人们“法无明文不为罪”，刑法解释不能任意入人于罪。但是，在同样坚持罪刑法定的前提下，人们往往对于同一规范得出不同、甚至完全相反的解释结论，这说明罪刑法定本身也不应当成为规范解释的具体规则。

2. 评价案件事实以构成要件为核心，摒弃以脱离刑事违法性为基础的、单纯以社会危害性为依据的规范评价

案件事实是否存在犯罪事实、涉案行为是否符合某一犯罪构成，必须以具体刑法规范所确立的构成要件为标准予以判断。面对有待评价的事实，司法实践要实现准确惩罚犯罪的刑法目的，应当将案件事实与具体的构成要件及其要素“对接”“对敲”（事实与构成要件之间的这种对接、对敲，有时需要反复进行）。这本是不言自明的道理。但是，在司法实践中，脱离构成要件及其要素，单纯地以某一行为“具有社会危害性”为依据，从而认定涉案行为成立犯罪的立场和做法仍不鲜见。为了倡导“以构成要件为核心进行规范解释”的理念，本书在论证一些疑难争议问题时，较为突出地强调刑法解释应当坚持以刑事违法性为核心判断标准的立场。例如，对于科研人员采取不当手段套取科研经费的行为定性问题，作者指出不得脱离构成要件要素而以空洞的社会危害性作为优先评价事实的依据。

构成要件及其要素作为评价犯罪成立的范畴，总是具体的，具有专属性。对于行为成立犯罪来说，构成要件既是必要条件，也是充分条件——缺少某个类型的构成要件就不可能成立该类型的犯罪；同时，行为成立某个犯罪，只要能够充足（符合）特定的构成要件就足矣，超出构成要件的要素对于评价行为成立犯罪来说则是多余的。因此，在实践中应当防止将犯罪行为通常所具有的，但不具备构成要件要素性质的特征，当作构成要件要素来理解、对待。例如，在很多利用职务便利侵吞单位公款的贪污案中，行为人为了掩饰贪污的事实，往往采取平账的方式处理财务账簿。据此，实务中就有人指出，贪污和挪用公款的最大区别在于有无平账，平账的就表明行为人具有非法占有的目的，没有平账的就表明行为人主观上是暂时使用公款。这种观点在方法论上把个别或一些贪污行为的特征当成所有贪污罪的要件，是十分错误的。因为贪污和挪用公款的根本区别在于行为人主观上有无非法占有公款的目的，而平账行为本身并不能单独成为推定行为人主观上具有非法占有目的的基础事实或证据，至多只是一个可供参考的线索。行为人平账的目的完全也可以是为了防止其挪用公款的行为被发现，而贪污的行为人也完全可以“公然地”利用职务便利侵吞公款、不在乎他人发觉或知晓，因而也不去实施“平账”行为。[①] 还有的涉嫌贪污案件中，行为人从

---

① 2003 年 11 月 13 日，最高人民法院印发《全国法院审理经济犯罪案件工作座谈会纪要》。关于“挪用公款转化为贪污的认定”，该纪要指出：“行为人挪用公款后采取虚假发票平账、销毁有关账目等手段，使所挪用的公款已难以在单位财务账目上反映出来，且没有归还行为的，应当以贪污罪定罪处罚。”这一规定实际上是对挪用公款转化为贪污的一种推定，允许被告人进行合理辩解以排除贪污罪的推定。实践中，对于采取平账的方法掩饰挪用公款、公款没有归还的行为，最终仍要考虑行为人是否具有非法占有目的。

单位取得钱款是否正当合法（有无取得的合法合理依据）存在争论、公共财产是否遭受损失难以判断。对此有司法人员指出："既然行为人不是贪污，那为什么在纪检委找其谈话后主动将这些钱款退出了呢？这说明其主观上还是认识到自己是在贪污的！"据此认为行为人构成贪污罪。这种观点以行为人对自己业已实施的行为性质的认识状况为依据判断犯罪成立与否，更是远离构成要件评价的专属性，实不可取。本书在探讨有关问题时，对于诸如此类以"特征"替代"要件"的做法，提出了批评。

构成要件及其要素也具有犯罪类型的针对性。以贪污罪和受贿罪为例，两罪均以"利用职务上的便利"为构成要件要素。但是，贪污罪之"利用职务上的便利"，针对的是行为人对财物的主管、管理或经手方面的便利；而受贿罪之"利用职务上的便利"，针对的是行为人职权范围内管理各种事务的职权便利，以及职权或地位形成的、可以与其他国家工作人员职权相互交换的便利。因此，二者不可混淆。遗憾的是，在实践中，一些非从事财物主管、管理或者经手的国家工作人员所实施侵吞、骗取国家财产的案件，被错误地以贪污罪定罪处罚。本书的论述从解释内容体现了构成要件要素针对性的重要性。

3. 正确处理刑法规范和有权解释在刑事司法中的作用和地位

在刑法适用中，必须认识到，刑法规范是定罪处刑的唯一"法律"依据。立法解释和司法解释，作为对刑法规范的解释，不能替代刑法规范本身，其针对规范所作的解释在逻辑上有时是不周延、不全面的。由刑法与有权解释之间的性质差异决定，惩罚犯罪的目的实现应以刑法规范为依托；解释刑法时不得以无相关有权解释或者有权解释无详细规定为由，排斥刑法规范本身的适用。我们必须警惕，面对存在有权解释的刑法规范，不应局限于有权解释的内容而对刑法规范进行消极阐释，甚至以有权解释的规定为借口，否定刑法规范在有权解释规定之外的场合的适用，从而不当地限制刑法规范的适用范围。因此，本书论述贪污贿赂罪实务问题时，始终贯彻以刑法规范本身为刑法适用核心依据、倡导立法解释和司法解释不可取代刑法规范的理念。

为了给读者一个清新、方便参考适用的读本，本书的研究探讨直奔问题要点。为了便于研习切磋，体例章下一级标题直接标明问题要点。为了方便读者了解法律依据，在论述有关问题时，本书在阐明作者观点的同时，也尽量完整地引用刑法立法解释和司法解释并就进一步的理解适用予以展开。本书最后也收录了贪污贿赂罪司法认定的相关法律及立法、司法解释。

肖中华

2020 年 5 月 15 日

目　录

绪 论

我国贪污贿赂罪立法概览

刑法规范是刑法适用的基本依据，立法解释、司法解释及其他规范性文件，在刑法适用中为指引规范的正确解释方向和结论发挥重要作用。回顾和总结我国贪污贿赂罪立法，有助于从历史的角度、系统的视野领会有关刑法立法精神和刑事政策要求。

一、我国贪污贿赂罪刑事立法沿革

在字面意义上，贪污贿赂罪包括贪污犯罪和贿赂犯罪。惩治官吏贪腐行为是稳定巩固政权、维护统治秩序的必要手段，所以，法律上的贪污贿赂犯罪，自古有之。中国有史料可考的最早可以追溯到夏朝的“墨”之刑，所谓“昏、墨、贼，杀”，[①] 其中的“墨”，即指“贪以败官”。当然，作为与权力运行机制和经济活动密切相关的一类犯罪现象，贪污贿赂罪始终带有历史烙印和时代特征。在生产力较为低下的人类历史时期，贪污贿赂形态简单、行为单一，法律规定也相对简单。如中国古代刑法中的“赃”“墨”之罪，大抵包括了当时官员所有的贪赃行为。在权力运行和社会管理机制活跃、经济较为发达的历史时期，贪污贿赂的形态则相对丰富，立法上的规范内容也相对完备些。例如，

① 参见《左传·昭公十四年》，引《夏书》。

汉代订有“六条问事”，严禁郡国官吏“侵渔百姓敛聚为奸”和“阿附豪强强行货贿”。唐律则设《职制》专篇规定贪赃之罪。而明清两朝将贿赂罪集中于《受赃》篇章。①

我国历来重视对公职人员的廉洁要求，始终坚持严厉打击贪污贿赂犯罪的政策。早在新民主主义革命时期，1939 年就制定有《陕甘宁边区惩治贪污条例（草案）》。其第 1 条规定：“边区所属之机关部队及公营企业之人员，犯本条例之罪者，依本条例办理。”第 2 条则规定了贪污行为的内容：“……（三）盗窃侵吞公有财物者……（九）敲诈勒索收受贿赂罪……”中华人民共和国成立后，1950 年 11 月 20 日，中南军政委员会通过了《中南军政委员会惩治贪污暂行条例》；1952 年 4 月 21 日，中央人民政府公布了《中华人民共和国惩治贪污条例》。《中华人民共和国惩治贪污条例》一直适用到 1979 年《中华人民共和国刑法》施行为止，在近三十年的时间里，为我国反腐和惩治腐败犯罪发挥了重要作用。该条例第 2 条规定：“一切国家机关、企业、学校及其附属机构的工作人员，凡侵吞、盗窃、骗取、套取国家财物，强索他人财物，收受贿赂及其他假公济私违法取利之行为，均为贪污罪”，将现今的受贿罪也纳入贪污罪的范畴。该条例还规定了行贿罪、介绍贿赂罪，并对非国家工作人员实施的侵吞、盗窃、骗取、套取国家财物的犯罪行为。

自 1979 年《刑法》开始，我国贪污贿赂罪的立法大致可以分为四个时期：

（一）旧《刑法》时期

1979 年 7 月 1 日五届全国人大常委会二次会议通过、自 1980 年 1 月 1 日起施行的《中华人民共和国刑法》，是新中国第一部《刑法》。该《刑法》整体上体现了经验立法、简约立法的特点，对贪污贿赂罪没有集中规定，且规范内容较为简单：（1）在《刑法》分则第五章侵犯财产罪中，第一百五十五条规定了贪污罪：“国家工作人员利用职务上的便利，贪污公共财物的，处五年以下有期徒刑或者拘役；数额巨大、情节严重的，处五年以上有期徒刑；情节特别严重的，处无期徒刑或者死刑。”（2）在《刑法》分则第八章渎职罪中，第一百八十五条规定了受贿罪（第一款、第二款）、行贿罪和介绍贿赂罪（第三款）：“国家工作人员利用职务上的便利，收受贿赂的，处五年以下有期徒

① 参见高绍先：《中国刑法史纲要》，法律出版社 2000 年版，第 293 页。

刑或者拘役。赃款、赃物没收，公款、公物追还”；“犯前款罪，致使国家或者公民利益遭受严重损失的，处五年以上有期徒刑”；“向国家工作人员行贿或者介绍贿赂的，处三年以下有期徒刑或者拘役。”

（二）单行刑法时期

1979 年《刑法》施行之初，我国改革开放序幕正在拉开，社会、经济状况不断发生变化，经济犯罪、腐败犯罪和危害社会治安的犯罪呈现新的特点和发展趋势。为了适应社会发展和打击犯罪的需要，自 1981 年 6 月开始，我国最高立法机关即通过制定单行刑法的方式不断修改补充刑法。其中，涉及贪污贿赂罪的内容主要包括：

1. 1982 年 3 月 8 日五届全国人大常委会二十二次会议通过、自 1982 年 4 月 1 日起施行的《关于严惩严重破坏经济的罪犯的决定》对原《刑法》第一百八十五条第一款、第二款受贿罪修改为：国家工作人员索取、收受贿赂的，比照《刑法》第一百五十五条贪污罪论处；情节特别严重的，处无期徒刑或者死刑。从而将受贿罪的法定刑设置为与贪污罪相同。

2. 1988 年 1 月 21 日六届全国人大常委会二十四次会议通过、同日公布施行的《关于惩治贪污罪贿赂罪的补充规定》是一部对贪污贿赂犯罪进行全面、系统修改补充完善的单行刑法，在我国贪污贿赂罪立法史上具有独一无二的地位。它奠定了后来乃至当前有关贪污贿赂罪的立法基础。主要内容有：（1）完整表述了贪污罪、受贿罪、行贿罪的特征，并根据经济体制改革的实际情况，将贪污罪的主体由刑法原来规定的“国家工作人员”扩大到“国家工作人员、集体经济组织工作人员或者其他经手、管理公共财物的人员”，将受贿罪的主体由刑法原来规定的“国家工作人员”扩大到“国家工作人员、集体经济组织工作人员或者其他从事公务的人员”。（2）根据司法实践经验和经济发展状况水平，较为明确地规定了贪污罪定罪处罚的数额和情节标准：个人贪污数额在 5 万元以上的，处十年以上有期徒刑或者无期徒刑，可以并处没收财产；情节特别严重的，处死刑，并处没收财产。个人贪污数额在 1 万元以上不满 5 万元的，处五年以上有期徒刑，可以并处没收财产；情节特别严重的，处无期徒刑，并处没收财产。个人贪污数额在 2000 元以上不满 1 万元的，处一年以上七年以下有期徒刑；情节严重的，处七年以上十年以下有期徒刑。个人贪污数额在 2000 元以上不满 5000 元，犯罪后自首、立功或者有悔改表现、积极退赃的，可以减轻处罚，或者免予刑事处罚，由其所在单位或者上级主管机关给予行政处分。个人贪污数额不满2000元，情节较重的，处二年以下有期徒刑或者拘役；情节较轻的，由其所在单位或者上级主管机关酌情给予行政处分。二人以上共同贪污的，按照个人所得数额及其在犯罪中的作用，分别处罚。对贪污集团的首要分子，按照集团贪污的总数额处罚；对其他共同贪污犯罪中的主犯，情节严重的，按照共同贪污的总数额处罚。《关于惩治贪污罪贿赂罪的补充规定》同时规定受贿罪的定罪处罚根据受贿所得数额及情节，依照上述贪污罪的定罪量刑标准规定执行。（3）规定“全民所有制企业事业单位、机关、团体”可以成为受贿罪的主体，“企业事业单位、机关、团体”可以成立行贿罪。此为刑法上首次确立单位犯罪制度。（4）明确因被勒索给予国家工作人员、集体经济组织工作人员或者其他从事公务的人员以财物，没有获得不正当利益的，不是行贿。（5）增设了挪用公款罪、巨额财产来源不明罪、隐瞒境外存款罪三个新罪名。

3. 1995年2月28日八届全国人大常委会十二次会议通过、同日公布施行的《关于惩治违反公司法的犯罪的决定》第九条增设了公司、企业人员受贿罪，第十条增设了侵占罪（与现行刑法的侵占罪构成要件不同，此侵占罪指公司、企业人员利用职务上的便利侵占本单位财物的行为——作者注），第十一条增设了挪用资金罪（主体仅限于公司、企业董事、监事或者职工）。同时，第十二条规定，国家工作人员犯上述三条规定之罪的，依照《关于惩治贪污罪贿赂罪的补充规定》的规定处罚。这实质上对《关于惩治贪污罪贿赂罪的补充规定》有关贪污罪、受贿罪和挪用公款罪的主体的规定进行了修改——该决定施行后，贪污罪、挪用公款罪的主体就不再包括“集体经济组织工作人员或者其他经手、管理公共财物的人员”，而仅限于国家工作人员。受贿罪的主体也同样得到限制。

（三）新《刑法》时期

1988年《关于惩治贪污罪贿赂罪的补充规定》施行过程中，我国贪污贿赂犯罪形势也在不断发生变化。考虑到反腐败斗争的需要和适应国际反腐败体系的要求，最高人民检察院曾于1989年向全国人大提出制定专门的反贪污贿赂法的立法建议，并书面报告党中央和全国人大常委会，得到赞同和支持。1991年11月14日，中共中央批准了全国人大常委会党组将《惩治贪污贿赂法》列为近期第一类立法计划；1994年2月，全国人大常委会又将《反贪污贿赂法》列为八届全国人大常委会第一类立法计划；1995年，全国人大常委会将《反贪污贿赂法》列为1995年10月立法计划。此后，最高人民检察院还成立了《反贪污贿赂法》研究起草小组，形成了包括实体和程序规范内容的《反贪污贿赂法（草案稿）》。但是，由于后来全面修订《刑法》工作启动，为了适应制定一部全面、统一、完备的《刑法》的需要，《反贪污贿赂法》起草和立法工作被搁置。

1997年全面修订《刑法》后，贪污贿赂罪独立成分则专章，即《刑法》分则第八章，系统地总结了以往司法实践经验，对贪污贿赂犯罪作出了在当时历史背景下较为合理的规范设置，构筑了较为完整的贪污贿赂罪体系。与原有规范相比，修订的主要内容包括：

（1）在贪污罪的主体中，增加了“受国家机关、国有公司、企业、事业单位、人民团体委托管理、经营国有财产的人员”。

（2）根据经济发展状况，对贪污罪、受贿罪重新设置了以犯罪数额为主要依据的定罪量刑标准。

（3）明确国家工作人员利用本人职权或者地位形成的便利条件，通过其他国家工作人员职务上的行为，为请托人谋取不正当利益，索取或者收受请托人财物的，以受贿论处。在1988年《关于惩治贪污罪贿赂罪的补充规定》背景下，1989年11月6日《最高人民法院、最高人民检察院关于执行〈关于惩治贪污罪贿赂罪的补充规定〉若干问题的解答》第三条第（二）项曾明确规定：“受贿罪中‘利用职务上的便利’，是指利用职权或者与职务有关的便利条件。‘职权’，是指本人职务范围内的权力。‘与职务有关’，是指虽然不是直接利用职权，但利用了本人的职权或地位形成的便利条件。”“国家工作人员不是直接利用本人职权，而是利用本人职权或者地位形成的便利条件，通过其他国家工作人员职务上的行为，为请托人谋取利益，而本人从中向请托人索取或者非法收受财物的，应以受贿论处。”而1997年《刑法》第三百八十八条则把这种间接受贿独立出来，不再纳入国家工作人员“利用职务上的便利”（直接受贿类型）之中。

（4）将单位受贿罪的主体由原来的“全民所有制企业、事业单位、机关、团体”修改为“国有公司、企业、事业单位、人民团体”，将单位行贿罪的主体扩大到包括一切单位。

（5）增设了对单位行贿罪、私分国有资产罪和私分罚没财物罪。

（四）刑法修正案时期

1997 年修订《刑法》施行后，我国刑事立法的修改补充主要通过刑法修正案的方式进行。涉及贪污贿赂罪的内容主要有：

1. 2009 年 2 月 28 日，《中华人民共和国刑法修正案（七）》对贪污贿赂罪的修正有两个内容：一是增设了利用影响力受贿罪，作为《刑法》第三百八十八条之一。该罪主要惩治的是国家工作人员的近亲属或者其他与该国家工作人员关系密切的人，利用该国家工作人员职务上的行为，或者利用该国家工作人员职权或者地位形成的便利条件，通过其他国家工作人员职务上的行为，为请托人谋取不正当利益而索取或者收受请托人财物的行为。二是增加了巨额财产来源不明罪的法定刑档次，规定巨额财产来源不明，财产、支出明显超过合法收入“差额特别巨大的，处五年以上十年以下有期徒刑”。

2. 2015 年 8 月 29 日，《中华人民共和国刑法修正案（九）》对贪污贿赂罪的重大修改补充：（1）按照贪污数额和贪污行为的情节重新设置了贪污罪的法定刑，不再采用不满 5000 元、5000 元以上不满 5 万元、5 万元以上不满 10 万元、10 万元以上这样的固定数额作为定罪量刑依据，而且改变了定罪单纯依据数额的做法。由于受贿罪的法定刑依据与贪污罪相同，因此，受贿罪的法定刑实际上也得到修改。（2）增加了贪污罪法定从宽处罚情节：犯贪污罪，在提起公诉前如实供述自己罪行、真诚悔罪、积极退赃，避免、减少损失结果的发生，如属于贪污数额较大或者有其他较重情节，可以从轻、减轻或者免除处罚；如属于贪污数额巨大或者有其他严重情节，贪污数额特别巨大或者有其他特别严重情节的，可以从轻处罚。（3）增加了对因贪污数额特别巨大或者有其他特别严重情节而被判处死刑缓期执行的犯罪分子，人民法院根据犯罪情节等情况可以同时决定在其死缓减为无期徒刑后终身监禁、不得减刑、假释的规定。（4）增加了行贿罪的并处罚金刑，同时对行贿犯罪人的从宽处罚作出了从严规定——修正前的《刑法》第三百九十条规定，行贿人在被追诉前主动交待行贿行为的，可以减轻处罚或者免除处罚，修正后的刑法规定“可以从轻或者减轻处罚”，只有“犯罪较轻的，对侦破重大案件起关键作用的，或者有重大立功表现的”，才可以减轻处罚或者免除处罚。（5）增设了对有影响力的人行贿罪，以相互协调地处罚与利用影响力受贿罪相对合的行贿行为。（6）增加了对单位行贿罪、介绍贿赂罪、单位行贿罪的并处罚金刑。

二、我国贪污贿赂罪刑事立法的回顾与展望

回顾我国贪污贿赂罪立法，主要有以下几个特点：

1. 在立法技术上呈现从粗放立法到精细立法的变化，罪刑规范在形式上呈现从单一化到体系化的进步

回顾自1979年以来至2015年《中华人民共和国刑法修正案（九）》出台约35年的贪污贿赂罪立法，最为突出的是刑事立法技术的逐渐娴熟和罪刑规范的日渐丰富。1979年《刑法》在分则侵犯财产罪一章规定贪污罪，在分则渎职罪一章规定受贿罪、行贿罪和介绍贿赂罪，立法较为粗放、简约。从历史的眼光看，这种状况与当时的社会经济发展水平、立法理念、立法者对贪污贿赂犯罪危害的认识水平和立法技术都密切相关。比如，由于国家工作人员等特定公职人员利用职务便利实施的侵犯公共财产权利的行为当时主要体现为非法占有型犯罪，因此，《刑法》只规定了贪污罪而没有设置挪用公款犯罪的罪名；由于贪污罪侵犯的法益直接指向公共财产，与腐败有关的其他侵犯财产的违法犯罪又较为罕见，故只有将贪污罪规定在侵犯财产罪之中。又如，当时立法者认为受贿罪的危害程度要低于贪污罪，因此，对贪污罪规定的法定最高刑为死刑，而对受贿罪的法定刑设置得较低；同时认为行贿和介绍贿赂的情形比较简单，将该两罪简单地在同一款中加以规定，没有对行贿罪和介绍贿赂罪的构成要件作出详细规定，没有规定“因被勒索给予国家工作人员以财物，没有获得不正当利益的，不是行贿”之类的犯罪阻却因素。1979年《刑法》施行之后，随着改革开放的深入，我国社会生活在呈现积极发展的同时，包括贪污贿赂罪在内的经济犯罪也呈现不断上升和形态复杂化趋势，给打击贪污贿赂犯罪提出了新的要求。在此背景下，全国人大常委会出台的单行刑法《关于惩治贪污罪贿赂罪的补充规定》较为全面、系统地设置了贪污贿赂罪，构筑了我国刑法中贪污贿赂罪的基本框架和体系。1997年全面修订后的《刑法》在罪名体系上总体沿用了上述《补充规定》，但在罪刑规范内容上与时俱进，不断适应惩治贪污贿赂犯罪的实践需要，既对贪污罪的构成要件这样一些重要内容进行了修改，也根据新形势的需要增设了私分国有资产罪等一些罪名。而后的两个修正案，通过增设利用影响力受贿罪和对有影响力的人行贿罪，全面惩治贿赂犯罪；通过对贪污罪、受贿罪法定刑的修改和增设终身监禁制度，一是体现社会经济发展的变化，二是贯彻宽严相济刑事政策的要求。

2. 罪名体系化和构成要件类型化日益合理

1997 年《刑法》将贪污罪、受贿罪及其他相关犯罪作为分则的独立一章，形式上彰显了我国集中打击贪污贿赂犯罪的观念，有助于强化人们对贪污贿赂罪危害性的充分认识。当然，罪名体系的完善和构成案件类型化的推进，在实质上对我国反贪污贿赂斗争起了重要的刑法保障作用。例如，在目前贿赂犯罪体系中，既有国家工作人员、国家工作人员的近亲属及其他与国家工作人员关系密切的人等个人成立的受贿罪、利用影响力受贿罪，也有国有单位成立的单位受贿罪；而与受贿犯罪相对合的行贿犯罪，既有个人对国家工作人员个人行贿、个人对有影响力的人行贿的行贿罪、对有影响力的人行贿罪，也有单位对国家工作人员行贿的单位行贿罪，还有个人或者单位对国有单位行贿的单位行贿罪。

值得指出的是，贪污贿赂罪具体犯罪的构成要件类型化，是与其他相关犯罪的构成要件设置密切相关的。经过三十多年的立法探索，我国现有贪污贿赂罪与其他相关犯罪的构成要件类型区分上日益科学合理，与我国市场经济体制和政治体制适应、协调。这样的立法宗旨和特征，是在刑法适用时必须认真把握的。比如，贪污罪与侵犯财产罪中的职务侵占罪，实际上在客观行为上并无二致，所不同的是后者的主体不包括国家工作人员——在国家出资的非国有公司、企业中，如果受委派从事公务的公司、企业人员利用职务上的便利侵占本单位财物（财物实际上既包括部分国有财物也包括部分非国有财物），成立贪污罪；如果是非国家工作人员实施同样的行为，则成立职务侵占罪。挪用公款罪与侵犯财产罪中的挪用资金罪的构成要件区别，受贿罪与妨害对公司、企业的管理秩序罪中的非国家工作人员受贿罪的构成要件区别，大抵和贪污罪与职务侵占罪相同。当然，贪污罪的主体，除了国家工作人员外，还包括受国家机关、国有公司、企业、事业单位、人民团体委托管理、经营国有财产的人员，这些人员利用职务上的便利侵占国有财产的，同样成立贪污罪。但是，如果是挪用国有资金，则成立挪用资金罪；如果是索取或者收受贿赂，也成立非国家工作人员受贿罪，因为其不属于国家工作人员，而不可能成立挪用公款罪、受贿罪。

展望我国贪污贿赂罪立法，未来完善的方向，主要是立足于我国贪污贿赂犯罪的变化发展状况，结合《联合国反腐败公约》的要求，进行规范地修改补充。2003 年 10 月 31 日，《联合国反腐败公约》在联合国大会上通过，按照《联合国反腐败公约》的规定，受贿犯罪的主体不仅包括本国公职人员，也包括外国公职人员和国际公共组织官员;[①] “贿赂”的内容，不仅限于财物，也包括其他任何不正当利益。对于国内法与国际法不相协调的地方，将来的立法应有所考虑。另外，在具体犯罪构成要件、构成要件类型化问题上，考虑到刑法的公平原则和司法实践所面对的认定困惑，立法也亟需相应调整。比如，有无必要继续把公司、企业中的人员分为国家工作人员和非国家工作人员两类主体，分别设置贪污罪和职务侵占罪、挪用公款罪和挪用资金罪、受贿罪和非国家工作人员受贿罪？可否将贪污罪、挪用公款罪、受贿罪的主体缩小为“国家机关工作人员”？有无必要保留“为他人谋取利益”作为受贿罪的构成要件要素？这些都是值得考虑的。当然，刑法适用总是以现行刑法规范为依据，且不以批评刑法规范为前提。当下的司法实践，应在不断解决问题和总结经验的基础上，为将来的立法完善提供助益，从而为更加有效地惩治贪污贿赂罪发挥作用。

① 与非国家工作人员受贿罪相对应，《刑法》第一百六十四条规定了对非国家工作人员行贿罪。另外，还规定了对外国公职人员、国际公共组织官员行贿罪。

第一章

贪污贿赂罪主体的认定

在《刑法》分则第八章贪污贿赂罪的 14 种具体犯罪中，贪污罪、挪用公款罪、受贿罪、利用影响力受贿罪、行贿罪、介绍贿赂罪、巨额财产来源不明罪和隐瞒境外存款罪 8 种犯罪的主体只能是自然人。其中，行贿罪和介绍贿赂罪的主体为一般主体，其余 6 种犯罪的主体为特殊主体。而单位受贿罪、单位行贿罪、私分国有资产罪和私分罚没财物罪 4 种犯罪的主体只能是单位。其中，单位受贿罪和私分国有资产罪的主体仅限于国家机关、国有公司、企业、事业单位、人民团体，私分罚没财物的主体仅限于司法机关和行政执法机关。对有影响力的人行贿罪和对单位行贿罪的主体既可以是自然人，也可以是单位，但对于自然人和单位没有特殊身份或特定性质的要求。

本章着重对贪污罪、挪用公款罪、受贿罪、巨额财产来源不明罪和隐瞒境外存款罪 5 种犯罪的特殊主体认定问题进行论述，对于其余各种犯罪的主体认定中存在的疑难问题，容在后面有关犯罪的章次中分别论述。

从刑法的规定看，挪用公款罪、受贿罪、巨额财产来源不明罪和隐瞒境外存款罪的主体都是“国家工作人员”，贪污罪的主体与之存在差别。《刑法》第三百八十二条第二款规定：“受国家机关、国有公司、企业、事业单位、人民团体委托管理、经营国有财产的人员，利用职务上的便利，侵吞、窃取、骗取或者以其他手段非法占有国有财物的，以贪污罪论处。”从而将“受国家机关、国有公司、企业、事业单位、人民团体委托管理、经营国有财产的人员”

亦纳入贪污罪的主体范围。由于贪污罪、受贿罪和巨额财产来源不明罪客观要件的特殊性，使得认定这几种犯罪的主体时存在一些侧重点不同的问题。下面主要从总体上谈谈“国家工作人员”的认定，同时，结合贪污罪、受贿罪和巨额财产来源不明罪的特点，论述其中的特性问题。

一、国家机关工作人员的认定

在刑法中，挪用公款罪、受贿罪、巨额财产来源不明罪和隐瞒境外存款罪的主体都表述为“国家工作人员”，贪污罪的主体也主要由“国家工作人员”构成。根据《刑法》第九十三条的规定：“本法所称国家工作人员，是指国家机关中从事公务的人员”（第一款）；“国有公司、企业、事业单位、人民团体中从事公务的人员和国家机关、国有公司、企业、事业单位委派到非国有公司、企业、事业单位、社会团体从事公务的人员，以及其他依照法律从事公务的人员，以国家工作人员论”（第二款）。在理论上，第一款所指的人员，被称为严格意义上的国家工作人员或“国家机关工作人员”；第二款所指的人员，被称为准国家工作人员。

2003 年 11 月 13 日，《最高人民法院全国法院审理经济犯罪案件工作座谈会纪要》就贪污贿赂罪和渎职罪的主体问题指出：“刑法中所称的国家机关工作人员，是指在国家机关中从事公务的人员，包括在各级国家权力机关、行政机关、司法机关和军事机关中从事公务的人员。”[①] 对于这类人员的界定，在以往的刑法理论研究中探讨不多。但是，在司法实务中，围绕这类人员的认定，实际上也产生了值得研究的疑难问题。特别是修订《刑法》施行后，最高人民法院、最高人民检察院制发了若干有关渎职犯罪主体界定问题的批复、答复和解释，全国人大常委会也于 2002 年 12 月 28 日通过了《关于〈中华人民共和国刑法〉第九章渎职罪主体适用问题的解释》，[②] 这些刑法有权解释虽然不是专为针对贪污贿赂罪所作，但是，凡能够认定为国家机关工作人员的人员，均可以成为贪污罪、挪用公款罪、受贿罪等罪的主体，因而对有关人员的

---

① 上述司法解释制定时，我国监察委员会尚未设立。目前，根据宪法的规定，我国于 2018 年设立的国家监察委员会和地方各级监察委员会，属于立法、司法、行政、军事机关之外的国家政治机关。在实践中，无疑应将之纳入国家机关的范围。其中，从事公务的人员属于国家机关工作人员。

② 需要说明，因为我国刑法总则与分则“章”的序号分别排列，故该《解释》的名称应为《关于〈中华人民共和国刑法〉分则第九章渎职罪主体适用问题的解释》，方为贴切。

性质认定，直接涉及贪污贿赂罪的主体界定问题，不免引发贪污贿赂罪主体理解上的分歧。兹一分析并评释如下：

（一）中国共产党机关、人民政协机关工作人员，是否属于国家机关工作人员

中国共产党是我国执政党，人民政协是参政议政机构。但是，从理论研究和实践操作的情况看，对于中国共产党的机关、政协机关的工作人员是否属于国家机关工作人员，存在较大的争议。

有人持肯定态度，认为界定刑法上的国家机关，既要基于法律的规定，又要结合实际而不拘泥于法律条文本身。我国《宪法》第五条第三款规定："一切国家机关和武装力量、各政党和各社会团体、各企业事业组织必须遵守宪法和法律，一切违反宪法和法律的行为，必须予以追究。"在这里，武装力量、政党、国家机关是并列的，不存在包容关系。但是，《宪法》第三章关于国家机构的规定又包括权力机关、行政机关、司法机关、军事机关（论者著文时宪法中尚未有监察委员会的规定——作者注）。显然，这与《宪法》第五条第三款的表述是矛盾的。因此，如果想当然地认为国家机关包括军事机关，在法律上也似乎是没有依据的。所以，要认定刑法上"国家机关"的范围，必须回到《刑法》第九十三条的规定上从总体上把握。从《刑法》第九十三条的规定来看，中国共产党组织不可能属于人民团体和社会团体，只能属于国家机关。另外，党的地位和作用在我国是历史形成的，作为执政党在国家事务中居于领导的地位，各级机关及其成员实质上掌握着国家权力，行使着全国性或地方性的各种公共事务的管理职能。[①] 有人认为，中国共产党的各级机关都应视为国家机关，其工作人员属于国家机关工作人员。[②]

有人则持反对意见，认为根据我国《宪法》的规定，不宜将中国共产党组织列为国家机关。其理由是：不仅《宪法》第三章没有将中国共产党列为国家机关，而且从《宪法》第五条第三款、第四款的规定来看，既然宪法和法律没有将其作为国家机关加以规定，作为执政党的中国共产党不应有超越宪法和法律的特权。另外，尽管党在我国的政治、经济、社会生活各个领域中发挥着领导作用，但其性质毕竟是一个政党，中国共产党是通过向国家权力机关

---

① 参见刘加军、李志毅：《试析国家工作人员的范围》，载中国刑法学研究会2001年年会论文集。

② 参见康凤英：《论新刑法关于贪污罪主体范围之界定》，载《求是学刊》1998年第4期。

及政府机关提出建议的程序和方式来实现党对各项工作的领导。从党执政的实际内容及法律规定与操作性上看，由于具体的执政内容不是党的自身机关实现的，而是通过具体的权力机关、行政机关、司法机关及军队实现的，阻止其行为也难以成立妨害公务罪，因此，党的机关列为国家机关，也不具有法律上的可操作性。①

由上述争议看来，确定国家机关的含义，是认定国家机关工作人员的前提。对于何为“国家机关”，我国目前没有法律明文规定。从当前的司法实践来看，“国家机关”的界定，主要在于如何理解《宪法》中的“国家机构”与刑法中的“国家机关”的关系。在我国《宪法》中，没有使用“国家机关”这一概念，但却使用了“国家机构”。根据《宪法》第三章的规定，我国国家机构包括八种，即全国人民代表大会、中华人民共和国主席、国务院、中央军事委员会、地方各级人民代表大会和地方各级人民政府、民族自治地方的自治机关、监察委员会、人民法院和人民检察院。

司法实务和理论界有人认为，我国《刑法》中所谓“国家机关”，应当在我国《宪法》中寻找根据。因此，“国家机关”理应是指根据宪法的规定而设立的“机构”。而从严格意义上说，中国共产党机关和人民政协机关，都不属于宪法规定的国家机构，因此也不属于《刑法》中的国家机关，其中的工作人员自然也不属于国家机关工作人员。

笔者认为，从我国政治生活的实际情况看，国家机关并不限于《宪法》所规定的国家机构。《宪法》中国家机构的设置，主要是为了将属于人民的权力通过人民代表大会和其他国家机构的工作方式予以充分实现，体现的是国家权力的配置、各种权力部门的职权范围及其相互关系。而《刑法》中规定“国家机关”，将国家机关工作人员作为某些犯罪的主体，强调的是身份背后体现的实际职权，利用这种职权或背离这种职权实施的犯罪行为值得非难。所以，《刑法》中的“国家机关”，应当从另一个角度来理解，即应指具有行使国家管理社会公共事务权力的组织，是事实上行使公共管理职能的具体主体。这种解释，也是由刑法的独立性所决定的。实践中，应当将国家机关界定为：在国家政治或者社会生活中具有重要作用，行使公共组织、管理、监督与协调职能的机构。凡是符合这一概念内涵的组织或机构，都应理解为《刑法》所规定的国家机关。而根据 2002 年 12 月 28 日《关于〈中华人民共和国刑法〉

① 参见李晓明：《我国刑法中国家工作人员的再研究》，载中国刑法学研究会 2001 年年会论文集。

第九章渎职罪主体适用问题的解释》的规定，“在依照法律、法规规定行使国家行政管理职权的组织中从事公务的人员……在代表国家机关行使职权时，有渎职行为，构成犯罪的，依照《刑法》关于渎职罪的规定追究刑事责任”。结合我国实际情况，中国共产党的机关、人民政协机关，就是在国家政治或者社会生活中实际行使公共组织、管理、监督、协调职能的组织，应当属于刑法中所说的“国家机关”，所以，其中的工作人员也应当属于国家机关工作人员。

上述肯定说中，有的观点把中国共产党的机关、政协机关的工作人员视为“准国家机关工作人员”，进而以此为根据认为他们就属于“国家机关工作人员”，论证逻辑上有所欠缺。因为刑法并没有规定“以国家机关工作人员论”的一类人员，人为地归纳出一类“以国家机关工作人员论”的人员，于法无据。

需要指出，中国共产党的机关、人民政协机关工作人员属于《刑法》所讲的国家机关工作人员，是从总体上而论的。由于中国共产党的机关、政协机关还存在级别、建制问题，因此是否任何级别、建制的机构都应视为国家机关，还需要进一步具体分析。笔者认为，原则上，与各级行政建制相对应的乡（镇）级以上的中国共产党的机关、人民政协机关工作人员都应视为国家机关工作人员，其他级别较低的中国共产党的机关中的工作人员，除非其受国家机关聘请在该机关中从事公务时属于国家机关工作人员，否则不宜视为国家机关工作人员。比如，有的私有企业、律师事务所也建立有中国共产党的组织，这些组织中的工作人员如果不是依法受聘用从事公务，就不属于国家机关工作人员。

（二）非国家机关所设的具有国家机关性质的机构和行政性公司、事业单位中从事管理活动的人员，能否认定为国家机关工作人员

在我国，存在一些非国家机关所设的、具有国家机关性质的机构和行政性公司、事业单位。如铁路、林业、水利、海事、农垦、油田等系统内和新疆生产建设兵团设立的公安机关、人民检察院、人民法院、监察机关，它们都属于企业编制，经费来自于本系统、企业自身的经营收入；在上述机关中从事公务的人员享受的福利待遇，也是企业性质的。又如专利局、气象局、地震局、科学院等单位，属于行政性事业单位编制，但具有行政性质的公共管理职能。再如，中国烟草总公司，与国家烟草专卖局合署办公，对烟草行业实施统一领导、垂直管理、专营专卖的管理机制，即对全国的烟草行业实施“人、财、物、产、供、销、内、外、贸”集中管理。类似此种的具有行业垄断地位的大型国有公司，往往也具有一定的公共事务管理、协调职能。那么，这些单位的工作人员能否视为国家机关工作人员呢？

笔者认为，从前述关于国家机关的概念出发，凡是非国家机关所设的具有国家机关性质的机构，以及具有公共管理职能的事业单位，都应当纳入“国家机关”的范畴。2002 年《全国人民代表大会常务委员会关于〈中华人民共和国刑法〉第九章渎职罪主体适用问题的解释》明确指出：“在依照法律、法规规定行使国家行政管理职权的组织中从事公务的人员，或者在受国家机关委托代表国家机关行使职权的组织中从事公务的人员，或者虽未列入国家机关人员编制但在国家机关中从事公务的人员，在代表国家机关行使职权时，有渎职行为，构成犯罪的，依照刑法关于渎职罪的规定追究刑事责任。”这里所说的“依照法律、法规规定行使国家行政管理职权的组织”，本身就包括实际行使国家行政管理职权的事业单位和一些国有垄断公司、企业。而且，这里的“国家行政管理职权”，需要进行扩大解释、实质解释，即不限于行政机关职权，而是包括各种国家权力在内的职权，如司法权。由此决定，农垦、林业、水利等系统内企业编制的公、检、法，虽然属于企业编制，但其行使国家行政、司法权力，仍属于刑法上的“国家机关”。最高人民检察院 2000 年 4 月 30 日《对〈关于中国证监会主体认定的请示〉的答复函》（高检发法字〔2000〕7 号）援引中央机构编制委员会办公室的意见：“中国证券监督管理委员会为国务院直属事业单位，是全国证券期货市场的主管部门。其主要职责是统一管理证券期货市场，按规定对证券期货监管机构实行垂直领导。所以，它是具有行政职责的事业单位。据此，北京证券监督管理委员会干部视同国家机关工作人员。”最高人民检察院 2000 年 9 月 28 日《对〈关于中国保险监督管理委员会主体认定的请示〉的答复》（高检发法字〔2000〕17 号）也援引中央机构编制委员会办公室的答复意见：“中国保险监督管理委员会为国务院直属事业单位，是全国商业保险的主管部门，根据国务院授权履行行政管理职能，依法对全国保险市场实行集中统一的监督管理，对中国保险监督管理委员会的派出机构实行垂直领导。所以，对于中国保险监督管理委员会干部视同为国家机关工作人员。”最高人民检察院 2000 年 5 月 4 日给上海市人民检察院的《关于镇财政所所长是否适用国家机关工作人员的批复》（高检发研字〔2000〕9 号）中指出：“对于属行政执法事业单位的镇财政所中按国家机关在编干部管理的工作人员，在履行政府行政公务活动中，滥用职权或玩忽职守构成犯罪的，应以国家机关工作人员论。”最高人民检察院 2002 年 4 月 24 日给陕西省人民检察院的《关于企业事业单位的公安机构在机构改革过程中其工作人员能否构成渎职侵权犯罪主体问题的批复》（高检发释字〔2002〕3 号）中指出：“企业事业单位的公安机构在机构改革过程中虽尚未列入公安机关建制，其工作人员在行使侦查职责时，实施渎职侵权行为的，可以成为渎职侵权犯罪的主体。”2003 年 1 月 13 日，最高人民检察院法律政策研究室《关于海事局工作人员如何适用法律问题的答复》（高检研发〔2003〕号）中指出：“根据国办发〔1990〕90 号、中编办〔2000〕184 号等文件的规定，海事局负责行使国家水上安全监督和防止船舶污染及海上设施检验、航海保障的管理职权，是国家执法监督机构。海事局及其分支机构工作人员在从事上述公务活动中，滥用职权或者玩忽职守，致使公共财产、国家和人民利益遭受重大损失的，应当依照《刑法》第三百九十七条的规定，以滥用职权罪或者玩忽职守罪追究刑事责任。”

上述立法解释、两则《批复》、两则《答复》和一则《答复函》虽然没有从“国家机关”性质的角度阐述“依法行使国家行政管理职权的组织”、中国证券监督管理委员会、北京证券监督管理委员会、中国保险监督管理委员会、镇财政所、企业事业单位的公安机构及海事局中的工作人员为什么应当属于“国家机关工作人员”，甚至《答复函》还使用了“视同”国家机关工作人员的表述，其中一则《批复》也使用了“以国家机关工作人员论”的词语，在论证的法律依据上存在瑕疵，但其将有关人员作为“国家机关工作人员”的结论是值得肯定的。

当然，应当注意，具有垄断地位的国有公司、企业，有的将随着市场经济的完善而逐渐以完全市场主体的身份出现，其社会管理职能也会因此而丧失，在这种情况下则不宜纳入国家机关的范畴。有的单位（如国家烟草总公司与国家烟草专卖局）是一套人马两块牌子，对其应根据行为人所从事的具体工作性质来确定其身份。

（三）《刑法》第九十三条第一款与第二款中“国家工作人员”与“国家机关工作人员”的关系

简单地说，《刑法》第九十三条第一款是对国家工作人员本义的阐释，内涵是国家机关工作人员；第二款是对国家工作人员含义的延展，是国家机关工作人员之外的“以国家工作人员论”的人员。刑法中的“国家工作人员”范围，比“国家机关工作人员”要宽广。可是，近年来在司法实务和一些理论著述中，却大有混淆两款、两类人员关系的趋势。就贪污罪、挪用公款罪、受贿罪、巨额财产来源不明罪等罪而言，主体是国家机关工作人员还是“以国家工作人员论”的人员，对于犯罪的成立虽然无影响，但两类人员的混淆，必定会困扰法律的适用，而且将导致理论逻辑上的混乱，不能不引起人们的注意。

首先，这里对最高人民检察院的两则《批复》发表意见。这两则《批复》分别是：（1）最高人民检察院于2000年10月9日给辽宁省人民检察院的《关于合同制民警能否成为玩忽职守罪主体问题的批复》（高检发研字〔2000〕20号）指出：“根据《刑法》第九十三条第二款的规定，合同制民警在依法执行公务期间，属其他依照法律从事公务的人员，应以国家机关工作人员论。对合同制民警在依法执行公务活动中的玩忽职守行为，符合《刑法》第三百九十七条规定的玩忽职守罪构成条件的，依法以玩忽职守罪追究刑事责任。”（2）最高人民检察院于2000年10月31日给江西省人民检察院的《关于属工人编制的乡（镇）工商所所长能否依照《刑法》第三百九十七条的规定追究刑事责任问题的批复》（高检发研字〔2000〕23号）指出：“根据《刑法》第九十三条第二款的规定，经人事部门任命，但为工人编制的乡（镇）工商所所长，依法履行工商行政管理职责时，属其他依照法律从事公务的人员，应以国家机关工作人员论。如果玩忽职守，致使公共财产、国家和人民利益遭受重大损失，可适用《刑法》第三百九十七条的规定，以玩忽职守罪追究刑事责任。”

笔者认为，上述两则《批复》的内容，均存在将“国家工作人员”与“国家机关工作人员”，《刑法》第九十三条第一款与第二款予以混淆的问题：（1）合同制民警，尽管是公安机关以合同聘用的形式招收录用的民警，但毫无疑问属于《刑法》第九十三条第一款所说的“国家机关中从事公务的人员”，而不属于《刑法》第九十三条第二款规定的“其他依照法律从事公务的人员”。如果此类人员如《批复》中所说属于《刑法》第九十三条第二款规定的“其他依照法律从事公务的人员”，自然应将其纳入“以国家工作人员论”的人员之列，而不是什么“以国家机关工作人员论”的人员了。（2）乡（镇）工商所如果属于国家机关，那么其所长便是国家机关中从事公务的人员；如果属于不具有行政执法职责的事业单位，那么，其所长便属于《刑法》第九十三条第二款规定的在国有事业单位中从事公务的人员，即“以国家工作人员论”的人员。最高人民检察院的《批复》在肯定合同制民警、工人编制的乡

（镇）工商所所长属于国家机关工作人员时，引用的法律依据却是规定“以国家工作人员论”的人员的《刑法》第九十三条第二款，这在逻辑上是值得推敲的。何况，《刑法》第九十三条第二款也并没有规定《批复》所说的“以国家工作人员论”的这样一类人员。笔者认为，最高人民检察院上述两则《批复》的正确结论，法律依据应当是《刑法》第九十三条第一款，而非同条第二款。实际上，不管行为人是干部编制还是工人编制，只要在国家机关中从事公务，其就是《刑法》第九十三条第一款规定的国家机关工作人员，而不是什么“以国家工作人员论”的人员。前述《最高人民检察院关于镇财政所所长是否适用国家机关工作人员的批复》，虽然没有明确其结论是《刑法》第九十三条第二款，但从其内容和措辞看，显然也是将该款作为“以国家工作人员论”的人员的依据。

值得注意的是，最高人民法院于2000年9月19日给吉林省高级人民法院的《关于未被公安机关正式录用的人员、狱医能否构成失职致使在押人员脱逃罪主体问题的批复》（法释〔2000〕28号）指出：“对于未被公安机关正式录用，受委托履行监管职责的人员，由于严重不负责任，致使在押人员脱逃，造成严重后果的，应当依照《刑法》第四百条第二款的规定定罪处罚。不负监管职责的狱医，不构成失职致使在押人员脱逃罪的主体。但是，受委派承担了监管职责的狱医，由于严重不负责任，致使在押人员脱逃，造成严重后果的，应当依照《刑法》第四百条第二款的规定定罪处罚。”最高人民检察院于2001年3月2日《关于工人等非监管机关在编监管人员私放在押人员脱逃行为适用法律问题的解释》（高检发释字〔2001〕2号）指出：“工人等非监管机关在编监管人员在被监管机关聘用受委托履行监管职责的过程中私放在押人员的，应当依照《刑法》第四百条第一款的规定，以私放在押人员罪追究刑事责任；由于严重不负责任，致使在押人员脱逃，造成严重后果的，应当依照《刑法》第四百条第二款的规定，以失职致使在押人员脱逃罪追究刑事责任。”这两个司法解释从结论上看也是正确的，尽管它们没有阐明法律依据，但我们应当将其法律依据认为是《刑法》第九十三条第一款而非同条第二款。

其次，从理论上看，关于《刑法》第九十三条第一款所列人员与同条第二款所列人员的关系，存在以下几种宽严不同的看法：（1）第一种观点认为，国家机关工作人员仅仅指《刑法》第九十三条第一款所列人员，国有公司、企业、事业单位、人民团体中从事公务的人员及国家机关、国有公司、企业、事业单位委派到非国有公司、企业、事业单位、社会团体从事公务的人员，均不能成为玩忽职守罪、滥用职权罪等罪的主体。[①]（2）第二种观点认为，国家机关工作人员，包括国家机关委派到非国有公司、企业、事业单位、社会团体从事公务的人员。这些人员都属于“国家机关工作人员”，可以构成玩忽职守罪等罪的主体。但是，国有公司、企业、事业单位委派到非国有公司、企业、事业单位、社会团体从事公务的人员，不属于刑法规定的“国家机关工作人员”。[②]（3）第三种观点在论及玩忽职守罪的主体时认为，该罪的主体——“国家机关工作人员”不仅包括国家机关中从事公务的人员，而且包括国有公司、企业、事业单位、人民团体中从事公务的人员及国家机关、国有公司、企业、事业单位委派到非国有公司、企业、事业单位、社会团体从事公务的人员，以及其他依照法律从事公务的人员。即“国家机关工作人员”包括《刑法》第九十三条两款规定的所有人员。主张这种观点的论者的主要理由是：第一，肯定国家机关工作人员包括《刑法》第九十三条所列各类人员，并不违反罪刑法定原则。因为《刑法》第九十三条第一款的规定，意味着“国家工作人员”和“国家机关工作人员”两者等同。第二，肯定国家机关工作人员包括《刑法》第九十三条所列各类人员，反映了刑法社会保护的内在要求。论者指出，我国刑法是在总结丰富的立法和司法经验的基础上，根据犯罪在市场经济发展的现状及未来态势而制定的，其最大特点是严密了刑事法网，作为一部能够代表我国目前立法水平的刑事法典，它不可能存在重大的刑法漏洞。如果认为玩忽职守罪的主体仅仅是指国家机关中从事公务的人员，而不包括国有公司、企业、事业单位、人民团体中从事公务的人员和国家机关、国有公司、企业、事业单位委派到非国有公司、企业、事业单位、社会团体从事公务的人员，以及其他依照法律从事公务的人员等以国家工作人员论的人员，这无疑是说新刑法在整个渎职罪立法上存在严重的漏洞。[③]

笔者认为，从刑法立法的精神出发，“国家机关工作人员”，不应当包括国家机关委派到非国有公司、企业、事业单位、社会团体从事公务的人员，更不应当包括国有公司、企业、事业单位、人民团体中从事公务的人员，国有公司、企业、事业单位委派到非国有公司、企业、事业单位、社会团体从事公务的人员，以及其他依照法律从事公务的人员。在我国修订后的刑法中，“国家

---

① 参见侯国云、白岫云：《新刑法疑难问题解析与适用》，中国检察出版社2000年版，第381页。

② 参见张穹主编：《贪污贿赂渎职“侵权”犯罪案件立案标准精释》，中国检察出版社2000年版，第136页。

③ 赵秉志主编：《疑难刑事问题司法对策》（第6辑），吉林人民出版社1999年版，第207~212页。

机关工作人员”这一术语，主要用于限定渎职罪的主体范围。此外，在报复陷害罪的主体限定，聚众阻碍解救被收买的妇女、儿童罪和妨害公务罪的对象限定，以及诬告陷害罪的处罚情节等方面，也使用了“国家机关工作人员”一词。在1979年《刑法》和有关单行刑法中，渎职罪、报复陷害罪的主体均是“国家工作人员”，聚众阻碍解救被收买的妇女、儿童罪和妨害公务罪的对象也是“国家工作人员”。1999年修订《刑法》将渎职罪和报复陷害罪的主体、聚众阻碍解救被收买的妇女、儿童罪和妨害公务罪的对象，由原来的“国家工作人员”改为“国家机关工作人员”，绝不是随意的。如果将国家机关委派到非国有公司、企业、事业单位、社会团体从事公务的人员，甚至将《刑法》第九十三条第二款规定的所有“以国家工作人员论”的人员都视为“国家机关工作人员”，则是明显违背罪刑法定原则的类推解释。上述第三种观点的论者，以“国家机关工作人员是国家工作人员”之前提而推断出“国家工作人员也就是国家机关工作人员”之结论，并进而断定凡是国家工作人员（包括以国家工作人员论的人员）可以构成的犯罪，国家机关工作人员都可以构成，这不仅无视刑法把“国家机关工作人员”和“国家工作人员”分别规定为不同犯罪主体的事实，而且在逻辑上也是明显行不通的。“国家工作人员”和“国家机关工作人员”之间是属种关系，国家工作人员包括国家机关工作人员，但除国家机关工作人员外，还有非国家机关工作人员也属于国家工作人员。《刑法》第九十三条的规定清楚地表明这一点：严格意义上的国家工作人员，当然指的是国家机关中从事公务的人员，即国家机关工作人员。但是，国有公司、企业、事业单位、人民团体中从事公务的人员和国家机关、国有公司、事业单位委派到非国有公司、企业、事业单位、社会团体从事公务的人员，以及其他依照法律从事公务的人员，虽然不是完全意义上的国家工作人员，却应以国家工作人员论。这后一部分人员，可以构成那些主体被刑法规定为“国家工作人员”的犯罪，但无论如何也构不成刑法将其主体明文规定为“国家机关工作人员”的犯罪。否则，刑法对不同的犯罪分别规定“国家工作人员”和“国家机关工作人员”就没有什么实际意义了。上述第三种观点认为，如果认为玩忽职守罪的主体仅仅是指在国家机关中从事公务的人员，那么，刑法对玩忽职守罪的规定便是重大缺陷，而修订后的刑法不可能存在所谓的“重大缺陷”。笔者认为，该论者没有分清应然和实然的界限。刑法仅仅将“国家机关工作人员”规定为玩忽职守罪等渎职罪的主体，的确给实践中打击非国家机关工作人员的玩忽职守犯罪行为出了难题，有些在过去刑法中可以认定为玩忽职守罪的行为，在现行刑法中定不了罪、判不了刑。但是，理智的刑法学者和司法官都应当明白，立法的缺陷只能留给立法自身去解决，而不是可以由司法实践曲解立法本意、任意类推适用法条来弥补的。将玩忽职守等渎职犯罪的主体限制在“国家机关工作人员”的范围内，而未把其他非国家机关工作人员但却属于“国家工作人员”的人纳入，在类型化方面总体是合理的。实际上，对于一些情节严重的玩忽职守、滥用职权行为，现行刑法在分则其他罪章中有所涉及。比如，对于国有公司、企业、事业单位工作人员由于严重不负责任或者滥用职权造成国有公司、企业破产或者严重损失，致使国家利益遭受重大损失的，《刑法》第一百六十八条（经过修正）规定了国有公司、企业、事业单位人员失职罪和国有公司、企业、事业单位人员滥用职权罪。至于实践中还存在大量的无法绳之以刑法的玩忽职守行为，或许可以属于刑法的“重大失误”（与论者主观想象相反，任何一部法律都难免有失误，乃至于“重大失误”），但需要根据实际情况，在条件成熟时尽快在立法上予以完善。

二、国有公司、企业、事业单位、人民团体中从事公务的人员

在贪污贿赂罪的主体认定中，争议疑难较多的是《刑法》第九十三条第二款规定的三类主体：国有公司、企业、事业单位、人民团体中从事公务的人员；国家机关、国有公司、企业、事业单位委派到非国有公司、企业、事业单位、社会团体从事公务的人员；其他依照法律从事公务的人员。这三类人员，在理论上统称为“准国家工作人员”。

在此先就“国有公司、企业、事业单位、人民团体中从事公务的人员”的认定问题进行论述。

（一）“国有公司、企业”的含义

对于《刑法》第九十三条第二款的“国有公司、企业”的含义，理论和实务中都存在不同的看法。有人认为，国有公司、企业既包括公司、企业财产完全属于国有所有的公司、企业，也包括国家控股的股份有限公司，即国家所

有的股份占公司全部股份的51%以上的股份有限公司。[①] 有人甚至认为，国家持股比例低于51%、高于35%的股份有限公司，也是国有公司。[②] 认为国有公司包括部分国有控股公司的理由主要是：（1）1994年国家对国有资产进行股份制改革时，要求保证国家股和国有独资公司、企业在改制后的股份公司、企业中的控股地位，并进一步规定：国有股权超过50%的比例为“绝对控股”；在股份分散的情况下，国有股份高于30%、低于50%的比例，但国家或原有独资公司、企业对该公司具有控制性影响的为“相对控股”。（2）党的十五大报告中强调公有制经济不仅包括国有经济和集体经济，还包括混合所有制经济中的国有成分和集体成分。（3）在审计监督体制方面，国有股份占控股、主导地位的股份有限公司与国有独资公司相同。

笔者认为，国有公司是和非国有公司相对而言的一个概念，不能把一些国家有部分股份的公司或者国家出资企业都视为国有公司。否则，在逻辑上是说不通的。因为按照其逻辑，既然国有股份占一定比例以上的公司就是国有公司，那么，可不可以说非国有股份公司占有一定比例以上的公司就是非国有公司呢？另外，否认含有部分国有股的公司属于“国有公司”，并不意味着刑法对于这些公司中的国有财产、国有资产不予保护，也并不意味着这些公司中不存在“国家工作人员”，不意味着这些公司中就没有有关人员可以成立贪污罪、受贿罪等犯罪。从《刑法》第九十三条第二款的规定以及《刑法》分则有关贪污罪、受贿罪、职务侵占罪和非国家工作人员受贿罪等犯罪的规定来看，刑法正是通过将国有单位委派到非国有单位（包括非国有公司）中从事公务的人员作为国家工作人员，并将这些人员的贪污渎职犯罪和在国有公司、企业中从事公务的人员相关犯罪一样看待，从而对其中国有财产、国有资产同样保护。假若把凡是含有部分国有股的公司都视为“国有公司”，就会出现两个荒谬的结论：一是只有那些完全不含有国有经济成分的公司才是非国有公司，而《刑法》第九十三条第二款所规定的“国有公司委派到非国有公司、企业从事公务”，在现实中几乎不存在，因为在“非国有公司、企业”既然完全不含有国有经济成分，国有公司怎么可能委派人员过去从事公务呢？二是如果含有部分国有股的公司都视为“国有公司”，那么，《刑法》第九十三条第

① 转引自唐立坚：《“国家工作人员”探析》，载胡弛等编：《刑法问题与争鸣》（1999年第1辑），中国方正出版社1999年版，第305页。

② 转引自唐立坚：《“国家工作人员”探析》，载胡弛等编：《刑法问题与争鸣》（1999年第1辑），中国方正出版社1999年版，第301页。

二款所规定的“国有公司委派到非国有公司、企业从事公务的人员”，势必包括所有含有国有经济成分的公司委派到其他纯粹非国有公司、企业中从事管理活动的人员，这样的结局必然使刑法限定国家工作人员范围的意义丧失殆尽，也必然使刑法上分别设立贪污罪与职务侵占罪、受贿罪与非国家工作人员受贿罪、挪用公款罪与挪用资金罪的价值荡然无存。因此，从系统解释的结论来说，“国有公司”指的就是公司财产完全属于国家所有的公司；与之对应的“非国有公司”包括公司财产纯粹私有、集体所有，以及国家出资、与非国有（包括集体所有）混合财产的公司。

最高人民法院于2001年5月23日《关于在国有资本控股、参股的股份有限公司中从事管理工作的人员利用职务便利非法占有本公司财物如何定罪问题的批复》（法释〔2001〕17号）曾规定：“在国有资本控股、参股的股份有限公司中从事管理工作的人员，除受国家机关、国有公司、企业、事业单位委派从事公务的以外，不属于国家工作人员。对其利用职务上的便利，将本单位财物非法占为己有，数额较大的，应当依照《刑法》第二百七十一条第一款的规定，以职务侵占罪定罪处罚。”这一司法解释实际上为我们将国有公司、企业界定为“纯粹国有的公司、企业”提供了正确指引。

总之，在笔者看来，《刑法》第九十三条第二款所讲的“国有公司”，只能是指公司财产完全属于国家的公司，包括由国家授权投资的机构或者国家授权部门单独投资设立的国有独资有限责任公司；由两个以上50个以下国有投资主体共同出资设立的有限责任公司，以及国有企业单独作为发起人设立的股份有限公司。国家出资、参股，与其他经济成分合资、合作的公司，都不是这里所说的国有公司。所谓国有企业，也只能是指财产完全属于国家所有的从事生产、经营或者服务活动的经济实体。国有事业单位，是指由国家（中央或地方政府）提供经费，为了满足社会的公共需求，实现国家和社会的公共利益，向社会提供教育、科研、文化、卫生、体育、新闻、出版、广播电视等公共服务的非营利性组织，如国立学校、科研院所、广播电视电台、报社、出版社等。人民团体，是指由国家财政拨款，作为中国人民政治协商会议（全国政协）组成单位的，组织、协调中国共产党与人民群众有关国家或者社会公共事务的群众团体，包括工会、共青团、妇联、科协、归国华侨联合会、台湾同胞联谊会、青年联合会和工商业联合会八类。

（二）行为人在国有公司、企业等国有单位中从事工作的性质

在准确把握“国有公司、企业”的含义后，还应当注意，国有公司、企业、事业单位中的人员，必须是“从事公务”者才能以国家工作人员论；对于非从事公务的工作人员，不得以国家工作人员论，其实施相应的职务犯罪行为，以职务侵占罪、挪用资金罪、非国家工作人员受贿罪等犯罪定罪处罚。从事公务是所有国家工作人员的本质特征，对此后文将在整体上予以界定。

三、国家机关、国有公司、企业、事业单位委派到非国有公司、企业、事业单位、社会团体从事公务的人员

这类受国有单位委派从事公务的人员，也以国家工作人员论。这些人员，从受委派后从事活动所在单位的性质来看，是非国有公司、企业、事业单位、社会团体。除国有公司、企业、事业单位之外的其他各种公司、企业、事业单位，皆为非国有公司、企业、事业单位。所谓“社会团体”，依照 1998 年 10 月 25 日国务院通过发布、根据 2016 年 2 月 6 日《国务院关于修改部分行政法规的决定》修订的《社会团体登记管理条例》规定，是指中国公民自愿组成，为实现会员意愿，按照其章程开展活动的非营利性社会组织。如中国文学艺术界联合会、中国作家协会、新闻工作者协会、中国人民对外友好协会、中国人民外交学会、中国国际贸易促进会、中国残疾人联合会、宋庆龄基金会、中国法学会、中国红十字总会、中国职工思想政治工作研究会、欧美同学会、黄埔军校同学会、中华职业教育社、中国戏曲家协会、中国电影家协会、中国音乐家协会、中国美术家协会等。根据《社会团体登记管理条例》第三条的规定，参加中国人民政治协商会议的人民团体，只是“不属于本条例规定登记的范围”，逻辑上也属于广义的社会团体。显然，《刑法》第九十三条第二款所说的“社会团体”，是不包括人民团体的。但是，刑法中的社会团体，包括经国务院批准免于登记的社会团体。受委派从事公务的人员，在实践中主要表现为国有单位委派有关人员到国家出资企业中从事公务的情况，而且在国有企业改制过程中这种情况较多。

对受委派从事公务的人员认定为国家工作人员，实践中的疑难问题较为复杂，既涉及“委派”的一些基本问题，也存在国有企业改制带来的国家出资企业中国家工作人员认定的一些特殊问题。为行文方便，下面先就基本问题进

行分析，而后重点探讨国家出资企业中国家工作人员认定的特殊性问题。

（一）认定受委派人员的基本问题

2003 年 11 月 13 日，《最高人民法院全国法院审理经济犯罪案件工作座谈会纪要》指出："所谓委派，即委任、派遣，其形式多种多样，如任命、指派、提名、批准等。不论被委派的人身份如何，只要是接受国家机关、国有公司、企业、事业单位委派，代表国家机关、国有公司、企业、事业单位在非国有公司、企业、事业单位、社会团体中从事组织、领导、监督、管理等工作，都可以认定为国家机关、国有公司、企业、事业单位委派到非国有公司、企业、事业单位、社会团体从事公务的人员。如国家机关、国有公司、企业、事业单位委派在国有控股或者参股的股份有限公司从事组织、领导、监督、管理等工作的人员，应当以国家工作人员论。"但是，"国有公司、企业改制为股份有限公司后，原国有公司、企业的工作人员和股份有限公司新任命的人员中，除代表国有投资主体行使监督、管理职权的人外，不以国家工作人员论。"

刑法条文用"委派"和"到"的表述，文义解释的结论至少包含这样几个因素：第一，被委派人员在被委派前后，存在"空间"的变化，受委派的人员之所以"以国家工作人员论"，是因为他们原本不在非国有单位从事组织、领导、监督、管理等工作，只是受国有单位委派后才进入这些非国有单位工作。第二，被委派人员是作为委派单位的代表进入非国有单位工作的，其背后体现的是国有单位的意志。第三，被委派人员从事组织、领导、监督、管理等工作，是在非国有单位进行的，虽然工作形式上可能与其他同在该非国有单位工作的人员一样，但实质意义有所不同。从实践情况看，这里的"委派"，主要是指在一些具有国有资产成分的中外合资、中外合作、国内股份制公司企业当中，国有公司、企业或者其他有关国有单位（包括国有主管单位）为了行使国有资产的管理权而派驻到其中出资的具有国有资产成分的中外合资企业、合作企业、股份制企业中参与管理的人员。此外，还包括有的国家机关、国有公司、企业事业单位为了加强指导、监督，而委派到没有国家资产投入的非国有公司、企业、事业单位、社会团体从事公务的人员，如被国家机关派驻非国有公司担任独立董事的人员。如果行为人基于国有单位的委派，到非国有单位从事的不是组织、领导、监督、管理等工作，而是从事劳务性工作的，则不能认定为国家工作人员。如行为人在原国有单位快到退休年龄，原国有单位考虑到本单位参股的股份有限公司效益良好，为了让其享受更多的福利待遇，遂“委派”其到该股份有限公司负责收发文件书刊，行为人则不属于国家工作人员。

按照刑法的规定和上述《全国法院审理经济犯罪案件工作座谈会纪要》的精神，被委派人员在被委派之前的“身份”，并不影响其在被委派到非国有单位从事公务后认定为国家工作人员。笔者认为，《全国法院审理经济犯罪案件工作座谈会纪要》这里所说的“身份”，既包括干部人事制度上的身份，也包括刑法规范意义上的身份——不论被委派人员在原单位是否属于国家工作人员，甚至也不论是否属于委派单位在编人员，是干部编制还是工人编制，都不影响其国家工作人员的认定。被委派人员在被国有单位委派之前，甚至可以是委派单位从社会上招聘过来的。总而言之，无论被委派人员是否属于委派单位在编人员、是否原来从事公务、是受委派单位直接任职后委派还是临时聘任后委派，只要接受国家机关、国有公司、企业、事业单位的委派，代表这些单位在非国有公司、企业、事业单位、社会团体中从事组织、领导、监督、管理等工作，都应当认定为国家工作人员。相反，如果行为人并不是基于原国有单位的委派，不是代表国家机关、国有公司、企业、事业单位的意志，而是从原国有单位辞职后直接受聘到非国有单位从事组织、领导、监督、管理等工作的，就不能认定为国家工作人员。

实践中，需要特别注意和值得研究的问题是：

1. 委派是否限于正式的任命、指派、提名、批准形式和程序？《全国法院审理经济犯罪案件工作座谈会纪要》没有予以明确。笔者认为，是否有正式的任命、指派、提名、批准文件，不影响“委派”的成立，只要有证据证明事实上存在单位与个人之间的委派与被委派的关系即可。2004 年 11 月 3 日，《最高人民检察院法律政策研究室关于国家机关、国有公司、企业委派到非国有公司、企业从事公务但尚未依照规定程序获取该单位职务的人员是否适用刑法第九十三条第二款问题的答复》（高检研发〔2004〕第 17 号）指出：“对于国家机关、国有公司、企业委派到非国有公司、企业从事公务但尚未依照规定程序获取该单位职务的人员，涉嫌职务犯罪的，可以依照《刑法》第九十三条第二款关于‘国家机关、国有公司、企业委派到非国有公司、企业、事业单位、社会团体从事公务的人员’‘以国家工作人员论’的规定追究刑事责任”。这一《答复》明确了对受委派人员认定为准国家工作人员应当坚持实质标准，即使委派、任命的程序不完整，只要行为人实质上接受委派、代表国家行使相应的职权，就应当认定为《刑法》第九十三条第二款中的受委派从事公务的人员、以国家工作人员论。2010 年 11 月 26 日,《最高人民法院、最高人民检察院关于办理国家出资企业中职务犯罪案件具体应用法律若干问题的意见》(法发〔2010〕49 号)进一步指出:"经国家机关、国有公司、企业、事业单位提名、推荐、任命、批准等,在国有控股、参股公司及其分支机构中从事公务的人员,应当认定为国家工作人员。具体的任命机构和程序,不影响国家工作人员的认定",由此决定,无论是国有单位的上级主管部门、有关组织提名、推荐、任命、批准,还是国有单位内部组织提名、推荐、任命、批准,具体任命机构和程序,均不影响在实质上认定国家工作人员。

2. 受委派人员被委派到非国有公司、企业之后,如果经过该非国有公司、企业董事会聘任或者职工代表大会选举,是否仍属于"以国家工作人员论"的人员呢?笔者认为,只要受委派人员的身份未经原委派单位变更且依旧代表国家、国有单位从事组织、领导、监督、管理等工作,仍属于因受委派而以国家工作人员论的人员,而不能被认为是非国家工作人员,对其利用职务便利侵占本单位财物、受贿的行为仍应认定为贪污罪、受贿罪。实践中有人认为,根据公司法等法律,只要经过非国有公司、企业董事会聘任或者职工代表大会选举产生的管理人员,就是代表非国有公司、企业意志的管理人员。《全国法院审理经济犯罪案件工作座谈会纪要》也有规定:"国有公司、企业改制为股份有限公司后,原国有公司、企业的工作人员和股份有限公司新任命的人员中,除代表国有投资主体行使监督、管理职权的人外,不以国家工作人员论。"

笔者认为,委派本身就包括"提名"这种方式。根据公司法的规定,股份有限公司设经理,要由公司董事会聘任或解聘,如果国有公司、企业委派其工作人员到国有资本参股、控股的股份有限公司担任经理,事实上不可能直接采取任命的方式,而只能向该股份有限公司董事会提名,要求该董事会聘任该工作人员担任经理。如果认为只要非国有公司、企业董事会聘任或者职工代表大会选举产生的管理人员就不能再以国家工作人员论,实际上就否定了这种委派所产生的国家工作人员,也背离了刑法设立国家工作人员这一类主体的实质要求。应该说,认定委派人员关键是考察其是否具有代表国家机关、国有公司、企事业单位从事公务的本质特征。如果行为人经过非国有公司、企业董事会聘任或者职工代表大会选举担任原有职务或新的职务,而仍实质上代表国家机关、国有公司、企事业单位从事组织、领导、监督、管理等工作,仍应当认定为国家工作人员。例如,行为人黄某,原系某县乡镇企业管理局办事员,

2018年1月，由县委组织部抽调到该县乡镇企业管理局所属的集体企业造纸厂挂职锻炼，担任副厂长。2018年5月，经县乡镇企业管理局党组提名、造纸厂职工代表大会选举为厂长，选举后造纸厂党委报县委组织部和乡镇企业管理局备案。黄某在担任副厂长、厂长期间，利用职务上的便利侵吞、骗取款物120万余元。一审法院认定黄某贪污120万余元，以贪污罪判处其四年有期徒刑。二审法院则认为，虽然黄某在担任副厂长期间属于受国家机关委派从事公务的人员，但其厂长职务是造纸厂职工代表大会选举的，因而其担任厂长期间就不再具有国家工作人员身份，所以应将黄某担任副厂长期间侵吞、骗取公共款物的行为和担任厂长期间侵吞、骗取款物的行为分别评价，前者为贪污罪，后者为职务侵占罪，对黄某实行数罪并罚。笔者认为，黄某侵吞、骗取款物的行为应全部认定为贪污罪。因为黄某造纸厂厂长在形式上虽然由职工代表大会选举产生，但实际上事先经过乡镇企业管理局党组提名的决定，选举通过之后又报县委组织部和乡镇企业管理局备案，可见其担任厂长仍是代表国家机关在造纸厂从事公务，仍具有国家工作人员身份。又如，被告人马某，2014年6月，经股份有限公司股东大会选举，并经公司党组和省委组织部批复，被任命为国家控股的某锅炉（集团）股份有限公司副董事长、副总经理、董事，代表国家对国有资产进行监督管理。2016年11月至12月，被告人马某等人利用管理、发行股票职务之便，将未发行的132万股公司管理的股票违规出售后，获取人民币1229万余元，除按照规定比例交还公司股本金外，其余904万余元差价款全部由马某等私分。本案审理中，对于被告人马某是否属于受委派从事公务的人员，存在争议。法院裁判认为，被告人马某担任某锅炉（集团）股份有限公司副董事长、副总经理、董事，虽然在形式上是由股份有限公司的股东大会选举产生的，但其之所以能够在股份有限公司中居于高层领导职位，与有关组织人事部门的派遣直接相关，事实上其职务也是经过有关组织人事部门批准的，其管理职位与委派单位的意志及国家利益的保护是一致的，具有关联性、延续性和代表性。法院最后以贪污罪对马某等人作了判决。这一判决结论值得肯定。

另外，《全国法院审理经济犯罪案件工作座谈会纪要》并没有否定非国有公司、企业中经过董事会聘任或者职工代表大会选举产生的管理人员可以被认定为国家工作人员，上述规定只是针对国有公司、企业改制后新的股份有限公司中保留下来的原来的职工和新任命的人员，只是确定这两类人员一般不属于国家工作人员，但同时强调这两类人员中如果有代表国有投资主体行使监督、管理职权者，仍应以国家工作人员论。这也恰恰是强调了——即使是新的股份有限公司通过董事会或者其他权力机构新任命的人员（可以肯定，这类人员以前并不在原国有单位工作），只要他被任命的职务代表国有投资主体行使监督、管理职权，也应以国家工作人员论。比如，某国有电机公司改制为国有控股的股份有限公司，原电机公司的大部分干部和职工都进入了改制后的股份有限公司，原有的一些干部担任了新的公司的生产技术部、财务部、营销部经理、副经理，成了股份有限公司的管理人员。只要这些人员具有国有公司委派的特征，或者经过国有单位上级主管部门的新的任命，代表国有公司行使监督、管理国有资产职权，就应当认定为国家工作人员。同时，公司改制后，经过国有单位上级主管部门从社会上新聘用的管理人员，也应当以国家工作人员论。

3. 有的人被国有单位委派到非国有单位从事公务之后，又被该非国有单位再次委派出去。例如，某甲原系某国有公司的部门经理，因该公司与一境外公司联合组建一股份制进出口公司，国有公司便委派某甲到该新组建的股份制进出口公司任副总经理。某甲到进出口公司上任后不久，进出口公司的董事会又决定委派某甲到进出口公司与另外投资主体合资的一家公司担任总经理。在这种情况下，某甲是否仍属于受国有单位委派到非国有单位从事公务的人员呢？笔者认为，对此应考察原委派的国有单位对于再次委派是否具有影响。如果某甲完全是接受进出口公司的委派，而原国有公司所委派的公务也不再从事，则在再次委派后，某甲不能再以国家工作人员论。如果原委派的国有公司或其上级主管部门对于某甲的再次委派作了批示或再次委派等手续，或者原委派的公务仍在从事，则某甲仍应以国家工作人员论。总而言之，某甲的职权是否仍源于国有单位的意志，是否仍代表国有单位投资主体行使监督、管理职权，是问题的关键。

最后，认定受委派从事公务的人员时应当注意，受委派与受委托不是等同的概念。委派是委任、派遣与派驻本单位之外，即便受委派的人员是委派单位临时招聘的，也体现了委派单位与被委派人的一种隶属关系；而委托体现的则是基于信任而产生的合同上的权利义务关系，委托者与受托者是平等的主体关系，不存在隶属关系。不具有国家工作人员身份（包括“国家机关工作人员”和“以国家工作人员论”的人员）的人，受委托管理、经营国有财产，可以成立贪污罪，但不能视为是该国有单位委派的人员而成为挪用公款罪、受贿罪、巨额财产来源不明罪等犯罪的主体。例如，原本不是国家工作人员的某乙，与某国有企业签订了承包经营合同，成为该国有企业的承包人，在企业基本建设招标过程中，接受投标人的贿赂，某乙的行为就不应以受贿罪定罪处罚，而应以非国家工作人员受贿罪定罪处罚。

（二）国家出资企业中国家工作人员的认定问题

近三十年来，特别是自20世纪90年代以来，随着我国市场经济建设的不断深入，国有企业改制将原国有企业通过重组、兼并、租赁、承包经营、合资、转让国有产权和股份制等形式进行改制，成为我国经济生活中的普遍现象。根据我国《企业国有资产法》第五条的规定，改制后的企业统称为“国家出资企业”。在国有企业改制过程中，难免发生贪污、受贿等职务犯罪，司法机关在办理这些案件中遇到不少新情况、新问题，具有一定的复杂性和特殊性，需要结合企业改制的特定历史条件，准确把握刑法规范及其立法宗旨，依法合理认定犯罪。为了有针对性地解决国家出资企业中职务犯罪案件包括主体身份在内的一系列问题，2010年11月26日，最高人民法院、最高人民检察院专门出台了《关于办理国家出资企业中职务犯罪案件具体应用法律若干问题的意见》（以下简称《意见》）。

《意见》第五条在“关于改制前后主体身份发生变化的犯罪的处理”部分规定：“国家工作人员在国家出资企业改制前利用职务上的便利实施犯罪，在其不再具有国家工作人员身份后又实施同种行为，依法构成不同犯罪的，应当分别定罪，实行数罪并罚。国家工作人员利用职务上的便利，在国家出资企业改制过程中隐匿公司、企业财产，在其不再具有国家工作人员身份后将隐匿财产据为己有的，依照《刑法》第三百八十二条、第三百八十三条的规定，以贪污罪定罪处罚。国家工作人员在国家出资企业改制过程中利用职务上的便利为请托人谋取利益，事先约定在其不再具有国家工作人员身份后收受请托人财物，或者在身份变化前后连续收受请托人财物的，依照《刑法》第三百八十五条、第三百八十六条的规定，以受贿罪定罪处罚。”上述规定旨在强调有关职务犯罪行为性质属于贪污罪、受贿罪还是职务侵占罪、非国家工作人员受贿罪，与行为人有无国家工作人员身份存在密切关系。《意见》在第六条第三款专门作出了“关于国家出资企业中国家工作人员的认定”之如下意见：“经国家机关、国有公司、企业、事业单位提名、推荐、任命、批准等，在国有控股、参股公司及其分支机构从事公务的人员，应当认定为国家工作人员。具体的任命机构和程序，不影响国家工作人员的认定”（第一款）；“经国家出资企业中负有管理、监督国有资产职责的组织批准或者研究决定，代表其在国有控股、参股公司及其分支机构中从事组织、领导、监督、经营、管理工作的人员，应当认定为国家工作人员”（第二款）；“国家出资企业中的国家工作人员，在国家出资企业中持有个人股份或者同时接受非国有股东委托的，不影响其国家工作人员身份的认定”（第三款）。

笔者认为，按照《意见》的规定及其精神，就国家出资企业中国家工作人员的认定，应当重点把握以下问题：

1.《意见》第六条第一款所指的“经国家机关、国有公司、企业、事业单位提名、推荐、任命、批准等，在国有控股、参股公司及其分支机构从事公务的人员”，从规范依据上看，实际上属于《刑法》第九十三条第二款所规定的“国家机关、国有公司、企业、事业单位委派到非国有公司、企业从事公务的人员”。对于这些受委派人员认定为国家工作人员，仍要遵照2003年《最高人民法院全国法院审理经济犯罪案件工作座谈会纪要》的规定及其精神进行解释。《意见》指出“具体的任命机构和程序”不影响国家工作人员的认定，目的在于突出强调了国家工作人员的认定，重点在于从实质上把握是否代表国家、是否从事公务两点，而不在于形式和程序。

2.《意见》第六条第二款所指的“经国家出资企业中负有管理、监督国有资产职责的组织批准或者研究决定，代表其在国有控股、参股公司及其分支机构中从事组织、领导、监督、经营、管理工作的人员”，从规范依据上判断，当然也是《刑法》第九十三条第二款的规定，《意见》并没有超越该条款的规定作出司法解释规定。

当然，行为人经“国家出资企业中负有管理、监督国有资产职责的组织”批准或者研究决定，在国有控股、参股公司及其分支机构中从事组织、领导、监督、经营、管理工作，究竟是《刑法》第九十三条第二款规定的该款第二类人员即受国有单位委派从事公务的人员，还是第三类人员即“其他依照法律从事公务的人员”？逻辑上值得分析。笔者认为，这类人员既可能是受国有单位委派到国有控股、参股公司及其分支机构中工作，之后又被国家出资企业中负有管理、监督国有资产职责的组织批准或者研究决定代表其从事组织、领导、监督、经营、管理工作，也可能从未曾受到过国有单位的委派。比如，行为人既不是受国有投资主体委派，也没有接受非国有投资主体的委派，而是完全从投资主体各方外部进入国家出资企业，但因其进入国家出资企业之后接受“国家出资企业中负有管理、监督国有资产职责的组织”的任命、决定，代表国家从事相关工作。后一种情形下，行为人显然不能纳入“受委派”从事公务而成为国家工作人员的一类人员，而属于“其他依照法律从事公务的人员”。①

理论上有人批评，《意见》第六条第二款的规定把国家出资企业中的组织作出“批准或者研究决定”解释为由“国家机关、国有公司、企业、事业单位”作出委派，人为地扩大了受国有单位委派从事公务人员的范围，其规定是否仍在《刑法》第九十三条第二款条文文义之内值得深思。当国家出资企业“批准或者研究决定”的对象并未事先经历“国家机关、国有公司、企业、事业单位”委派的过程而被认定为国家工作人员时，《意见》的规定属于对《刑法》第九十三条第二款关于国家工作人员规定的类推适用。而《意见》出台之后，国家出资企业中“国家工作人员”的认定范围被实际扩大、刑法和以往司法解释的国家工作人员认定标准被突破，使得以受贿罪为代表的以“国家工作人员”身份为构成要素的罪名范围相应扩大。② 在笔者看来，这种批评并不妥当，因为《意见》第六条第二款关注的国家工作人员的判断核心仍是代表国家从事组织、管理等工作的实质要素，而不在于是否先前接受国有单位委派，对于没有接受委派但因为被“国家出资企业中负有管理、监督国有资产职责的组织”“批准或者研究决定”、依法从事公务的人员，完全可以解释到“其他依照法律从事公务的人员”之中，而这仍然属于《刑法》第九十三条第二款规定的人员范围。何况《意见》第六条第二款的规定，并没有指明其规范依据只限于《刑法》第九十三条第二款的“国有公司、企业、事业单位委派到非国有公司、企业、事业单位、社会团体从事公务的人员”。③ 应当认为，《意见》第六条的规定并未突破或扩大《刑法》第九十三条第二款的规制范围，而是更为细致地从把握国家工作人员的本质角度，就国家出资企业中国家工作人员的认定问题作出了更具有针对性的解释。如果说《意见》出台后受贿罪等罪名范围存在被“实际”扩大的现象，这只能归结为《意见》出台之前实务中原本应当被认定为国家工作人员的一些人没有被正确认定为国

① 考虑到国家出资企业国家工作人员认定的特殊性，尽管此一部分涉及“其他依照法律从事公务的人员”，在此一并论述。

② 参见徐岱、李方超：《“国家工作人员”认定范围的再解释》，载《法学》2019 年第 5 期。

③ 最高人民法院参与《意见》起草的同志也认为《意见》第六条第二款是对受委派从事公务人员的适度扩张解释——把“国家出资企业中负有管理、监督国有资产职责的组织”作为《刑法》第九十三条第二款中委派主体看待（参见刘为波：《〈关于办理国家出资企业中职务犯罪案件具体应用法律若干问题的意见〉的理解与适用》，载最高人民法院刑事审判庭主编：《刑事审判参考》2010 年第 6 集、总第 77 集，法律出版社 2010 年版，第 136 页）。

家工作人员，而不是说《意见》出台后依照刑法原本不应当认定为国家工作人员的行为人被“扩大”甚至“类推”解释为国家工作人员了。

3. 从刑法强调国家工作人员主体身份的立法宗旨出发，全面准确把握国家出资企业中“负有管理、监督国有资产职责的组织”。

《意见》出台后，对于何谓《意见》第六条第二款所说的国家出资企业中“负有管理、监督国有资产职责的组织”？理论上和实务中争议很大。

有学者指出，虽然《意见》将负有管理、监督国有资产职责的组织进行了提及，但在事实上根本就不存在这样的组织。因为改制后的国家出资企业已经事实上成为民商事领域内的公司，其财产归属和公司治理体制与一般公司并无二致；改制后的国家出资企业所拥有的资产在法律上应当认定为公司所有，而不再是国有资产；由于不存在国有资产，所以就不存在所谓企业内部的负有管理、监督国有资产的组织。①

但也有学者认为，这里的“负有管理、监督国有资产职责的组织”，实际上指的是国家出资企业中的党委。在我国，除了国有资产监督管理机构（“国资委”）在外部对国家出资企业中的国有资产进行监督和管理外，国家出资企业的党委作为国家出资企业中的核心领导组织当然地负有对国有资产进行监督和管理的职责。这是由国家出资企业特殊的历史背景和现实情况决定的。②

第三种见解系建立在批评以上两种观点的基础上提出，认为否定改制后的国家出资企业中存在“负有管理、监督国有资产职责的组织”，是不可取的。其主张改制后国家出资企业的资产归公司所有、不再存在国有资产这样的理由，也是不能成立的。因为国家作为企业投资人、必然享有企业的股权或其他权利，这种权利本身也是国有资产，而且国家以大型机械设备等实物出资、以使用权出资的情况也比较普遍，国家并不会随着出资而丧失国有资产的所有权。但是，该论者同时认为，将党委作为《意见》中所说的国家出资企业中“负有管理、监督国有资产职责的组织”，缺乏现实的法律根据。因为根据2008年《企业国有资产法》的规定，只有国务院国有资产监督管理机构和地方人民政府按照国务院的规定设立的国有资产监督管理机构，才有权根据本级人民政府的授权，代表本级人民政府对国家出资企业履行出资人职责。其中，并没有关于国家出资企业中党委权责的相关规定，而是规定了股东会、董事

① 参见张明楷：《刑法学》（第5版），法律出版社2016年版，第1183页。

② 参见陈兴良：《国家出资企业国家工作人员的范围及其认定》，载《法学评论》2015年第4期。

会、监事会的权责。在现代公司治理结构下，对公司内资产和其他重大事务进行管理和监督的机构并不必然包括公司内的党委，即使在国家出资企业中党委的职能也并不必然包括对国有资产进行监督。而与之相反的是，在此类企业改制后的章程中往往并不赋予党委类似职能，而是在坚持党的领导前提下充分采纳现代企业的治理模式，将更多具体职能赋予股东大会、董事会或监事会。因此，这里的“负有管理、监督国有资产职责的组织”，指的就是国家出资企业的股东会、股东大会、董事会、监事会。《意见》第六条第二款的规定应当系统解释为：“由国有资产监督管理机构建议任命，由股东会、股东大会、董事会、监事会批准或者研究决定的国有控股公司的董事、监事和高级管理人员，以及国有参股公司的董事、监事，代表股东会、股东大会、董事会、监事会在国有控股、参股公司及其分支机构中在管理、监督国有资产的权限范围内从事组织、领导、监督、经营、管理工作的，应当认定为国家工作人员。”①

笔者认为，《意见》作为具有规范性、抽象性的司法解释，当司法者存在对之进行进一步解释的必要性时，必须始终坚持以刑法规范为中心的解释理念，即围绕刑法规范关于“国家工作人员”的规定及其立法宗旨进行对司法解释的解释，力图体现刑法将国家工作人员设立为特定犯罪主体的目的。同时，正是为了满足对刑法和司法解释进行目的解释的要求，必须考虑我国改制国家出资企业中国有资产监督管理及相关人事管理机制的实际情况，从实质上进行体系解释。之所以强调以上两点，是因为刑法规范是定罪处刑的唯一“法律”依据，任何司法解释甚至立法解释不过是对刑法规范的解释，而非刑法规范本身。司法解释等有权解释以规范性、“准立法”特征的解释形式呈现，在被进一步解释时，语言文字可能辐射的范围，如果不受刑法规范目的的约束，就有可能背离刑法的精神，得出不正确的结论。而完全按照《企业国有资产法》规定的形式把党委、党组织排除在《意见》所指的“负有管理、监督国有资产职责的组织”之外，也是不符合对“国家工作人员”进行刑法目的解释要求的。因此，秉持刑法规范为中心的解释理念，结合司法实践的具体实际，对于《意见》第六条第二款所指的“负有管理、监督国有资产职责的组织”，应当作如是理解：

（1）从监督管理国有资产的运行机制角度和《意见》第六条第二款“在国家出资企业中的……组织”的文字表述来看，这个“组织”必须是国家出

① 徐岱、李方超：《“国家工作人员”认定范围的再解释》，载《法学》2019 年第 5 期。

资企业内部的一个组织，而不应该是国家出资企业上级单位或主管部门。当然，具有上下级关系的国家出资企业，上级国家出资企业（往往是国有独资企业集团性质）内部的组织批准或研究决定下级国家出资企业的人员作为代表国有投资主体从事组织、领导、监督等工作，也属于这里的“组织”。

具体而言，根据2008年《企业国有资产法》第十一条至第十四条的规定，国务院国有资产监督管理机构和地方人民政府按照国务院的规定设立的国有资产监督管理机构，根据本级人民政府的授权，代表本级人民政府对国家出资企业履行出资人职责。国务院和地方人民政府根据需要，可以授权其他部门、机构代表本级人民政府对国家出资企业履行出资人职责；履行出资人职责的机构代表本级人民政府对国家出资企业依法享有资产收益、参与重大决策和选择管理者等出资人权利；履行出资人职责的机构委派的股东代表参加国有资本控股公司、国有资本参股公司召开的股东会会议、股东大会会议，应当按照委派机构的指示提出提案、发表意见、行使表决权，并将其履行职责的情况和结果及时报告委派机构；履行出资人职责的机构应当按照国家有关规定，定期向本级人民政府报告有关国有资产总量、结构、变动、收益等汇总分析的情况。据此，履行出资人职责的机构委派到国有资本控股公司、国有资本参股公司的股东代表负有管理、监督国有资产的职责。股东代表属于国家工作人员，这是没有疑问的。

然而，委派股东代表的组织，虽然是负有管理、监督国有资产职责的组织——国务院国有资产监督管理委员会及地方各级人民政府的国有资产管理监督机构，但并不应该是《意见》所称的“国家出资企业中的”组织。再者，如果履行出资人职责的国有资产管理监督机构委派股东代表参加国有资本控股公司、国有资本参股公司召开的股东会会议、股东大会会议，将股东代表委派到国家出资企业中从事组织、领导、监督、经营、管理工作，那么，这些股东代表之所以成为国家工作人员，也是因为根据《刑法》第九十三条第二款的规定属于受国有机关委派到非国有公司、企业中从事公务的人员，而不是因为国家出资企业中有关组织的批准或研究决定。

（2）将国家出资企业中的股东会、股东大会、董事会、监事会解释为《意见》第六条第二款规定的国家出资企业中“负有管理、监督国有资产职责的组织”，牵强附会，逻辑上难以成立。这是因为，在改制后的国家出资企业中，无论是代表国有投资主体还是非国有投资主体的“董高监”人员，都必须经过董事会聘任和股东会、股东大会的决定程序，而改制后的企业中的董事会、监事会、股东会、股东大会根本不可能只代表国家或国有投资主体，其任何决策（包括对人事的批准、研究决定）和执行行为都代表整个公司或各方投资主体的利益。因此，即使具有国有资产监督主管机构事先的建议任命这一前提，把改制后的国家出资企业中的董事会、监事会、股东会、股东大会视为“国家出资企业中的负有管理、监督国有资产职责的组织”，把行为人视为董事会、监事会、股东会、股东大会这些“组织”批准或者研究决定，同时代表这些“组织”在国有控股、参股公司及其分支机构中仅仅从事对国有资产进行组织、领导、监督、经营、管理工作的人员，也是与公司管理机制和实际情况极不吻合的。无论如何，难以将行为人管理工作的国家代表性归结为改制后企业董事会、监事会、股东会、股东大会的批准或者研究决定，而如果最终归结为之前的国有资产监督主管机构事先的建议任命，实际上《意见》第六条第二款就没有必要作出规定（因为符合受国家机关委派从事公务的特征，《意见》第六条第一款的规定，以及 2003 年《最高人民法院全国法院审理经济犯罪案件工作座谈会纪要》已详细作了规定）。

实务中要注意的是，由于《意见》专门针对“国家出资企业”中职务犯罪案件作出各项规定，而根据《意见》第七条的规定，“国家出资企业”包括国家出资的国有独资公司、国有独资企业，以及国有资本控股公司、国有资本参股公司。应当明确，“国家出资企业”术语的出现和《意见》的内容，并没有改变《刑法》第九十三条第二款“国有公司、企业”的含义，不能认为《意见》取代了 2001 年 5 月 23 日《最高人民法院关于在国有资本控股、参股的股份有限公司中从事管理工作的人员利用职务便利非法占有本公司财物如何定罪问题的批复》的内容。换言之，《意见》出台之后，上述《批复》仍具有法律效力，对于在国有资本控股、国有资本参股公司这些国家出资企业中从事管理工作的人员，除受国家机关、国有公司、企业、事业单位委派从事公务的及根据《意见》第六条第二款规定应当认定为国家工作人员的以外，仍不得认定为国家工作人员。不能因为《意见》把国有资本控股、国有资本参股公司和国有独资公司、国有独资企业相提并论为“国家出资企业”，就人为扩大《刑法》第九十三条第二款“国有公司、企业”的范围，将国有资本控股、国有资本参股公司中那些没有接受国有单位委派、仅仅是董事会任命的管理人员认定为国家工作人员。例如，在曾言、刘星等贪污、行贿、职务侵占、非国家工作人员受贿案中，这一问题的困惑体现得比较明显。该案基本事实和审理情况是：华润雪花啤酒有限公司是华润创业有限公司与 SABiller（Asia）Limitet

共同出资注册成立的有限责任公司，华润创业有限公司控股51%，SABiller（Asia）Limitet 控股49%。华润创业有限公司控股的51%中，国有股份占26.1579%。华润雪花啤酒（中国）投资有限公司（以下简称“雪花啤酒中国公司”）是华润雪花啤酒有限公司在中国注册设立的外国法人独资公司。华润雪花啤酒（贵州）有限公司（以下简称“雪花啤酒贵州公司”）是雪花啤酒中国公司在贵州注册设立的外商独资企业。华润雪花啤酒贵州区域公司是雪花啤酒中国公司设立的非法人管理机构。2008年1月25日，雪花啤酒贵州公司与被告人曾言签订《高层聘用（劳动）合同书》，聘曾言担任雪花啤酒贵州区域公司财务总监职务，有效期限自2008年1月1日～2012年12月31日。2011年9月9日，雪花啤酒中国公司任命曾言为贵州区域公司凯里项目组副组长，继续担任贵州区域公司财务总监。被告人刘星是原蓝剑集团（贵州）瀑布啤酒有限公司职工。2007年雪花啤酒贵州公司收购蓝剑集团（贵州）瀑布啤酒有限公司后，刘星的劳动关系随之转入雪花啤酒贵州公司，被聘为贵州区域公司行政部副经理。2010年10月28日，雪花啤酒贵州区域公司成立凯里工程项目筹备小组，刘星为筹备小组成员。被告人曾言、刘星在雪花啤酒贵州区域公司履行职务期间，实施有以下犯罪行为：（1）收受贿赂。2010年11月，雪花啤酒贵州公司因新建贵阳工厂瓶箱场地轻钢结构雨棚工程，决定以招标方式选择具有施工资质和能力的公司承接施工。被告人刘星将工程信息告诉黄某义（另案处理）后，黄某义请刘星帮忙承接该工程。刘星将黄某义的想法告诉被告人曾言，曾言说先报名。之后，黄某义以贵州建工集团第九建筑工程有限责任公司（以下简称“贵州建工集团第九建筑公司”）的名义报名参加投标。2010年12月3日开标后，曾言让项目负责人孙某训将各投标单位的报价报给他。得知贵州建工集团第九建筑公司的报价不是最低报价后，曾言叫孙某训组织二次报价，并将最低报价标底告诉刘星，刘星又透露给黄某义。第二次报价后，贵州建工集团第九建筑公司以250万元最低报价中标。为了感谢曾言的帮忙，次日，黄某义通过刘星送给曾言人民币20万元。2011年1月，雪花啤酒贵州公司与贵州建工集团第九建筑公司签订了《6424m^2瓶箱场地轻钢雨棚工程承包合同》。破案后，曾言退回赃款20万元。（2）侵吞公司财物、行贿。2011年11月，华润雪花啤酒（黔东南）有限公司（以下简称“雪花啤酒黔东南公司”）注册成立。刘星、曾言在筹建凯里项目期间，二人以雪花啤酒中国公司没有为雪花啤酒黔东南公司高层配车为由，多次找凯里市人民政府原市长洪某洲，要求凯里市人民政府拨款500万元给雪花啤酒黔东南公司高层配车。

被洪某洲拒绝后，曾言、刘星许诺可以协调雪花啤酒中国公司借款1500万元给凯里市人民政府，作为凯里项目的场平周转资金，条件是凯里市人民政府要拨500万元给雪花啤酒黔东南公司高层配车，并许诺事成后会给予洪某洲感谢。洪某洲表示同意。2012年1月18日，曾言、刘星以雪花啤酒黔东南公司的名义，向凯里市招商局提交《申请产业扶持资金的报告》，申请凯里市人民政府给予产业扶持资金500万元。2012年2月25日，洪某洲主持召开凯里市人民政府专题会议，同意扶持雪花啤酒黔东南公司"啤酒项目"资金500万元。2012年3月1日，曾言、刘星到凯里市财政局，要求将凯里市人民政府给予的500万元产业扶持资金拨入刘星的个人账户，被拒绝。之后，曾言、刘星借口雪花啤酒黔东南公司未开户，以雪花啤酒黔东南公司的名义出具委托书，再次要求凯里市财政局将这500万元产业扶持资金拨入刘星的个人账户。次日，凯里市财政局将这500万元产业扶持资金拨付到刘星的账户。曾言、刘星将其中的50万元办成一张信用卡送给洪某洲，余款被曾言占有330万元，被刘星占有120万元。凯里市人民法院根据上述事实及相关证据，根据2003年《最高人民法院全国法院审理经济犯罪案件工作座谈会纪要》以及《最高人民法院关于在国有资本控股、参股的有限公司中从事管理工作的人员利用职务便利非法占有本公司财物如何定罪问题的批复》中的相关规定，认为被告人曾言、刘星不具有准国家工作人员的主体身份，不符合贪污罪、受贿罪的主体资格，故公诉机关指控曾言犯贪污罪、受贿罪，刘星犯贪污罪，事实虽然清楚，但定性罪名不当。判决认定被告人曾言、刘星均犯职务侵占罪、非国家工作人员受贿罪两罪。一审宣判后，原公诉机关凯里市人民检察院提出抗诉，其抗诉的主要理由是：

（1）华润雪花啤酒（贵州）有限公司及华润雪花啤酒（黔东南）有限公司，均系华润雪花啤酒（中国）投资有限公司的全资子公司，该公司的董事会、监事会是公司的最高决策层，理所当然地负有管理、监督国有资产的职责。曾言的贵州区域公司财务总监及凯里项目组副组长职务的任职文件有华润雪花啤酒（中国）投资有限公司的印章，同时是由华润雪花啤酒（中国）投资有限公司法定代表人及董事长的王某签发，充分证明曾言的职务是由华润雪花啤酒（中国）投资有限公司董事会任命的，亦即曾言的职务是属于国有出资企业中负有管理、监督国有资产的组织批准或者研究决定的。根据2010年《最高人民法院、最高人民检察院关于办理国家出资企业中职务犯罪案件具体应用法律若干问题的意见》第六条第二款的规定，应当认定曾言为国家工作人员。

（2）原判适用法律不当、量刑畸轻。原判主要依据2001年《最高人民法院关于在国有资本控股、参股的有限公司中从事管理工作的人员利用职务便利非法占有本公司财物如何定罪问题的批复》及2003年《全国法院审理经济犯罪案件工作会议纪要》，未重视2010年《意见》的相关规定，违背新法优于旧法的原则，适用法律不当。从而认定曾言、刘星共同私分凯里市人民政府给予华润雪花啤酒（黔东南）有限公司企业扶持资金500万元的行为构成职务侵占罪，认定曾言收受黄某义20万元的行为构成非国家工作人员受贿罪，定性错误，据此判处的刑罚量刑畸轻，应当分别认定为贪污罪和受贿罪，并处以相应的刑罚。黔东南苗族侗族自治州人民检察院支持抗诉。黔东南苗族侗族自治州中级人民法院经审理认为，对于本案曾言是否属于国家工作人员，经查，《全国法院审理经济犯罪案件工作座谈会纪要》《最高人民法院关于在国有资本控股、参股的有限公司中从事管理工作的人员利用职务便利非法占有本公司财物如何定罪问题的批复》《最高人民法院、最高人民检察院关于办理国家出资企业中职务犯罪案件具体应用法律若干问题的意见》，该三个司法规范性文件或者司法解释目前均是属于尚未被废止的有效文件。综合该三个文件中的有关规定表明，国家出资企业包括、但不等于国有独资企业、公司，《刑法》第九十三条第二款等法律条款中的国有公司、企业应当是指国有独资企业、公司，而不是指国有资本控股、参股的企业，在这一点上，三个文件并无不一致之处。本案曾言等任职的公司，以及任命其职务的人员王某所代表或者代理的公司，均非国有独资企业、公司亦是本案无可争议的事实。依照有关公司的法律法规的规定，公司的董事会等属于公司的机构或者机关，其依照公司的有关规定任命公司的有关高管人员是行使公司的职权，该职权的行使即便对该公司中的国有股份或者资产产生影响，但其本身并不能由此就认定该董事会等机构是代表国家履行出资人职责的机构，这一点亦得到《企业国有资产法》等法律条款的印证。本案中对曾言委以职务的王某亦是如此，其所行使的是公司的有关职权。因此，即便王某本人具有国家工作人员的身份，亦不能仅仅由此认定曾言是受国有企业、公司委派从事公务的人员，以及其是《最高人民法院、最高人民检察院关于办理国家出资企业中职务犯罪案件具体应用法律若干问题的意见》中所规定的“经国家出资企业中负有管理、监督国有资产职责的组织批准或者研究决定，代表其在国有控股、参股公司及其分支机构中从事组织、领导、监督、经营、管理工作的人员”。本案更无其他充分证据证实，曾言在该有关公司中是“代表国家机关、国有公司、企业事业单位、人民团体等履行组织、领导、监督、管理等职责”。因此法院不支持控方有关曾言等人系国家工作人员的认定。故检察机关的抗诉意见不能成立，最后裁定驳回抗诉，维持原判。[①] 笔者认为，抗诉机关把公司的“董事会、董事长”等同于“负有管理、监督国有资产的组织”是错误的，“董事会、董事长”是公司的机构设置，不是国有资产管理人的机构设置。因此，一审法院判决和二审法院裁定结论是正确的。

3. 从实践中的情况来看，国家出资企业中负有管理、监督国有资产职责的组织，主要是该企业内部或其上级公司、企业（集团）党委、党总支等党的组织。根据我国政治体制、国有企业人事制度中“党管干部”的组织原则，改制后的国家出资企业一般都成立党委（或党总支部等党组织，下同），并由本级或上级党委决定企业党组织成员和企业管理人员的人事任免。对涉案行为人从事国有资产监督、管理的批准或研究决定，主要由党组织（通过组织人事部门），或者通过党政联席会等形式批准和任命。例如，中国人寿保险（集团）公司系国有独资企业，其董事长兼党委书记，包括董事长（党委书记）、副董事长（可能兼党委副书记）、副总裁（可能兼任党委委员）在内的领导班子成员均被列为中央管理干部。中国人寿保险股份有限公司（上市公司）则是中国人寿保险（集团）公司控股的国家出资企业，该上市公司中除了中国人寿保险（集团）公司委派过去的管理人员属于国家工作人员之外，还有一些管理人员（如总裁、副总裁）是经过中国人寿保险（集团）公司党委甚至中央组织部批准或者研究决定的。

事实上，国家出资企业中的党组织作为负有管理、监督国有资产职责的组织有法律依据。中国共产党在国家各项事业中的领导地位是我国宪法所确立的，而且宪法强调中国共产党领导是中国特色社会主义最本质的特征，包括国有资产监督管理机构在内的一切机关都接受党的领导。《中国共产党章程》第三十三条第二款规定：“国有企业党委（党组）发挥领导作用，把方向、管大局、保落实，依照规定讨论和决定企业重大事项。国有企业和集体企业中党的基层组织，围绕企业生产经营开展工作……支持股东会、董事会、监事会和经理（厂长）依法行使职权。”而“讨论和决定企业重大事项”“支持股东会、董事会、监事会和经理（厂长）依法行使职权”，本身就包括对企业人事的批准决定权，以及通过行使这些职权来支持股东会、董事会、监事会和经理

① 参见（2015）黔东刑终字第69号刑事裁定书（审理法官：杨元忠、罗安武、邓红霞）。

（厂长）依法行使职权。

在国有企业改制过程中，国有资产监督管理机构及企业的党委等党组织，对于国有资产的监管始终发挥重要作用，只不过党组织主要通过行使人事任命、审批、决定权来履行职能。以国务院国有资产监督管理委员会对国有资产的监督管理为例，近年来，国务院国有资产监督管理委员会就中央企业执行国家法律法规、国资监管规章和规范性文件以及国有资产参股规范、落实出资人监管和审计、纪检监察、巡视监督等工作十分重视，党组织在其中的作用尤为重要。比如，国务院国有资产监督管理委员会于2019年12月12日向中央企业下发《关于中央企业加强参股管理有关事项的通知》（国资发改革规〔2019〕126号），要求央企形成以管资本为主的国有资产监管体制，规范操作，强化监督，有效维护国有资产安全，特别强调“参股投资决策权向下授权应作为重大事项经党委（党组）研究讨论”。因此，无论从现实还是法律依据上，国家出资企业内部（含本级及上级企业内部）党委、党政联席会议等作为《意见》第六条第二款规定的国家出资企业中“负有管理、监督国有资产职责的组织”，都是没有障碍的。

当然，必须指出的是，我们肯定国家出资企业中的党组织是“负有管理、监督国有资产职责的组织”，并不是说只要党组织批准或研究决定的、在国有控股、参股公司及其分支机构中从事组织、领导、监督、经营、管理的人员，都一定是国家工作人员。对于国家出资企业中的国家工作人员的认定，不能仅仅从“国家出资企业中负有管理、监督国有资产职责的组织批准或者研究决定”的表现形式考察，还要同时考虑行为人从事的职责在实质上是否仅仅代表国家。概言之，对于那些并非因为受委派到国家出资企业中从事组织、领导、监督、经营、管理的人员，如果要认定为国家工作人员，除了形式上具备党组织的批准或研究决定这一形式要件外，还要同时具备仅仅代表国家从事工作的实质要件。如果说行为人被党组织批准或研究决定从事组织、领导、监督、经营、管理，是代表改制后企业所有投资主体的意志，或者说，不仅仅只代表国家从事相关工作，则不得认定为国家工作人员。也就是说，国家出资企业中国家工作人员成立，必须包含公务性和代表性两个要素。[①] 因此，在对国家控股、参股企业的管理人员普遍采取党组织任命、批准的情况下，司法机关

---

① 参见刘为波：《〈关于办理国家出资企业中职务犯罪案件具体应用法律若干问题的意见〉的理解与适用》，载最高人民法院刑事审判庭主编：《刑事审判参考》2010年第6集（总第77集），法律出版社2010年版，第137～138页。

应当深刻领会刑法设置国家工作人员这一特殊主体身份的实质意义，避免造成国家出资企业中国家工作人员范围的不当扩大和非国家工作人员范围的不当缩小。

例如，上海市L超市股份有限公司系国有控股连锁商业企业。被告人郭某系该公司某门店采购部经理，负责该门店商品采购进货业务。郭某因在采购管理过程中，利用职务上的便利，暗中收受销售方的回扣，为其让利，被指控成立受贿罪。在案件一审过程中，控辩双方围绕郭某是否具有国家工作人员身份问题存在分歧。控方认为，郭某虽然系从社会上招聘进入超市门店，但其采购部经理职务，是门店上级分公司党政联席会议研究决定并发文任命的，按照《最高人民法院、最高人民检察院关于办理国家出资企业中职务犯罪案件具体应用法律若干问题的意见》的规定，属于“经国家出资企业中负有管理、监督国有资产职责的组织”研究决定，代表国家在超市门店从事管理工作的人员，应当认定为国家工作人员。辩方认为，被告人郭某虽然经过党政联席会议研究决定任命，但并不是代表国家或国有投资主体从事相关管理工作。事实上，L超市股份有限公司任何门店中类似郭某的中层领导岗位，都是经过上级分公司党政联席会议研究决定的，除了那些可以明确代表国有投资主体从事国有资产监督、管理活动的人员可以认定为国家工作人员外，包括郭某在内的其他被任命人员，都不宜认定为国家工作人员。法院最后采纳了辩方意见，以非国家工作人员受贿罪对郭某定罪处罚。笔者认为，上述案件中，既然包括郭某在内的超市门店中层领导都需要通过上级分公司党政联席会议决定任命，如果仅以党政联席会议的形式就得出被任命人员都是国家工作人员的结论，显然抹煞了公司中尚有非国家工作人员的事实。因此，对被告人的身份应当从实质上进行考察，看有无证据证明其是仅仅代表国家对国有资产从事组织、领导、监督、经营、管理工作，还是代表公司整体（或者说同时代表非国有投资主体）在公司中从事相关工作。只有在前一情形下，才能认定为国家工作人员。

再如被告人赵永军被控受贿罪一案。公诉机关指控称：2009年5月~2012年11月，被告人赵永军在担任中铁十六局集团第五工程有限公司（以下简称“五公司”）武广铁路项目队经理和沪昆客专湖南段项目部经理期间，利用职务之便，收受他人贿赂8次，共计146万元。经查，中国铁道建筑总公司为国有独资公司，系中国铁建股份有限公司（以下简称“中国铁建”）的发起人和控股股东（持有中国铁建50%以上股份），中国铁建于2007年11月5日成立，2008年3月10日、13日分别在上海和香港证券交易所挂牌上市交易；

中铁十六局集团有限公司（以下简称“中铁十六局”）系中国铁建的全资子公司，五公司系中铁十六局的全资子公司。赵永军在项目队（部）的职务是五公司召开党政联席会议决定的，故被告人赵永军具有国家工作人员身份，其利用职务上的便利，非法收受他人财物，为他人谋取利益，应当以受贿罪追究其刑事责任。被告人赵永军及其辩护人认为，五公司是非国有公司，被告人的任职来源于公司聘任，受劳动合同调整，且被告人在公司项目部的职责中，并不负有对国有资产的管理职责。因此，被告人不属于国家工作人员，其行为构成非国家工作人员受贿罪。长沙铁路运输法院经审理认为：中国铁建是国有资本控股的股份制有限责任公司，并非国有企业。基于此，中铁十六局集团、五公司均属国有资本控股公司，并非国有企业。公诉机关称，赵永军在项目队（部）的职务是五公司召开党政联席会议决定的，而党政联席会属于《最高人民法院、最高人民检察院关于办理国家出资企业中职务犯罪案件具体应用法律若干问题的意见》第六条第二款规定的“负有管理、监督国有资产职责的组织”。根据公诉机关提交的两份会议纪要，两次会议研究了五公司大至技术人员职务聘任、工程项目部组建及项目部经理人选，小至指标挂钩考核兑现、招待所装修等各类公司日常经营管理事项。由此事见，五公司的党政联席会议实际是经营管理工作会议，研究涉及公司生产经营、人事任免、日常管理的全部事宜。基于该两次会议发布的两份五公司文件，公布了两项目队（部）上至项目经理、副经理，下至项目司机、电工等数十人的职务任免。实为经营管理工作会议性质的党委及党政联席会议当然不能决定任免国家工作人员，包括被告人赵永军在内的数十名工程项目队（部）组成人员是不能由该公司的两份文件确认为国家工作人员的。因此，被告人赵永军的行为构成非国家工作人员受贿罪。一审宣判后，长沙铁路运输检察院提出抗诉。抗诉称：被告人赵永军犯罪时任五公司武广铁路项目队经理、沪昆客专湖南段项目部经理，且系该公司党政联席会议研究决定任命，根据《最高人民法院、最高人民检察院关于办理国家出资企业中职务犯罪案件具体应用法律问题的意见》（以下简称《意见》）第六条第二款规定，赵永军的身份应当认定为国家工作人员；一审判决认定被告人赵永军系非国家工作人员身份不当，适用法律确有错误，导致量刑畸轻。广东省人民检察院广州铁路运输分院支持抗诉称：原审被告人的职务均系五公司党政联席会议研究决定任命。两次党政联席会议均符合会议程序规定，不但有五公司党政领导及相关部门重要人员参加会议，会议讨论内容亦没有超出该党政联席会议有权决议的范围。五公司党政联席会议形成的两份会议纪要客观、真实、有效。五公司的党政联席会议属于《意见》中的“代表负有管理、监督国有资产职责的组织”，其有权研究决定原审被告人赵永军的任职。根据《意见》第六条第二款规定，原审被告人赵永军是代表负有管理、监督国有资产职责的组织在国有控股公司及其分支机构中从事组织、领导、监督、经营、管理工作，从事的是公务，应当认定为国家工作人员，其非法收受他人财物共计 146 万元的行为构成受贿罪。原审判决认定赵永军非国家工作人员身份不当，适用法律确有错误。广州铁路运输中级法院经审理认为：根据《意见》第六条第二款的规定，对赵永军是否属于国家工作人员的问题，应审查其是否具备“经负有管理、监督国有资产职责的组织批准或者研究决定”的形式要件，以及是否代表该组织从事组织、领导、监督、经营、管理工作的实质要件。赵永军所在的五公司属于国家出资发起设立的股份制公司下设的子公司，但本案中将五公司的党政联席会定性为国家出资企业中负有管理、监督国有资产的组织，证据不足。赵永军作为项目经理，其代表五公司履行建设工程施工合同的义务，负责具体施工上的全面管理。至于赵永军履职过程中涉及的国家建设资金，管理、监督权属于建设单位（投资方），不属于施工单位（五公司），施工单位党政联席会亦无权批准行为人行使该权利。本案亦没有相应的证据证明赵永军是在利用其组织、领导、监督、经营、管理五公司国有资产的职务便利收受他人贿赂。因此，赵永军不具备《意见》第六条第二款规定的国家工作人员的实质要件。最后，广州铁路运输中级法院裁定驳回抗诉，维持原判。[①]

相反，实务中也存在根据《意见》第六条第二款的规定，完全从形式主义立场判断认定国家出资企业中国家工作人员的现象，应当予以警惕。例如被告人王某被控受贿罪一案。被告人王某于 2009 年 12 月 29 日被中国石油化工股份有限公司海南石油分公司（后更名为中国石化销售有限公司海南石油分公司，以下简称“中石化海南分公司”）录用为琼中经营部客户经理，负责琼中片区客户基础管理、开发维护等工作。2013 年 3 月，王某在工作过程中，得知柴油供应商赵某某正为琼中县境内的用油客户供油，却未在琼中经营部购油，便到赵某某家向其表明身份，表示琼中经营部有每升 0.3～0.4 元不等的购油优惠，要求赵某某到琼中经营部购油，赵某某开始未答应。后来，王某又

① 参见王进、阳叶倩：《赵永军受贿案——国有股份制企业管理人员的身份认定》，载《人民司法·案例》2017 年第 17 期。

找到赵某某要求其在琼中经营部购油，并表示可为其介绍用油客户，但要求凡王某某介绍的客户，赵某某要按客户用油给予王某每升 0.2 元的回扣（2013 年 7 月，应赵某某要求，王某同意回扣比例降为每升 0.1 元）。为获得更多的客户资源，赵某某表示同意。2013 年 3 月 ~2014 年 5 月，王某利用职务上的便利，共介绍给赵某某 13 家客户，非法收受赵某某所送好处费 63348 元。公诉机关提供了中石化海南分公司出具的有关其公司性质的《证明》、中石化海南分公司出具的有关被告人王某工作经历的《证明》、员工信息登记表、关于招聘成品油客户经理的通知、关于公布成品油客户经理录用名单的通知、劳动合同书、关于印发《海南石油分公司岗位责任制实施细则》的通知、中国石化党组关于印发《中国石油化工集团公司直属单位党委（常委）会议事规则》的通知、中石化海南分公司出具的有关王某被聘任为客户经理经过的《证明》、中石化海南分公司岗位办公发文处理单及零售中心客户优惠申请表、关于调整 IC 卡返利客户优惠价格的请示、赵某某销售用油情况明细、王某收受回扣的农业银行卡交易明细等书证，以及证人证言、被告人王某的供述和辩解等证据。公诉机关认为，中石化海南分公司的《证明》等证据证实王某被聘任为中石化海南分公司琼中经营部客户经理，是该公司作为国有资本控股公司，按照科级干部任命程序，召开党政联席会议（党委会）讨论研究并决定的。而该公司党委是公司内部负有管理、监督国有资产职责的组织，具有人事任免权，根据《意见》第六条第二款规定，王某作为中石化海南分公司客户经理负责琼中片区客户基础管理、开发维护等工作，完成琼中经营部的售油指标，其身份应认定为国家工作人员。故被告人王某犯受贿罪。

被告人王某及其辩护人认为王某不属于国家工作人员，其行为不构成受贿罪。主要理由是：被告人王某不是正式的工作人员，只是经营部从社会上招聘的客户经理，不属于国家工作人员；只有经营部经理才符合公司任命的条件；中石化海南分公司出具的王某任职证明，本身也不能证明通过党政联席会议讨论决定王某的任职；王某更不代表中石化海南分公司在琼中负有国有资产管理监督的工作。法院最终采纳公诉机关起诉意见，以王某系中石化海南分公司党政联席会议决定任命的工作人员，从事的是具有公务性质的工作，属于国家工作人员为由，认定王某成立受贿罪。对此笔者认为，法院只在形式上考察被告人王某被招聘上岗后被中石化海南分公司按照干部任命程序，通过党政联席会议讨论研究并决定为琼中经营部客户经理这一点，而没有着重考察王某作为中石化海南分公司党政联席会议决定任命的客户经理，其负责琼中片区客户基础管理、开发维护等工作是否仅仅代表国有投资主体、和经营部其他人员工作性质有无“代表性”上的区别。裁判应从实质上关注国家工作人员的本质特征。如果从社会上招聘进来作为客户经理的人员都需要党政联席会议决定任命，而一旦通过党政联席会议程序就当然是代表《意见》第二条第二款所说的“组织”或者国家在公司中从事公务，那么，所有从事类似于王某的工作的人员中，还有没有非国家工作人员存在的余地？按照“党政联席会议属于《意见》所指的‘组织’——行为人的任职由党政联席会议决定——行为人的任职被党政联席会议决定就表明行为人代表国家从事工作”这样的思维逻辑作出裁判，其合理性是值得探讨的。

四、其他依照法律从事公务的人员

“其他依照法律从事公务的人员”，也是《刑法》第九十三条第二款规定的以国家工作人员论的一类人员。

根据全国人大常委会2000年4月29日《关于〈中华人民共和国刑法〉第九十三条第二款的解释》的规定，村民委员会等村基层组织人员协助人民政府从事下列行政管理工作，属于《刑法》第九十三条第二款规定的“其他依照法律从事公务的人员”：（1）救灾、抢险、防汛、优抚、扶贫、移民、救济款物的管理；（2）社会捐助公益事业款物的管理；（3）国有土地的经营和管理；（4）土地征收、征用补偿费用的管理（此项规定被2009年8月《全国人大常委会关于修改部分法律的决定》修改，增加了“征收”——作者注）；（5）代征、代缴税款；（6）有关计划生育、户籍、征兵工作；（7）协助人民政府从事的其他行政管理工作。村民委员会等村基层组织人员从事前款规定的公务，利用职务上的便利，非法占有公共财物、挪用公款、索取他人财物或者非法收受他人财物，构成犯罪的，适用《刑法》第三百八十二条和第三百八十三条贪污罪、第三百八十四条挪用公款罪、第三百八十五条和第三百八十六条受贿罪的规定。2000年6月5日，《最高人民检察院关于贯彻执行〈全国人大常委会关于《中华人民共和国刑法》第九十三条第二款的解释〉的通知》指出：“各级检察机关在依法查处村民委员会等村基层组织人员贪污、受贿、挪用公款犯罪案件过程中，要根据《解释》和其他有关法律的规定，严格把握界限，准确认定村民委员会等村基层组织人员的职务活动是否属于协助人民政府从事《解释》所规定的行政管理工作，并正确把握《刑法》第三百八十二条、第三百八十三条贪污罪、第三百八十四条挪用公款罪和第三百八十五条、第三百八十六条受贿罪的构成要件。对村民委员会等村基层组织人员从事属于村民自治范围的经营管理活动不能适用《解释》的规定。”

上述全国人大常委会的立法解释并不是对《刑法》第九十三条第二款所规定的“其他依照法律从事公务的人员”进行的全面解释，也没有对村民委员会等基层群众性组织人员以外的其他人员的认定问题作出规定。比较全面地对“其他依照法律从事公务的人员”进行有权解释的，是最高人民法院2003年11月13日《全国法院审理经济犯罪案件工作座谈会纪要》。该《纪要》就贪污贿赂犯罪和渎职犯罪的主体问题作出如下解释：《刑法》第九十三条第二款规定的“其他依照法律从事公务的人员”应当具有两个特征：一是在特定条件下行使国家管理职能；二是依照法律规定从事公务。具体包括：（1）依法履行职责的各级人民代表大会代表；（2）依法履行审判职责的人民陪审员；（3）协助乡镇人民政府、街道办事处从事行政管理工作的村民委员会、居民委员会等农村和城市基层组织人员；（4）其他由法律授权从事公务的人员。

笔者认为，按照上述立法解释的精神和司法解释的规定，“其他依照法律从事公务的人员”与国有公司、企业、事业单位、人民团体中从事公务的人员及受国有单位委派从事公务的人员不同的是，这类人员只是“在特定条件下”行使代表国家的公共事务及监督、管理国有财产的职能，或者说，这类人员从其本身所固有的职责来看，并无从事公务和行使国家公共事务的职能，而是其特定条件下职责的要求。例如，各级人大代表来自各行各业，有的本职是教师，有的本职是工人，有的本职是农民，等等，本身不具有国家公共事务管理的职责，不是国家工作人员。但是，根据我国《宪法》《全国和地方各级人民代表大会组织法》《全国和地方各级人民代表大会代表法》的规定，各级人大代表在开会和闭会期间，均享有一定的从事国家管理工作的职权。教师、工人、农民一旦当选为人大代表，在依法履行职责这一特定时期、特定事务时，就行使着国家管理的职权，从而属于国家工作人员。又如，人民陪审员本身不属于法院在编人员，有的是法学教授，有的是医疗、海运等领域专家，有的是普通群众，他们的本职工作可能与国家公共管理事务毫不相干，但根据《人民法院组织法》《刑事诉讼法》的规定，人民陪审员在人民法院执行职务期间，属于其所参加的案件的合议庭的组成人员，与审判员具有同等权利，他们在作为人民陪审员参与案件的开庭审理及裁判过程中，就代表国家行使审判权，属于国家工作人员，且系国家机关工作人员。再如，根据《居民委员会组织法》的规定，居民委员会属于城市群众自治组织，不行使国家管理职权，但法律赋予居民委员会等城市基层组织协助街道办事处从事行政管理工作，其组成人员在从事上述工作时，就属于“其他依照法律从事公务的人员”，应以国家工作人员论。例如，在突发传染病疫情防控期间，村民委员会、居民委员会等基层组织人员接受乡、镇政府委托协助人民政府从事各项疫情防控工作的，就属于接受政府委托，协助政府、代表国家从事公务活动，属于“其他依照法律从事公务的人员”。需要注意的是，这些人员属于《刑法》第九十三条第二款所规定的准国家工作人员，自然在逻辑上就不属于《刑法》第九十三条第一款规定的国家机关工作人员。①

司法实践中认定“其他依照法律从事公务的人员”，还必须从以下两个方面进行限制解释：

1. “其他依照法律从事公务的人员”的界定，应作严格解释，仅限于法律直接加以规定，或者由法律、法规授权行使管理职权及受国家机关委托行使行政管理职权；没有法律依据的，即使从事公务，也不能认定为国家工作人员。《全国法院审理经济犯罪案件工作座谈会纪要》在明确列举人大代表、人民陪审员等人员外，还规定了“其他由法律授权从事公务的人员”作为“其他依照法律从事公务的人员”，这类人员的认定一定要从有无法律依据上把握好。比如，某国有钢材交易中心除了自营钢材交易外，还将中心的营业场所20余个摊位租给其他企业经营钢材产品，每月定期到营业场所收取摊位租金。某日，该中心出纳叫单位司机送其到营业场所，适逢家中亲属生病急需送医院抢救，便临时委托司机向各摊主收取租金，该司机收取80余万元租金后潜逃。该司机尽管受托收取租金的行为不失为公务，但其从事公务并无法律依据，故不属于“其他依照法律从事公务的人员”，其行为成立职务侵占罪，而不构成贪污罪。相反，原本不具有国家工作人员身份的、由人民法院指定的国有企业破产清算组、破产改制指导组的成员，就是“其他依照法律从事公务的人员”。例如，被告人谢某原系某市高新技术开发区管委会副主任和市机械冶金工业局副局长，2018年9月退休。同年10月，机械冶金工业局下属的机器制

---

① 有人认为，村委会、居委会等基层组织人员受到上级行政机关政府部门的委托从事疫情防控工作，属于国家机关工作人员；对这些人员依法进行防疫、检疫、强制隔离、隔离治疗等措施的，应当依照妨害公务罪定罪处罚（参见李翔：《“两高两部”〈疫情防控违法犯罪意见〉评析》，载《刑事疑案与刑法解释》微信号，2020年2月13日）。这种观点混淆了《刑法》第九十三条第一款和第二款的关系，也与2000年有关立法解释的精神相悖。

造厂因资不抵债，依法进入破产程序，机械冶金工业局提出该公司破产清算组建议名单，并经市属企业深化改革领导小组同意，同年11月9日，人民法院指定谢某担任机器制造厂破产指导组组长、破产清算组成员，具体负责指导该厂破产工作。自2018年11月~2019年3月间，被告人谢某利用职务上的便利，采取虚报冒领的方式侵吞破产公司的钱款18万余元。在此案中，被告人谢某退休后已不再是国家工作人员，但是，由于其受人民法院指定担任破产企业的破产指导组组长和破产清算组成员，而人民法院指定清算组成员是依照企业破产法的规定进行的，所以清算组成员属于依照法律从事公务的人员，谢某因为被指定而重新获得了国家工作人员的身份。因此，对其行为应认定为贪污罪。

2.“其他依照法律从事公务的人员”的界定，在个案中应当特别注意区分行为人从事前后相关联的工作、活动时，可能存在其中既有从事公务，又有从事非公务的情形。对此，应当具体分析行为人涉案行为的性质。

比如，村民委员会人员在国家向村集体征用土地过程中，既可能代表村委会管理村集体经济获取的相关补偿款，也可能接受政府委托、协助政府确定国家土地补偿款确认、发放，在不同阶段，行为人的刑法规范身份有所不同，相应的受贿、侵占财产行为的性质也各异。例如，被告人樊某，案发前系B市H区S镇某村党支部书记；被告人李某，案发前系该村村委会主任；被告人张某，案发前系海创房地产土地评估有限公司法定代表人、副总经理；被告人朱某，案发前系B市土地整理储备中心H区分中心办事员；被告人于某，案发前已退休，曾任S镇政府城建科主任科员、规划建设与环保办公室主任科员。2009年底至2010年初期间，B市H区启动凤凰岭旅游设施二期土地一级开发项目，需要向S镇某村征用土地，征地拆迁补偿工作由B市土地整理储备中心H区分中心（代表国家）与集体所有土地所在的某村村委会具体操作，由村委会干部、B市土地整理储备中心H区分中心工作人员、S镇政府城建科工作人员和海创房地产土地评估有限公司相关负责人一起负责被征用土地丈量、核准、测算面积及清点、确认、统计土地、登记地上附着物，由海创房地产土地评估有限公司出具评估报告，为村委会与B市土地整理储备中心H区分中心签订补偿协议书提供依据。2009年11月27日，B市土地整理储备中心H区分中心（甲方）与某村村委会（乙方）、S镇政府（丙方）之间签订两份协议书：一是《征地补偿安置协议书》，以海创房地产土地评估有限公司出具评估报告为依据，明确了征地范围及面积（358.161亩）、征地安置补偿方式（货币补偿）、征地补偿标准（总计13251.96万元。其中，土地补偿费每亩30万元，共计10744.83万元；人员安置补助费2507.13万元）；二是《地上物及其它附属物补偿付款协议书》，明确了补偿范围、付款依据及补偿款金额（17191.68万元）、补偿款支付办法。上述两份协议固定了国家需要支付给村委会的各项补偿款金额；国家根据上述协议支付的补偿款先行划拨到S镇政府账户上，资金到账后3日内S镇政府拨付到村委会专用的监管账户内。补偿款拨付到村委会专用账户后，村委会与各户村民签订《拆迁补偿及解除合同协议书》，确定每户应得的补偿款。至2009年12月中旬，包括被告人樊某和李某在内的涉及拆迁补偿的村民，均与村委会签订了协议书。至2009年12月下旬，村民从村委会获取征地安置补偿款和地上物及其它附属物补偿款的工作基本完成。2010年1月，被告人朱某提议，在协助村委会与村民谈判、确认各户补偿款的过程中，朱某、张某、于某实际上做了额外的工作，可以从补偿结余款中拿出一部分给大家做“辛苦费”，得到樊某、李某、张某、于某的同意。此后，由张某虚构自己妻子蔡某（非村民）与村委会之间存在土地租赁关系，并以虚假的租赁合同为前提，以蔡某的名义与村委会签订土地补偿款协议，套取448余万元款项予以瓜分。樊某分得165万元、李某分得130万元、张某分得33万元、朱某分得30万元、于某分得30万元，另60余万元由樊某、李某作为村接待费用支配。

本案由H区监察委员会调查终结，于2019年4月12日以樊某、李某、张某、朱某、于某五人涉嫌贪污罪，移送检察院审查起诉。公诉机关指控称：被告人樊某、李某、张某、朱某、于某在参与征地拆迁补偿工作过程中，共谋利用被告人樊某担任村党支部书记、被告人李某担任村委会主任，二人协助S镇人民政府从事拆迁补偿工作的职务便利，利用被告人朱某担任B市土地整理储备中心H区分中心办事员，负责配合办理征地拆迁前期手续及监督检查项目资金的职务便利，利用被告人于某担任S镇政府城建科主任科员，负责项目相关部门的对接协调工作及监督补偿款发放的职务便利，伙同该项目评估公司工作人员被告人张某，采取签订虚假租地协议书申请地上物拆迁补偿款等手段，共同骗取国家拆迁补偿资金448万余元，应当以贪污罪追究刑事责任。

法庭审理过程中，控辩双方对案件事实没有争议，但就案件性质产生了分歧。辩护人认为，公诉机关指控樊某、李某、朱某、于某四被告人作为国家工作人员、利用其职务上的便利伙同张某共同侵吞涉案款项，成立贪污罪，定性错误；依照刑法规定和相关立法解释的精神，被告人樊某、李某是作为非国家工作人员，利用主管、管理村集体财产的职务便利，伙同外部人员被告人张某、朱某、于某三人共同侵吞村集体财产，五被告人的行为成立职务侵占罪。法院最终采纳了辩护人的意见，以职务侵占罪对五被告人定罪处罚。

笔者认为，法院是在正确解读立法解释的基础上作出判决。具体理由是：(1) 涉案448万余元款项的性质是村集体财产，而非国家财产。其与村委会其他自主经营、管理的其他财产在性质上没有任何区别，因而体现的是作为非国家工作人员的、村委会干部的利用职务上的便利。对其侵害行为448万余元款项虽然来源于代表国家的B市土地整理储备中心H区分中心所支付的地上物及其它附属物补偿款，或者说这些被侵吞的款项是土地储备中心支付给村委会的补偿款而被村集体截留的一部分。但是，本案五名被告人商议和实施非法占有448万余元之时，这笔款项已经成为村集体的财产。它系村委会依据其与各村民之间补偿协议支付补偿款完成之后、剩余下来的村集体经济组织的财产，性质和用途实际上已不再属于国有财产。这些剩余下来的款项，既不会作为补偿款支付给村民，依照土地储备中心与村委会、S镇政府之间的《地上物及其它附属物补偿付款协议书》，也不可能返还给国家（即不属于应该由国家收回的款项），而是归属于村集体经济组织、理应由村集体支配使用的财产。这笔款项，和村集体从事其他经营和管理活动的财产在性质和地位上完全一样。当然，即便是涉案行为发生在村委会补偿村民工作完成之前，也不影响涉案款项属于村集体的性质。假如被告人侵吞448万余元后导致村委会无力支付某些村民的补偿款，也只能由村委会承担责任。国家支付补偿款给村委会，实际上是采取根据评估和拆迁协议进行固定、包干的方式，不存在“多退少补”的问题。总之，从财产性质来看，作为村干部的樊某、李某利用职务便利对自己有主管、管理职责的村集体财产予以侵吞，属于职务侵占罪的实行犯而非贪污罪的实行犯，法益侵害性质属于对村集体经济组织财产权的侵害而不属于对国家财产的侵害和对国家权力的侵蚀。在樊某、李某成立职务侵占罪的前提下，伙同其侵吞集体财产的张某、朱某、于某等三人，无疑也成立职务侵占罪的共犯而非贪污罪的共犯。(2) 五被告人套取448万余元款项，并非发生在被告人樊某、李某从事立法解释所说的“协助人民政府从事行政管理工作”情形下；其利用职务上的便利侵吞448万余元，不属于以国家工作人员身份实施的贪污行为。《刑法》第九十三条所规定的国家工作人员身份，不是一个静态、形而上的范畴；行为人是否国家工作人员，要具体结合涉案行为的性质和内容进行判断。包括村支部书记、村委会主任等人员在内的基层组织人员是否属于国家工作人员、其利用职务上的便利侵吞公共财物，是成立贪污罪还是职务侵占罪，无法仅从形式上作出判断。立法解释所指的村民委员会等基层组织人员协助人民政府从事“土地征收、征用补偿费用的管理”，并不是泛指一切与土地征收、征用补偿费用有关的事务，尤其不能把凡是款项最初来源于补偿款的款项管理费事务，都认定为从事公务。否则，必然违反《刑法》第九十三条和立法解释对相关职务犯罪进行实质区分、区别对待侵害不同法益行为性质的精神。不可否认，本案中，被告人樊某、李某在土地整理储备中心将补偿款划拨至S镇政府账户之前，所从事的土地征用及安置补偿相关工作，都属于“协助人民政府”从事行政管理工作的“从事公务”，此时具有国家工作人员身份。当然，被告人朱某此时作为土地整理储备中心办事员，负责配合办理征地拆迁前期手续及监督检查国家的项目资金，本属国家工作人员；被告人于某作为镇政府城建科主任科员，负责项目相关部门的对接协调工作及监督补偿款发放，履行职责时当然也属于国家工作人员。因此，假如数名被告人在村委会与B市土地整理储备中心H区分中心签订协议书之前、之时，在协助政府开展土地面积丈量、核准、测算及协助政府清点、确认、统计土地、登记地上附着物时虚构补偿项目或多报土地面积、地上附着物数及青苗补偿亩数等方面弄虚作假，故意虚假评估（高估），欺骗土地整理储备中心等相关部门，从而套取补偿款据为己有，致使国家多出补偿款、遭受损失的，毫无疑问成立以国家工作人员为特殊主体身份的贪污罪。但是，本案五被告人套取448万余元的行为，发生在国家相关补偿款划拨至村委会之后，甚至在村民获得补偿款之后，被告人套取款项的行为没有也不可能使国家遭受损失、多给补偿款。五被告人实际上是内外合谋，把村委会账户中来源于国家土地补偿款的、被村委会截留的，或者说在依约补偿农民之后盈余的部分款项，通过利用被告人樊某、李某的职务便利据为己有，这无疑属于侵犯集体经济组织财产权的职务侵占罪。而事实上，村委会给农民发放完补偿款后，对补偿款结余部分形成的村集体财产的管理，也已经不属于“协助人民政府”从事公务的活动了，不能认为被告人樊某、李某利用了“协助人民政府”从事公务的职务便利侵吞公共财物。

需要指出，由于对涉案448万余元资金，只有被告人樊某、李某作为村干部才具有主管、管理的职务便利，被告人朱某、于某两人在补偿款支付到村委会后，则不存在监督发放或主管、管理、经手的职务便利。被告人张某自然更是没有对这些财产的管理支配权力。被告人朱某、于某被认定为国家工作人员，只是相对于其配合征地拆迁前期手续、对国家资金核算、支付和国家向村委会发放补偿款的职责而言——如果涉案行为不在其职责范围内、未利用其本人职务便利与他人（利用他人职务便利）共同实施犯罪，行为人并不属于国家工作人员范畴，实际上是“无身份人”，不构成国家工作人员主体的身份犯。此时，共同犯罪的性质取决于具有职务便利的人员的身份。

通过上述分析，“从事公务”是各种国家工作人员的共同特征。因此，应当注意，无论是国家机关中的人员，还是国有公司、企业、事业单位中的人员，或是国家机关、国有公司、企业、事业单位委派到非国有公司、企业、事业单位、社会团体中的人员，都必须是从事公务才能属于国家工作人员。换言之，认定行为人是否国家工作人员，能否认定为国家工作人员、以国家工作人员论，关键的是其是否“从事公务”。

如何理解“公务”呢？理论和实践中的争论很大。一般认为，公务是与劳务相对而言的概念，指的是组织、领导、监督、管理、协调等具有管理性的活动。但是，也有人认为，只要享受国家财政拨款待遇、拿国家工资，就可以视为国家工作人员。笔者认为，公务不是与劳务相对而言的概念，而是与私务（私人事务）相对而言的概念。劳务大多指的是从事体力劳动，但也可能指一切劳动事务。劳务强调的是事务的内容，而公务与私务强调的是事务的性质。某些劳务也属于公务性质的劳务，如国有企业的货物押运员，从事的就是公务性质的劳务——押运并在押运过程中负责保管公共财物。因此，只要在性质上属于国家公共管理职能事务的，都是公务。公务的性质包括两个方面：一是管理性，即这种活动是组织、领导、监督、管理、协调；二是国家代表性，即这种活动代表国家权力。总而言之，凡是工作性质属于国家事务中组织、领导、监督、管理、协调等具有管理性质的活动，就是公务。能否以是否享受国家财政拨款待遇作为区分是否国家工作人员的标准呢？笔者认为，答案是否定的。因为在我国，一个人是否享受国家财政拨款的工资等待遇，与其所从事的工作性质是否具有管理性、国家代表性并没有必然联系。享受国家财政拨款的工资等待遇的人，既包括从事管理性工作的人员，也包括从事非管理性工作的人员。在我国，拿国家工资的人员范围非常之广，但他们并非均从事管理性工作。比如，国立大、中、小学教师，国办医院医生、国办报社记者、国有公司工程师，等等，他们都享受国家干部的待遇，拿国家工资和财政津贴，但从事的工作主要是专业性的技术活动，不具有公务性。所以，不能仅仅因为他们享受国家财政拨款的工资等待遇而认定他们就是国家工作人员。当然，正是由于是否“国家工作人员”之认定是从其从事的工作性质是否公务入手，所以，当国立学校的教师依法在国家考试中担任监考员、国有医院的医生同时依法作为医院的药品采购决策人员时，他们的工作就是代表国家的管理性活动，因其从事公务而成为国家工作人员了。教师收受家长的钱物在上课时给学生多一些照顾、医生在做手术前后收取病人及其家属的“红包”，固然不构成受贿罪。但是，如果教师收受钱物而给学生考试作弊的机会、医生在采购药品的过程中收取回扣，就应成立受贿罪。

值得注意的是，在目前的司法实务中，有的司法人员在认定贪污贿赂罪的主体时，总是在行为人有没有国家人事部门的履历表、属不属于国家干部编制、是干部还是工人身份等这些问题上纠缠。在笔者看来，这样的做法实际上没有什么意义。因为刑法注重的问题，很明显在于行为人从事工作的性质，而不是人事制度上的“身份”性质。如果是国家干部，但不从事公务，也谈不上作为贪污贿赂罪主体中所说的“国家工作人员”身份；如果是工人编制，甚至根本就没有人事部门的履历表，但在某个时期、某件事务中却（依法）从事公务，也可以构成贪污罪、挪用公款罪和受贿罪。

在认定行为人是否从事公务的问题上，实践中最容易引起争议的，恐怕是在国家机关、国有公司、企业、事业单位、人民团体或者国家机关、国有公司、企业、事业单位委派到非国有公司、企业、事业单位、社会团体中担任购销员、售货员、售票员（包括医院门诊收费员）、仓库保管员、出纳、会计等人员的认定问题。按照通说的观点，这些人员的工作，一般被认为是劳务，在全国人大常委会1988年《关于惩治贪污罪贿赂罪的补充规定》中，这些人员因属于“经手、管理公共财物”的人员，所以定贪污罪是没有问题的。但是，刑法修订后，这些人员还是不是可以作为贪污罪等罪的主体、是否属于国家工作人员，争论很大。笔者认为，如果行为人是单纯地从事劳动生产，比如工人加工一些产品，每天有大量的生产原料经手，利用这种工作的便利条件，占有了一些原料出卖，可以定职务侵占罪，但不能定贪污罪；机关领导的小车司机，利用自己接近领导、能够取得领导信任的工作便利收受他人财物为他人谋取利益，由于其工作只是驾驶汽车，不属于公务，不能认定为有罪。当然，如果符合利用影响力受贿罪的构成的，应以该罪定罪处罚。一般的购销员、售货员、售票员、医院门诊收费员的职责，是代理本单位购买、销售产品、货物或者收取相关费用，本质上也是一种纯粹的劳动，不具有管理性。因此，这些人员从事本职工作时也不属于从事公务的人员，其利用职务上的便利侵占本单位财物、受贿或者挪用资金的，也不构成贪污罪、受贿罪和挪用公款罪。但是，具有市场选择、价格确定权力或者管理、支配财产权的购销员及仓库保管员、出纳、会计等人员就不同，这类人员对于财物具有一定的支配权，其工作具有国家公共管理事务的性质，应当纳入国家工作人员的范畴。有人认为，售货员、售票员、医院门诊收费员不也是和仓库保管员一样，对财物具有管理权吗？因为售货员、售票员、医院门诊收费员每天事实上都在岗位上“管理”着本单位的货物、暂时保管一定的货款、资金呀！笔者认为，这里的“保管”，不能理解为“公务”中所讲的“管理”。售货员、售票员、医院门诊收费员“管理”本单位的货物、暂时保管一定的货款、资金，是其工作纪律、工作岗位的当然要求。如同产业工人在生产流水线上应当小心谨慎地注意产品的安全一样，它是一种业务义务，这种业务义务要求的“保管”“管理”，并不是“组织、管理、协调”意义上的“保管”“管理”。比如，国有公交公司无人售票公共汽车上的司机，实际上同时充当了车票售票员的角色，如其将投币箱中的票款予以侵吞，应当认定为职务侵占罪，而不能认定为贪污罪。

五、受国家机关、国有公司、企业、事业单位、人民团体委托管理、经营国有财产的人员的认定

“受国家机关、国有公司、企业、事业单位、人民团体委托管理、经营国有财产的人员”，是《刑法》第三百八十二条第二款规定的一类人员。作为特定身份的人，该类人员与“国家工作人员”一起，被规定为贪污罪的主体。从目前刑法理论研究的情况来看，“国家工作人员”的界定问题比较受关注，在渎职罪、贪污贿赂罪的研究中，都涉及这类人员的界定。但是，何为“受国家机关、国有公司、企业、事业单位委托管理、经营国有财产的人员”？此类人员与“国家工作人员”属于何种关系，两者有无区别？对此，理论研究相对薄弱。

1997年修订《刑法》施行后，理论上一直流行一种观点，认为《刑法》第三百八十二条第二款规定的人员属于“以国家工作人员论”的人员。按照这种观点，必然得出这类人员同样可以构成挪用公款罪和受贿罪的结论。直到最高人民法院2000年2月13日给江苏省高级人民法院的《关于对受委托管理、经营国有财产人员挪用国有资金行为如何定罪问题的批复》指出：“对于受国家机关、国有公司、企业、事业单位、人民团体委托，管理、经营国有财产的非国家工作人员，利用职务上的便利，挪用国有资金归个人使用构成犯罪的，应当依照《刑法》第二百七十二条第一款的规定定罪处罚”，人们对于受

委托管理、经营国有财产的人员是否可以构成挪用公款罪的问题，才停止了争论。但是，在司法实践中，有人仍存在疑惑，上述《批复》是否属于特别规定，这类人员是否可以构成受贿罪？另外，在这类人员的具体界定问题上，往往又产生争议，并最终导致定罪上的分歧。

笔者认为，最高人民法院有关司法解释的内容是符合立法精神的。1997年3月13日，全国人大常委会法律委员会负责人在八届全国人大法律委员会《关于〈中华人民共和国刑法（修订草案）〉〈中华人民共和国国防法（草案）〉和〈中华人民共和国香港特别行政区选举第九届全国人民代表大会代表的办法（草案）〉的报告》中指出："有的代表提出，贪污罪的主体中未能包括受国家机关、国有公司、企业、事业单位委托管理、经营国有财产的人员，不利于对国有财产的保护。因此，建议在贪污罪中增加一款规定：'受国家机关、国有公司、企业、事业单位、人民团体委托管理、经营国有财产的人员，利用职务上的便利，侵吞、窃取、骗取或者以其他手段非法占有国有财物的，以贪污罪论。'"这一立法背景资料充分说明，受国有单位委托管理、经营国有财产的人员作为贪污罪的主体被规定下来，是出于严惩贪污犯罪、更为广泛地保护国有财产的目的。显然，这类人员是指不属于国家工作人员，但受国家机关、国有公司、企业、事业单位、人民团体委托，以承包、租赁等方式管理、经营国有财产的人员。另外，从刑法体系解释的角度分析，这类人员也根本不属于《刑法》第九十三条规定的"国家工作人员"——包括国家机关工作人员和"以国家工作人员论"的人员。因为如果这类人员本身属于国家工作人员，《刑法》第三百八十二条第二款的规定就显得多余，也势必造成逻辑上的混乱。所以，这类人员不属于受贿罪的主体范围。

那么，如何认定"受国家机关、国有公司、企业、事业单位、人民团体委托管理、经营国有财产的人员"呢？最高人民检察院于1999年9月16日《关于人民检察院直接受理立案侦查案件立案标准的规定（试行）》（高检发释字〔1999〕2号）规定："'受委托管理、经营国有财产'是指因承包、租赁、聘用等而管理、经营国有财产。"2003年11月13日，《全国法院审理经济犯罪案件工作座谈会纪要》也作了完全相同的规定。上述两个规范性文件为我们的司法认定提供了原则性依据。笔者认为，根据《刑法》第三百八十二条第二款的规定，这里的"委托"，必须具备以下两个条件或特征：（1）委托者必须是国家机关、国有公司、企业、事业单位、人民团体等单位本身。这些单位的内部机构、部门，未经单位同意对非国家工作人员作出的“委托”，不能视为有效。受委托者必须是受直接委托者，而且仅限于自然人；单位接受国有单位的委托后又转委托给行为人，除非接受原委托的单位本身也是国有单位，否则接受转委托的自然人不能成为“受国家机关、国有公司、企业、事业单位、人民团体委托管理、经营国有财产的人员”。比如，国有单位将国有财产委托给集体企业管理、经营，而该集体企业又将国有财产转委托给某行为人，该行为人利用职务上的便利侵吞、窃取、骗取国有财产的，不能以贪污罪定罪处罚，而应以职务侵占罪定罪处罚。因为行为人实际上是受集体企业委托在管理、经营集体企业中的国有财产，而不是接受国有单位的委托了。当然，如果国家机关、国有公司、企业、事业单位、人民团体等单位委托给其他单位或个人管理、经营国有财产之后，又在征得原委托者国有单位的同意下，复委托给行为人管理、经营国有财产的，则在国有单位与行为人之间建立了直接的委托关系（与转委托不同，此为“复委托”），则行为人仍属于“受国家机关、国有公司、企业、事业单位、人民团体委托管理、经营国有财产的人员”。(2）委托的内容必须限于对国有财产进行管理、经营，具体形式是承包、租赁经营合同等。管理、经营国有财产，是一种具有公共事务性质的活动，与以国有财产为对象或生产资料的生产、劳动等纯粹劳动有着严格区别。“管理和经营”与“经手”也具有不同含义。管理，是指依其职务身份具有监守或保管国有财产法定人员或委托人员行使职权的活动；经营，则是指行为人在对国有财产具有管理职权的前提下，将国有财产投入市场，作为资本使其增值的商业活动，标志着对国有财物具有处分权，是管理活动的延伸。而经手，是指行为人对公共财物享有领取、使用、支出等经营公共财物流转事务的权限。(3)“受国家机关、国有公司、企业、事业单位委托管理、经营国有财产的人员”与“国家机关、国有公司、企业、事业单位委派到非国有公司、企业、事业单位、社会团体从事公务的人员”并非一个概念，应当区别开来。如前所述，《刑法》第九十三条第二款规定的“委派”，主要是指国有单位为了行使对国有财产的管理、监督而委任、派遣人员到非国有单位，委派单位与被委派人员不是处于平等地位而是具有行政隶属关系；而委托则是国有单位以平等者身份就国有财产的管理、经营与被委托者达成协议，不具有行政隶属性。[①] 所以，只有双方在委托与接受委托上处于平等地位的，才符合《刑法》第三百八十二条

① 有的观点正好相反，强调这里的“委托”具有行政隶属性，这种见解是不妥当的，把国有单位的委派混淆成了国有单位委托。参见孙谦、陈凤超：《论贪污罪》，载《中国刑事法杂志》1998 年第 3 期。

第二款的含义。

从现实情况看，国有财产往往与其他所有性质的财产混合在一起，对于这里的“国有财产”应当如何认定呢？笔者认为，这一点要与对国有公司、企业的认定联系起来。从《刑法》第三百八十二条第二款的立法精神出发，这里的“国有财产”，应当指的是纯粹国有单位的财产。实践中的问题是，在股份制、合资企业（包括国有与集体的合资）等具有混合财产的公司、企业中，国有财产往往与其他非国有财产不可分，此类受委托经营、管理这些财产的人员是否属于“受国家机关、国有公司、企业、事业单位、人民团体委托管理、经营国有财产的人员”呢？笔者认为，答案是否定的，因为这些人员应当被理解为“受股份制、合资企业委托经营、管理企业财产的人员”。所以，刑法上讲的国有公司、企业是指全部财产国有的公司、企业，而《刑法》第三百八十二条第二款规定的人员，也应是指受包括这些单位在内的国有单位的委托而管理、经营国有财产的人员。这类人员，如在国家机关中的工勤人员（比如汽车司机），虽未有从事公务的性质（不属于国家工作人员），但如受本单位委托管理某项国有财产，其利用职务上的便利对之予以非法占有的，应以贪污罪定罪处罚。司法实务中应当注意，这类人员只能作为贪污罪的主体，而不能作为受贿罪和挪用公款罪的主体。对于这类人员利用职务上的便利收受贿赂，为他人谋取利益或者挪用国有财产的，应当以非国家工作人员受贿罪（以委托单位是公司、企业为限）或者挪用资金罪定罪处罚。另外，应当注意的是，国有单位的应收款（债权），只要包括财物内容，可以通过债务履行转化为债权人实际利益，就应当认定为“国有财产”。国有单位的非法收入，如国有单位走私、生产、销售伪劣商品所得或“超经营范围”的违法经营所得，算不算“国有财产”？对此不少人产生疑问，因为如果算的话，是不是这些非法所得就合法化了？笔者认为，这里不存在合法化的问题。国有单位的非法收入，依法本应上缴国库，单位无权占有，受委托管理、经营的人员利用职务上的便利将这些非法收入予以侵吞、窃取、骗取，同样可以解释为侵犯了国家财产所有权，成立贪污罪。

司法实践中，作为“受委托管理、经营国有财产的人员”，主要是指那些承包经营、租赁经营国有公司、企业的人员。然而，值得研究的问题是，根据1999年9月16日《最高人民检察院关于人民检察院直接受理立案侦查案件立案标准的规定（试行）》和《最高人民法院全国法院审理经济犯罪案件工作座谈会纪要》的规定，受国有单位“聘用”而管理、经营国有财产的人员，也属于“受国家机关、国有公司、企业、事业单位、人民团体委托管理、经营国有财产的人员”。比如，某国有公司聘请一位退休工人担任副总经理，主管产品销售业务，其利用职务上的便利，将公司的销售收入予以非法占有。根据上述两个规范性文件，这样的行为就属于“受国家机关、国有公司、企业、事业单位、人民团体委托管理、经营国有财产的人员”构成的贪污罪。而在理论上和司法实践中，上述两个规范性文件这样的规定引起了争议和困惑。尽管这些人员成立贪污罪是没有问题的，但是，行为人既然是受国家机关、国有公司、企业、事业单位、人民团体的“聘用”管理、经营国有财产，在一些人看来，就不是作为《刑法》第三百八十二条第二款的“受委托”管理、经营国有财产的人员了，而应当解释到该条第一款规定的“国家工作人员”（也是《刑法》第九十三条所规定的）之中了。因为受“聘用”之后，行为人就已经是属于该单位的工作人员了。笔者认为，《刑法》第三百八十二条第二款所说的“委托”，应当是单位与个人之间作为平等主体而建立一种对单位财产进行经营、管理的法律关系的行为，通过签订委托协议，单位与个人就该单位的财产经营、管理确定相互的权利义务，该个人并不因“委托”而成为单位的人员。所以，对于上述两个规范性文件规定的“聘用”，应该从这个意义上去理解：只有那些“聘用”之后仍不隶属于国有单位的情况，才能视为“委托”意义上的“聘用”；如果因为行为人受长期“聘用”而使单位与个人之间建立了隶属关系、个人成为了单位内部的人员，那就已经是属于在国有单位中从事公务的人员，完全是“国家工作人员”的性质。换言之，只有行为人被“临时聘用”，与国有单位建立一种委托与被委托关系的，才属于上述两个规范性文件规定的“聘用”。

六、巨额财产来源不明罪的主体是否仅限于国家机关工作人员

《刑法》第三百九十五条第一款明文规定巨额财产来源不明罪的主体为“国家工作人员”，可是，近年来有学者指出，对巨额财产来源不明罪的主体应进行限制解释，主张该罪的主体只能是国家机关中从事公务的人员，而不包括“以国家工作人员论”的人员。其理由主要是：（1）国家工作人员的原本涵义就是国家机关中从事公务的人员，《刑法》第九十三条也规定“本法所称国家工作人员，是指国家机关中从事公务的人员”。这说明国有公司、企业、事业单

位、人民团体中从事公务的人员，和国家机关、国有公司、企业、事业单位委派到非国有单位从事公务的人员，以及其他依照法律从事公务的人员，虽然立法规定“以国家工作人员论”，但并非是“真正的国家工作人员”。(2) 立法者设立巨额财产来源不明罪的立法重心，在于维护国家工作人员职务活动的廉洁性不受侵犯，将巨额财产来源不明罪的主体限于国家机关工作人员，能够突出立法重心。(3) 刑法规定国家工作人员较为宽泛范围基本上是侧重于贪污、受贿、挪用公款等犯罪，而没有更多地考虑巨额财产来源不明罪的实际情况。鉴于巨额财产来源不明罪的犯罪特点不同于贪污、受贿、挪用公款等犯罪，理应在主体范围上也要有所区别。(4) 司法实践中的巨额财产来源不明罪主体多数是“真正的国家工作人员”即国家机关工作人员。①

笔者认为，上述观点是不正确的。巨额财产来源不明罪的主体不仅包括国家机关工作人员，而且包括以国家工作人员论的人员。理由是：第一，既然《刑法》第三百九十五条第一款规定“国家工作人员”是巨额财产来源不明罪的主体，而《刑法》第九十三条在阐释“国家机关中从事公务的人员”属于国家工作人员之后，又将国有公司、企业、事业单位、人民团体中从事公务的人员等人员解释到“国家工作人员”之中，就不能否认后者也属于巨额财产来源不明罪的主体范围。第二，如果说刑法规定巨额财产来源不明罪的重心仅在于惩治国家机关工作人员的巨额财产来源不明行为，那么，理应将该罪的主体区别于贪污罪等犯罪，规定为“国家机关工作人员”，而不是“国家工作人员”。我国刑法对于玩忽职守罪、滥用职权罪的主体就规定为“国家机关工作人员”，因而将主体特别规定为“国家机关工作人员”也不存在技术上的障碍。第三，即便实践中巨额财产来源不明罪的主体多为国家机关工作人员，也不能对该罪的主体进行限制解释。不然，在实践中出现“以国家工作人员论”的人员巨额财产来源不明的情况，就无法以巨额财产来源不明罪定罪处罚，造成刑法保护机能的萎缩。

七、“非法”的国家工作人员可否成立贪污贿赂罪

近年来，司法实践中出现一个难题：一些行为人通过非法手段取得国家工作人员身份，或者行为人取得国家工作人员身份不符合法律规定但主观上不明知，这些人是否可以成立贪污罪、挪用公款罪、受贿罪、巨额财产来源不明

① 孟庆华：《巨额财产来源不明罪研究新动向》，北京大学出版社2002年版，第103～105页。

罪？比如，某高速公路发展总公司的职员王某，在某市张贴虚假广告招聘“高速公路违章车辆稽查人员”，欺骗应聘人员只要考试合格，一经录用将解决“农转非”户口待遇，并享受国家干部福利，从事高速公路违章车辆稽查工作。在虚假广告的欺骗下，农民甲、乙、丙三人每人在向王某支付5000元面试费后，被“安排”到某高速公路担任“违章车辆稽查人员”，在工作过程中，甲、乙、丙三人共同收受了过往违章车辆司机的2万余元好处费，对违章司机放行。后甲、乙、丙的行为败露，王某也被抓获归案。此案中，王某构成诈骗罪，甲、乙、丙三人是否成立受贿罪？又如，李某原系江西省某县农民，2010年8月，离家到广东省东莞市经商，2010年6月~2013年5月，李某在广东省东莞市以老乡身份多次接待家乡所在地的市委书记邓某及其家人，送给邓某各种财物折合人民币8万余元，并出资让邓某及其家人旅游。为了“回报”李某的接待，2014年1月，邓某指使地委组织部工作人员帮助李某伪造李系中山大学中文系本科毕业生及各种履历表等档案材料，将李某安插到该地区所辖的某县任分管经济和城市建设工作的副县长。李某担任“副县长”后，在一年的时间里，利用职务上的便利收受他人财物180万元，为他人谋取利益；利用职务上的便利侵占某城建项目土地转让金80万元。此案中，李某是否构成受贿罪和贪污罪？

笔者认为，上述涉嫌贪污罪、受贿罪的行为人，其国家工作人员身份的来源均属非法，在本质上并不属于合法的国家工作人员。但是，这些人员在实际工作中行使了国家工作人员的职权，其侵吞公共财物和索取、收受财物的行为也正是利用这种形式上合法的职权之便利而实施、完成的。其职务权力产生的法律效果与合法取得的职务没有任何区别，其相关行为同样损害国家公信力。因此，对其相关行为应以相应的贪污贿赂罪定罪处罚。对于其担任职务期间财产或者支出明显超过合法收入、不能说明财产合法来源的，也应当以巨额财产来源不明罪定罪处罚。最高人民法院研究室于2004年3月30日给北京市高级人民法院的《关于对行为人通过伪造国家机关公文、证件担任国家工作人员职务并利用职务上的便利侵占本单位财物、收受贿赂、挪用本单位资金等行为如何适用法律问题的答复》曾经指出：“行为人通过伪造国家机关公文、证件担任国家工作人员职务后，又利用职务上的便利实施侵占本单位财物、收受贿赂、挪用本单位资金等行为，构成犯罪的，应当分别以伪造国家机关公文、证件罪和相应的贪污罪、受贿罪、挪用公款罪等追究刑事责任，实行数罪并罚。”这一司法解释虽然只针对行为人通过伪造国家机关公文、证件担任国家工作人员职务后利用职务上的便利实施相关犯罪的情形作出，但对于任何非法取得国家工作人员职务后利用职务上的便利实施相关犯罪的情形，都具有适用法律的指导意义。比如，行为人通过行贿手段骗取国家工作人员身份后，又利用职务上的便利侵占本单位财物的，应以行贿罪和贪污罪追究刑事责任，实行数罪并罚。

第二章

贪污罪

一、贪污罪对象的范围

关于贪污罪对象的范围，主要涉及贪污罪对象是否限于公共财物，是否包括不动产、无形财产、违禁品和非法财产等问题。

（一）贪污罪的对象是否限于“公共财物”

关于贪污罪的对象，从《刑法》第三百八十二条第一款贪污罪的罪状描述看，是“公共财物”。同条第二款规定的是受国有单位委托管理、经营国有财产的人员非法占有“国有财物”的贪污行为，其对象“国有财物”也是公共财物的范畴。《刑法》第三百九十四条规定：“国家工作人员在国内公务活动或者对外交往中接受礼物，依照国家规定应当交公而不交公，数额较大的”，依照贪污罪定罪处罚。另外，《刑法》第二百七十一条第二款的注意规定，提示“国有公司、企业或者其他国有单位中从事公务的人员和国有公司、企业或者其他国有单位委派到非国有公司、企业或者其他单位从事公务的人员”实施前款行为，即“利用职务上的便利，将本单位财物非法占为己有，数额较大的”，以贪污罪定罪处罚。《刑法》第一百八十三条第二款的注意规定，提示“国有保险公司工作人员和国有保险公司委派到非国有保险公司从事公务的人员”有前款行为，即“利用职务上的便利，故意变造未曾发生的保险事故进行虚假理赔，骗取保险金归自己所有的”，以贪污罪定罪处罚。

从以上规范内容可见，尽管《刑法》第三百八十二条将贪污罪的对象规定为“公共财物”（包括国有财物），但实际上从所有权权属性质上讲并不限于公共财物。在某种情形下——当行为人系被国有公司、企业或者其他国有单位委派到非国有公司、企业或者其他单位从事公务的人员时，其利用职务上的便利实施的非法占有对象，就是非国有单位的财物。这些财物中，既有国有成分，也可能存在私有成分，当然也可能存在集体所有的财物（公有财物的范畴）。

《刑法》第三百九十二条规定的“应当交公”的“礼物”，所有权性质从归属上说也是国有财物。因为按照现行行政规章规定，国家工作人员在国内公务活动中禁止接受礼物，确实不能拒收的，接受之后必须交公；对外交往中接受礼物价值较小的，可以留用，价值较大的必须交公。因此，应当交公的礼物应属于国家所有的财物。国家工作人员在国内公务活动或者对外交往中接受的礼物，在外延上可以包括以鉴定会、评比会、业务会、订货会、展销会、招待会、茶话会、新闻发布会、座谈会、研讨会等各种会议和礼仪庆典、纪念、商务等各种活动的形式和名义接受的礼物。[①] 但是，礼物仅限于与行为人工作职责有关的活动中接受的礼物，而不包括以个人名义参加的活动中接受的礼物，如行为人作为业务专家、以个人名义被聘请从事他人主持的项目评审接受评审报酬的。

“公共财物”与“公共财产”含义相同。根据《刑法》第九十一条的规定，公共财产包括国有财产、劳动群众集体所有的财产、用于扶贫和其他公益

---

① 根据国务院1988年12月1日《国家行政机关及其工作人员在国内公务活动中不得赠送和接受礼品的规定》和中共中央办公厅、国务院办公厅《关于严禁党政机关及其工作人员在公务活动中接受和赠送礼金、有价证券的通知》的规定，国内公务活动中接受的礼物范围，不仅包括国家工作人员在与本职工作有关的活动中接受礼物，还包括：（1）以鉴定会、评比会、业务会、定货会、展销会、接待会、茶话会、新闻发布会、座谈会、研讨会等各种会议和礼仪庆典、纪念、商务等各种活动的形式和名义接受礼物；（2）以试用、借用、品尝、鉴定的名义接受礼物；（3）以其他形式和名义接受礼物。根据《刑法》第三百九十四条的规定，贪污罪实际上可以由不作为构成。本条所涉及的贪污罪，在认定中应当注意以下几个问题：（1）行为人对于“礼物按照国家规定应当交公”应当明知。（2）行为人主观上具有非法占有礼物的故意。当行为人直接将礼物非法占有（包括狭义的非法占为己有和处分），如将礼物放置于家中、转送给亲友、变卖兑现等，均应推定行为人具有非法占有的故意。行为人将礼物放置于个人专用的办公室或者个人专用的办公室抽屉、橱柜，逾期不上交的，也应推定行为人具有非法占有的故意。除非有相反证据证明行为人确实不知该礼物应当上交，或者明知应当上交，但因出差在外未能在规定的期限内上交，或者存放于家中或办公室是为了单位使用。

事业的社会捐助或者专项基金的财产；在国家机关、国有公司、企业、集体企业和人民团体管理、使用或者运输中的私人财产，以公共财产论。

需要指出的是，贪污罪的对象主要是公共财物，并不意味着凡是在有关单位中主管、管理、经手公共财物的行为人，其利用职务上的便利非法占有公共财物的行为，都是贪污行为、可以认定为贪污罪。比如，集体所有的财物也是公共财物，如果是村委会、居委会等基层组织人员从事属于基层组织自治范围的经营、管理活动，非法占有集体所有的财物的，就只能成立职务侵占罪，而不是贪污罪。对此，本书第一章关于“其他依照法律从事公务的人员”的论述中已作分析，此不赘言。另外，根据《刑法》第二百五十三条的规定，邮政工作人员私自开拆、隐匿他人信件、邮件而窃取财物的，应当以盗窃罪定罪处罚。这实际上包括具有国家工作人员身份的邮政工作人员利用职务上的便利窃取他人财物（由于这些财物处于国有邮政单位的运输过程中，以公共财产论），也不以贪污罪定罪处罚，而应当认定为盗窃罪。总之，应当根据刑法的规定，结合犯罪对象和行为人的主体身份从总体上考察涉案职务行为的性质，以得出恰当的结论。

（二）关于不动产

实践中发生的贪污案件，以行为人非法占有动产（包括金钱和动产物）者居多。但是，从财产的种类角度论，贪污罪的对象是否包括不动产，成为刑法理论上和司法实践中存在争论的问题，有必要予以探讨。

众所周知，贪污罪在旧刑法中是“侵犯财产罪”章之一罪，尽管在1988年《全国人大常委会关于惩治贪污罪贿赂罪的补充规定》颁行之后，理论上一直把贪污罪和受贿罪等犯罪作为一类犯罪，修订后的《刑法》更是集中规定了包括贪污罪在内的“类罪名”——贪污贿赂罪，但不可否认，贪污罪仍不失财产犯罪的性质，和职务侵占罪、抢劫罪、盗窃罪、诈骗罪等犯罪一样，贪污罪具有占有型财产犯罪的属性。刑法将贪污罪规定为“贪污贿赂罪”类罪，无非是强调其侵害的法益乃行为人的职务廉洁性。因此，必须结合财产犯罪的对象确定的一般原则和贪污罪的行为类型，来探讨贪污罪的对象是否包括不动产这一问题。

以财产是否能够移动并且移动后是否损害其经济价值为标准，可将其分为动产和不动产。不动产，是指依自然性质或者法律的规定不可移动的物，包括土地、土地定着物、与土地尚未脱离的土地生成物、因自然或者人力添附于土地并且不能分离的其他物，不动产物权的变动遵循登记原则；动产就是指不动产之外的其他物，动产的变动遵循占有交付原则。动产成为包括贪污罪在内的财产犯罪的对象，自无疑义。那么，不动产能否成为财产犯罪的对象呢？理论上存在重大争议。从国外立法例看，有的国家明确某些财产罪的对象为动产，如《德国刑法》第二百四十六条对侵占罪的规定："意图不法侵占自己持有或保管的他人的动产，处三年以下自由刑或罚金；侵占他人委托保管的动产的，处五年以下自由刑或罚金"，但未见侵占不动产的刑法规定。多数国家刑法则如我国立法一样使用"财物"一词、字面上未明确排除不动产。但在理论上，不动产能否成为盗窃罪、强盗罪（或抢劫罪）的对象认识上有分歧，而对于不动产可以成为诈欺罪、恐吓罪（或敲诈勒索罪）、侵占罪的对象在大陆法系国家已无异议。[①] 在我国司法实践中，反对将不动产作为侵犯财产罪的对象的立场，属于主流观点。相应地，将不动产排除在贪污罪的对象之外，也是占统治地位的立场。

笔者认为，就财产犯罪的整体而言，其对象不应将不动产排除在外。因为不动产本来就属于财产的一种，但是，就具体财产犯罪而言，则有必要结合犯罪的具体行为特性和不动产的特征作具体分析。由此得出的结论是，有的财产犯罪是不可能以不动产为对象的，有的财产犯罪的对象则包括不动产。比如，在抢劫罪中，行为人必须"当场"以暴力、胁迫等侵害人身的方法从他处取得财物。如前所述，由于不动产权的变动遵循登记原则，所以行为人意欲取得不动产并转移不动产的所有权，不具有现实可能性。行为人通过暴力、胁迫等方法强占不动产，可以取得财产上的利益（如将强占的房屋出租），但取得的不是不动产所有权。在盗窃罪中，行为人往往采取不为财产所有权人发觉的方式秘密取得财产，而不动产的不可移动性决定不可能因为所谓的"窃取"不动产而成立盗窃罪。[②] 但是，与抢劫罪、盗窃罪等罪不同，侵占罪在犯罪手段上表现为"变合法持有为不法所有"（仅限于《刑法》第二百七十条第一款情形），由于行为人具有事先对所侵占的财物合法持有或支配管理的特性，而不动产本身即便不可移动，也可以在行为人事先合法持有或支配管理的情况下，通过虚假登记的方法转移不动产的所有权。所以，不动产成为侵占罪的对象，理论上不应存在疑问，实务中也没有障碍。

---

① 参见刘明祥：《财产罪比较研究》，中国政法大学出版社 2001 年版，第 24 页。

② 行为人窃取他人不动产的可移动部分，如房屋上的钢材，则该部分可移动的财物实质上已经被动产化，可以成立盗窃罪。

具体到贪污罪，笔者认为，不动产理应成为其对象。具体理由是：（1）刑法关于贪污罪对象“公共财物”“国有财物”等的性质，并没有“动产”的限定，这意味着在逻辑上不能排除将不动产置于贪污罪的对象中去理解。根据《刑法》第三百八十二条有关贪污罪的规定和《刑法》第九十一条关于公共财产含义的规定，公共财物包括国有财物、劳动群众集体所有的财物、用于扶贫和其他公益事业的社会捐助或者专项基金，以及在国家机关、国有公司、企业、事业单位和人民团体管理、使用或者运输中的私人财物。上述四类财物，无疑是包括不动产在内的。比如，公有产权房屋，就属于不动产。可见，在贪污罪对象的立法规定上，不动产并没有被排除在公共财产或者公共财物之外。（2）从贪污行为的特性或者说行为的类型性特征分析考察，国家工作人员或者受委托管理、经营国有财产的人员，利用职务便利非法侵占不动产，存在现实可能性。贪污罪在客观上是利用职务便利、通过“侵吞、窃取、骗取”等非法手段侵占财物的行为，就其中的“窃取”“骗取”行为方式而言，与普通盗窃、普通诈骗中行为人事先并不持有所要秘密窃取或者骗取的财物不同，贪污罪中的行为人实际上一般都因为其职务、职责而对公共财物拥有支配权、调拨权、管理权，如对公有房屋行使实际控制权，行为人完全可以在支配管理的情况下，将不动产的所有权转归己有、“监守自盗”；就其中的“侵吞”行为方式而言，则和普通侵占、职务侵占一样，行为人始终拥有着主管、管理、经手单位不动产的职权。2010 年 11 月 26 日，《最高人民法院、最高人民检察院关于办理国家出资企业中职务犯罪案件具体应用法律若干问题的意见》（以下简称《意见》）专门就国家出资企业改制过程中国家工作人员或受国有单位委托管理、经营国有财产的人员利用职务上的便利，故意通过低估资产、隐瞒债权等方式隐匿公司、企业财产转为本人持有股份的改制后的公司、企业所有的行为，规定依照贪污罪定罪处罚。《意见》中所说的“资产”无疑也是包括不动产在内的。（3）在司法实践中，国家工作人员利用职务上的便利非法占有不动产的行为也偶有发生。这些行为与利用职务上的便利非法占有动产行为一样，都侵犯了国有单位等单位的公共财产所有权，触及刑法设立贪污罪所要保护的法益，因而有必要将不动产纳入贪污罪的对象范围。例如，被告人于继红，原系吉林省白山市房地产管理局八道江房管所房管科副科长。1992 年底，白山市建设银行房地产综合开发公司（以下简称“开发公司”）归还因开发建银小区占用八道江房管所商企房面积 321.52 平方米（五户）。被告人于继红利用负责房管所还迁工作之机，于 1993 年 12 月 18 日在给财务科填报房产增加、减少通知单时，将建行开发公司归还的面积少报为305.75平方米，并将其中四户面积加大，从中套取商企房一户，面积为52.03平方米，价值人民币93133.7元，用于个人出租牟利。同年，白山市建设银行房地产综合开发公司开发建银小区时，被告人于继红利用负责因开发建银小区拆迁房地产管理所管理的房屋工作之机，在其母亲孙秀香购买拆迁户房屋面积时，虚添拆迁面积17平方米，价值16320元，并将建行开发公司归还房管所面积顶交其母所购买房屋取暖费、热水费2669.55元。对于该案中被告人于继红利用职务上的便利，通过虚报套取方式将公共房屋非法侵吞的行为能否认定为贪污罪，存在争议。吉林省白山市中级人民法院一审作了肯定的裁判，以贪污罪判处于继红有期徒刑十年，并处没收财产3万元，追缴52.03平方米商企房一户，赃款18989.55元（含17平方米面积折价）。[①] 笔者认为，假如对于上述案件以贪污罪的对象不包括不动产为由而不认定为贪污罪，那么只能是无罪了，而如果认定无罪的话显然不利于保护公共财产。有人认为，上述案件的处理实际上是有违罪刑法定原则的，因为通常情况下贪污罪的对象都是动产，将不动产作为贪污罪的对象与司法的通常观念和习惯做法不符。笔者认为，这样的观点在解释论上是错误的。因为刑法规范对贪污罪的规定无法排除上述情形，或者说，将上述案件事实解释到贪污罪的规范中符合刑法的目的。必须强调的是，利用职务便利非法占有动产乃贪污罪经常、“为人熟悉”的事实，而利用职务便利非法占有不动产的情形则不属于贪污罪的常见事实，也正因为如此，司法的通常观念和习惯做法才将“动产”视为贪污罪的全部对象。然而，我们在解释贪污罪的规范时，不应该混淆事实与规范的关系，不应该混淆“符合规范的常见事实”和“规范能够评价的全部事实”。认为刑法规范所描述的事实就是自己所熟悉的事实，必然使规范处于封闭状态，从而使我们并不熟悉、但却属于规范评价的事实错误地被遗漏。[②] 在司法实践中，以不动产为对象的贪污案件的确要比以动产为对象的贪污案件少得多。但是，“少”毕竟并不意味着不存在，故将利用职务便利非法占有不动产的事实解释到贪污罪的规范中，才是合理的解释，也是符合罪刑法定原则的解释。

在肯定不动产可以成为贪污罪的对象的前提下，当然有一个问题值得研

① 参见刘为波：《于继红贪污案——不动产能否成为贪污罪的犯罪对象》，载最高人民法院刑一庭、刑二庭编：《刑事审判参考》（2002年第6辑），法律出版社2003年版，第43~44页。

② 关于刑法解释中对事实与规范关系的理解，可参见张明楷：《刑法分则的解释原理》之“序说”，中国人民大学出版社2004年版，第Ⅵ~Ⅸ页。

究，那就是：行为人非法侵占公有房屋等不动产，是否以产权登记、在法律形式上所有权变动为犯罪既遂的前提（关于贪污罪是否存在既遂未遂问题以及既遂标志的一般性问题，下文将作详细探讨）？有人认为，贪污罪是目的犯，行为人以非法占有为目的，而不动产所有权的变动遵循登记原则，即以产权转让登记作为所有权变动的依据，所以，贪污不动产的，只有当行为人将不动产变更登记后才能成立犯罪既遂。有人则持反对意见，认为贪污罪的“非法占有”既然是主观目的，就不是客观要件，因而只要行为人在非法占有目的支配下开始实施了占有行为，即使案发时行为人未实际移转不动产、未来得及或者根本就不想登记，也应认定为贪污罪既遂。

笔者认为，上述前一观点过分强调民法上不动产移转的法律形式要求来判断贪污罪的既遂，而没有注意不动产作为贪污对象可能被行为人的事实占有，存在不足。固然，在民法上，不动产的移转须考察是否存在产权变更登记，然而民法上不动产所有权变动遵循登记原则的目的在于确定产权移转的有效性，以维护稳定的民事关系，而刑法上设立以不动产为对象的犯罪，不应该强调其法律形式的完备，重点应在被害人权益是否实质上受侵害，犯罪既遂还是未遂则将重点放在被害人权益实质上受到侵害的程度上。作为犯罪对象的不动产，即使被行为人通过非法手段进行产权变更登记，移转在法律上同样是无效的，所以，刑法上的占有，是指行为人对财产的实际控制的过程行为，刑法上的非法占有不可能等同于民法上的占有权，民法上的占有权只有在合法占有情形中才产生，它是所有权能之一，而占有本身只是一种事实状态，并不必然产生占有权，将刑法的占有完全等同于民法上的所有，是错误的。[①] 因此，不宜以不动产产权变更登记作为贪污不动产犯罪的既遂标志。

上述后一观点认为非法占有乃贪污罪主观目的的内容，完全正确，但是，其以此为依据就断言只要行为人在这种意思支配下实施了占有行为就成立贪污罪的既遂，则没有道理，实际上混淆了犯罪成立与犯罪既遂的关系。应该说，行为人在非法占有意思支配下实施了占有行为，是贪污罪成立的要件，不然就缺乏成立犯罪必备的客观行为了。但是，有实行行为、实施了“占有”的客观行为，未必就意味着贪污既遂。否则，实际上就否定了贪污罪的未遂形态了——因为其逻辑的程式是：一有行为就成立犯罪，一有行为也就成立犯罪既遂，所以犯罪一旦成立就既遂。然而，刑法上的占有作为行为人的一种目的，

① 参见赵秉志主编：《侵犯财产罪研究》，中国法制出版社1998年版，第22页。

是指行为人非法实际控制他人财产的目的；作为一种行为，从接触财物到实际控制财产，存在一个过程，并非一经实施就可以完成。显然，上述后一观点过分地扩大了贪污罪既遂的范围，也使得法益被侵害程度在犯罪形态的判断中没有意义了。

笔者认为，贪污罪既遂未遂的判断标志，是行为人是否实际控制财物。就贪污不动产的贪污罪而言，根据上述分析，应当以行为人是否在实质上完成占有行为、将不动产控制为依据。换言之，只要行为人现实地转移了不动产，即使没有就所有权的取得进行了变更登记，也应当认定为贪污罪的既遂。如果行为人没有办理不动产转移登记，也没有实际控制该不动产，则应认定为贪污未遂。在行为人办理不动产转移登记之后，不动产尚未被行为人事实上控制的，如何看待？笔者认为，此时应以法律形式进行判断，认定为贪污罪的既遂。上述于继红案中，被告人于继红利用职务上的便利，虚报材料套取公共商企房一户，尽管没有将该房屋的产权登记在自己名下，但被告人于继红实际已经控制该房屋的使用，并通过出租取得收益。因此，就该房屋而言成立贪污罪既遂是应当肯定的。2010 年 11 月 26 日，《最高人民法院、最高人民检察院关于办理国家出资企业中职务犯罪案件具体应用法律若干问题的意见》就国家出资企业改制中通过隐匿财产等方式实施贪污问题专门指出："所隐匿财产在改制过程中已为行为人实际控制，或者国家出资企业改制已经完成的，以犯罪既遂处理。"其所持立场就是"实际控制说"，笔者认为是完全合理的。

（三）关于无形财产

从有形与无形的角度来看，财产又可以分为有形财产和无形财产。从事实的角度考察，贪污罪一般是以有形财产为对象，但从规范的角度，无形财产可否成为贪污罪的对象？我国刑法学界存有争议。

笔者认为，无形财产大抵可以细分为三类：第一类是一般无形物，如电力、煤气、天然气等能源。这类无形物和有形财产一样具有价值和使用价值，具备财产的所有特征。国家工作人员或者受国有单位委托管理、经营国有财产的人员利用职务上的便利，以窃取等手段非法占有这些无形物的，当然成立贪污罪。

第二类无形财产主要是指智力成果，包括知识产权和专有技术等，如专利权、商标权、著作权、商业秘密权等。这些无形财产能否成为贪污罪的犯罪对象值得研究。笔者认为，知识产权与一般无形物的共性是无形性，但区别在于，知识产权本身不可能被行为人利用职务上的便利非法占有。当然，知识产权往往依附于一定的载体之上，作为载体的所有者与知识产权人未必一致（如美术作品的所有者与美术作品的著作权人未必一致，书本的所有者与书本的著作权人未必一致），行为人占这些载体获取财产利益却是可能的，对此应当以贪污罪定罪处罚。比如，国家文物管理部门的从事名人书法美术作品保护管理的工作人员，利用职务上的便利，将国家享有所有权的名人书法美术作品非法占有的，应当按照贪污罪定罪处罚；专利局工作人员利用职务上的便利，将他人送展、由国家暂时管理的展品非法占为己有的，也应当按照贪污罪定罪处罚。对于国有公司、企业中的国家工作人员利用职务上的便利，盗窃国有单位作为商业秘密的技术信息和经营信息的，究竟是按照侵犯商业秘密罪还是按照贪污罪定罪处罚？笔者认为，应当按照侵犯商业秘密罪定罪处罚。当然，侵犯商业秘密罪的构成以“给商业秘密的权利人造成重大损失”为前提，按照2004年11月《最高人民法院、最高人民检察院关于办理侵犯知识产权刑事案件具体应用法律若干问题的解释》第七条的规定，个人侵犯他人商业秘密的，以给商业秘密的权利人造成损失数额50万元以上为“重大损失”的标准。对于国家工作人员利用职务上的便利，盗窃国有单位商业秘密没有给国有单位造成损失，或者造成的损失没有达到定罪标准的，不应认定为犯罪。

也许有人认为，对于国家工作人员利用职务上的便利盗窃国有单位商业秘密的行为应当按照贪污罪定罪处罚，因为侵犯商业秘密罪在旧刑法时代本来就是按照盗窃罪论处的，现行刑法特别将盗窃商业秘密的行为规定为侵犯商业秘密罪，但是刑法中没有专门规定利用职务便利盗窃商业秘密的罪名，如果对于利用职务便利盗窃商业秘密的行为仍以侵犯商业秘密罪定罪处罚，显然不能完全评价行为性质。但在笔者看来，旧刑法时代把盗窃商业秘密的行为按照盗窃罪论处，本来就不科学。因为盗窃商业秘密与盗窃一般财物不同，前者不可能导致商业秘密的权利人完全丧失商业秘密，行为人也不可能完全控制商业秘密，而只是因为行为人将权利人的商业秘密泄露，造成权利人一定损失。因此，商业秘密被盗窃后是否构成犯罪，从可罚性的角度考虑，还应当看其结果是否给权利人造成重大损失。现行刑法规定侵犯商业秘密罪的独立罪名并设置“造成重大损失”的客观要素，正是基于这样的考虑。从《刑法》第二百一十九条第一款第（一）项关于侵犯商业秘密罪犯罪手段“盗窃、利诱、胁迫或者其他不正当手段”之规定分析，“其他不正当手段”实际上可以包括利用职务便利的各种非法手段。可见，凡是侵犯商业秘密的行为是否成立犯罪，均应从《刑法》第二百一十九条关于侵犯商业秘密罪的规范去衡量，这一规范事实上也并没有排除利用职务便利盗窃商业秘密的行为。所以，无论行为人是否国家工作人员，是否利用职务上的便利实施盗窃，都应认定为侵犯商业秘密罪。

第三类无形物是QQ号码、游戏币、电子数据等虚拟财产。这类财产理论上称为虚拟财产。对于虚拟财产可否成为财产犯罪的对象，理论上存在争论，实务中也有分歧。有的法院裁判将盗窃虚拟财产的行为认定为盗窃罪，有的则认定为非法侵入计算机信息系统罪或非法获取计算机信息系统数据罪。笔者认为，虚拟财产客观存在于网络空间，是客观存在的物，具有能为人占有和控制的物理属性，具有一定的经济价值，能满足人们的某种需要，理应成为财产犯罪的对象。如果国家工作人员或者受国有单位委托管理、经营国有财产的人员利用职务上的便利，以窃取等手段非法占有这些虚拟财产的，符合贪污罪的构成要件。

（五）关于违禁品

违禁品可否成为包括贪污罪在内的财产犯罪的犯罪对象？我国刑法学界存在两种观点：一种观点认为，枪支弹药、鸦片烟毒、淫书淫画等违禁品，均属于所有物，所以也可以成为侵犯财产罪的侵害对象。① 另一种观点认为，违禁品不能成为财产罪的犯罪对象，因为作为财产罪侵害对象的财物，理应是足以体现一定的所有权关系的物，违禁品既然是法律禁止所有的物品，自然不能体现所有权。② 当然，也有人认为，违禁品能否成为侵犯财产罪的对象，关键在于刑法是否已经就取得违禁品的行为规定了相应的其他性质的犯罪。因此，在我国刑法已规定了盗窃、抢夺、抢劫、私藏枪支弹药等罪名的情况下，枪支弹药显然不再属于侵犯财产罪的对象。③ 国外学者对此也争论很大，日本的通说和判例认为，违禁品具有财物性，可能成为侵犯财产罪的侵害对象，理由主要包括：（1）事实上的持有本身就是财产罪的保护法益，即便是违禁品，只要是在他人的持有掌握之下，就应该予以保护；（2）违禁品在民法上还是有所有权，只不过国家基于行政目的禁止私人持有，因此，在它被没收之前其所有权应予保护；（3）违禁品即使因为被禁止所有、占有而不具有所有权，但是

① 金凯主编：《侵犯财产罪新论》，知识出版社1988年版，第11页。
② 高铭暄、马克昌主编：《中国刑法解释》，中国社会科学出版社2005年版，第1782页。
③ 赵秉志主编：《侵犯财产罪研究》，中国法制出版社1998年版，第30~31页。

对违禁品只有根据法律手续才能没收，相对于第三人不是根据法律手续的夺取行为，应该予以保护。但有学者认为，所有权不存在的东西不能说是财物，违禁品既然是法律禁止所有的东西，当然也就不具有财物性，不能成为侵犯财产罪的侵害对象。①

笔者认为，违禁品的具体种类性质不同，有的违禁品之“违禁”仅仅是针对无权持有者而言，比如枪支对于依法配备、配置枪支人员来说就不是违禁品，鸦片在被医用时也不是违禁品，这类违禁品属于“相对违禁品”或者有条件的违禁品；有的违禁品则是在任何情况下都属于违禁品，如淫书淫画，乃“绝对违禁品”或无条件的违禁品。相对违禁品对于合法持有者来说具有所有权，完全可以成为侵犯财产罪的对象，所以，当行为人侵犯所有者对这些违禁品的所有权时，可以成立侵犯财产罪。当国家工作人员利用职务上的便利将所有者的这些违禁品非法占为己有时，便可能成立贪污罪，但是刑法如有专门罪名的规定应依照专门的罪名定罪处罚的除外（如非法持有毒品罪，非法持有、私藏枪支罪）。如果行为人利用职务上的便利侵占绝对违禁品，因这类违禁品只是形式的“财物”，故不存在所有权，也就不可能成立贪污罪。如公安人员利用职务上的便利将本应销毁的淫书淫画、淫秽光盘窃为己有，由于淫书淫画、淫秽光盘不可能属于财物，因而公安人员不成立贪污罪。

（四）关于非法财物

国家工作人员或者受国家机关、国有公司、企业、事业单位人民团体委托管理、经营国有财产的人员利用职务上的便利，非法占有单位非法获取的财物，是否成立贪污罪？

实践中存在肯定说和否定说。肯定说立论基于两点不同的理由：一是受国有单位控制的非法财物未对财物丧失所有权，行为人如利用职务便利予以侵占，应属于侵犯国有单位财产所有权的贪污行为；二是虽然非法财物对国有单位和行为人来说均无所有权，但行为人如利用职务便利予以侵占，事实上也构成贪污。否定说则认为，对于上述财物，国有单位等单位并没有所有权，行为人不存在侵犯其所有权的问题，如行为人利用职务上的便利擅自侵占该物，也不构成贪污，窝赃、销赃则构成掩饰、隐瞒犯罪所得、犯罪所得收益罪。笔者认为，非法财物可以成为贪污罪的犯罪对象。理由在于：（1）不能以单位对

① 转引自刘明祥：《财产罪比较研究》，中国政法大学出版社2001年版，第30～31页。

非法财物没有所有权（这里的单位不限于国有单位，因为当受委派人员作为主体时，犯罪对象也可以是非国有单位的非法财物），就肯定行为人利用职务便利对其予以侵占行为的正当性，考察的侧重点应该是行为人无论如何对该单位控制的非法财物也没有所有权。正如甲抢劫乙抢劫和盗窃所得的财物一样，乙对自己所抢劫和盗窃所得的财物固然没有所有权，但并不能以此为由而认为甲的行为不构成抢劫。（2）非法财物之非法，只是财物的现行控制者相对于财物的真正或合法所有者而言，其最终将发还被害人或归国家所有，对其利用职务便利予以占有，最终必然侵犯了公私财产所有权。而财产罪设立的宗旨，不只是保护财产所有权及与所有权分离的其他本权（如对于他人借用、但归其他所有的合法占有财物实施盗窃，仍成立盗窃），也保护非经合法程序不可改变的占有状态（只要行为人不是所有权或者其他本权人，对于被非法取得的财物，行为人也无权取得）。

二、“名为国有、实为个人所有”的公司、企业财产是否属于贪污罪对象

实践中，存在不少名为国有、实为个人所有的公司、企业。即公司、企业在工商管理机关、市场监督管理部门登记为全民所有制，但国家实际没有任何投资，公司、企业的人事任免、福利、工资等规范制度，均体现为私有公司、企业的性质。对于这样的公司、企业的负责人，将公司、企业的财产加以占有或者出让给他人的行为，能否认定为贪污罪，实践中争议很大。

例如，被告人洪某 2016 年租用某教育局的仓库作为场地，完全个人出资在 F 市创办了“远望液化气供应站”。为了便于开展业务，洪某通过关系，将液化气站注册为全民所有制企业，主管部门为某教育局，戴上了一顶当时极为普遍的全民所有制企业的“红帽子”。但实际上，作为名义上的主管部门某教育局未进行任何投资，亦未委派人员进行过任何经营管理，其与洪某之间只有营业场地的租赁关系。随着远望液化气供应站规模的迅速扩大，2018 年 5 月，被告人洪某又到 N 市投资创办了 N 市“远望液化气公司”，其全部资本均由 F 市“远望液化气供应站”投入，主管部门当然仍是某教育局，即 N 市“远望液化气公司”名义上仍由某教育局批文同意，并以全民所有制企业的身份出现在市场。2018 年 10 月，被告人洪某为了更好地协调社会关系，又将 N 市“远望液化气公司”申请变更为“J 省液化气公司”（J 省为 N 市所属省），自

任总经理。公司的人员安置、机构设置、财务监管等，仍与以前的F市“远望液化气供应站”和N市“远望液化气公司”一样，没有任何全民所有制企业的特征（如所有员工都是从社会上招聘的），也没有享受过当时全民企业应当享受的政策性补贴和减征三产所得税等各种待遇。自2017年4月~2019年6月，被告人洪某先后从J省液化气公司账户上将108万元人民币无偿“借给”（实际上是赠与）朋友作经营资本。2019年10月，被告人洪某因涉嫌贪污被逮捕，并在一审被认定构成贪污罪。在二审中，对于被告人洪某是否构成贪污罪，存在三种不同的意见：第一种意见认为，被告人洪某所在J省液化气公司，既然工商登记资料反映为全民所有制企业，就应以此为依据，认定被告人洪某为全民所有制企业的负责人，属于国家工作人员，其利用职务上的便利条件将本单位财产非法占为己有的行为，认定为贪污罪是正确的。第二种意见认为，被告人洪某所在J省液化气公司，虽然和其前身N市“远望液化气公司”和投资主体F市“远望液化气供应站”一样，其投资均由被告人洪某个人所投，但所戴全民所有制企业的“红帽子”，本身也是一种无形资产，其中被告人洪某侵占的108万元中应当包括部分无形资产在内。故对洪某的行为是否构成贪污罪，应当对无形资产在企业资产总额中所占的比例作出评估、确定108万元中国有资产有多少后，予以决定。如果达到贪污罪的起刑数额标准，就应当认定为贪污罪。第三种意见认为，J省液化气公司虽然登记为全民所有制企业，但实际上属于个人公司，对于这种企业的性质，应当按资产的实际性质予以确定。至于全民所有制企业的招牌“红帽子”，无法按无形资产准确计算其所占企业资产总额的比例；即使可以计算，对于上述被告人洪某“侵占”企业资产的行为，也应在事先已有明确比例的协议的前提下就所占比例以贪污罪定罪处罚。否则，所“侵占”无形资产的部分，也只能按经济纠纷处理。因此，应当认定被告人洪某无罪。笔者在结论上赞成第三种观点，即对于名为国有、实为个人投资的公司、企业负责人，不能认定为贪污罪主体；“红帽子”即使客观上对公司、企业的经营起到积极作用，也不应计入公司、企业的投资之中。1989年《最高人民法院、最高人民检察院关于执行〈关于惩治贪污罪贿赂罪的补充规定〉若干问题的解答》在界定当时作为贪污罪主体的“集体经济组织工作人员”时，曾经指出：“个人投资、家庭投资、合伙人投资的私人经营的工商户不属于集体经济组织，其人员不能成为贪污罪的主体。经济组织的所有制性质不明或者上述私人经营的工商户持有集体营业执照的，应请工商行政管理部门重新核定。”这一司法解释虽然已经失效，但其精神是正确的。在刑事司法中，当行为人所在企业的所有制性质界定涉及罪与非罪时，应当以企业的实际性质为标准来认定。

三、将个人财产风险转嫁给所在单位使公共财物遭受损失的，是否成立贪污罪

国有公司、企业工作人员在经济活动中，利用职务上的便利，将自己经营活动的风险转嫁给本单位的，是否应认定贪污罪？笔者认为，对此问题应当具体分析“风险”的性质，如果行为人个人的“风险”是确定的亏损，行为人利用职务上的便利将这种确定的亏损转嫁给本单位遭受损失的，则应当按照单位遭受损失的数额认定为贪污罪，因为这实际上是行为人从本单位的财产中获得了财产，使自己本应遭受损失的财产通过公共财产的损失得以弥补；如果行为人个人的“风险”是不确定的，可能亏损也可能营利或持平，即使最终因为转嫁行为而使公共财产遭受损失，也不应以贪污罪对行为人定罪处罚，因为不确定的“风险”不能等同于实际损失。这里试举一例说明：

被告人窦某（男）原系中国有色金属材料华东公司（以下简称“华东公司”）期货部经理，被告人冼某（女）原系上海市金属材料总公司（以下简称“金属总公司”）期货部报单员。两被告人因业务往来相识。2005 年，冼某为了牟利，要求窦某提供帮助，以冼某的丈夫朱某的名义在窦某所在的华东公司期货部设立编号为 034 的私人账户炒期货。同年 11 月 1 日，冼某打电话委托窦某在 034 账户上买入了交割期为 9511 的三夹板 300 手（每手 200 张，成交价为每张人民币 43.70 元）。成交后三夹板行情下跌，冼某为避免个人损失，利用其报单员的职务便利，通知窦某将这 300 手三夹板合约转入其单位金属总公司编号为 001 的自营账户上，窦某表示同意，但要求冼某必须事先征得冼某单位领导的同意方可转移这笔合约。当日交易所收盘后，窦某通知华东公司结算人员将原本应入 034 私人账户上的 300 手三夹板合约转入金属总公司的自营账户上。冼某则对其单位领导何某谎称该 300 手三夹板系自己误听指令购入，在得到单位认可后登记记入本单位持仓情况汇总表。2005 年 11 月 1 日，三夹板的结算价为每张 43.06 元，因冼某的转嫁行为，金属总公司当天持仓亏损 3.84 万元。之后，冼某按单位领导何某的指令，将 300 手三夹板合约与金属总公司前后开仓买入的三夹板一起平仓卖出，亏损 26.9 万元。同年 11 月 17 日，冼某电话通知窦某，要求在 034 账户上买入交割期为 9512 的红小豆 400

手（每手2吨，成交价为每吨2380元）。成交后红小豆价格上涨，冼某即打电话给窦某要求平仓，窦某认为价格还会继续上涨，劝冼某缓迟平仓，冼某默认同意，但在临收盘前，红小豆价格下跌。当日交易所收盘后，冼某又打电话责怪窦某没有及时平仓，窦某对冼某声称红小豆的行情肯定看好，并表示这400手红小豆可以算在他所在的华东公司自营账户内，冼某听后即未表示异议。窦某随后电话通知华东公司结算人员将原本应入034私人账户上的400手红小豆合约转入本单位编号为018的自营账户上。当日红小豆的结算价为每吨2345元，华东公司为此持仓亏损2.8万元。同年11月22日，窦某因为担心红小豆行情继续下跌可能影响当年利润指标的完成，即平仓卖出，使得华东公司亏损24.4万元。之后，红小豆行情反弹，窦某开仓又大量购入、不久平仓卖出，使华东公司获利。

一审法院经审理认为，被告人窦某系国家工作人员，其与被告人冼某在从事期货交易的活动中，将私人账户上的期货合约在价格下跌时转入国有单位的账户，致使国有单位持仓亏损，两被告人的行为具有一定的社会危害性。但是，窦某、冼某在个人期货合约价格下跌时转嫁给单位的是期货交易的风险，在单位账户尚未平仓时只是反映单位持仓亏损，而不是对合约持有人已经造成了实际损失。因此，不能认为将个人期货交易的风险转嫁给单位就是将个人的损失转嫁给单位，因而也不能认为是共同非法占有本单位公共财产的行为。被告人窦某、冼某所在单位出于单位自愿平仓卖出，最终造成亏损，虽然有窦某、冼某两人将个人期货合约转入各自单位、转嫁风险的因素，但主要还是单位对期货合约持仓不当造成的。因此，窦某、冼某的行为不符合刑法关于贪污罪所规定的“国家工作人员利用职务上的便利，侵吞、窃取、骗取或者以其他手段非法占有公共财物”的客观条件。同时，窦某、冼某所实施期货交易转嫁风险的行为，刑事法律没有明文规定为犯罪行为，按照罪刑法定原则，对窦某、冼某均不能定罪处刑。据此，作出了宣告窦某和冼某无罪的判决。一审判决后，检察机关不服，提出抗诉，诉称：两被告人主观上出于牟利的目的，违反有关规定私自开设账户，利用职务便利炒作期货，为避免损失，将两笔价格下跌的合约转入单位账户，致交易所从两单位的保证金中扣付上述亏损数额，故两被告人转嫁的是实际发生的亏损，而不是风险。两被告人主观和客观行为所达到的目的是盈利归自己，亏损则转嫁给单位。两被告人利用职务之便，从购进期货合约起至亏损转给单位止的行为，构成了犯罪主客观要件的统一，符合《刑法》第三百八十二条规定的贪污罪。二审法院经审理认为，两被告人将价格下跌的300手三夹板合约转入单位账户后，对该合约可能致单位亏损其心理态度是不肯定的，但对损失的发生也不排斥，不设法阻止，持放任态度。窦某认为红小豆能盈利才将该合约转入单位账户，均无追求或希望损失发生的直接故意。两被告人将价格下跌的合约转入单位，造成持仓亏损，该亏损是暂时的、不确定的，不是实际发生的损失。且本案尚无证据证明两单位因持仓亏损而被扣除数额相等的保证金。故两被告人行为不符合贪污罪构成要件。根据罪刑法定原则，对两被告人不得定罪处罚。据此，作出了驳回抗诉、维持原判的裁定。

四、国有企业承包活动中的贪污罪之认定

在现实生活中，经济承包的类型大致可以概括为两种：一是经营权型承包，即发包方由经营管理为主变为监督管理为主，而承包方接受发包方的委托直接对承包企业进行经营管理。在这种承包类型中，发包方仍对承包对象享有所有权，而承包对象的使用权归承包方享有，由于承包企业的国有财产所有权和使用权分离，企业的国有财产的使用事实上由承包人掌握、控制。二是劳务型承包，即发包方与承包方围绕着劳动报酬规定各自的权利与义务，以承包方所承包的最终生产、经营成果指标作为分配的依据，承包方因而相应地享有较大的生产经营自主权和承担较大的生产经营责任。在这种承包类型中，承包方接触、使用生产资料的过程，是一种生产过程，而不是管理、经营活动。同时，承包方对接触、使用的生产资料并不具有管理、处分权。

对于经营权型承包中存在贪污罪，理论上和实践中没有疑义。但是，对于劳务型承包中是否也存在贪污罪的情形，存在争议。有人认为，只要是行为人与国有企业之间存在承包经营关系，其行为人就属于《刑法》第三百八十二条第二款规定的“受国有公司、企业委托管理、经营国有财产的人员”，其在承包过程中非法侵吞承包财产，构成贪污罪。

笔者认为，根据《刑法》第二百七十一条第二款和第三百八十二条第二款的规定，只有经营权型承包中的承包人，才有可能作为“受国有公司、企业委托管理、经营国有财产的人员”成为贪污罪；而在劳务型承包中，由于承包人履行承包合同本身就只是生产、劳务，而没有管理、经营行为，这一承包活动的特征决定了承包人不能成为贪污罪的主体。因此，在认定经济承包活动中的贪污罪时，首先要确定该类承包是否真正意义上的经营型承包。对于劳

务型承包中行为人利用经手国有财产的便利非法占有国有财产的，不能认定为贪污罪，而只能根据其行为的具体特征认定为侵占罪、盗窃罪、诈骗罪等犯罪。

例如，被告人罗某，系私营企业主，经营印刷业务。2000 年 6 月，某国有出版公司向社会公开发包部分图书的印刷业务，罗某以低价印刷成本获得承包权，与出版公司签订了为期三年的承印出版公司部分图书的“承包合同”。在履行合同期间，出版公司经常只派一名工作人员到罗某的印刷厂仓库接运成品图书，罗某发现出版公司接运人员粗心大意，便心生截留畅销图书牟利的念头，多次在出版公司接运人员在图书出库单上签字后，从小货车后厢窃取图书，共计 5000 多册，罗某将这些图书出售后获利 3 万余元。后引起出版公司怀疑遂案发。对于被告人罗某的行为，检察机关以贪污罪起诉。在审理该案过程中，人民法院存在三种不同的意见：第一种意见认为，罗某的行为构成贪污罪，理由是，罗某虽然是私营企业主，但由于其与出版公司签订了承印出版公司部分图书的“承包合同”，属于《刑法》第三百八十二条第二款规定的“受国有公司、企业委托管理、经营国有财产的人员”，具备贪污罪的主体资格。罗某在履行承包合同过程中，以非法占有为目的，利用职务上的便利，窃取畅销图书，非法占有国有财产，符合贪污罪的构成要件。第二种意见认为，罗某的行为构成职务侵占罪，理由是，罗某虽然与出版公司签订了印刷承包合同，但罗的行为不具有公务的性质，因而并不属于《刑法》第三百八十二条第二款规定的“受国有公司、企业委托管理、经营国有财产的人员”，但罗某属于《刑法》第三百七十一条第一款规定的职务侵占罪主体“公司、企业人员”。第三种意见认为，罗某的行为构成盗窃罪，理由是，罗某既不是《刑法》第三百八十二条第二款规定的“受国有公司、企业委托管理、经营国有财产的人员”，也不是职务侵占罪中的“公司、企业人员”，罗某采取秘密窃取的方法非法占有出版公司的财物，符合盗窃罪的构成要件。笔者认为，在上述案例中，罗某与出版公司签订的承包合同，实际上属于劳务型承包合同，而非经营型承包合同——罗某并不管理、经营出版公司，而只是对其部分图书印刷业务承包、按照合同承担印刷义务、享有获取印刷费的权利。因此，罗某的行为不可能构成贪污罪。同时，罗某与出版公司之间是一种平等的承包与发包关系，也不属于出版公司的“公司人员”，故不可能构成“利用职务上的便利侵占本单位财物”的职务侵占罪。罗某在未有任何职务上便利的情况下，采取秘密窃取的方式，将与其有承包发包关系的出版公司的图书据为己有，应构成盗窃罪。故上述第三种意见是正确的。上述案例，如果从贪污罪“利用职务上的便利”角度分析，也可以得出不能成立贪污罪的结论。实际上，劳务型承包中的承包人利用劳务承包的便利非法占有国有财产的行为，与一般情况下行为人临时接受国有单位从事某项劳动、工作，利用工作中接触国有财产的机会侵占该财产行为相似。如果上述案件中，罗某将出版公司存放在印刷厂仓库未接运走的图书直接非法占有，既而潜逃，则成立侵占罪。

实践中，如果经营权型承包的承包人未对企业投资、按照利润分成，承包人采取不正当手段提取超过自己应分得利润之外的资金，归自己所有的，应认定为贪污罪；承包合同规定包死基数、超额分成，如果承包人上交基数后，对超过部分未按照合同规定比例交企业，将该部分占有的，也应认定为贪污罪。

五、贪污罪“利用职务上的便利”之含义

对于《刑法》第三百八十二条规定的贪污罪的“利用职务上的便利”的含义，最高人民检察院于1999年9月16日《关于人民检察院直接受理立案侦查案件中立案标准的规定（试行）》，对其解释为：“‘利用职务上的便利’，是指利用职务上主管、管理、经手公共财物的权力及方便条件。”2012年9月18日，《最高人民法院关于发布第三批指导性案例的通知》（法〔2012〕227号）（指导案例11号·杨延虎等贪污案）指出，贪污罪中“利用职务上的便利”，是指利用职务上主管、管理、经手公共财物的权力及方便条件，既包括利用本人职务上主管、管理公共财物的职务便利，也包括利用职务上有隶属关系的其他国家工作人员的职务便利。

上述司法解释和指导性案例的提示，实际上是就贪污罪中“利用职务上的便利”的外延而作出的解释。笔者认为，在内涵上，所谓“主管”，是指行为人本人虽然不具体管理、经手公共财物，但对公共财物具有调拨、统筹、处置的决定权、决策权、支配权。比如，国有行政机关的市长、县长、处长、科长在一定范围内拥有调配、处置本单位甚至下属单位公共财物的权力。“管理”，是指行为人对公共财物直接负有保管、处理、使用的职权。比如，国家机关、国有公司、企业、事业单位、人民团体的会计、出纳具有管理本单位财务、直接掌管资金的权力。“经手”，是指行为人虽无决定对公共财物进行调拨、统筹、使用的权力，也不具有管理、处置公共财物的职权，但因为工作需要，公共财物由其过手、领取、使用，行为人对公共财物具有实际控制权。主

管、管理的职务便利，既可以是本人职务上的便利，也可以是本人职务上对他人有制约关系的便利。比如，主管部门领导对下属单位的财物，具有通过该下属单位领导职务便利的调拨、处置权。利用这样的职务便利对下属单位的财物，也可以成立贪污罪。因此，有人主张贪污罪中“利用职务上的便利”必须是直接利用本人职务之便的观点，[①] 是不正确的，人为限缩了贪污罪成立的范围，不利于全面保护公共财产权。

有人认为，“主管”“管理”公共财物的权力及便利条件，只有在“国家工作人员”中才具有，而“经手”公共财物的权力及便利条件，也只是就“受国家机关、国有公司、企业、事业单位、人民团体委托管理、经营国有财产的人员”而言的。笔者认为，这种看法没有依据，事实上也不符合实际情况。比如，承包经营国有企业的人员，在承包经营过程中，在一定范围内对于自己承包的国有企业就具有调拨、统筹公共财物的权力，无疑属于“主管”公共财物；而国有公司、企业中的出纳也是“经手”公共财物的人员，谈不上“主管”和“管理”公共财物。所以，人为地限定“主管”“管理”“经手”公共财物的权力及便利条件适用的人员范围，可能会不当地限制了贪污罪成立的范围。

当然，需要注意的是，从“职务上的便利”的内涵来说，职务、职权应当是具有一定稳定性的职务、职权。如果行为人本来不具有主管、管理、经手公共财物的职权，只是偶然一次受委托经手公共财物，则不能认为其具有“经手”公共财物的便利条件，从而将其占有公共财物的行为认定为贪污罪。例如，某国有煤炭运输公司在销售煤炭后有大量货款不能及时收回，便找到社会闲杂人员——被告人梁某，与其签订了书面协议。双方约定，如梁某为煤炭运输公司索要到货款，梁某按到账资金的5%进行提成。其后，梁某带着煤炭运输公司的介绍信和授权委托书四处索债，当追讨到300万元货款后，梁某悉数占为己有、携款潜逃。对于此案中梁某的行为是否构成贪污罪，审理过程中发生争议：第一种观点认为，应认定为贪污罪，理由是梁某接受委托后实际上是国有公司的工作人员从事公务，其利用追讨债务的便利条件将自己经手要回的国有公司的300万元货款非法据为己有，完全符合贪污罪的构成要件。第二种观点虽然也认为梁某成立贪污罪，但理由与上述不同，其理由是由于煤炭运输公司与被告人梁某签订了以梁某帮助公司追讨货款并按比例提成为内容的协

① 参见董滨、李学新：《论贪污罪中的职务便利》，载《贵州警官职业学院学报》2007年第1期。

议，双方之间建立了平等的委托与被委托的关系，被告人梁某属于《刑法》第三百八十二条第二款所说的“受国有公司委托管理国有财产的人员”，其利用职务上的便利侵吞国有财产，成立贪污罪。第三种观点认为，被告人梁某既不是煤炭运输公司的工作人员，也不能被认为是《刑法》第三百八十二条第二款所说的“受国有公司委托管理国有财产的人员”，其行为符合侵占罪的构成特征。第四种观点则认为，被告人梁某的行为属于法无明文规定犯罪的行为，属于无罪行为。首先，煤炭运输公司只是与梁某签订了追讨货款的协议而并没有委托梁某保管财物，故不存在侵占罪中的“代为保管的他人财物”。其次，从刑法规定侵占罪属于“告诉才处理”的犯罪及分设贪污罪、职务侵占罪和侵占罪分别保护公共财物、单位财物和私人财物的立法精神出发，《刑法》第二百七十条第一款规定的侵占罪的对象仅限于自然人的财物且不包括公共财物。

笔者认为，上述案件中，梁某的行为成立侵占罪，而不成立贪污罪。不应当认定为贪污罪的理由是：梁某作为煤炭运输公司授权委托追讨公司货款的人员，只是该国有公司临时性地委托从事一项工作，尽管这项工作使梁某有机会接触国有公司的公共财物——货款，但由于梁某进行这项工作应当不具有相对的稳定性，不能视为在国有公司中从事公务。不可否认，煤炭运输公司与梁某签订协议，双方之间建立了一种平等的委托与被委托关系，但这种关系尚不能令被告人梁某成为“受国有公司委托管理国有财产的人员”，因为被告人梁某不可能具有“管理”国有财产的职权。

那么，为什么梁某成立侵占罪呢？上述反对以侵占罪对梁某定罪处罚的理由能否成立呢？在此有必要予以辨析。笔者认为，《刑法》第二百七十条第一款规定的“他人财物”，既可以是私人的财产，也可以是公共财产。具体而言，理由是：(1) 不能因为侵占罪属于“告诉才处理”的犯罪，就认为单位不能成为本罪的被害人。刑法规定“告诉才处理”的目的在于赋予被害人决定是否追诉犯罪人刑事责任的诉讼权利，而不在于限制被害人的范围。另外，根据我国《刑事诉讼法》和1998年1月19日《最高人民法院、最高人民检察院、公安部、国家安全部、司法部、全国人大常委会法制工作委员会关于刑事诉讼法实施中若干问题的规定》的规定，“告诉才处理”与“被害人有证据证明的轻微刑事案件”都属于自诉案件，两类案件在诉讼方式上完全相同。“被害人有证据证明的轻微刑事案件”无疑包括生产、销售伪劣商品案件（严重危害社会秩序和国家利益的除外）和侵犯知识产权案件（严重危害社会秩序和国家利益的除外)，而生产、销售伪劣商品案件和侵犯知识产权案件中的“被害人”无疑也包含单位在内。如果否定被害单位属于“被害人”，则意味着当生产、销售伪劣商品和侵犯知识产权行为侵害单位利益而又没有“严重危害社会秩序和国家利益的”这一应当适用公诉的情节时，即使被害单位提出惩治犯罪的主张，也无法启动诉讼程序。这样的解释结论显然是荒谬的。(2) 贪污罪和职务侵占罪与侵占罪之间存在区别，或者说刑法在贪污罪和职务侵占罪之外另设侵占罪，绝不是因为贪污罪和职务侵占罪的犯罪对象是公共财物而侵占罪的犯罪对象是私有财物，而是因为前两罪是职务犯罪而后一罪乃非职务犯罪。事实上，贪污罪和职务侵占罪的犯罪对象中均可能包含公共财物与私有财物，而职务侵占罪实际上侵犯的多为私有财产（关于贪污罪与职务侵占罪的区别，内容后文详述)。换言之，刑法并不是以犯罪对象——财产或财物是公或私的性质来作为设置这三种犯罪不同构成要件的依据，并以此来覆盖形形色色的侵占行为类型，以使得罪名体系完整规范。(3) 在实际生活中，常常发生一些单位将单位财产（包括国有单位的公共财产）交付给不具有单位职务的公民个人保管，而该公民将这些财物非法占为己有、拒不退还的情况。如果否定单位财产、国有财产可以成立侵占罪的对象，则意味着这些行为无罪。然而，这样的解释结论并不符合刑法在罪刑法定原则指引下保护国家、单位法益的正当要求。有学者以严格解释刑法、遵循罪刑法定原则作为论证依据，主张将“他人”理解为个人。但在笔者看来，其解释结论恰恰违背了罪刑法定的要求。罪刑法定原则并不要求对刑法用语作字面解释，而应当在适当的时候结合刑法目的，从尽量有利于保护合法权利的角度出发进行目的解释。而从尽量保护合法财产权利不受侵犯的角度考虑，我们没有任何理由认为行为人将代为保管的私有财物非法占为已有时侵犯了合法财产权，而当行为人将代为保管的单位财物、国有财物非法占为已有时就没有侵犯合法财产权。如果刑法用语可能的含义允许，解释结论又不至于和相关规范的理解相互矛盾，那么，解释结论包罗的现象越多就越完满。当然，也有学者认为既然“他人”之义争议颇大，不如采取有利于被告人的立场。对此，笔者认为，刑法解释未必结论越有利于被告人就越合理；有利于被告人更不能成为解决刑法解释争议的标准。[①] 当然，对上述案件中的被告人梁某认定为侵占罪，似乎还有一个“障碍”，那就是梁某在侵占煤炭运输公司 300 万元货款之前并没有持有这笔

① 参见张明楷：《刑法分则的解释原理》，中国人民大学出版社 2004 年版，第 37 页。

货款，如何将这笔货款解释到公司“代为保管”的财物中去呢？笔者认为，煤炭运输公司与梁某签订追讨货款协议之后，实际上就将这笔货款的追索权授权给了梁某，梁某在追得货款之后、按协议将货款交给煤炭运输公司之前的期间内，就是受委托保管公司的财物，因而将这笔货款作为梁某代为公司保管的财物，在解释论上是没有问题的。

在实务中应当注意，贪污罪中的“利用职务上的便利”，只能是指行为人利用其职责范围内的主管、管理、经手公共财物的便利条件；行为人主管、管理、经手公共财物，都是由行为人所担负的职责所产生。如果行为人利用与自己职责、职权无直接关系或者说不是以职责为基础的便利条件，如仅仅因为在某单位工作而熟悉作案环境、凭借系工作人员的身份而易于进入他人保管公共财物的场所、较易接近作案目标或者因为工作关系熟悉本单位其他人员的职务行为的操作规程等便利条件侵占本单位公共财物，就不属于“利用职务上的便利”，由此实施的犯罪，应当根据行为人侵占财物的具体手段性质以盗窃罪、诈骗罪等犯罪论处。例如，某地发生一起国有银行人员被控贪污的案件：被告人孙某是银行外勤人员，经常通过亲朋好友等各种关系给银行揽存款、将存款贷出，但其本身不具有信贷的职责。2011 年 3 月，被告人孙某以高息为诱饵，诱使某进出口公司会计王某将该公司的 3000 万元以活期形式存入本行，并以“公司在 10 个月之内不得核对账户信息”为条件，按照约定的高息当场支付了 110 万元的利息。被告人孙某让王某预留了四份公司的财务印鉴和四份王某的个人印鉴（公司财务印鉴和王某的个人印鉴，均为该进出口公司开具支票从银行将资金转出或支取所必备的印鉴，银行凭此两个印鉴受理支票办理转账手续）。其中，三份按照规定交到银行信贷员处，一份私自留下。同年 4 月，被告人孙某以自己留下的进出口公司的财务印鉴和王某的个人印鉴，伪造了进出口公司的财务印鉴章和王某个人名章，并指使他人冒充进出口公司的人员购买了空白支票。尔后，被告人孙某分别在三张空白支票上加盖了伪造的进出口公司的财务印鉴章和王某的个人名章，并分别填写了“500 万元”“1500 万元”和“900 万元”的转账金额，将进出口公司账户上的 2900 万元资金转入自己妻子开办的某投资咨询有限公司账上，被告人孙某从投资咨询有限公司的账户上又划走，用于个人购置房地产，将 2900 万元非法占为已有。公诉机关以被告人孙某构成贪污罪提起公诉，理由是被告人孙某为国有银行中从事公务的人员，符合贪污罪的主体要件，其利用自己在银行工作的便利条件，诱使他人将巨额资金存入银行，事后将 2900 万元的存款非法占为已有，符合贪污罪的构成特征。法院经审理后没有采纳检察机关的起诉意见，对被告人孙某以票据诈骗罪定罪处罚。笔者认为，法院的判决在定性上是正确的。在本案中，被告人孙某虽然是国有银行工作人员，在其职责范围内行使职权时无疑属于国家工作人员，符合贪污罪的主体要件，但是，其职责是外勤，尽管在日常事务中实际上为本行存款、贷款业务的开展起到了辅助作用，毕竟不负责贷款业务，其将客户账户资金贷出，必须通过信贷员的职务行为才能实现；被告人孙某诱使王某将进出口公司的3000万元存入银行并伪造支票将其中2900万元存款骗出非法占为己有，只是利用其熟悉银行存款、贷款操作规程的便利条件而为，并没有利用主管、管理存款贷款业务的便利条件，事实上被告人孙某也没有主管、管理存款贷款业务的职权。因此，被告人孙某的行为符合票据诈骗罪的构成特征，而不符合贪污罪的构成特征。

另外，行为人虽然在履行职务期间实施侵吞财物的行为，但侵吞财物的行为与职务便利无必然联系的，也不能视为“利用职务上的便利”，不能以贪污罪对行为人定罪处罚。例如，国有单位的出纳甲、乙二人到银行领取本单位职工工资15万元，银行工作人员误将18万元当成15万元交予了甲、乙，两人在回单位的路上将银行多给的3万元予以瓜分。此案中，甲、乙二人是在履行公务期间实施侵吞财物的行为，但该行为实际上并非利用职务上的便利条件实施，因而不构成贪污罪。

六、科研人员采取不正当手段套取科研经费的行为是否属于贪污罪

当前司法实务中，将科研人员采取不正当手段套取国家科研经费的行为认定为贪污罪，是较为普遍的做法。笔者认为，这种做法在适用刑法上是错误的，应当予以纠正。

司法实践之所以将科研人员采取不正当手段套取科研经费的行为认定为贪污罪，主要理由和根据包括：（1）涉案的科研人员，无论是国有科研机构的科研人员还是高校教师，均为国有单位工作人员，属于国家工作人员，具备贪污罪的主体资格。（2）大多数行为人是课题组负责人或项目主持人，存在可利用的“职务便利”；有的行为人虽然不是课题组负责人或项目主持人，但作为课题组成员或非课题组成员，与课题组负责人或项目主持人相互配合实施套取科研经费的行为。（3）客观上以编制虚假预算、用虚假发票（包括并非实

际用于科研经费所开具的、形式上真实合法的发票）冲账、以他人名义领取劳务费等手段，将国家拨付的科研经费冲账套取，非法占有，符合贪污罪的客观要件。（4）国家的科研经费来自中央或地方财政拨款，套取科研经费使国家财产受到损失，科技公信力遭受破坏。

笔者认为，结合我国目前国家科研经费申请、使用、管理的基本机制，尽管少数科研人员采取各种不正当手段套取科研经费的行为值得谴责、应当承担相应的法律责任，但无论如何不应以贪污罪定罪处罚。上述有关该等行为成立贪污罪的理由，皆是在形式上进行解释，片面且割裂地分析之结果。具体理由是：

1. 科研人员从事科研活动，并非从事公务，因而不属于国家工作人员，也没有贪污罪的“职务上的便利”可以利用

国有科研机构、高校中从事科学技术研究的专业技术人员，在形式上属于“国有事业单位”的“工作人员”，但其主要工作包括两个方面：一是教学；二是科研。无论教学还是科研，都是技术性的劳动，而非公务。所谓公务，应当具备两个特征：一是行为具有组织、领导、监督、协调等管理性；二是国家代表性。显然，从事科学技术研究，并不具有上述两个特征：（1）科学研究是对反映客观事实和客观规律的知识体系进行探索的活动，技术研究是对生产技术（人类改造自然、进行生产的方法和手段）或非生产技术（公用技术和日常生活技术）的创造性活动。总而言之，科学技术研究是人们对客观世界的改造活动，相对于研究对象而言，这种活动没有组织、领导、监督、协调等管理性。换言之，科研人员从事科研活动，并非对“科研”及其相关经费等事项的管理。（2）科研活动即使基于国家有关部门的委托、授权，科研成果归属于国家，但其本身也具有独立性，科研人员从事科研活动并不是代表国家的活动。按照《刑法》第九十三条的规定，“从事公务”是国家工作人员身份的实质依据。因此，即使在国有事业单位“工作”，但只要不是从事公务，就不属于国家工作人员。

从职务便利的角度分析，科研人员也没有贪污罪中的“职务便利”可以利用。贪污罪的“职务上的便利”，是指对财物的主管、管理、经手之便利。而科研人员从事科研活动，可能与用科研经费购置的国有资产接触，但并不对科研经费本身主管、管理和经手。在实践中，为了科研活动的便捷，科研人员有时事先用自己的钱款垫付经费从事科研活动，而后持有关票据到财务部门报销，有时是事先从财务部门预借款项，使用后凭有关票据冲抵平账。但无论何

种情况下，科研经费在支取之前，一般由项目负责人或课题主持人所在单位控制，主管、管理或经手人员均是该单位财务人员，科研人员对于科研经费并无控制之可能。因此，自然不存在利用职务上的便利侵吞科研经费的余地。

需要强调的是，科研人员从事科研活动，就其内部而言，当然也存在一定的管理事务。比如，课题组负责人或者项目主持人召集课题组成员对项目研究进行部署，包括对课题组成员进行任务分工，就研究思路、研究方法、研究进度等问题进行规划、协调、监督，等等。但是，这种科研活动的内部管理活动，并非公务意义上的、对外事务的管理，而是基于科研活动的内在要求的、作为科研技术性劳务的有机组成要素。另外，某些情况下，科研人员除了承担教学科研任务外，在单位还担任行政管理职务、行使一定的管理职权。比如“双肩挑”的大学校长、学院院长、招生处处长、科研处处长，既是教师、学者，也是教学科研行政管理人员。这些人员在行使行政管理职权时属于国家工作人员，其利用行政职权侵吞公共财物的，无疑成立贪污罪。但是，其在教学、科研工作中，不存在贪污罪的职务便利，实际上也不是从事公务的人员，不属于国家工作人员，不能成立贪污罪。

2. 套取科研经费即使手段不正当甚至非法，其取得科研经费的结果一般也没有造成国家财产（科研经费）的损失（特殊情况除外）

目前，科研领域国家纵向课题、项目从招标发布到验收的基本流程是：国家有关部门（如科技部、教育部、司法部、全国哲学社会科学工作办公室；各省市自治区厅局；各省市自治区及新疆生产建设兵团、全军哲学社会科学规划办公室）发布课题指南→科研人员提出项目申请或投标（申请一般有固定格式，内容包括课题主持人及课题组成员基本情况、课题研究设想、研究方法、研究计划进度及阶段性成果、最终成果形式、经费预算及其开支科目）→国家有关部门组织评审（比如，全国哲学社会科学规划办公室先组织同行专家进行通讯评审，再组织学科规划评审组专家进行会议评审）→国家有关部门对拟资助项目及资助经费数额审批决定→对决定予以资助的，国家有关部门予以公布，并书面通知申请人及责任单位→国家有关部门、项目负责人（或课题主持人）及其所在的科研机构（或高校）订立三方协议或合同书→国家有关部门拨款至项目负责人（或课题主持人）所在的科研机构（或高校）→项目负责人（或课题主持人）组织开展课题研究→课题完成后，项目负责人（或课题主持人）提交最终研究成果和项目结项申请→国家有关部门对成果进行鉴定、审核、验收→拨付预留经费。

在上述流程中，科研人员套取科研经费的行为，主要发生在国家有关部门第一次拨款后、项目研究过程中。也有的属于在成果验收合格通过之后，国家有关部门将预留经费拨付后，科研人员套取后续拨付的经费。无论在哪一个阶段，从国家有关法律、法规和规章的规定及项目合同书的性质、基本内容进行考察，科研人员使用不正当手段套取科研经费的行为，一般都难以判断为侵害作为国家财产的科研经费的所有权之行为。具体而言：（1）科研经费数额通常是项目申请人或者课题主持人投标申请后，国家有关部门经过专业评判，充分考虑科研顺利进行的实际需要后慎重确定的固定数额。国家有关部门在与项目负责人或课题主持人签订项目合同书或协议后，就有义务及时、足额提供科研经费供项目负责人或课题主持人支配使用，而作为合同另一方当事人（如系三方协议，除投标的项目负责人和招标的国家有关部门之外的责任单位，主要负责对经费的管理，只在经费管理问题上与项目负责人和国家有关部门发生法律关系）的项目负责人，也有义务按照合同的要求完成项目课题的研究，按时提交符合要求的成果。换言之，只要项目负责人或课题主持人按照项目合同书的要求完成了课题研究、通过了成果鉴定，其无论通过何种方式取得合同书所确定的科研经费，都不能视为侵吞国有财产。即使行为人采取了不当手段套取，也是如此。比如，课题主持人或课题组成员没有外出调研却开具反映自己外出的住宿费发票予以“冲账”套取科研经费；项目主持人将自己或者其他课题组成员购买家庭日用品的购物小票在超市开具发票予以“冲账”套取科研经费；课题主持人用自己学生或者其他与课题研究无关的人的身份证和名义领取“劳务费”，等等。科研人员通过上述手段取得科研经费的，由于科研经费是由国家有关部门审定的，作为科研人员从事课题研究的“对价”而存在，因此，在“取得科研经费”的结果上本身是不可责难的。至于套取科研经费的手段不正当，其违反的纯粹是科研经费管理制度，危害内容不及国家财产所有权。（2）目前国家科研经费预算支出科目一般包括图书资料购置费、国内调研差旅费、国际合作与交流费、问卷调查费、专家咨询费、小型会议费、计算机耗材及上网等通讯电话费、设备费、复印费、出版资助费、劳务费、成果鉴定费等，这些科目并没有包括本应包括的、体现科研人员智力投入的劳动报酬。这种形式上不合理的科研经费预算结构，与国家鼓励科研人员科技创新、尽力投入智力劳动的精神是相违背的。正是在这种形式上不合理的预算机制下，少数科研人员采用虚假发票，按照合同书所载明的预算支出科目“冲账”，将并没有实际花费在这些科目上的科研经费套取，以弥补智力劳动的付出。因此，从实质上分析，科研人员以不正当手段套取部分科研经费作为智力劳动的“回报”的行为，不属于侵害国家财产的行为。申言之，科研经费实际上是国家有关部门与项目负责人或课题主持人之间通过合同所约定的，国家有关部门提供给科研人员的、用于“购买”科研人员智力成果（科研成果）及补助相关支出的费用。在这种合同签订、履行过程中，科研人员只要真实地从事了科研活动，其即便采取不正当手段套取科研经费，也不属于侵害国家财产的行为，更不成立贪污犯罪。

必须指出，对于一般情况下科研人员以不正当手段套取科研经费的行为以贪污罪定罪处罚，是不恰当的。但是，这并不意味着对于不当套取科研经费的行为可以放任不管、在任何情形下实施此等行为的科研人员在法律上都没有任何责任。在当前法律、法规和政策性文件的框架下，对于以下一些特殊情形，应当根据具体的行为予以法律上的否定评价：

（1）科研人员虚构项目，没有对课题进行研究或者没有进行实质性研究，通过签订、履行科研合同的形式，以各种预算支出名义套取全部或部分科研经费的，实为骗取科研经费的行为。对此，应当以合同诈骗罪追究责任。比如，行为人在与国家有关部门签订项目研究合同书后，虽然前期进行了实质性研究工作，但通过后期研究根本无法达到鉴定验收合格标准，却采取欺骗、贿买评审专家的手段蒙骗过关，取得预留资金的；行为人将自己以往完成并在专业领域公开成果的课题向国家有关部门投标申请项目，在项目获批后，没有任何创新，实际上也没有开展进一步研究，最终以既有成果申请结项，获取科研经费的；行为人将本人专业领域的、外国专家的相关成果予以剽窃作为自己项目成果获得项目资助并通过鉴定，从而获取科研经费的；国家有关部门委托项目中，数额不固定、由科研人员向国家有关部门实报实销的科研经费，科研人员没有从事有关事务而以该事务开支名义报销套取科研经费的。这些行为均成立合同诈骗罪。

（2）按照法律规定或者合同约定，由于科研人员违约，国家有关部门要求科研人员退还先前支取、使用的科研经费，而科研人员拒不退还的，如果数额较大，经国家有关部门告诉，对行为人应当以侵占罪定罪处罚。比如，《国家社会科学基金项目经费管理办法》第十八条规定：“项目一经批准，不得无故中止。对无故不完成研究任务者，全国社科规划办停止拨款，并追回已拨经费……对因严重违反财务制度或其他原因而被撤销项目的，追回已拨经费。”如果行为人违反上述规定，不予退还经费的，可以成立侵占罪。此外，在项目研究完成后，项目负责人违反合同约定，占用净结余经费或者用科研经费购置的、应当属于国有资产的设备仪器而不退还的，也应以侵占罪定罪处罚。

（3）科研人员与所在单位科研管理人员内外勾结，利用后者主管、管理、经手科研经费的职务便利，侵吞科研经费的，应当以贪污罪的共犯论处。

七、经济活动中国家工作人员贪污罪与获取正当报酬、奖励行为的界限

国家工作人员利用从事经济活动、经营管理职务上的便利侵吞、骗取公共财物的行为，性质上属于贪污。这是没有疑问的。实践中应当注意的是，具有财物主管、管理、经手职务便利的国有公司、企业、事业单位人员或者受国有单位委派到非国有公司、企业、事业单位中从事公务的人员，如果其取得财产及财产性利益，虽然与其职务、履行职责行为有一定的关联性，但是，只要没有给公共财产造成损失，就不应当认定其行为成立贪污罪；特别是按照公司、企业制度规定或者依照公司、企业有权机构或决策人员的决定、认可，行为人在为国有单位从事相关经济活动中获得相应的报酬、奖励具有正当依据的，不应认定行为人将本单位公共财物据为已有而造成了本单位公共财产的损失。

在此以两个典型案件予以例示：

例1：纪某、尹某被控贪污罪一案。犯罪嫌疑人纪某，系江西牡丹亭置业有限公司商业中心总经理。犯罪嫌疑人尹某，原系B市文化发展有限公司（国有）普通员工和网络技术人员。2014年，江西华纳时代影城因为拖欠开发商江西牡丹亭置业有限公司租金、物业费，被牡丹亭置业有限公司起诉，标的额为250万元。该影院资不抵债，2015年4月，法院调解以该影院资产抵给开发商，后牡丹亭置业有限公司开始招商，招商经理为纪某。纪某按照牡丹亭置业有限公司董事长郭某的指示，要求转让底价是650万元，若转让费高于650万元，拿高出的部分作为销售团队和中介方奖金。2016年初，犯罪嫌疑人尹某在微信群中得知牡丹亭置业有限公司的招商消息，便将该信息告知其所在单位B市文化发展有限公司（国有）领导，B市文化发展有限公司遂于2016年3月成立公司、收购影城，并任命尹某为项目经理，全权负责收购影城事宜。2016年3月，尹某前往江西考察影院情况，由牡丹亭置业有限公司商业中心总经理纪某负责接洽。同年4月，尹某带领B市文化发展有限公司数名业务人员再次前往江西该影城考察并进行洽谈，最终达成收购意向，并经上报公司领

导层、集体讨论决定，拟以不高于900万元的价格收购该影城，如果收购价格低于900万元，节省的部分由尹某在谈判团队中作为奖金予以分配。后经尹某倡议，B市文化发展有限公司为收购影城，拟与上海弘一文化产业有限公司合作在江西成立一家本地公司——南昌弘一影城有限公司，以便将来作为影城的资产主体，并有利于转手牟利。尹某等人与纪某经过多次谈判，并在尹某向纪某暗示“如果收购价高于850万元，B市文化发展有限公司将无法集体讨论通过”的情形下，2016年5月6日，江西牡丹亭置业有限公司（卖方）与B市文化发展有限公司、上海弘一文化有限公司（买方）签署《影院资产买卖合同》，约定由B市文化发展有限公司、上海弘一文化有限公司购买江西牡丹亭置业有限公司位于南昌市中山路×号第三层房屋内的所有资产，并租赁用于经营影院一事，购买价格850万元，同时，因B市文化发展有限公司、上海弘一文化有限公司正在设立南昌弘一影城有限公司，三方承诺，在该公司成立后，合同中B市文化发展有限公司、上海弘一文化有限公司所有的权利和义务均一并转移给南昌弘一影城有限公司”。2016年6月17日，B市文化发展有限公司与上海弘一文化有限公司共同出资的南昌弘一影城有限公司成立（各出资300万元，各占50%。2017年10月23日，出资比例调整为B市文化发展有限公司占股70%）。南昌弘一影城有限公司于2016年9月21日、22日向江西牡丹亭置业有限公司支付购买款850万元。2016年9月26日～10月10日，江西牡丹亭置业有限公司将上述850万元转出至该公司员工个人联合账户。2016年10月20日，该联合账户向该公司总经理杜某个人账户转账200万元，杜某于同日将该200万元转给尹某，并告知尹某，该200万元系江西牡丹亭置业有限公司给予纪某等人的奖励，并代为转达了纪某“感谢尹某促成收购”而欲将其中100万元赠予尹某的意向。尹某于同年10月24日将其中100万元转给纪某，余下100万元据为己有、用于个人消费。另，尹某通过以支付公司对外咨询费用的名义在B市文化发展有限公司领取50万元作为收购事宜奖励分发给收购谈判团队，本人获得其中20万元。2018年1月4日，B市文化发展有限公司报案称尹某利用职务便利，贪污公款50万元，并收受影城项目出卖方江西牡丹亭置业有限公司纪某的100万元贿赂。

在审查起诉中，对于纪某、尹某是否成立贪污罪（职务侵占罪），以及纪某是否成立行贿罪、尹某是否成立受贿罪，产生了较大争议。一种观点认为，江西牡丹亭置业有限公司实际获得的影城收购款为650万元，此价格应当视为影城的实质价值，作为买家代表的尹某虽然经过与卖家代表多次谈判，在低于本公司集体讨论决定的最高价款之下以 850 万元与对方达成交易，但是，在得知卖家获得实际价款为 650 万元的情况下，不应将纪某“赠与”的 100 万元据为己有，而应当上交公司，故尹某对分得的 100 万元应当承担贪污罪的责任。当然，按照事先公司的决定，其将他为公司收购影城节省下的 50 万元在谈判团队中予以分配，应当认为正当合法。而纪某给予尹某 100 万元属于事后向国家工作人员行贿，收买了尹某的职务行为，故成立行贿罪。另有观点认为，纪某将本公司出卖影城的收购款中的 200 万采取不正当手段与他人瓜分，属于职务侵占罪，故纪某与尹某共同成立职务侵占罪。

笔者认为，纪某、尹某的行为均不成立贪污罪（职务侵占罪）。理由是：（1）江西牡丹亭置业有限公司在影城出售项目上的保底价为 650 万元，这是由公司董事长郭某确定，并授权纪某据此与收购方商谈价格的。因此，只要该公司最终获得了 650 万元的收购款，就不存在财产损失。纪某在公司收取 850 万元收购款后，按照公司事先的许诺，将其中的 200 万元予以处分，正当合法。因此，其与尹某将 200 万元均分，没有侵害公司财产权，不符合职务侵占罪的构成要件。（2）尹某按照本公司集体讨论的奖励方案，在公司支付不超过 900 万元款项购得影城的前提下，将其中结余的 50 万元在谈判团队中予以分取，同样没有侵害到 B 市文化发展有限公司的财产权。因此，也不成立贪污罪。（3）纪某将有权处分的 200 万元奖励款项的一半分给尹某，属于纪某自主处分权范畴，不具有给予国家工作人员好处费、收买其职务行为的性质。因为尹某、纪某各自代表影城项目的买方和卖方，彼此在价格上没有不正当的“勾兑”，都是在维护各自公司利益的前提下履行职务；以维护各自公司的利益为标准进行衡量，尹某、纪某从本公司取得相应金钱的行为都没有损害公司利益，而纪某将其中自己从本公司取得的款项向尹某表示“感谢”，所送款项并不具有贿赂款之性质，故不符合行贿罪的特征。

例 2：被告人孙某，原系某区疾病预防控制中心（全民所有制卫生事业单位）副主任，由于该中心为财政“半拨款”单位，职工福利的一半须由单位自己创收筹措经费。2018 年 9 月，孙某被任命为中心副主任后，为解决职工福利问题，在中心办公会议上提出增收创收方案，依托中心的检验鉴定所，积极开展跨区常见病原微生物检验检测和常见毒物、污染物的检验鉴定工作，并倡导职工积极开拓客户资源，凡由职工推荐介绍的业务，收入的 20% 用于奖励推荐介绍人。该集体研究决定的方案得到上级主管部门有关领导口头认可。至 2019 年 12 月底，该中心共创收 1200 万余元。在 2019 年中心年终会上，孙某主持会议决定，按照事先确定方案，130万余元用于奖励推广业务的职工。其中，孙某本人获得了30万元的奖励。2020年1月，孙某被举报贪污。某区监察委员会经审查后认为，孙某虽然系疾病预防控制中心副主任，但同时也属于中心职工，其为本单位增收介绍业务，依照事先集体研究决定的方案，获得因其介绍业务、增加单位收入而奖励的奖金，并不属于利用职务上的便利侵吞本单位公共财物的行为。事实上，该中心并无财产损失。

八、贪污罪与利用职务衍生信息获利的不正当行为的界限

贪污罪的实质是借掌控财物之权侵吞、窃取、骗取财物，从而造成公共财产的损失。实践中，行为人利用自己职务、职权或工作上获取公共信息资源的便利获取利益的情况，不在少数。对于这些现象，也应当从涉案行为是否造成公共财产损失的角度把握罪与非罪的界限。如果行为人仅仅是利用与职务、职权或者工作有关的信息便利，在与国家有关部门进行市场交易或者其他交往活动中获取财产或财产性利益，不宜认定为贪污罪。

例如，2016年3月，时任T市市场物业开发管理局（以下简称“物管局”）物业开发科副科长的被告人杨某，与何某（时任物管局党总支委员，另案处理）、鲍某（T市道路运输管理局职工，另案处理）、张某（物管局职工），在得知物管局下属的南湖市场启动改造项目后，四人合谋由鲍某出面将南湖市场综合楼二楼房屋（2000～2004年由经营户刘某承租经营“亿客隆酒店”）承租下来，由鲍某作为法定代表人与“亿客隆酒店”原经营者刘某签订转让协议，以16万元的价格取得“亿客隆酒店”的现有装修、装饰、设备等的所有权。2017年4月，南湖市场进行拆迁；2017年5月18日，物管局、鲍某、T市房屋征收与补偿办公室三方签订房屋租赁解约补偿合同，由T市房屋征收与补偿办公室向鲍某支付国家拆迁改造补偿款139万元。在案“2016年12月21日补偿明细单”证明，139万元补偿款（实为139.5009万元，支付时去除零头）的构成包括五个部分：装修评估费，97万余元，退租金，10万元；经营损失，三年共30万元；空调，5900元；搬迁费，1.5万元。2017年5月26日，鲍某得款139万元后，分别转账给杨某、何某、张某各28.6万元，余款53.2万元由鲍某占有。公诉机关指控杨某、何某利用职务上便利，与鲍某、张某四人合谋骗取国家拆迁改造补偿款，成立贪污罪。在案件一审审理过程中，控辩双方围绕杨某、何某有无贪污罪的“职务上的便利”及杨某等四人

获取涉案款项的性质问题展开了激烈的争论。起诉书指控、公诉意见支持本案成立贪污罪的理由，主要是本案中存在这样几个事实：（1）原本获得拆迁改造补偿款的房屋属于经营户刘某承租，而被告人杨某等四人是在获悉该房屋所处的南湖市场可能会被拆迁（之前拆迁一度停止又重新启动）后，从刘某处转租过来，才获得该笔补偿款。如果被告人杨某等四人没有获知可能拆迁的信息，则不可能获得该笔补偿款。（2）原来的经营者承租房屋，按照物管局的规定是一年一租，期限在2014年就届满，2015年起就停止经营，但仍占有该租赁房屋未迁出，而鲍某在2016年3月向刘某支付16万元价款后，与物管局签订的转租合同将日期倒签为“2015年12月1日”。（3）承租后，鲍某将“亿客隆酒店”更名为“名归美食”后并未申领营业执照，仅投入少量资金进行装修改造后经营。后获得的139万元补偿款包括“经营损失”30万元。法院最终认为，国家支付给杨某等四人的拆迁改造补偿款139万元，并未导致国家遭受财产损失；杨某等四人的行为不具有骗取国家财产的性质，宣告杨某、何某无罪。笔者认为，法院的裁判结论是正确的。贪污罪侵犯的法益是公共财产权（在非国有公司、企业中，当然也包括部分非公共财产权），公共财产权是否遭受实际损失或可能遭受损失，是判断贪污罪的决定性因素。本案中，值得关注的问题有这样几点：（1）国家支付拆迁改造补偿款的真正依据是什么？（2）国家有无因为被告人杨某和何某、鲍某、张某等人商议由鲍某出面将房屋从刘某处转租过来而支付了不该支付的补偿款？或者多支付了补偿款？

笔者认为，在南湖市场拆迁项目中，T市房屋征收与补偿办公室向房屋租户支付拆迁改造补偿款的依据和内容，是租赁房屋室内装修价值、已缴纳但未到合同届满期所对应的部分租金、空调设备等室内物、因拆迁造成的经营损失及搬迁费等。因此，在进行拆迁改造补偿款发放时，无论承租者是谁，国家补偿款都是必须按照上述内容支付的（经过双方当事人协议，最终补偿款多少，存在一定的上下浮动，另当别论）。具体到本案，涉案的房屋，无论是原经营者刘某继续承租，还是由鲍某代表杨某等四人转租，或者其他任何人从刘某处转租过来，对于国家拆迁改造补偿款的支付来说，总体上是没有影响的。既然由谁承租，国家都须支付相应的补偿款，那么，就不能因为杨某等人从刘某处转租过来而后获得了补偿款，就认为国家不应支付这笔资金、可以节省这笔资金，就认为杨某等人（而非刘某）获得了这笔资金就给国家造成了损失。另外，139万元补偿款的各项明细，对应的物业要素均真实客观。原经营者刘某尽管自2015年未再经营，但仍占有该房屋，因此，其中经营损失计算到拆迁改造时为三年，也是合理的。鲍某在与物管局的租赁合同上倒签签约日期，只是一种弥补之前刘某空缺租赁关系的手段，鲍某也按照租赁合同载明的租期向物管局缴纳了相应租金。故也不存在虚构二年租期、骗取其中二年经营损失20万元的问题。

总之，杨某、何某、鲍某、张某等四人的行为，实际上是利用市场信息知悉便利进行投机获利的行为。其四人支付相应成本从刘某处将房屋转租，目的不在依靠经营谋利，而在于博取因拆迁获得的巨额收益，虽然这对于刘某来说意味着丧失了一次获利机会，但这种行为的性质并无违法性，不能因为其获利的结果就进行有罪追诉。顺便指出的是，本案被告人杨某作为物管局物业开发科副科长，其职责是对物管局下属物业开发、利用事务进行管理，包括相关物业的出租管理；何某作为物管局党总支委员，仅仅负责相关党务工作。在物管局下属南湖市场拆迁及租户解约补偿工作中，对于国家向承租户支付房屋租赁解约补偿款事宜，杨某、何某实际上并没有任何职权。他们既不代表物管局参与物管局、承租户与房屋征收与补偿办公室的补偿谈判及三方协议书签署，也没有配合房屋征收与补偿办公室办理拆迁前期手续及监督检查国家补偿款发放的职权职责，更没有决定补偿款发放金额及支付办法等方面的权力，因此，并不具有贪污罪规范意义上的、对公共财物的“职务上的便利”。

九、贪污罪与职务侵占罪如何区分、两者在行为人所利用的“职务”及对象属性方面是否存在区别

在我国刑法条文中，贪污罪的客观方面表述为“利用职务上的便利，侵吞、窃取、骗取或者以其他手段非法占有公共财物”，职务侵占罪的客观方面则表述为“利用职务上的便利，将本单位财物非法占为己有”。理论上和实践中便有人根据上述罪状规定认为，贪污罪与职务侵占罪的区别主要有三点：一是客观行为手段的表现形式不同，前者的手段更多，包括侵吞、窃取、骗取和其他手段，而后者的手段就只有“侵吞”即“占”；二是将财物占有的人的范围不同，在贪污罪中行为人可以将财物占为己有，也可以将财物占为本人之外的其他人所有，而在职务侵占罪中，行为人只能“将本单位财物非法占为己有”；三是犯罪对象的范围不同，贪污罪的对象仅仅限于公共财物，不包括非公共财物，而职务侵占罪的对象是非公共财物。

笔者认为，贪污罪与职务侵占罪在客观行为手段上没有实质区别，亦即职

务侵占罪中的"非法占有"即"侵占"应作广义的理解，与贪污罪中的"侵吞、窃取、骗取或者其他手段"含义一致。理由在于：

第一，从维持侵占犯罪的定型性上看。在非法占有他人财物之前即已经持有他人的财物，是世界各国和地区包括我国的刑法理论公认的侵占犯罪的定型性。也即不管行为人采用何种手段，只要其将已经合法持有的他人财物非法占为己有，都是侵占犯罪的行为。对于职务侵占来说，即使是采用秘密的"窃取"手段、隐瞒事实真相或虚构事实的"骗取"手段，也都是将原为自己持有的本单位财物转变为自己非法占有，因而都属于侵占行为的范畴，而与将自己原本并不持有的他人财物非法占有的盗窃、诈骗行为有异。当然，对于职务侵占罪中将原本不为行为人持有的单位财物利用职务上经手单位财物的便利实行骗取的行为来说，似乎与侵占犯罪的定型性不符。但是，这种骗取与一般的骗取存在着实质性的区别，即实施这种骗取行为的人始终拥有着经手单位财物的职务上的职权，这种职权较之于拥有像存单这些载有财产权利的凭证中对财物的持有，应当说并无质的不同。这样看来，这种骗取行为与侵占犯罪的定型性，应当说是一致的。

第二，从贪污罪与职务侵占罪的立法演变过程看。旧刑法中只规定了贪污罪，而未规定其他侵占犯罪，且贪污罪的主体仅限于国家工作人员。但是，随着社会经济诸方面的发展变化，原本较少发生侵占财物数额不大的（像非法占有集体组织中的财产等）侵占行为逐渐增多，且危害性越来越大。由于旧刑法对其他侵占犯罪的规定尚付阙如，因而刑法对这些行为显得手足无措。基于保护集体财产和惩治侵占财产行为的客观要求，立法者采取了扩大贪污罪主体范围的权宜之计，即1988年全国人大常委会颁行的《关于惩治贪污罪贿赂罪的补充规定》将贪污罪的主体范围，由原为"国家工作人员"扩大到"国家工作人员、集体经济组织工作人员和其他经手、管理公共财物的人员"。但是这种做法的一个不利后果是，将集体经济组织工作人员和其他经手、管理公共财物的人员解释为与国家工作人员性质相同的人员，既显得牵强，也淡化了我国政府一贯提倡并贯彻执行的从严治吏的刑事政策的影响，同时，对于公司、企业或其他单位的人员利用职务上的便利非法占有本单位财物的行为，仍然无法有效而合理地处置，从而不利于保障社会主义市场经济的发展。于是才有1995年全国人大常委会颁行的《关于惩治违反公司法的犯罪的决定》。该《决定》设立了公司、企业人员侵占罪，将集体经济组织工作人员等人员的职务侵占行为从贪污罪中分化出来，由公司、企业人员侵占罪予以包容。现行刑法又将公司、企业人员侵占罪修改为职务侵占罪，进一步将基层群众性自治组织中经手、管理公共财物等人员的贪污行为从贪污罪中分离出来，而为职务侵占罪所包容。至此，贪污罪中只剩下了国家工作人员和受国家机关、国有公司、企业、事业单位、人民团体委托管理、经营国家财产的人员的贪污行为。从贪污罪与职务侵占罪这一立法演进过程来看，在刑法中，立法者已将相当一部分原为贪污罪的行为划归职务侵占罪的范围之内，并且对这些行为的方式未加任何限制。因此，应当认为其行为方式仍包括盗窃、侵吞、骗取等非法手段。这是必须尊重的历史解释的结果。

第三，从对《刑法》第三百八十二条和《刑法》第二百七十一条第二款等法条进行体系解释角度看。《刑法》第二百七十一条第二款规定了对国有公司、企业或其他国有单位中从事公务的人员和国有公司、企业或其他国有单位委派到非国有公司、企业和其他非国有单位中从事公务的人员利用职务上的便利非法占有本单位财物的应以贪污罪定罪。在这种情况下，如果说职务侵占罪的行为手段仅限于“侵吞”，而不像贪污罪那样包括窃取、骗取等手段，则意味着国有公司、企业或者其他国有单位中从事公务的人员和国有公司、企业或者其他国有单位委派到非国有公司、企业及其他单位从事公务的人员，利用职务上的便利窃取、骗取或者以发奖金为名等手段非法占有本单位财物的行为不能认定为贪污罪，要以盗窃罪、诈骗罪等犯罪定罪处罚，而只有利用职务上的便利侵吞本单位财物的行为才能认定为贪污罪。这样的理解，必然造成具有同样职权的人，同样利用职务上的便利非法占有本单位财物的行为，仅仅因为占有的具体手段有差别而成立性质完全不同的犯罪。而这样的结论显然是不协调的、显失公平的。所以，正如我国学者指出：“这里的职务侵占罪，实际就是公司、企业工作人员贪污罪。”[①]

第四，从职务侵占罪与盗窃、诈骗等罪的法定刑轻重上看。诚然，从职务侵占罪与盗窃、诈骗等罪的法定刑比较来看，前者的法定刑确实轻于后者，但这并不能说明就应该将利用职务上的便利实施的盗窃、诈骗等非法占有本单位财物的行为作为盗窃、诈骗等罪处理。笔者认为，这正是刑法对职务侵占罪的法定刑规定的不合理之处。因为，虽然一般来说，侵占罪的危害社会严重程度明显轻于盗窃、诈骗等罪，但由于职务侵占罪与侵占罪相比，还存在着行为人亵渎职务的一面，因而其危害社会程度要重于侵占罪，而与盗窃、诈骗等罪的

① 参见陈兴良：《刑法疏议》，中国人民公安大学出版社1997年版，第444页。

危害社会程度几乎接近。那么，根据罪责刑相适应的刑法基本原则，立法者就应该使职务侵占罪的法定刑与盗窃、诈骗等罪的法定刑相协调。但是，《刑法》第二百七十一条第一款对职务侵占罪规定的法定刑远轻于盗窃、诈骗等罪。那么可以设想一下，如果仅因两者的法定刑轻重相差较大，即将利用职务便利盗窃、诈骗本单位财物的行为作为盗窃、诈骗等罪处理的话，势必使侵占犯罪变持有为非法占有的定型性受到损害，因而使侵占犯罪与盗窃、诈骗等罪的界限变得含糊不清，不仅易引起刑法理论上的混乱，也严重影响司法实践中对这些犯罪的科学定性和量刑。

那么，将财物占有的人的范围，在贪污罪和职务侵占罪中是否存在差异呢？笔者认为，答案也是否定的。这主要涉及对职务侵占罪罪状中“非法占为己有”的解释问题。对“非法占为己有”进行文义解释，似乎只有行为人将财物转移归行为人本人所有，才能成立职务侵占罪；如果把财物转移给本人以外的他人所有的，则无法成立该罪。因为刑法已经明确规定了“非法占为己有”而不是“非法占有”。但是依照这种观点，对于公司人员利用职务上的便利将本单位财物转移给朋友，或者代替自己或亲属占有股份的公司偿还债务的，就不能成立犯罪。实践中这样的案件的确也曾被认定为无罪，而被纯粹作为民事案件处理。笔者认为，作这样的解释形式上似乎存在刑法依据，因为刑法对有些取得型财产犯罪规定的是“以非法占有为目的”，比如合同诈骗罪，而不像职务侵占罪条文中那样。但实际上，这样的解释结论是违背罪刑法定的，没有合理性。理由是：和贪污罪、盗窃罪及各种诈骗犯罪一样，职务侵占罪的主观上都要求具有非法占有（不法所有）的目的，客观上具有非法占有的行为，刑法规定“非法占为己有”，不是为了区分被侵占的财物究竟是给了行为人本人还是他人，而是为了区分罪与非罪、职务侵占罪与挪用资金罪。比如，将本单位的资金转移给本人或他人使用，不具有永久占有的意图，显然不能认定为职务侵占罪，而属于挪用资金罪；将单位的财物单纯地破坏，没有转移给本人或他人，属于故意破坏财物罪，也不能认定为职务侵占罪。但是，只要行为人具有永久性的剥夺单位财产的性质，就具备职务侵占罪的本质特征。本人占有是这样，将财产转移给他人所有也是这样，财产转移给他人时，单位的财产也被剥夺了。从主观故意上看，只要行为人明知自己的行为会侵害单位财产所有权即可，至于最后由谁非法取得，不影响罪过。所以，对“非法占为己有”必须进行合乎目的的扩大解释，解释为行为人实际上以财产所有人自居而“非法处分”财产。否则，将可能导致刑法惩治犯罪功能的萎缩。由此观之，在最终非法占有财物的人的范围上，贪污罪与职务侵占罪也不存在大小之别。

《刑法》第三百八十二条将贪污罪的对象规定为“公共财物”（第一款）和“国有财物”（第二款），那么，贪污罪与职务侵占罪的区别，是否体现在对象性质的不同呢？即是否贪污罪的对象仅限于公共财物（包括国有财物），而职务侵占罪的对象仅限于非公共财物呢？不少人对此是持肯定态度。理论上有人甚至提出，既然《刑法》第三百八十二条第一款将贪污罪的犯罪对象规定为“公共财物”，那么，按照罪刑法定原则，贪污罪的对象就只能是公共财物，不包括非公共财物；犯罪对象是否属于公共财物，也应当视为区分贪污罪与职务侵占罪的关键标志；但是，对于“国有、集体控股（控股51%以上为绝对控股，51%以下35%以上为相对控股）或投资比例占多数的企业的财产，应全额认定为公共财产，不控股或投资比例占少数的企业的财产，一律不认定为公共财产”，受国有单位委派到这些非国有单位从事公务的人员利用职务上的便利占有这些财产的，以贪污罪定罪处罚。[①] 在这种观点的影响下，司法实践中有人主张，对于受委派到非国有单位的国家工作人员利用职务上的便利非法占有非国有单位财物的，应当根据国有、集体投资所占比例认定贪污罪及犯罪数额。笔者认为，根据刑法的规定，在贪污罪与职务侵占罪的对象上，没有区别，更不应将对象的性质作为区分两罪的标准。理由是什么呢？本书前文关于贪污罪对象的论述已指出，我们不能仅仅从《刑法》第三百八十二条对贪污罪的规定考察贪污罪的对象。刑法对贪污罪的规定，除了第三百八十二条外，还见诸第三百九十四条、第一百八十三条第二款和第二百七十一条第二款。其中《刑法》第一百八十三条第二款和第二百七十一条第二款规定涉及的贪污罪对象，未必就是公共财物或全部是公共财物。《刑法》第一百八十三条第一款规定的是保险公司的工作人员利用职务上的便利，故意编造未曾发生的保险事故进行虚假理赔，骗取保险金归自己所有的行为应当依照职务侵占罪定罪处罚，同条第二款则规定：“国有保险公司工作人员和国有保险公司委派到非国有保险公司从事公务的人员有前款行为的，依照本法第三百八十二条、第三百八十三条的规定定罪处罚。”《刑法》第二百七十一条第一款规定的是职务侵占罪，同条第二款则规定：“国有公司、企业或者其他国有单位中从事公务的人员和国有公司、企业或者其他国有单位委派到非国有公司、企业以及

① 严恒：《贪污罪、职务侵占罪之辨析》，载《中国刑事法杂志》2000年第1期。

其他单位从事公务的人员有前款行为的，依照本法第三百八十二条、第三百八十三条的规定定罪处罚。”显然，在国有公司（包括国有保险公司）、企业或者其他国有单位委派到非国有公司（包括非国有保险公司）、企业以及其他国有单位从事公务的人员，利用职务上的便利侵占本单位财物的情况下，被行为人侵占的财物是包括公共财物和非公共财物在内的，即这种情况下，行为人侵占的可以是私有财物。此时，行为人贪污犯罪的数额是以行为人占有的公司、企业财物总额计算，而不可能按照国有公司、企业以及集体经济组织在公司中的股份比例折算贪污数额。有学者认为，《刑法》第二百七十一条第二款和第一百八十三条第二款规定的“依照本法第三百八十二条、第三百八十三条的规定定罪处罚”，“是指符合第三百八十二条规定的‘国家工作人员利用职务上的便利，侵吞、窃取、骗取或者以其他手段非法占有公共财物的’，定贪污罪；不符合第三百八十二条规定的贪污罪构成要件但符合第二百七十一条第一款的，定职务侵占罪，即贪污罪的犯罪对象仍限于公共财产。”① 这样的观点显然使《刑法》第二百七十一条第二款和第一百八十三条第二款的规定毫无意义，因为这两款行为涉及的犯罪对象，不可能全部是公共财产。

在上述辨析的基础上，我们有必要明确贪污罪与职务侵占罪的主要区分标准。笔者认为，两罪的主要区分标准就是行为人的身份。当然，这里所讲的身份，不是“国家干部”“工人”这种人事制度意义上的身份，而是刑法意义上的主体身份。以主体身份为标准，贪污罪与职务侵占罪区分的原则即是：国家机关工作人员，国有公司、企业、事业单位、人民团体中从事公务的人员，国家机关、国有公司、企业、事业单位委派到非国有公司、企业、事业单位、社会团体从事公务的人员，其他依照法律从事公务的人员，以及虽非国家工作人员、但受国家机关、国有公司、企业、事业单位、人民团体委托管理、经营国有财产的人员，利用职务上的便利非法侵占本单位财物的，一律以贪污罪定罪处罚；其他情况下，凡是利用职务上的便利非法占有本单位财物的，不论财产性质如何，依照《刑法》第二百七十一条第一款规定的职务侵占罪定罪处罚。需要注意的是，国家机关、国有公司、企业、事业单位、人民团体中非从事公务的人员，如果又未被委托管理、经营国有财产，则即使利用职务上的便利侵占本单位财物，也不能按贪污罪定罪处罚，而应认定为职务侵占罪。

当然，在国家机关、国有公司、企业等国有单位中非从事公务的人员之所

① 严恒：《贪污罪、职务侵占罪之辨析》，载《中国刑事法杂志》2000 年第 1 期。

以不能成立贪污罪，是因为他们不“从事公务”，因而也就没有贪污罪中的“利用职务上的便利”可言，然而，他们却可以构成职务侵占罪、存在职务侵占罪中的“利用职务上的便利”。这就引发了一个非常值得研究的问题：《刑法》第二百七十一条第一款规定的“公司、企业或者其他单位”是否包括国有公司、企业或者其他国有单位？贪污罪和职务侵占罪中的“利用职务上的便利”是否具有不同的含义？有人认为，《刑法》第二百七十一条第一款规定的“公司、企业”，从所有制性质上说，是指非国有性质的公司、企业，“其他单位”也是指除上述公司、企业以外的一切其他非国有的单位。[1] 笔者认为，这种观点不正确，如果这里的“公司、企业或者其他单位”仅仅是指非国有单位而不包括国有单位，事实上就把国有单位中非从事公务的人员利用职务上的便利侵占本单位财物的行为排除在职务侵占罪之外，而这些人员由于不符合贪污罪的主体也不可能认定为贪污罪，最终的结果是对于发生在国有公司、企业或其他国有单位中非从事公务人员侵占本单位财物的行为不能定罪。

那么，既然《刑法》第二百七十一条第一款规定的“公司、企业或者其他单位”也同时包括国有公司、企业或者其他国有单位，对于发生在国有单位中的人员是认定贪污罪还是职务侵占罪，从主体的角度来说，就如上文所述，是应当考察行为人是否国家工作人员或者受国家机关、国有公司、企业、事业单位、人民团体委托管理、经营国有财产的人员；从职务上的便利来说，逻辑推理的当然结论便区分贪污罪和职务侵占罪的“职务”了。因此，仅在形式逻辑上推理，也完全可以断定贪污罪和职务侵占罪中的“利用职务上的便利”具有不同的含义。换言之，如果说贪污罪和职务侵占罪中的“利用职务上的便利”含义相同，则对于在国有单位中的人员区分贪污罪和职务侵占罪就是不可能的难题，也会使得贪污罪中行为人从事公务这一特征在界定主体、区分贪污罪和职务侵占罪的界限上的功能丧失。基于逻辑的分析和事实的考察，笔者认为，职务侵占罪中“利用职务上的便利”实际上，一方面，包括非国有单位中的工作人员利用从事管理性工作的便利，另一方面，也包括在国有单位中的利用从事劳务活动的便利、利用工作的便利。但是，非国有单位中的工作人员利用从事管理性工作的便利，不包括具有国家代表性的管理性活动形成的便利（如国有单位委派到这些单位从事管理性工作即从事公务的情

① 参见黄太云、滕炜主编：《中华人民共和国刑法释义与适用指南》，红旗出版社1997年版，第388页。

况)。具体理由在于:

第一,这样的理解与职务的本来含义协调。职务的本来含义,是指语言学上的意义。从语言学上的角度来看,职务是指"工作中所担任的事情",① 或"职位所规定应该担任的工作"。② 1979 年《刑法》没有职务侵占罪的罪名,1988 年《全国人大常委会关于惩治贪污罪贿赂罪的补充规定》虽然扩大了贪污罪的主体范围,但仍然不涉及公司、企业或者其他单位一般人员利用工作便利侵占本单位财物的刑罚处罚问题,所以,在这种背景下,利用职务便利实施的侵占犯罪都是由从事公务的国家工作人员等特定人员利用从事公务活动的便利实施的,将职务等同于公务不存在什么问题。但是,在 1997 年《刑法》修订之后,由于增加了职务侵占罪,③ 再将职务等同于公务就不恰当了。因为现行《刑法》规定有国家工作人员利用职务上的便利实施的犯罪,也规定了非国家工作人员利用职务上的便利实施的犯罪。如果说非国家工作人员不能利用从事劳务活动的便利实施犯罪,将贪污罪和职务侵占罪两者区分开来没有必要也不可能。

第二,这样的理解与《刑法》第二百七十一条第一款对职务侵占罪主体的规定相吻合。要判断"利用职务上的便利"究竟是仅指利用从事管理性活动的便利,还是也包括利用从事劳务活动的便利,必须根据刑法对该罪的主体身份的规定来进行。从刑法上看,凡是规定利用职务上的便利实施的犯罪,无不同时对其主体予以明确规定,这就为认定"利用职务上的便利"提供了法律依据。如贪污罪、受贿罪的主体都是国家工作人员,说明这些犯罪的实施均为国家工作人员利用了从事公务活动的便利(公务也是主体性质的依据)。《刑法》第二百七十一条第一款对职务侵占罪的主体则规定为公司、企业或其他单位的人员,显然不仅包括其公司、企业或单位的董事、经理、领导,而且包括其他管理人员和劳务人员,而劳务人员利用劳务之便侵占本单位财物的行为,不可能归入侵占罪或者其他罪名进行评价,所以,我们不仅在语言学角

① 参见《现代汉语词典》,商务印书馆 1989 年版,第 1483 页。

② 参见《现代汉语词典》,商务印书馆 1989 年版,第 1616 页。

③ 《刑法》第二百七十一条的职务侵占罪可以追溯到 1995 年《全国人大常委会关于惩治违反公司法的犯罪的决定》增设的公司、企业人员侵占罪。在逻辑上,该《决定》第十条把"公司董事、监事或者职工"作为公司、企业人员侵占罪的主体,并在第十二条规定国家工作人员犯《决定》第十条之罪的,依照《关于惩治贪污罪贿赂罪的补充规定》规定的贪污罪处罚,在逻辑上已修改(缩小)了贪污罪的主体要件,同时也表明公司、企业人员侵占罪中的"利用职务上的便利"与贪污罪中的相同用语含义并不一致。

度，而且在解释意义上，都应当将该条规定的“利用职务上的便利”，理解为包括从事管理性活动的便利和从事劳务活动的便利。

顺便指出，职务侵占罪中的“利用职务上的便利”的认定，和贪污罪中的“利用职务上的便利”的认定，有一点是相同的，那就是必须强调行为人侵占本单位财物一定要与其劳务、工作密切相关，行为的劳务、工作具有相对稳定性；对于行为人利用临时性、一次性受单位委托从事劳务而侵占该单位财物的，以及根本与工作职责范围无关的便利条件侵占单位财物的，应当根据行为人犯罪的具体手段分别以盗窃罪、诈骗罪、侵占罪等犯罪处理。

十、公司、企业等单位中不同身份人共同犯罪的定性

在司法实务中，公司、企业等单位中具有国家工作人员身份的人与不具有国家工作人员身份的人分别利用各自的职务便利，共同将本单位财物非法占为己有的现象，时有发生。对于这种共同犯罪情况如何定性？理论上存在争议。为了解决司法实践中贪污罪、职务侵占罪共同犯罪的认定问题，最高人民法院于2000年6月27日作出了《关于审理贪污、职务侵占案件如何认定共同犯罪几个问题的解释》。该《解释》共三条，其中第一条规定的是“行为人与国家工作人员勾结，利用国家工作人员的职务便利，共同侵吞、窃取、骗取或者以其他手段非法占有公共财物的，以贪污罪共犯论处”。第二条规定的是“行为人与公司、企业或者其他单位的人员勾结，利用公司、企业或者其他单位人员的职务便利，共同将该单位财物非法占为己有，数额较大的，以职务侵占罪共犯论处”。第三条规定的是“公司、企业或者其他单位中，不具有国家工作人员身份的人与国家工作人员勾结，分别利用各自的职务便利，共同将本单位财物非法占为己有的，按照主犯的犯罪性质定罪”。显然，第一条阐释的是不具有国家工作人员身份的“行为人”与国家工作人员共同利用国家工作人员的职务便利实施的侵占犯罪行为之定性。就公司、企业中的贪污共犯而言，这里的“行为人”既包括公司、企业以外的人，也包括国有公司、企业或非国有公司、企业内部那些不具有国家工作人员身份的人，适用该条的前提是侵占公共财物的行为只利用了国家工作人员的职务便利。第二条阐释的是不具有公司、企业或者其他单位人员身份的“行为人”与公司、企业或者其他单位人员共同利用公司、企业或者其他单位人员的职务便利实施的侵占犯罪行为之定性。就公司、企业中的职务侵占共犯而言，这里的“行为人”只能是指公司、

企业以外的人。但是，从该条的精神出发，公司、企业内部具有国家工作人员身份的人与其他公司、企业内部不具有国家工作人员身份的一般公司、企业人员，仅仅利用一般公司、企业人员职务便利的，也应以职务侵占罪认定共同犯罪的性质。

笔者认为，最高人民法院上述司法解释第一条和第二条的内容以“利用职务”的依据界定共同犯罪的定性问题，科学、合理，体现了职务犯罪和共同犯罪的本质属性。对该司法解释第三条的规定，笔者认为，应当进行补充性理解，即当实际情况按照该条规定具有可行性时，适用该法条规定，而当主犯中既有国家工作人员又有非国家工作人员时，则应以“身份犯说”为依据予以处理。公司、企业等单位中具有国家工作人员身份的人与不具有国家工作人员身份的人分别利用各自的职务便利共同非法占有本单位财物的共犯定性，与共同犯罪中无身份之人与有身份之人共同犯罪的定性问题在法理上是相通的。在此，有必要结合有关无身份之人与有身份之人共同犯罪如何定性的争论进行分析，在梳理相关观点的基础上讨论公司、企业等单位中两种不同身份的人共同犯罪的定性问题。

对于共同犯罪中无身份之人与有身份之人共同犯罪的定性问题，包括对于不同身份者各自利用其身份共同实施犯罪（即“身份犯的竞合”）的定性问题，学界及司法实践中存在各种见解和立场，主要存在着“主犯决定说”“实行犯决定说”“分别定罪说”和折中说。此外，还有“主职权行为决定说”“义务重要者正犯说”和“想象竞合说”等学说的分歧。①

1. 主犯决定说。该说认为，应以共同犯罪中的主犯性质对各行为人定罪处罚。具体到公司、企业等单位中两种不同身份的人共同犯罪，如果主犯是国家工作人员的，就将所有共同犯罪人按贪污罪定罪处罚；如果主犯是公司、企业或其他单位中的非国家工作人员的，就将所有共同犯罪人认定为职务侵占罪；如果主犯是公司、企业或其他单位之外的人员的，则对所有共同犯罪人定侵占罪。这种观点在理论上近年来较少有人主张，但其曾经有实定根据。即1985年7月8日，最高人民法院、最高人民检察院制发的《关于当前办理经济犯罪案件中具体应用法律若干问题的解答（试行）》（以下简称1985年《最高人民法院、最高人民检察院解答》）曾经指出：“内外勾结进行贪污或者盗

① 有关学说争议的较为全面的内容，可以参见周光权：《身份犯的竞合》，载《政法论坛》2012年第5期；陈洪兵：《共犯与身份的中国问题》，载《法律科学》2014年第6期。

窃活动的共同犯罪（包括一般共同犯罪和犯罪集团），应按其共同犯罪的基本特征定罪。共同犯罪的基本特征一般是由主犯犯罪的基本特征决定的。如果共同犯罪中主犯犯罪的基本特征是贪污，同案犯中不具有贪污罪主体身份的人，应以贪污罪的共犯论处……如果共同犯罪中主犯犯罪的基本特征是盗窃，同案犯中的国家工作人员不论是否利用职务上的便利，应以盗窃罪的共犯论处。"

2. 实行行为决定说。该说主张，应以实行行为的犯罪性质来确定共同犯罪的性质。持该说的一些学者认为，无身份之人不可能实施真正身份犯的实行行为；实行行为反映共同犯罪的特征。判断无身份之人与有身份之人共同犯罪是否成立真正身份犯之罪，应看是否有真正身份犯之罪的实行行为。以贪污罪与盗窃罪的区别为例，该说主张，有身份者与无身份者共同实施窃取公共财物的行为，如果这种窃取行为利用了有身份者的职务上的便利，其实行行为就符合贪污罪的实行行为的特征，应定贪污罪；否则，只可能定为盗窃罪。

3. 分别定罪处罚说。该说认为，对于无身份之人与有身份之人共同犯罪的，应根据主体的不同身份分别定罪。如一般公民与国家工作人员共同利用国家工作人员职务上的便利窃取国有单位的财物的，对前者以盗窃罪定罪处罚，对后者以贪污罪定罪处罚；一般公民与公司、企业人员共同利用公司、企业人员职务上的便利窃取公司、企业财物的，对前者以盗窃罪定罪处罚，对后者以职务侵占罪定罪处罚。[①] 对于公司、企业等单位中两种不同身份的人共同犯罪，有人认为应对公司、企业或其他单位中的国家工作人员定贪污罪，对公司、企业或其他单位中的非国家工作人员定职务侵占罪。

4. 主犯决定说与分别定罪处罚说的折中说。该说认为，无身份之人与有身份之人共同犯罪的，如果主、从犯关系明确，按照主犯身份对应的犯罪定罪；如果无主、从犯之分的，根据各自的犯罪事实，分别定罪处罚。具体到公司、企业等单位中两种不同身份的人共同犯罪，有学者认为，主犯的身份是公司、企业或其他单位中的非国家工作人员的，全案都定职务侵占罪；如果主犯的身份是公司、企业和其他单位工作人员的，对具有国家工作人员身份的定贪污罪，对公司、企业或其他单位的非国家工作人员定职务侵占罪。

5. 身份犯说或者特殊主体决定说。该说认为，对于无身份之人与有身份之人共同犯罪的，应以真正身份犯之罪对各共同犯罪人定罪处罚。如有的学者

① 参见陈如春：《关于违反公司法的国家工作人员犯罪的几个问题》，载《湖南审判》1996 年第 3 期。

指出，与具有贪污罪特殊主体身份的人内外勾结的人员，不论是否国家工作人员，是否被委托管理、经营国有财产的人员，不论其在共同犯罪中处于主犯还是从犯的地位，该共同犯罪都应以贪污罪定性，所有共犯均应以贪污罪处罚。毫无疑问，这种共同犯罪，不论参与的有几人，各是什么身份，都必须是利用了其中的国家工作人员或者受委托管理、经营国有财产的人员的职务上的便利，非法占有了公共财产或者国有财物。否则，不能以贪污罪的共犯处罚。[①]有的学者主张，“凡参与以特定的个人要素为构成要件之犯罪的人，虽不具有这种要素，仍是共犯。”这里的“特定的个人要素”，包括主体的特定身份和目的犯中的特定目的。[②] 当然，也有的学者并不强调身份犯中特殊身份之人的职务上的便利是否被利用的问题，主张凡是在共同犯罪中有一般主体和特殊主体，应按照特殊主体对应的罪名来定性。[③]

笔者认为，无身份之人与有身份之人共同犯罪的，原则上都应以真正身份犯之罪，即特殊主体对应之罪对各共同犯罪人定罪处罚。因为这种共同犯罪的本质就在于利用特殊身份之人的职务便利。可以说，有身份之人的特定身份和职务便利，在共同犯罪中起了决定作用，决定了整个共同犯罪的特征；不通过有身份之人的身份和职务便利，共同犯罪不可能完成。

上述几种不同的立场中，主犯决定说最为值得商榷：（1）这种观点使定罪与量刑的逻辑关系发生了本末倒置。刑法对共同犯罪人区分主、从犯的规定，目的在于解决地位、作用不同的共同犯罪人的量刑问题。也就是说，在共同犯罪性质业已确定的前提下，如何对在共同犯罪中起不同作用的共同犯罪人适用轻重不同的刑罚。主犯决定说显然在逻辑上是以行为人的作用和地位作为共同犯罪整个性质的判断标准。（2）即便承认先衡量刑罚轻重、再定罪的逻辑，主犯决定说以所谓主犯的基本特征来决定共同犯罪的基本特征，也只有当无身份之人与有身份之人中一种人为主犯、另一种人为从犯时，才具有可操作性。当无身份之人与有身份之人在共同犯罪中均起主要作用，或者其中有的无身份之人起主要作用、有的有身份之人起主要作用时，如何定罪处罚便无法决断。比如，两个一般公民与三个国家工作人员内外勾结，共同利用三个国家工作人员职务上的便利窃取国有单位的财物。其中，一个一般公民实施了积极教唆、转移赃物和销毁账本的行为，和其中两个国家工作人员在犯罪中起了主要作用。

---

① 参见周道鸾、张军主编：《刑法的修改与运用》，人民法院出版社 1997 年版，第 782 页。

② 参见张明楷：《刑法学》（上），法律出版社 1997 年版，第 310 页。

③ 转引自卢岩修：《浅谈侵占中的共犯定性》，载《人民检察》1996 年第 4 期。

那么，事实上主犯中就有无身份之人与有身份之人两种人了，主犯对应的犯罪实际上也就有了盗窃罪和贪污罪两种罪了。这样，按照主犯的性质定罪处罚就无法操作。（3）以所谓主犯的基本特征决定共同犯罪的基本特征，当无身份之人为主犯、有身份之人为从犯时，共同犯罪的定性结果便否定了真正身份犯的构成要件的独立性，抹杀了法定的特殊主体身份对定罪应有的作用。仍以一般公民与国家工作人员内外勾结共同利用国家工作人员职务上的便利窃取公共财物为例，如果前者是所谓的主犯，后者是所谓的从犯，依主犯决定说对该共同犯罪定性为盗窃罪，就前者而言，定罪结果尚可基本反映了构成要件，但就后者而言，行为的构成要件在定罪结果中则未得到充分的体现。（4）正如有的学者所指出的，依主犯决定说定罪的做法，必然造成定罪量刑上执法的不协调和不统一。从定罪上看，同样是国家工作人员和非国家工作人员共同利用前者的职务上的便利窃取公共财物的共同犯罪案件，有的案件定为贪污罪，有的案件则定为盗窃罪，显然是同种案件异种罪名，而且这种定性差异也很难从犯罪构成理论上得到合理说明；从量刑上看，由于立法对贪污罪与盗窃罪的处罚轻重有别，同样案件认定为不同罪名，在处罚轻重上就会相去甚远，而且这种处罚上的差异很难说是建立在案件不同危害程度基础上的。①

实行行为决定说的弊端也是显而易见的：（1）当无身份之人教唆、帮助或者利用有身份之人共同实施真正身份犯时，如果有身份之人为实行犯，以实行犯犯罪的基本特征为根据认定共同犯罪的性质，尚且科学、合理。但是，当有身份之人教唆、帮助无身份人利用有身份之人的特定身份、职务便利实施犯罪实行行为时，定罪结果便否定了真正身份犯之构成要件的独立性，有悖于犯罪构成原理。（2）当无身份之人与有身份之人成立共同正犯时，实行行为决定说不具有可操作性，因为实行犯中既有无身份之人，又存在有身份之人。至于该说中有的学者认为“无身份之人不可能实施真正身份犯的实行行为，实行行为反映共同犯罪的特征”，这样的观点存在两个缺陷：一是不符合实际情况，因为像强奸罪、受贿罪等真正身份犯的部分实行行为实际上都可以由无身份之人实施，如强奸罪中作为共犯的妇女帮助男子捆绑、摁压被害女子的身体，作为受贿罪共犯的国家工作人员的家属收受行贿人的财物，均是真正身份犯的实行犯。二是既然认为实行行为只能由特殊身份人实施，那么主张实行行为决定说就没有什么实际意义，因为这实际上就否定了其所持实行行为决定说

① 参见赵秉志：《犯罪主体论》，中国人民大学出版社1989年版，第299~300页。

的自身立场，转而赞成了身份犯说了。

分别定罪处罚说的致命缺陷在于：它忽视了共同犯罪案件的客观事实，有悖于共同犯罪以符合同一犯罪构成为前提的原理。因为无身份之人与有身份之人共同犯罪，本为一个有机统一的、不可分割的整体，对两种不同主体分别定罪处罚，乃人为割裂各共同犯罪人的主客观联系。另外，分别定罪处罚说也导致刑罚在两种主体之间的失衡和不公。分别定罪处罚说论者往往以罪责自负原则和罪责刑相适应原则为理论依据，实是对此两原则含义的误解。因为在共同犯罪中，每个行为人都不是自己一个人实施犯罪，而是所有共犯彼此在主观上存在意思联络、客观上相互协作、配合共同导致犯罪。因此，各行为人必须就整个共同犯罪而言自负其责，其所应处的刑罚也应与其在整个共同犯罪中的犯罪行为和刑事责任的大小程度相适应。

折中说试图解决主犯决定说对两种身份人均包括主犯或者主、从犯难以区分的情况下无法定罪处罚的困境，但它不仅确立“依主犯性质身份”定性与“根据各自犯罪事实”分别定性这样两个标准而在逻辑上大可指责，而且糅合主犯决定说和分别定罪处罚说的各种缺陷。特别是有的论者对于公司、企业等单位中两种不同身份人共同犯罪的问题，主张如果主犯的身份系公司、企业和其他单位工作人员，也应分别对两种不同身份的人分别定罪处罚——对公司、企业或其他单位的非国家工作人员定职务侵占罪，对具有国家工作人员身份的定贪污罪，采取了修正的主犯决定说立场，最后实际上成为更加不合理的分别定罪处罚说。

笔者认为，身份犯说总体上不仅符合共同犯罪统一罪名的定罪原理原则，而且与犯罪构成理论的基本原理贴切。根据身份犯说，无论是无身份之人教唆、帮助有身份之人实行犯罪，还是有身份之人教唆、帮助无身份之人实行犯罪，抑或是无身份之人与有身份之人实行犯罪，原则上对各共同犯罪人均应以真正身份犯之罪定罪处罚。我国《刑法》第三百八十二条第一款、第二款分别把“国家工作人员”和“受国家机关、国有公司、企业、事业单位、人民团体委托管理、经营国有财产的人员”规定为贪污罪的主体身份，第三款又规定：“与前两款所列人员勾结，伙同贪污的，以共犯论处。”从立法上因应了身份犯说，是值得赞赏的。这里所说的“共犯”，在笔者看来，是“共同犯罪人”的简称，包括共同正犯在内。

但是，必须注意的是，身份犯说的适用存在例外情况，即当法律对同一实行行为主体视有无特殊身份之情形而分别规定有特殊犯罪和普通犯罪、而无身份之人对有身份之人的“身份”（就职务犯罪而言，该包括与身份密不可分的“职务便利”）并不明知时，在法律适用的最终结果上，对无身份之人只能以普通犯罪定罪处罚，而对有身份之人，依据法条竞合的法条适用原则或者想象竞合犯的处罚原则，应以特殊犯罪一罪从重处罚。这种情况具体可以包括如下情形：（1）无身份之人教唆、帮助有身份之人实施在无身份之人看来是普通犯罪的实行行为，但有身份之人实行特殊犯罪的实行行为的。比如，某一般公民甲教唆国家工作人员乙盗窃某国有公司的公共财物，甲并不知道其教唆乙去盗窃的财物正好就是乙自己经手、管理的公共财物，而实际上乙最后与甲分赃的赃物是乙利用职务上的便利窃取的。此时，按部分犯罪共同说，甲、乙二人成立盗窃罪的共同犯罪，但对乙应以贪污罪定罪处罚。（2）有身份之人教唆、帮助无身份之人实施在有身份之人看来是特殊犯罪的实行行为，但无身份之人在主观上以实施普通犯罪的实行行为来实施的。比如，国有单位管理现金、具有国家工作人员身份的出纳员甲，教唆其临时拉拢的一般公民乙，前去“盗窃”自己单位的公款，甲为作案顺利并防止乙将案情败露，起先将办公室的门虚掩、保险柜的锁打开。乙在不明甲的身份及“盗窃”甲保管的公款的真相之情况下，实行了盗窃。此时，只对甲以贪污罪定罪处罚，对乙则以盗窃罪定罪处罚。（3）无身份之人与有身份之人共同实行犯罪、无身份之人并不明知与其共同实行犯罪的人是具有特定身份的。例如，一般公民甲与邮政工作人员乙，共同非法开拆他人信件，甲并不知道乙的身份。甲、乙在《刑法》第二百五十二条规定的侵犯通信自由罪的范围内成立共同正犯，但对乙实际上应按《刑法》第二百五十三条第一款规定的私自开拆邮件罪定罪处罚。

身份犯说可以轻易地解决公司、企业等单位人员利用职务上的便利侵占本单位财物的两种表现形式的共同犯罪：一是公司、企业等单位之外的人员与公司、企业或其他单位中的国家工作人员利用后者职务上的便利共同侵占该单位财物的；二是公司、企业等单位之外的人员与公司、企业等单位中的非国家工作人员利用后者职务上的便利共同侵占该单位财物的。按照身份犯说，第一种情况应认定为贪污罪的共同犯罪，第二种情况应认定为职务侵占罪的共同犯罪。

处理公司、企业等单位中国家工作人员与非国家工作人员各自利用自己的职务便利共同侵占本单位财物案件的定性问题，在不违背司法解释规定的前提下，仍应以身份犯说为基本立场。公司、企业等单位中“国家工作人员”与“非国家工作人员”（也属于“公司、企业或者其他单位人员”）两类人员虽然都是特殊主体，但前者身份更为“特殊”，按照身份犯说的立场，当两类人员各自利用自己的职务便利共同侵占本单位财物时，对共同犯罪应以更为特殊的主体对应的罪名即贪污罪对所有共同犯罪人定罪处罚。这里实际上还蕴涵了“举轻以明重”的当然解释规则：既然公司、企业等单位以外的一般人员（无任何特殊身份）与公司、企业等单位的国家工作人员相互勾结，利用国家工作人员的职务便利非法侵占该单位财物，都应当以贪污罪定罪处罚，那么，作为有身份的、只不过不具有更为特殊的“国家工作人员”身份的“公司、企业或者其他单位人员”与国家工作人员相互勾结，在利用国家工作人员的职务便利的同时还利用了“公司、企业或者其他单位人员”职务便利，共同非法侵占本单位财物的，就更应该以贪污罪定罪处罚了。最高人民法院于2003年11月13日《全国法院审理经济犯罪案件工作座谈会纪要》在关于“国家工作人员与非国家工作人员勾结共同非法占有单位财物行为的认定”问题上，一方面规定：“对于国家工作人员与他人勾结，共同非法占有单位财物的行为，应当按照《最高人民法院关于审理贪污、职务侵占案件如何认定共同犯罪几个问题的解释》的规定定罪处罚。对于在公司、企业或者其他单位中，非国家工作人员与国家工作人员勾结，分别利用各自的职务便利，共同将本单位财物非法占有的，应当尽量区分主从犯，按照主犯的犯罪性质定罪。”另一方面也规定：“司法实践中，如果根据案件的实际情况，各共同犯罪人在共同犯罪中的地位、作用相当，难以区分主从犯的，可以贪污罪定罪处罚。”这实际上已经确立了在难以区分主、从犯的情况下应当采取身份犯说的立场，其精神也应当贯彻于主犯中既有国家工作人员又有非国家工作人员之情形。

十一、国家出资企业改制过程中贪污罪的认定难题（兼及贪污罪与国有公司、企业人员滥用职权罪的区别、贪污罪既遂与未遂的区分）

随着国有公司、企业或者其他国家出资企业改制的不断推进，司法实践中对于国家出资企业中的贪污、受贿等职务犯罪遇到了一些新情况、新问题，值得专门研究。

国家出资企业改制过程中贪污罪的认定，主要涉及这样几个问题：第一，债权能否成为贪污罪对象？第二，对行为人有无利用职务上的便利“低估资产”如何结合企业改制的特定历史条件依法进行判断？第三，行为人利用改制之机，隐匿公司、企业财产并转入改制后的公司、企业作为改制后公司、企业的财产的，如果改制后的公司、企业系股份制公司，行为人系改制后公司的股东，行为人是构成贪污罪还是国有公司、企业人员滥用职权罪？如果上述情况认定为贪污罪，如何计算其“贪污数额”，是以隐匿的公司、企业财产全额作为其贪污的犯罪数额，还是以其个人所占的股份作为其贪污犯罪的数额？第四，如何判断贪污罪的既、未遂状态？部分既遂、部分未遂时如何处理？第五，在国企改制前隐匿国有资金，改制后继续隐匿改制后企业的资金，前后两种不同性质的资金混放在同一个账户中，行为人在改制后非法占有其中部分资金，且无法区分资金性质的，如何定性？第六，帮助作虚假验资、提供虚假证明文件的中介机构人员，可否与国家工作人员构成贪污罪的共犯？

（一）债权能否作为贪污罪对象

“债权能否作为贪污罪对象”的问题，是近几年来司法实践讨论热烈、但存在重大争议的问题。针对债权而涉嫌贪污罪的，主要是指国有公司、企业转制过程中，行为人利用职务上的便利将国有公司、企业的对外债权状况予以隐瞒，不纳入国有资产评估，将债权予以控制、进一步实现债权的情况。比如，某建筑安装公司系国有独资企业，被告人卫某担任该公司法定代表人、总经理。2013 年，该公司转制为民营企业，该公司在转制前尚有 60 余万元应收款未收回。被告人卫某在公司转制过程中故意隐瞒该笔应收账款，致使资产评估公司对某建筑安装公司实际净资产低估 60 余万元。该公司转制后由卫某等五人全额持股。其中，卫某持股 80%。卫某的行为是否可以认定为贪污罪？又如，被告人李某、丁某、朱某、蒋某利用担任某市房屋材料供应站（国有企业）正、副站长和财务科科长的职务便利，采用应收账款不入账和虚列应付账款的手法，陆续将该单位的公款 21 万余元隐匿于由其控制的账户内。2008 年 6 月，该单位改制为股份公司，该四名被告人将上述公款隐匿未申报资产评估。2009 年 3 月 ~2012 年 6 月，该四名被告人在分别担任房屋材料供应站有限公司（非国有企业）正、副总经理和财务主管期间，将该 20 余万元予以瓜分，四名被告人行为是否构成贪污罪？

当然，在公司、企业的正常生产、经营期间，也可能发生所谓行为人利用职务上的便利隐瞒债权、事后将债权实现并将财产占为己有的情况。

对于“债权可否成为贪污罪的对象”，司法实践中存在两种相反的观点和立场：一是否定说，认为贪污罪的对象不包括债权。理由是：（1）债权在民法的角度属于请求权，和所有权是绝对权、对物权不同的是，这种权利本身是一种相对权、对人权，债权人只有实现债权之后才对作为标的物的财产拥有所有权，而由于债权的实现具有不确定性，故不能等同于所有权。（2）《刑法》第三百八十二条只将“公共财物”规定为贪污罪的对象，而没有规定债权，“财物”也不可能解释到包括“债权”的地步。例如，1993 年，国家国有资产管理局《国有资产产权界定和产权纠纷处理暂行办法》第二条规定：“国有资产，系指国家依法取得和认定的，或者国家以各种形式对企业投资和投资收益，国家向行政事业单位拨款等形成的资产。产权，系指财产所有权以及与财产所有权有关的经营权、使用权等财产权，不包括债权。”二是肯定说，认为债权可以成为贪污罪的对象。理由是：（1）债权虽然是一种请求权，但债权人要求债务人履行债务，将债权予以实现，在债权实现后，隐瞒债权的行为人实际上就取得了财产权。隐瞒债权行为人可以通过贪污行为行使债权。（2）国有公司、企业转制过程中国有资产评估的对象不仅包括公司、企业的货币（资金）、实物、工业产权，还包括债权；如果不把债权作为贪污罪的对象看待，对保护国有财产是不全面的。

笔者认为，关于“债权能否作为贪污罪对象”的争议，实际上是关于作为债权或债的标的能否成为贪污罪的问题。具体到国家出资企业改制过程中的争议案件，就是指行为人利用职务上的便利隐瞒债权并将债权予以实现继而非法占有标的物（金钱或财物）的行为，能否认定为贪污罪。从这个意义上讲，上述情况认定为贪污罪是应当得到肯定的。2010 年 11 月 26 日，《最高人民法院、最高人民检察院关于办理国家出资企业中职务犯罪案件具体应用法律若干问题的意见》明确指出，在国家出资企业改制中，行为人故意通过“隐瞒债权”是和“低估资产”“虚设债务”“虚构产权交易”等方式相并列的贪污方式。

由于作为财产的债权标的在尚未实现时，实际上还属于一种财产性利益。这就涉及到如何理解《刑法》第三百八十二条对贪污罪对象规定的“公共财物”的实质解释问题。所谓财物，与财产没有实质区别，但是，财产是否包括财产性利益、财产和财产性利益在我国刑法中有无区别，则值得研究。如前所述，贪污罪虽然被规定在“贪污贿赂罪”一章之中，但贪污罪兼具渎职犯罪和财产犯罪的性质或者说属于贪利性渎职犯罪是没有疑问的，所以，对贪污罪对象“财物”的理解，和对其他财产犯罪对象的理解具有共通性。有些国家的刑法专门规定了利益罪（或得利罪），如《日本刑法》第 236 条第 2 项、第 246 条第 2 项、第 249 条第 2 项，分别规定了利益强盗罪、利益欺诈罪和利益恐吓罪。在这些规定了利益罪的国家，法律把财产罪明确分为财物罪与利益罪两类，作为财产罪侵害对象的财物与财产性利益是相并列的概念，两者之间不存在包容关系。但是，我国刑法并未对利益罪作明确规定，作为侵犯财产犯罪侵害对象的财物是从广义上而言的，自然包括了财产性利益。当然，就具体财产罪而言，有些财产犯罪的对象不可能包括财产性利益，如盗窃罪必须是以秘密窃取方式实施，所以其对象不可能包括财产性利益。[①] 但是，在贪污罪中，由于行为人具有职务上的便利，行为人完全可以通过隐瞒债权这种欺骗的形式使债权的标的失控于债权人，从而使债权人的财产性利益受到损害。因此，在解释论上将贪污罪对象"公共财物"理解为包括作为财产的债权标的，是符合罪刑法定原则要求的目的解释结论。作为贪污罪的对象的"财物""财产"包括财产性利益，也得到最高人民法院的肯定。例如，在最高人民法院的指导性案例中，土地使用权这种财产性利益，就作为贪污罪的对象予以了认定。[②]

（二）对行为人有无利用职务上的便利"低估资产"，如何结合企业改制的特定历史条件依法进行判断

国企改制出现各种矛盾、包括法律争议问题，是我国经济发展过程中的一个普遍现象。对此，中央保护产权文件中提出"以发展的眼光客观看待和依法妥善处理改革开放以来各类企业特别是民营企业经营过程中存在的不规范问题"。最高人民法院也先后发布《关于充分发挥审判职能作用为企业家创业营造良好法治环境的通知》《关于依法平等保护非公有制经济促进非公有制经济发展的意见》等规范性文件，要求妥善审理各类涉民营企业案件，促进增强企业家人身、财产安全感，强调对企业和企业家的全面保护，依法纠正企业家的冤错案件。司法实践中对于国家出资企业改制过程中的贪污案件，特别是行为人涉嫌通过"低估资产"方式隐匿公司、企业财产进行贪污的案件，有必要结合改制时的背景和特定历史条件，用辩证的眼光对待资产评估过程和结论，对于确实属于故意低估资产而转移到改制后行为人占有股份的公司、企业的，认定为贪污罪；对于没有证据证明有低估资产故意、资产评估是否属于低估存在事实疑问的，要本着"事实存疑有利于被告"的原则，不予认定低估资产的事实。

例如，被告人钟某，原系 B 市高新技术开发区管委会副主任和 B 市机械冶金工业局副局长，2000 年被 B 市政府决定其兼任机械冶金工业局下属国有

① 刘明祥：《财产罪比较研究》，中国政法大学出版社 2001 年版，第 37 ~ 38 页。

② 参见 2012 年 9 月 18 日《最高人民法院关于发布第三批指导性案例的通知》（法〔2012〕227 号）（指导案例 11 号 · 杨延虎等贪污案）。

企业隆华厂厂长。2001年8月23日，隆华厂破产清算组成立，2002年5月22日，B市国有企业破产工作领导小组办公室出台《关于成立企业破产工作指导小组的通知》，钟某作为改制国有企业的法定代表人，参与该厂改制工作。2017年3月，钟某被指控“授意评估机构通过提高机器设备的折旧率、大幅降低在建工程价值等手段，使报送评估的7600多万元资产，最终低评至3254.861616万元”，通过低估贪污4346万余元。此案经过一审、二审发回重审，重审一审后，被告人又上诉。在审判程序中，争议最大的问题是改制当时评估机构将委估资产的账面价值7600多万元评估为3254余万元，是正常评估还是“低评”。重审二审过程中，法院认为，应当从历史的角度对待当时企业资产的评估结论；委估资产的账面价值可以分为原值和净值，原值指的是资产原始的购置价值（资产初始入账价值），净值指的是资产原值扣除财务上的折旧后的价值；而清算评估价值是与账面价值性质不同的价值，账面价值计算对报表上的资产采用历史成本计量，而清算评估采用清算价格法，其必须考虑资产当事人各方的地位、资产的状况及资产面临的市场条件合理的交换价值的估计值。也就是说，评估价值是评估人员根据被评估资产自身的条件及其所面临的市场条件，对这种条件下的被评估资产客观交换价值的合理估计值。除了货币资产外，其他资产在评估过程中都可能出现较大的差异。无可否认的事实是，本案中的隆华厂进行破产之时，企业经营机制僵化，技术管理落后，企业产品滞销，职工有4000人左右，对外债台高筑，对内拖欠职工工资、集资款、医疗费和劳动保险，人员债务负担沉重，企业在市政府、有关部门及金融单位的支持下采取了一系列积极措施，但终因痼疾深重而难以奏效，B市政府急于完成隆华厂的破产改制，企业资产面临快速变现的压力。在这种情况下，考虑被评估资产自身的条件及其所面临的市场条件，将账面价值7600多万元、但变现特别是短期内变现存在相当困难的在建工程、房屋建筑物和陈旧机器设备等资产评估为3254余万元评估价值，不能说不合理。最后，法院作出无罪判决。

（三）隐匿公司、企业财产并转入改制后的、行为人占有股份的股份制公司、企业，是构成贪污罪还是国有公司、企业人员滥用职权罪；如果认定为贪污，贪污数额是隐匿的资产全额，还是以其个人所占的股份作为其贪污犯罪的数额

行为人利用国家出资企业改制之机，隐匿公司、企业财产（包括纯粹国有财产、含有国有成分的非国有公司、企业财产）并转入改制后的公司、企业作为改制后公司、企业的财产，这种情况下，行为人究竟构成什么犯罪？曾经存在很大争议。例如，被告人王一兵案。被告人王一兵原系国有公司上海宝耀公司法定代表人、总经理。1993 年 6 月，经被告人王一兵提议，宝耀公司出资成立了属于集体所有制企业的宝耀试验所，由王一兵负责经营。至 1997 年，宝耀试验所已转制为全部由职工个人出资的股份合作制企业。其中，王一兵及其妻、母、女、弟、妹等亲属共计投资 104 万元，占总出资的 69%，王一兵担任法定代表人、董事长，并负责经营。1994 年底，被告人王一兵指使财务主管人员宋某利用其兼任宝耀试验所会计的职务便利，采取从宝耀公司抽出财务凭证虚假做入宝耀试验所账目和篡改宝耀公司账目的方法，将宝耀公司 12 辆搅拌车资产转移到宝耀试验所名下。1997 年，宝耀试验所转制为个人股份合作制企业后，王一兵还利用担任宝耀公司总经理的职务便利，隐匿公司对宝耀试验所 12 辆搅拌车资产的所有权（12 辆搅拌车及其附件的价值，计 780 余万元），使该部分本属宝耀公司所有的公共财产被王一兵及其亲属绝对控股的宝耀试验所非法占有。该案由上海市第二中级人民法院一审，认定被告人王一兵犯贪污罪，判处有期徒刑十五年，并处没收个人财产 20 万元。一审宣判后，被告人王一兵以其行为不构成贪污罪为由提出上诉。上海市高级人民法院二审查明的犯罪数额高于一审法院所查明的，并认定上诉人王一兵的行为成立贪污罪，鉴于“上诉不加刑”原则，裁定驳回上诉、维持原判。[①] 尽管上述案件的裁判结论认定被告人王一兵成立贪污罪，贪污数额按照其隐瞒的所有财产计算（而非按照其本人占有的股份比例折算），但是，在该案的起诉、审判过程中，曾经存在较大分歧。有观点认为，被告人王一兵的行为并不是贪污罪构成要件所能恰当评价的，其行为应以国有公司、企业人员滥用职权罪定罪处罚，理由是他并没有将 12 辆搅拌车及其附件非法占为自己个人所有，而只是将这些财产转移到自己及家属占有一定比例的股份合作制企业中、被企业所占有，所以属于《刑法》第一百六十八条“滥用职权，造成国有公司、企业破产或者严重损失，致使国家利益遭受重大损失”的国有公司、企业人员滥用职权罪。又如，被告人吴某一案。被告人吴某，原系某国有公司总经理。按上级主管部门要求，该国有公司决定进行公司改制。在改制后的私营有限责任公司中，被告人吴某占 58% 的股份，其余 42% 的股份由 40 余名公司职工持有。

---

① 案件详情、裁判理由可参见王新英：《利用企业改制侵吞公共财物构成贪污罪——王一兵贪污案》，载《人民法院报》2004 年 1 月 7 日；《上海市人民检察院第二分院诉王一兵贪污案》，载《中华人民共和国最高人民法院公报》2004 年第 5 期。

经查实，在国有公司的改制过程中，吴某指使国有公司的财会人员故意隐匿、瞒报国有资产价值共计400余万元。改制成功后，该笔财产被用作新公司的经营资金。如何认定本案，也曾经存在三种不同意见：第一种意见认为，被告人吴某乘国有公司改制之机，利用职务便利化公为私，可以认定其行为构成贪污罪，并对400余万元的总额负责。其中，被公司其他成员非法占有的数额，可以作为量刑情节考虑。第二种意见也赞同认定贪污罪，但主张应按吴某在私营公司中所占的股份比例确定贪污数额，即其个人贪污数额只能认定为200余万元。第三种意见则认为，应当认定为国有公司、企业人员滥用职权罪。第三种观点的理由主要是：（1）刑法条文明确以"个人贪污数额"（此为《刑法修正案（九）》之前的原《刑法》第三百八十二条规定——作者注）作为贪污罪的定罪量刑数额起点标准，所以，贪污罪中非法占有的主体应当是个人，而不能是单位。倘若将实际由单位非法占有的数额认定为"个人贪污数额"，则不仅与立法者设置本罪法定刑的基础错位，在司法上极易造成量刑畸重的问题，而且在法理上还难免有类推定罪之嫌，因其构成要素与贪污罪并非完全符合。上述案件中，400余万元的国有资产实际被改制后的私营公司所非法占有与使用，并非完全由吴某个人所控制或支配。（2）假如认定贪污罪，则被告人吴某须对400余万元的总额承担刑事责任，然而因为贪污罪以个人贪污数额为定罪量刑之基础，所以只有在成立贪污共同犯罪的前提下，吴某对所参与的贪污总额负责才合法有据。但本案中的其他单位成员并不构成吴某犯罪之共犯，因其在吴某实施隐匿转移国有资产过程中，主观上与吴某没有共同非法占有之故意，客观上也没有参与实施非法占有之行为，只是因其持有公司股份而形成事后的共同非法占有之状态而已。（3）假如在认定贪污罪的前提下，要求吴某只应对200余万元承担贪污的罪责，同样存在一个难以解释的问题，即吴某承担罪责以外的100余万元国有财产也处于非法占有状态，没有人可以承担相应罪责。①

当然，对于类似上述王一兵案和吴某案中行为之定性，理论上还有人认为应认定妨害清算罪。理由是，企业改制必须进行清算，行为人在改制过程中虚报、瞒报，隐匿国有财产的行为，属于《刑法》第一百六十二条规定的"隐匿财产，对财产清单作虚伪记载或者在未清偿债务前分配公司、企业财产"

① 参见黄祥青：《略论贪污罪与近似职务犯罪的界限》，载《法律适用》2004年第1期。

的行为。[1]

笔者认为，国家工作人员在国家出资企业改制过程中，故意隐匿公司、企业财产的行为，应视行为人的目的和行为而定，但总的来说，只有两个罪名可以恰当地评价：一是国有公司、企业的主要负责人或相关责任人员集体决定，以单位名义将所隐匿的财产在企业改制后集体私分，这种情况应当认定为私分国有资产罪。认定私分国有资产罪，应当把握“单位集体研究或者主要负责人决定”和“分取国有财产者除了决策者和具体经手、管理财产的人员之外还有普通职工”这两个特征（这一点，本书将在“私分国有资产罪和私分罚没财物罪”一章详述）。二是国有公司、企业人员对于所隐匿的国有财产，并非进行集体私分，而是将之转移到改制后的公司、企业中，或者转移到其他公司、企业或单位，或者转移到行为人个人或亲属、朋友名下；另外，被委派到非国有公司、企业从事公务的人员或者受国有单位委托管理、经营国有财产的人员实施上述行为的，在笔者看来，对行为人均应认定为贪污罪，而不应认定为妨害清算罪或者国有公司、企业人员滥用职权罪。必须强调的是，无论行为人最后有没有将隐匿的公司、企业财产非法占有、行为人在接受这些被隐匿财产的公司、企业（包括改制后的公司、企业）中有没有股份、有多少股份，都不影响贪污罪的认定。至于作为行为人承担刑事责任基础的贪污罪数额，原则上应当以被隐匿的财产的总数额计算，而不是以行为人个人所得或其所占股份比例折算。但是，如果被隐匿的资产转移到改制之后的公司、企业，该改制后的公司、企业仍含有国有股份的，应当按照股份比例扣除归于国有的部分。2010 年 11 月 26 日，《最高人民法院、最高人民检察院关于办理国家出资企业中职务犯罪案件具体应用法律若干问题的意见》实际上也是坚持这一立场的。该《意见》第二条同时强调，改制后的公司、企业中只有改制前公司、企业的管理人员或者少数职工持股，改制前公司、企业的多数职工未持股的，也应当以贪污罪定罪处罚。兹将具体理由阐释如下：

第一，这种行为以妨害清算罪论处，既不切合构成要件，也违背刑法立法宗旨。《刑法》第一百六十二条规定的妨害清算罪是指公司、企业在进行清算时，隐匿财产，对资产负债表或者财产清单作虚伪记载或者在未清偿债务前分配公司、企业财产，严重损害债权人或者其他人利益的行为。虽然该罪属于仅处罚“直接负责的主管人员和其他直接责任人员”、采取单罚制的单位犯罪，

---

[1] 转引自朱孝清：《隐瞒国有资产案定性研究》，载《人民检察》2005 年第 1 期。

但犯罪主体毕竟是“公司、企业”公司、企业之所以实施隐匿财产等行为，主要是为了照顾原企业股东、职工或者部分债务人的利益。刑法设立该罪的宗旨就在于惩治公司、企业通过隐匿财产严重损害债权人、企业职工等利益的行为，因为这些行为可能影响企业债权人债权的实现、职工福利工资的清偿、国家税金的缴纳。而国家工作人员在国家出资企业改制过程中，故意隐匿财产的行为（这里的论述不涉及集体私分国有财产的情形，只就上述第二种情形而言），并不反映单位意志，行为人隐匿财产的目的在于为自己本人或其他单位、个人所占有这些财产，所以直接损害的是国家的财产所有权，而非债权人等人利益。另外，妨害清算罪的存在前提是，公司、企业因不能清偿到期债务被依法宣告破产或者因法定事由被解散等情形，国家出资企业改制中隐匿公司、企业财产的行为，是在国有资产评估中发生、开始的。因此，国有公司、企业人员隐匿公司、企业财产并将之转移的行为，不符合妨害清算罪的构成要件。

第二，这种行为也不应以国有公司、企业人员滥用职权罪定罪处罚。国有公司、企业人员滥用职权罪，是指国有公司、企业的工作人员，滥用职权，造成国有公司、企业破产或者严重损失，致使国家利益遭受重大损失的行为。1997 年修订后的刑法增设这一新型职务犯罪，在一定程度上是为了弥补因渎职罪主体范围缩小（由“国家工作人员”缩小到“国家机关工作人员”）而造成的国有公司、企业人员滥用职权行为处罚无据的漏洞。与贪污罪相似的是，该罪也属于国家工作人员的职务犯罪（当然，主体仅限于国有公司、企业人员等特定人员，比贪污罪的主体范围要小），当行为人“徇私舞弊”实施犯罪时也具有“损公谋私”的特点。但是，国有公司、企业人员滥用职权罪与贪污罪的立法主旨和构成要件存在重大区别，将国有公司、企业人员隐匿公司、企业财产（纯粹国有财产）并将之转移的行为以国有公司、企业人员滥用职权罪论处十分不妥：（1）国有公司、企业人员滥用职权罪中，作为客观行为的“滥用职权”表现为擅自行使、超越职权行使职权等情状，尽管存在“徇私舞弊”从重处罚的刑法规定，但这种犯罪毕竟不是必然地化公为私，“职权的滥用”未必和行为人“谋私”联系在一起。或者说，行为人不谋私，也同样可以实施滥用职权的行为，即使“徇私”，也不是将“国家利益”遭受的“重大损失”与“私利”等同起来，行为人谋取的私利总是小于滥用职权行为给国家造成的损失。而贪污罪中行为人利用职务上的便利非法占有公共财物，从泛化的角度来说，当然也可以说是一种滥用自己职权的行为——“滥用”

直接为非法占有公共财物服务。但是，这种直接用职权非法占有公共财物的“滥用职权”行为，显然不是国有公司、企业人员滥用职权罪所能完全评价的。因为当国有公司、企业人员利用职务上的便利将国有财产非法占有时，国有财产的损失就与行为人所谓滥用职权获取的利益相同了。（2）将国有公司、企业人员隐匿公司、企业财产并将之转移的行为评价为国有公司、企业人员滥用职权罪，是构成要件形式解释的立场，而从立法目的出发，对这种行为应当进行实质解释。毋庸讳言，从形式上看，国有公司、企业人员滥用职权罪在构成要件上具有较多的概括性和包容性，其既可以包容“徇私”的，甚至是“非法占有”（最严重的“徇私”）型的滥用职权行为，也可以包容没有徇私动机的滥用职权行为。但是，正因为如此，我们就不能以国有公司、企业人员滥用职权罪对隐匿国有财产并将之转移的行为进行评价了。既然刑法对于“非法占有”型的滥用职权行为特别规定了贪污罪，而贪污罪在实质上可以评价这种行为，我们就不得从形式上去解释构成要件、去评价相关事实。在刑法解释论上，当相关犯罪构成要件内涵之间存在丰富程度上之差异时，我们应当用内涵更加丰富的构成要件去评价事实。正如旧刑法时代，因为没有设立绑架罪，所以对于绑架勒索的行为可以按照抢劫罪、敲诈勒索罪定罪处罚，但在刑法设立绑架罪（1992 年《全国人大常委会关于严惩拐卖、绑架妇女、儿童的犯罪分子的决定》增设绑架勒索罪）之后，我们就不应当再用抢劫罪去评价绑架勒索的行为了，即使是因为已满 14 周岁不满 16 周岁的人不符合绑架罪的主体要件要求、而可以成立抢劫罪，我们也不应当将这一年龄段的人实施的绑架勒索行为以抢劫罪论处。又如，刑法分别设立了私分国有资产罪和私分罚没财物罪。尽管私分国有资产罪的构成要件在形式上可以包容司法机关、行政执法机关私分罚没财物的行为，但我们不能将后者实质地评价为私分国有资产罪；反之，假如没有私分罚没财物罪的独立罪名，我们不仅可以而且应当将司法机关、行政执法机关私分罚没财物的行为评价为私分国有资产罪。如果站在形式解释的立场，既然国有公司、企业人员隐匿国有财产并将之转移的行为可以评价为国有公司、企业人员滥用职权罪，那么，国家机关工作人员利用职务上的便利非法占有国有财产的行为，也可以按照渎职罪中的滥用职权罪定罪处罚。这样的解释势必使得内涵丰富的贪污罪的设立丧失独立价值。（3）将国家出资企业中国家工作人员隐匿公司、企业财产并将之转移的行为评价为贪污罪，在司法认定上不存在“个人非法占有”的解释障碍。贪污罪是以非法占有为目的要件的自然人犯罪，这是没有疑问的；贪污罪多表现为行为人将公共财物占为本人所有，这也是不争的事实。但是，在规范的意义上，非法占有是否就仅限于行为人本人非法所有呢？笔者认为答案是否定的。笔者在上文关于“贪污罪与职务侵占罪的区分”的论述中，就职务侵占罪罪状中“非法占为己有”的解释问题展开了论证，其结论是这里的“非法占为己有”实际上是行为人以财产所有人自居而“非法处分”财产，对于公司人员利用职务上的便利将本单位财物转移给朋友，或者代替自己或亲属占有股份的公司偿还债务的，也应认定为职务侵占罪。这样的解释规则事实上在贪污罪及所有占有型财产犯罪的“非法占有”之解释中都是相通并用的。在贪污罪中，行为人是否最终将侵吞的财产非法占为本人所有，并不是判断是否成立贪污罪的关键，只要行为人在非法占有的故意支配下，其职务行为致使公共财物遭受损失，而又存在接受财物的其他人或单位，就符合贪污罪的构成要件、具备非法占有要件，至于接受财物的是自然人还是单位、这些自然人或单位与行为人是否存在利益关系，在所不问。以上述被告人王一兵案、被告人吴某案为例，被告人王一兵虽然没有将12辆搅拌车及其附件非法占为自己个人所有，而只是将这些财产转移到自己及家属占有一定比例的股份合作制企业中、表面上被企业所占有，但应当解释为被告人王一兵以所有人自居，将自己通过非法占为己有后形成的个人财产，投入到股份合作制企业中。正如有的学者指出的那样，这种情况“可以视为行为人将部分被其隐匿的公共财物处置给其他股东，属于非法占有公共财物后的一种处置方式。”① 在被告人王一兵案中，有主张定贪污罪者试图从“改制后的企业实际系处在王一兵的绝对控制之下”来论证这些国有财物实际上被王一兵一人非法占有。这种论证在方法上存在问题，也是没有必要的。同样，被告人吴某故意隐匿、瞒报国有资产价值共计400余万元转移到改制后的股份公司中，虽然自己只占58%的股份，其余42%的股份由40余名公司职工持有，但是，由其转移的400余万元中的42%，应当视为被告人吴某个人占有后让与其他职工股东的部分。我们可以反思：当国家工作人员利用职务上的便利非法侵吞公共财物后，交与自己的兄弟姐妹、亲朋好友为日常支出或经商使用的，从来不怀疑贪污罪成立的合理性，那么，又有什么理由对上述情况下认定贪污罪出现疑虑呢？（4）在对“非法占有”进行目的解释的前提下，即使是按照《刑法修正案（九）》施行之前的原《刑法》第三百八十二条的规定，所谓“个人贪污数额”的认定问题也迎刃而解。笔者认为，按

① 龚培华：《贪污对象认定中的争议问题研究》，载《法学》2004年第12期。

照"犯罪是侵犯法益的行为"之理念及刑事责任以行为危害而非以行为人得利为基础的原则，以前贪污罪中作为定罪量刑数额标准的"个人贪污数额"，也不能从字面上理解为行为人"个人"所得的数额，而是指行为人犯罪行为（组织、指挥、策划、参与、实行各种行为）所涉及的数额。[①] 在被告人吴某一案中，400余万元的国有资产虽然最终被改制后的私营公司所有与使用，并非完全由吴某个人所控制或支配，但是，这些国有资产被转移，均由吴某一人所为，其理应对总额负责，而不能因为其他单位成员占有部分股份，就认定吴某只对自己所占股份部分承担贪污罪的罪责。因此，不存在吴某只应对200余万元承担罪责、其余100余万元国有财产无人可以承担相应罪责的事实，也不存在只有共同犯罪的情况下吴某才对400余万元的总额承担刑事责任的合理性。正如行为人将公款贪污后转移悉数赠与亲属的情况，我们不能因为亲属与行为人无共同犯罪故意、不成立共同犯罪，就认为行为人不应对这些公款承担责任、无法将亲属占有的公款归责于行为人。

需要指出，由于贪污罪侵害的法益是公共财产权，因此，当行为人利用职务上的便利隐匿资产后转移到改制之后的公司、企业，而该改制之后的公司、企业仍含有国有股份时，对于行为人贪污数额的认定，应当按照股份比例扣除归于国有的部分。

（四）如何判断国家出资企业改制过程中隐匿财产成立的贪污罪的既遂与未遂（兼及贪污罪既遂未遂一般问题）

关于贪污罪有无既遂、未遂之分，我国刑法理论和实践中长期存在不同的立场。2003年11月13日，《最高人民法院全国法院审理经济犯罪案件工作座谈会纪要》明确指出："贪污罪是一种以非法占有为目的的财产性职务犯罪，与盗窃、诈骗、抢夺等侵犯财产罪一样，应当以行为人是否实际控制财物作为区分贪污罪既遂与未遂的标准。对于行为人利用职务上的便利，实施了虚假平账等贪污行为，但公共财物尚未实际转移，或者尚未被行为人控制就被查获的，应当认定为贪污未遂；行为人控制公共财物后，是否将财物据为己有，不影响贪污既遂的认定。"2010年11月26日《最高人民法院、最高人民检察院关于办理国家出资企业中职务犯罪案件具体应用法律若干问题的意见》第一

---

① 当然，在《刑法修正案（九）》之后，《刑法》第三百八十二条关于作为贪污罪定罪处罚的"贪污数额"不再有"个人"的定义修饰，字面上已经不直接产生上述争议。

条在“关于国家出资企业工作人员在改制过程中隐匿公司、企业财产归个人持股的改制后公司、企业所有的行为的处理”时也明确指出：“所隐匿财产在改制过程中已为行为人实际控制，或者国家出资企业改制已经完成的，以犯罪既遂处理。”上述司法解释的规定，意味着理论上关于贪污罪是否存在既遂未遂的争论可以告一段落。

笔者认为，根据以上司法解释的规定，国家出资企业改制过程中隐匿公共财产成立的贪污罪，其既遂与未遂的认定，应当考察被隐匿的公司、企业财产是否已经转移到改制后的公司、企业或者个人，是否为改制后公司、企业或者行为人个人实际控制。需要注意的是，所谓被隐匿的公司、企业财产为改制后公司、企业或者行为人个人实际控制，其前提是这些公司、企业财产已经脱离国家出资企业的控制，如果国家出资企业对于行为人想隐匿的公司、企业财产还在事实上拥有支配权，则无论如何也谈不上这些公司、企业财产为改制后的公司、企业或者行为人个人实际控制的问题，自然不可能成立贪污罪的既遂。但是，被隐匿的公司、企业财产脱离国家出资企业的实际控制，并不意味着改制后公司、企业或者行为人个人就一定实际控制了。如果公司、企业财产脱离了国家出资企业的控制，而国家出资企业的改制手续还在办理过程中，被隐匿的财产还未转移到改制后的公司、企业或行为人个人账户上，则成立贪污罪的未遂。例如，国有企业浙江省台州市路桥燃料公司，经政府主管部门批准于2008年实行企业转型。在资产评估过程中，公司经理徐某明知公司的应付款账户中有3笔共计147万余元系前几年虚设，而未向评估人作出说明，隐瞒了该款项的真实情况，从而使评估人员将该3笔款项作为应付款评估并予以确认。公司党支部书记罗某对此情况也是明知的。在公司改制过程中，部分职工知道这一内情后，要求对上述虚增的147万余元进行私分。于是，徐某和罗某商定召开职工大会，经讨论并确定虚报负债部分用于冲减企业亏损或上交国有资产管理部门，但后来并未按此方案处理。2010年6月30日，处于改制过程中的路桥燃料有限公司股东大会选举产生董事会，董事长为徐某、副董事长为罗某。尔后，两被告人和应某等5人收购了其他16名股东的全部股份，并于2010年8月17日正式成立路桥燃料有限公司。自2010年4月以来，罗某明知公司资产评估中存在虚报负债的情况，而未向有关部门报告，并继续同徐某一起到有关部门办理企业改制的后继手续。2010年9月7日，路桥燃料有限公司向路桥区财政局交清路桥燃料公司国有资产购买款465.3969万元。随后，被告人徐某、罗某等人积极办理公司产权转移手续。案发时，手续尚在办理之中。案发后，路桥燃料有限公司于2010年11月28日将47.435738万元上交给路桥区财政局国资科。浙江省台州市路桥区人民检察院以贪污罪既遂对被告人徐某、罗某提起公诉。路桥区人民法院经审理认为：被告人徐某为国有公司工作人员，为达到非法占有的目的，在国有企业改制的资产评估中，对公司虚设负债款不作说明，从而骗取评估人员的确认；被告人罗某明知该公司在资产评估中存在着虚报负债的情况，而积极与徐某一起到有关部门办理企业改制后继手续，造成国有资产即将转移；两名被告人的行为均已构成贪污罪未遂。该院于2011年3月28日判决认定被告人徐某、罗某均犯贪污罪未遂，分别判处有期徒刑三年，并处没收财产人民币3万元和有期徒刑一年，缓刑一年，并处没收财产人民币1万元。宣判后，被告人徐某不服，提出上诉，被台州市中级人民法院裁定驳回。上述案件中，路桥燃料有限公司于2010年9月7日向路桥区财政局国资科缴清国资款后，被徐某、罗某隐匿的47万余元国有财产就脱离了国资部门的控制。但是，资产转移手续一直在办理之中，该笔资产尚未到达改制后的路桥燃料有限公司账上，即没有被两名被告人所实际控制。因此，法院认定徐某、罗某的行为成立贪污罪的未遂，是正确的。

（五）在国企改制前隐匿国有资金，改制后继续隐匿改制后企业的资金，前后两种不同性质的资金混放在同一个账户中，行为人在改制后非法占有其中部分资金，且无法区分资金性质的，如何定性

在国有企业改制过程中，有的行为人在作为国有公司、企业工作人员期间，利用职务上的便利隐匿国有资金，转移到自己控制的账户中，在国有公司、企业转制后，又作为非国有公司、企业的工作人员（不属于受国有单位委派到非国有公司、企业中从事公务的人员），利用职务上的便利，隐匿该公司、企业资金，转移到同一个账户中。行为人在公司改制成功后，如果将账户中所有资金侵占，国有资金和非国有公司、企业财物所占比例明确的，对行为人无疑应根据对象的来源性质，将国有资金部分认定为贪污罪、将非国有资金部分认定为职务侵占罪，实行数罪并罚。但是，如果行为人提取部分资金，由于两部分资金混同在一起，即使国有资金与非国有资金的总比例明确，能否按照比例分别认定为贪污罪和职务侵占罪？如果国有资金和非国有公司、企业财物所占比例难以明确，行为人予以全部侵吞的，又如何定性呢？笔者认为，对于行为人已经控制了的资金，不论是否已经存于个人名下，也不论是否全部提取，只要能够将两部分资金区分开来，或者比例明确的，应当分别按照贪污罪和职务侵占罪定罪处罚，实行数罪并罚。当区分资金性质之后，对应贪污罪部分或者对应职务侵占罪部分的资金之一达不到定罪标准的，应当就达到定罪标准的犯罪，以一罪（贪污罪或者职务侵占罪）定罪从重处罚。如果国有资金与非国有资金比例不明确，两部分资金难以区分的，应本着事实认定存疑有利于被告的原则，同时，考虑资金中包含部分国有资金的情况，以职务侵占罪定罪处罚。

（六）帮助作虚假验资、提供虚假证明文件的中介组织人员，可否与国家工作人员构成贪污罪的共犯

国家出资企业改制中，国家工作人员隐匿公司、企业财产实施贪污，需要中介组织人员在评估过程中作虚假验资、评估、提供虚假的资产评估报告等证明文件。那么，中介组织人员是否因而成为与国家工作人员的贪污罪共犯呢？笔者认为，从《刑法》总则第二十五条关于共同犯罪的规定来看，似乎应当作出肯定的回答。但是，从《刑法》第二百二十九条的规定看，则应当作出否定的回答。《刑法》第二百二十九条规定了提供虚假证明文件罪，是指承担资产评估、验资、验证、会计、审计、法律服务等职责的中介组织人员故意提供虚假证明文件，情节严重的行为。在笔者看来，刑法总则的规定在总体上对刑法分则的适用具有指导意义，但是，当刑法分则有特别规定时，特别规定应视为总则指导的例外，不能以总则的相关规定为借口而排斥特别规定的适用。

《刑法》第二百二十九条规定的提供虚假证明文件罪，原本就是相关犯罪的帮助犯。比如，行为人将虚假证明文件提供给他人虚报注册资本，原本是虚报注册资本罪的帮助犯；将虚假证明文件提供给他人用以欺诈发行股票、债券，原本是欺诈发行股票、债券罪的帮助犯；将虚假证明文件提供给他人为隐匿国有财产服务，原本是贪污罪或私分国有资产罪的帮助犯。但是，刑法既然已经将中介组织人员故意提供虚假证明文件、情节严重的行为独立为罪，那么，对于这种行为就不能再以相关犯罪的帮助犯定罪处罚了。否则，特别规定就没有实际意义。因此，帮助作虚假验资、提供虚假证明文件的中介组织人员，应当直接以提供虚假证明文件罪定罪处罚，而不能视为国家工作人员贪污的帮助犯而成为其贪污罪的共犯。

十二、赃款赃物的去向是否影响贪污罪的认定

不少贪污受贿案件中，犯罪嫌疑人、被告人将全部或部分赃款赃物用于单位公务开支或者其他合法途径。这部分赃款赃物是否属于贪污受贿性质，产生了不少的争论。2016 年 4 月 18 日，《最高人民法院、最高人民检察院关于办理贪污贿赂刑事案件适用法律若干问题的解释》（以下简称 2016 年《最高人民法院、最高人民检察院贪污贿赂刑事案件解释》）第十六条已明确规定："国家工作人员出于贪污、受贿的故意，非法占有公共财物、收受他人财物之后，将赃款赃物用于单位公务开支或者社会捐赠的，不影响贪污罪、受贿罪的认定，但量刑时予以酌情考虑"。但是，"赃款赃物去向是否影响定性"问题较为复杂，依照上述司法解释的规定，对此问题仍有必要具体分析。这里仅以贪污罪展开论述。

笔者认为，"赃款赃物"一词，本身即表明所指款物系违法犯罪所得，如果是贪污行为所得的赃款赃物，逻辑上自然就不存在影响犯罪成立与否的问题，因为其属于赃款赃物的前提就是行为属于贪污受贿，在符合罪量因素的基础上就是犯罪。当然，如果从一般意义上，就涉案款物的去向或用途对贪污罪定罪是否有影响，这是值得研究的问题。笔者认为，当行为人利用职权将公款公物用于单位业务开支，而在案发时，行为人又没有通过报销等手段将这笔开支款项归个人所有的，该行为是贪污还是违反财经纪律的违法行为，主要取决于行为人是否具有非法占有的主观目的。有时案件事实可以比较明确地证明案件性质。例如，行为人虽然在取出、取用公款公物时未办理借支手续，但与有关人员商量过要将公款公物用于业务开支，支出后再补办手续的，可以认定行为人不具有非法占有公款公物的目的。但是，在相当多的情况下，公款公物是否为行为人主观上非法占有，不甚明确。这便涉及到举证责任问题。虽然根据刑事诉讼法的规定，公诉机关只有在取得足以证明犯罪嫌疑人、被告人有罪的证据时，才能将之起诉、定罪，即公诉机关承担着犯罪成立的举证责任，但是应当注意，对于公诉机关基于案件基本事实对有罪进行的合理推定，犯罪嫌疑人、被告人及其辩护人在刑事辩护时，有进行辩解的权利，同时也承担无法提出合理辩解的不利后果。比如，行为人没有任何正当理由将公款实现予以控制、占有，之后临时又未按规定办理公款预支等手续，用于公务开支，在案发时虽未报销，但行为人自己必须承担辩解不利的后果，无法提出合理辩解的，

便可推定其系贪污。

在判断行为人具有非法占有目的的前提下，“赃款赃物的去向”不影响贪污的认定，这是就行为性质而言的。需要注意的是，贪污罪（受贿罪也相同）的定罪标准，是包括贪污数额和其他情节在内的，赃款赃物的去向当然也是贪污行为的一个情节，赃款赃物的去向不同，情节自然有轻重之别。根据2016年《最高人民法院、最高人民检察院贪污贿赂刑事案件解释》第一条的规定，贪污或者受贿数额在3万元以上不满20万元的，应当认定为《刑法》第三百八十三条第一款规定的“数额较大”；贪污或者受贿数额在1万元以上不满3万元，如果赃款赃物用于非法活动，或者拒不交待赃款赃物去向或拒不配合追缴工作，致使无法追缴的，属于与“数额较大”相并列的“其他较重情节”，也成立贪污罪、受贿罪。

十三、贪污罪与为亲友非法牟利罪如何区分

根据《刑法》第一百六十六条的规定，为亲友非法牟利罪，是指国有公司、企业、事业单位的工作人员，利用职务便利，有下列情形之一，使国家利益遭受重大损失的行为：（1）将本单位的盈利业务交由自己的亲友进行经营的；（2）以明显高于市场的价格向自己亲友经营管理的单位采购商品或者以明显低于市场的价格向自己亲友经营管理的单位销售商品的；（3）向自己亲友经营管理的单位采购不合格商品的。依据最高人民检察院、公安部2010年5月7日《关于公安机关管辖的刑事案件立案追诉标准的规定（二）》第十三条的规定，为亲友非法牟利，涉嫌下列情形之一的，应予立案追诉：（1）造成国家直接经济损失数额在10万元以上的；（2）使其亲友非法获利数额在20万元以上的；（3）造成有关单位破产，停产、停业6个月以上，或者被吊销许可证和营业执照、责令关闭、撤销、解散的；（4）其他致使国家利益遭受重大损失的情形。

就给国家造成经济损失、使亲友非法获利的为亲友非法牟利罪而言，其与贪污罪具有诸多共同特征：第一，两罪的主体具有交叉关系。国有公司、企业、事业单位的工作人员属于国家工作人员，可以成立两种犯罪。第二，两罪均是职务犯罪，行为人利用职务上的便利实施犯罪。第三，两罪均属于贪利性犯罪，均给国家财产或者公共财产造成损失。

从司法实践的情况看，最为疑难的问题是，当国有公司、企业、事业单位

的工作人员，利用职务便利，以过分高于市场的价格向自己亲友经营管理的单位采购商品，或者以过分低于市场的价格向自己亲友经营管理的单位销售商品，使自己的亲友从中牟取非法利益的，是否只能认定为为亲友非法牟利罪？可否就行为人给国家造成的经济损失或者其亲友牟取的非法利益之行为认定为贪污罪？例如，被告人郝某系某国家事业单位科研开发处处长。2009 年 12 月，单位将“网络改造、办公自动化”的工作交科研开发处具体负责招标、评标、监管、验收的组织协调工作，郝某为该项工作的负责人，同时也是工程评标会的评委，负责工程的筹备、招标和投标工作。在工作期间，郝某隐瞒了他与投标人——某技术开发中心的法定代表人为母子亲属关系的情况，使该技术开发中心经评标会的评委确定成为中标人。郝某所在国家事业单位于 2010 年 3 月与该技术开发中心签订“网络改造及办公自动化工程建设工程合同书”，工程款为 260.89 万元。同年 7 月，由郝某所在单位成立的工程验收小组对该工程进行了验收，向技术开发中心支付了全部工程款。但工程交付使用后却出现诸多问题，网络管理人员和用户经常投诉，严重影响了该事业单位的正常工作。2010 年 10 月，该国有事业单位组织网络专业技术公司对该项目进行测试，发现技术质量通过率很低，于是找到郝某，要求他找中标公司补修，但郝某表示和中标公司不熟悉，郝某所在国有事业单位遂向公安机关报案。后经统计，该单位从 2010 年 9 月 ~2012 年 12 月为网络工程的修复共支付各种费用 25.6 万元。受委托的价格认证中心对该单位网络工程作出价格鉴定，该项工程造价仅为 60.8 万元。经查，在签订合同时，对于工程造价仅为 60 万余元的事实，被告人郝某及其母亲已基本清楚，但郝某为了其母亲的利益仍有意掩饰真相，拍板确定合同造价条款。本案中，被告人郝某利用职务上的便利，将本单位的网络改造及办公自动化工程交予自己的母亲所在的中心建设，可以解释为“向自己亲友经营管理的单位采购商品”，但是，该工程造价按照市场最高价格不过 60.8 万元，被告人郝某的国有单位却为此支付了 260.89 万元，高出实际造价 200 万元，而且因为工程技术质量太差，该国有单位为网络工程的修复还支付各种费用 25 万余元。对于被告人郝某的行为如何定性，审判过程中存在两种意见：一种意见主张定为亲友非法牟利罪。理由是，郝某作为国有事业单位工作人员，利用职务上的便利，以明显高于市场的价格将本单位的工程暗中发标给自己母亲经营管理的单位，给国家造成直接经济损失 225.69 万元，完全符合该罪的构成要件。另一种意见主张定贪污罪。理由是，郝某事先明知该工程造价不过 60 万余元，但仍利用其具体负责招标的职务便利，与其母亲串通，通过虚开造价的方式骗取超出实际价格的200.9万元国有财产，属于变相贪污。

笔者认为，对国有公司、企业、事业单位工作人员的贪污罪与为亲友非法牟利罪进行区分，首先要把握这两个罪的立法宗旨。现行刑法中为亲友非法牟利罪所包含的行为，在旧刑法时代，有的是按照贪污罪定罪处罚的，有的则作了无罪处理。原因在于，为亲友非法牟利的行为具体表现形式比较复杂，绝大多数案件中行为人并非直接将公共财物非法占有，尽管行为人以向亲友经营管理的单位高价购买商品或者低价销售商品、或者将盈利业务交给亲友进行经营的手段，使其亲友获取非法利益，有的案件中行为人事后还从其亲友处分得非法利润，但毕竟行为人没有以窃取、骗取、侵吞等方法获取公共财物，所以一概以贪污罪论处，从犯罪构成的符合性上来说多有不贴切之弊。有鉴于此，1997年刑法增设了为亲友非法牟利罪，以严密法网，用更为贴切的罪刑规范来惩治那些用贪污罪无法十分恰当地评价的为亲友非法牟利行为。毫无疑问，在形式要件上，为亲友非法牟利罪完全可以包容那些国有公司、企业、事业单位工作人员将公共财物通过亲友及其单位而非法占有的贪污行为，或者说，国有公司、企业、事业单位工作人员利用职务上的便利将公共财物非法占为亲友及其单位所有的贪污行为，在形式上也可以解释为亲友非法牟利的行为。但是，从立法精神进行分析，刑法设立为亲友非法牟利罪之独立罪名后，就应当从实质上进行构成要件的解释，区分国有公司、企业、事业单位工作人员将公共财物通过亲友及其单位而非法占有的贪污罪与为亲友非法牟利罪，应当依次考察以下两点：

第一，考察行为人的亲友有无实质性的经营活动。立法之所以设立为亲友非法牟利罪，所要“堵截”的，就是那些无法用贪污罪评价的国有公司、企业、事业单位工作人员的损公肥私行为，那些因为亲友具有实质性的经营活动而非法利益具有经营活动作为客观基础的行为。如果行为人的亲友根本没有经营活动，或者仅仅是为了从行为人处获取公共财产的非法利益而虚设经营活动之形式，那么，行为人实际上就是实施变相贪污了。例如，被告人张某，系上海市某国有机器设备制造厂厂长。2003年12月，该制造厂决定购买次年生产所需钢材原材料，张某为了给其叔父获取非法利益，在本厂领导层会议上，故意隐瞒供货商郑州市某工贸公司为其叔父控股公司的真相，擅自决定从该工贸公司采购钢材原材料。后查明，该批钢材原材料的生产厂家乃上海市某钢铁集团，张某对此早已明知，其故意通过工贸公司这一虚设的中间环节，使制造厂为钢材原材料多支出了320万元的货款和运费，其叔父在扣除从上海市某钢铁集团购进钢材原材料的货款支出和运费后，获得310万元的非法利润。对于被告人张某的行为，究竟是按照贪污罪还是为亲友非法牟利罪定罪处罚？存在争论。笔者认为，张某的行为应当以贪污罪论处，因为被告人张某本来可以决定本厂从上海市就近购买原材料，却故意利用职务上的便利，舍近求远，以其叔父控股的郑州市某工贸公司为虚设的中间环节，为其叔父牟取暴利，实质上是以采购为幌子而行贪污之实。①

第二，在行为人的亲友具有实质性经营活动的情况下，还必须考察其非法利润的数量是否严重违背市场等价交换规则，过分超出“牟取私利”的界限而变成“非法占有公共财物”。固然，为亲友非法牟利罪中行为人必然要为其亲友牟取私利，而且按照《刑法》第一百六十六条的规定，当行为人利用职务上的便利促使所在单位与其亲友经营管理的单位进行商品买卖时，采购价格必须“明显”高于市场价格、销售价格必须“明显”低于市场价格，结果必须是“致使国家利益遭受重大损失”，然而，通过行为人的职务便利，亲友及其经营管理的单位获取的非法利益，在总体上还是符合价值规律的。如果其所获得非法利润过分背离价值规律，则应认定为借为亲友非法牟利而行利用职务之便为亲友非法占有公共财物之实，应以贪污罪定罪处罚。比如，上述被告人郝某一案中，被告人郝某利用职务上的便利，将本单位的网络改造及办公自动化工程交予自己的母亲所在的中心建设，该工程造价不过60万余元，郝某却与其母亲串通，签订了价额260.89万元的合同，比市场价格高出200万多元，是实际造价的3倍以上。显然，这样的“非法利益”已经不再是可以用市场价值规律进行解释，对于超出的200.9万元国有财产支出，应当认定为贪污罪。

当然，司法实务中，如何把握好为亲友非法牟利罪中“非法利益”和变相贪污中“非法占有”的尺度，有时是一个难题。比如，行为人利用职务便利向自己亲友经营管理的单位采购商品的价格高出5%、10%属于牟取非法利益，那么高出20%、30%甚至50%呢？是否还属于为亲友非法牟利罪的范畴？如果属于，那么比例应当增加到什么程度才可以以贪污罪评价呢？这些需要司法人员根据具体情况自由裁量。笔者认为，应当综合考虑实际数额和高出部分所占比例两个方面。

① 贪污罪的非法占有，不仅包括非法占为己有，而且也包括非法占为他人或其他单位所有。此点在有关隐匿国有财产转移到转制后的公司之行为如何定性问题中，已作论述，兹不复赘。

十四、如何合理把握贪污罪的量刑情节

2015年《刑法修正案（九）》对贪污罪、受贿罪的定罪量刑标准与依据作了重大修改。司法实践中，必须根据刑法和2016年《最高人民法院、最高人民检察院贪污贿赂刑事案件解释》的规定及其精神，综合考虑贪污数额和其他情节，评价贪污行为的社会危害性程度，同时考虑预防犯罪的需要，运用合理的量刑机制，协调好责任刑和预防刑的关系，以准确定罪量刑，体现宽严相济的刑事政策要求。特别要注意以下两个问题：

（一）要防止片面以贪污数额作为责任刑依据的做法、关联好数额和其他情节在责任刑中的作用

贪污罪属于渎职型、贪利型的财产犯罪，贪污数额当然在决定和影响行为社会危害性程度及其责任大小方面作用很大。也正因为如此，以往刑事立法虽然也关注贪污行为的其他情节，但始终将数额作为贪污罪定罪量刑的最重要因素加以规定，司法实践更是强调数额在责任刑中压倒性的作用，乃至于一些地方司法机关在贪污罪的定罪量刑中确定责任刑时，几乎唯数额是论。《刑法修正案（九）》将贪污罪定罪量刑（责任刑）的依据修改为“数额+情节”的二元模式，顺应了刑事政策的要求，同时，在预防刑方面构建了体现“轻轻重重”的处罚原则——一方面，对于具有“在提起公诉前如实供述自己罪行、真诚悔罪、积极退赃，避免、减少损害结果的发生”情节的贪污，规定了从宽处罚，另一方面，又创造性地增设了对贪污罪判处死缓减为无期徒刑之后的终身监禁制度，以更好地实现刑罚的特殊预防和一般预防功能，充分发挥预防刑在惩罚犯罪中的作用。

就责任刑而言，笔者认为，司法实践中，首先应当严格依照《刑法》第三百八十三条第一款、第二款和2016年《最高人民法院、最高人民检察院贪污贿赂刑事案件解释》第一至四条的规定，区分贪污数额和其他情节，作为两个衡量量刑的相对独立又互相关联的因素，在责任刑的裁量上既要以贪污数额为基本依据，又不能片面地夸大其作用而忽略其他情节的作用。应该说，贪污数额是责任刑的基础，贪污数额的大小在法定刑幅度内“同向”地影响刑罚轻重。因此，必须保证犯罪数额对责任刑的决定功能。但是，在此前提下，要重视其他情节对责任刑的调节作用。《最高人民法院、最高人民检察院贪污

贿赂刑事案件解释》规定的、对责任刑有调节作用的情节有：(1) 贪污救灾、抢险、防汛、优抚、扶贫、移民、救济、防疫、社会捐助等特定款物的；(2) 曾因贪污、受贿、挪用公款受过党纪、行政处分的；(3) 曾因故意犯罪受过刑事追究的；(4) 赃款赃物用于非法活动的；(5) 拒不交待赃款赃物去向或者拒不配合追缴工作，致使无法追缴的；(6) 造成恶劣影响或者其他严重后果的。①

上述情节所起的作用，既可以视为降低贪污罪定罪量刑数额标准的调节作用，也可以视为在数额不变的前提下提高量刑的调节作用。(1) 发挥降低数额标准的调节作用体现在：对应不同量刑档次的贪污“数额较大”“数额巨大”“数额特别巨大”的标准通常情况下分别是3万元以上不满20万元、20万元以上不满300万元、300万元以上，但是，具有上述情节的，贪污“数额较大”“数额巨大”“数额特别巨大”的标准则分别被调节降至1万元以上不满3万元、10万元以上不满20万元、150万元以上不满300万元。(2) 发挥在数额不变的前提下提高量刑的调节作用体现在：当贪污数额达到通常情况下较低一档的最低数额要求，但未达到较高一档特殊情节下的最低数额要求（或者已达到最高一档的最低数额要求300万元以上，而不存在高一档次）时，在达到数额要求的量刑幅度内，这些情节应该起到朝法定刑较高位置调节（增加）刑罚量的作用。比如，行为人贪污8万元、曾因贪污受过刑事处罚，那么，单就数额而言，本已达到贪污罪通常情况下最低一档法定刑档次“3年以下有期徒刑或者拘役”的“数额较大”标准（3万元以上不满20万元），但8万元数额加上行为人的前科情节也无法提升至高一档次“3年以上10年以下有期徒刑”——数额不到10万元（特殊情节下“数额巨大”的标准是10万元以上不满20万元）。上述情况下，应当在暂不考虑其他情节的前提下，先以数额确定起点刑，再用其他情节增加刑罚量。再如，行为人贪污救灾款数额300万元，原本贪污数额300万元已经达到贪污罪最高一法定刑档次的“数额特别巨大”的标准（300万元以上），不可能因为贪污的款物属于救灾款这个特殊情节再升格法定刑，对此，也只能在法定刑幅度内考量特殊情节对责任刑的作用（此一档次内处无期徒刑或者死刑的，刑法另行专门限制了“使国家和人民利益遭受特别重大损失”的情节）。

---

① 具体而言，这些责任刑情节的设置，也适当考虑了部分犯罪预防的需要，比如“曾因贪污、受贿、挪用公款受过党纪、行政处分的”和“曾因故意犯罪受到刑事追究的”，体现的是行为人的人身危险性。因此，责任刑和预防刑的情节区分是相对而言的。

（二）要准确理解刑法设立预防刑情节的目的，充分贯彻宽严相济的刑事政策

《刑法修正案（九）》施行后的《刑法》第三百八十三条第三款、第四款专门增设了贪污罪的预防刑情节：一是在第三款规定对于犯贪污罪，“在提起公诉前如实供述自己罪行、真诚悔罪、积极退赃，避免、减少损害结果的发生”，量刑在“3年以下有期徒刑或者拘役”档次的可以从轻、减轻或者免除处罚；量刑在“3年以上10年以下有期徒刑”“10年以上有期徒刑、无期徒刑或者死刑”的可以从轻处罚。二是在第四款规定对于犯贪污罪，因数额特别巨大或者有其他特别严重情节被判处死缓的，人民法院根据犯罪情节等情况可以同时决定在其死刑缓期执行二年期满依法减为无期徒刑后，终身监禁，不得减刑、假释。对于贪污罪的死刑适用问题，2016年《最高人民法院、最高人民检察院贪污贿赂刑事案件解释》第四条还专门作出了解释：“贪污、受贿数额特别巨大，犯罪情节特别严重、社会影响特别恶劣，给国家和人民利益造成特别重大损失的，可以判处死刑”（第一款）；“符合前款规定的情形，但具有自首、立功，如实供述自己罪行、真诚悔罪、积极退赃，或者避免、减少损害结果的发生等情节，不是必须立即执行的，可以判处死刑缓期二年执行”（第二款）；“符合第一款规定情形的，根据犯罪情节等情况可以判处死刑缓期二年执行，同时裁判决定在其死刑缓期执行二年期满依法减为无期徒刑后，终身监禁，不得减刑、假释。”

对于上述两类预防刑情节，在适用条件上应当严格遵从刑法规范的目的，作出合理的解释。

1.《刑法》第三百八十三条第三款所规定的“在提起公诉前如实供述自己罪行”“真诚悔罪”“积极退赃，避免、减少损害结果的发生”三个要素必须同时具备，才能根据贪污数额和情节适用“可以从轻、减轻或者免除处罚”或者“可以从轻处罚”。但是，“在提起公诉前如实供述自己罪行”，不以成立自首为前提。对于成立自首，又真诚悔罪且积极退赃，避免、减少损害结果的发生的，应予以相对更大幅度的从宽处罚，但考虑到“在提起公诉前如实供述自己罪行”本身也可以包括自首在内，不必再引用刑法总则关于自首的规定或适用自首情节作为刑罚裁量的依据。“积极退赃”，是指与司法机关追缴有所区别的、犯罪人本人或者亲友代为积极主动退缴赃款赃物，包括全部退赃和部分退赃，退赃的多少直接影响从宽处罚的幅度大小。退赃本身就产生避

免、减少直接损害结果发生的效果。但是，贪污行为除了赃款赃物被非法占有所产生的直接损失之外，还有其他间接损失和非物质性损害结果。因此，根据案件具体情况，避免、减少间接损失和非物质性损害结果的情况，也是刑罚轻重必须考量的内容。

2.《刑法》第三百八十三条第四款所规定的对被判处死缓的贪污犯罪人法院可以根据犯罪情节等情况裁判决定死缓减为无期徒刑后终身监禁制度，并非一个独立的刑种，也不是对被科处死缓的贪污犯的变相加重处罚，而实际上是严格控制贪污罪死刑适用的一项措施。笔者认为，这一重大制度的设立，兼顾了贯彻严格控制死刑政策与从严惩处腐败犯罪的两方面现实需要。一方面，目前我国贪污、受贿犯罪仍然高发、多发，特别是涉案数额持续攀升，上千万甚至过亿的案件屡见不鲜，必须继续毫不动摇地坚持从严惩处的方针；另一方面，贪污、受贿犯罪毕竟属于经济性非暴力犯罪，应当更加严格控制死刑适用。近年来，随着“保留死刑，严格控制和慎重适用死刑”政策不断深入贯彻，实践中对贪污、受贿犯罪适用死刑特别是死刑立即执行的也得到了较为严格的控制。然而，一些犯罪情节特别严重的贪污犯被判处死缓后减为无期徒刑、再减为有期徒刑或被假释，引起了人们对刑罚功能的质疑。为此，必须找到一个既能控制、减少贪污、受贿罪死刑适用又能有效制裁、震慑腐败犯罪的措施。终身监禁正是在这样一种现实背景下孕育和诞生的。

笔者认为，结合《刑法》第四十八条，《刑法》第三百八十三条第一款第（三）项（贪污罪、受贿罪处无期徒刑或者死刑的规定）、第三款（贪污罪可以从轻、减轻或者免除处罚的规定），以及2016年《最高人民法院、最高人民检察院贪污贿赂刑事案件解释》第四条的规定，进行系统解释，应当明确终身监禁制度在适用的以下两个关键要素：

（1）适用终身监禁的贪污犯罪人，属于《刑法》第四十八条第一款所规定的“罪行极其严重的犯罪分子”，在暂且不考虑犯罪人具有自首、立功，如实供述自己罪行、真诚悔罪、积极退赃，避免、减少损害结果发生等情节下，原本是应该判处死刑立即执行的，而不是其即使没有上述从宽情节的前提下也只符合判处死缓的条件。这一结论，可以通过对2016年《最高人民法院、最高人民检察院贪污贿赂刑事案件解释》第四条第一、二、三款之间的逻辑关系进行解读而得出。该条第一款设定贪污罪、受贿罪适用死刑的条件为“数额特别巨大，犯罪情节特别严重、社会影响特别恶劣、给国家和人民利益造成重大损失”，这显然是与《刑法》第四十八条第一款和《刑法》第三百八十三条第一款第（三）项的规定相呼应，就贪污罪、受贿罪死刑适用的一般条件进行的一个细化规定。凡是符合这一规定的，一般要判处死刑，且是立即执行。《解释》第四条第二款接着规定，符合前款规定的情形（即一般要判处死刑立即执行的情形），具有自首等情节，不是必须立即执行的，可以判处死缓。这显然是与《刑法》第四十八条第二款关于死缓适用条件的规定和《刑法》第三百八十三条第三款关于贪污罪、受贿罪可以从轻处罚（包括因“数额特别巨大，并使国家和人民利益遭受特别重大损失”应处无期徒刑或者死刑的从轻处罚；不判处死刑立即执行而裁判死缓，在实质上也是从轻处罚）的规定相呼应，对贪污罪、受贿罪可以判处死缓条件的个别性规定。最后，《解释》第四条第三款规定，符合第一款规定情形的（即“可以判处死刑”的），根据犯罪情节等情况可以判处死缓（即第二款规定的判处死缓），同时裁判决定死缓减为无期徒刑后终身监禁，不得减刑、假释。因此，对贪污罪、受贿罪死缓犯限制其减为无期徒刑之后不得减刑、假释的终身监禁，无疑是为了控制贪污罪、受贿罪死刑立即执行适用的一项措施，只不过在适用死缓时附加终身监禁而已。申言之，在假设没有终身监禁制度的立法背景下，“根据犯罪情节等情况”，就不可能判处其死缓，而是按照《刑法》第四十八条第一款和第三百八十三条第一款第（三）项适用死刑立即执行。[①]

（2）《刑法》第三百八十三条第四款和2016年《最高人民法院、最高

① 白恩培是《刑法修正案（九）》2015年11月1日施行后被判处死缓同时被裁判决定死缓减为无期徒刑后终身监禁，不得减刑、假释的第一人。其受贿的行为发生于2000年~2013年担任青海省委书记、云南省委书记、全国人大环境与资源保护委员会副主任委员等职务期间。河南省安阳市中级人民法院于2016年10月9日对其作出判决，认定其利用职务上的便利以及职权和地位形成的便利条件，为他人在房地产开发、获取矿权、职务晋升等事项上谋取利益，直接或者通过其妻非法收受他人财物，共计折合人民币2.46764511亿元，受贿数额特别巨大，犯罪情节特别严重，社会影响特别恶劣，给国家和人民利益造成特别重大损失，论罪应当判处死刑。但鉴于其到案后，如实供述自己罪行，主动交待办案机关尚未掌握的大部分受贿犯罪事实；认罪悔罪，赃款赃物已全部追缴，具有法定、酌定从轻处罚情节，对其判处死刑，可不立即执行。同时，根据白恩培的犯罪事实和情节，依据刑法的有关规定，决定在其死刑缓期执行二年期满依法减为无期徒刑后终身监禁，不得减刑、假释。此判决曾被人认为存在违反刑法溯及力从旧兼从轻原则，理由是白恩培实施受贿行为时，刑法尚没有对死缓减为无期徒刑后终身监禁的规定，而这一裁判时法关于限制减刑、假释的规定显然是不利于被告人的（参见《白恩培的终生监禁是否违背从旧兼从轻原则？——陈兴良、邱兴隆、赵秉志评白恩培适用终身监禁案》中邱兴隆的观点，载法制网2016年10月19日。）笔者认为，这种看法实际上是误解。因为根据行为时的法对白恩培本应判处死刑立即执行，而按照裁判时的法即《刑法修正案（九）》修正后的《刑法》第三百八十三条的规定，对其判处死缓，同时决定死缓减为无期徒刑后终身监禁，不得减刑、假释，是相对有利于被告人的。

人民检察院贪污贿赂刑事案件解释》第四条所规定的、人民法院据以裁判贪污、受贿犯罪人死缓并决定在其死缓减为无期徒刑后终身监禁的“犯罪情节等情况”，从影响刑罚轻重的方向上概括，包括两方面的情况：一是法院据以判处死刑缓期二年执行的情况，这些情况成为对犯罪人判处死刑，但“不是必须立即执行”的根据，包括犯罪后具有自首、立功，如实供述自己罪行、真诚悔罪、积极退赃，避免、减少损害结果发生等情节。这些“情况”所起的是减少刑罚量的作用。二是法院据以决定对犯罪人终身监禁的情况，包括贪污数额、涉案款物的性质和用途、犯罪手段、赃款赃物的去向、犯罪造成的社会影响、给国家和人民利益造成的损失以及其他各种反映犯罪分子主观恶性较深和人身危险性较大的情节。这些“情况”所起的作用是：法院认为，有必要决定对该被判死缓的贪污犯罪人适用死缓减为无期徒刑之后的终身监禁。

第三章

挪用公款罪

一、挪用公款罪的对象性质（兼及挪用公款罪与挪用资金罪的区分）

从《刑法》第三百八十四条第一款的规定来看，挪用公款罪的对象即“公款”，规定十分简单，似无必要细加探讨。但事实上，在司法实践中，对挪用公款罪对象性质的认识还存在一定分歧，这种分歧直接影响挪用公款罪的认定，以及挪用公款罪与挪用资金罪的界限问题。

“公款”，即公有款项之义。但是，挪用公款罪的对象是否仅限于纯粹公有性质的资金呢？实践中不无争议。有人认为，既然挪用公款罪是挪用“公款”的犯罪行为，那么，国家工作人员挪用非公有性质或者包含部分非公有性质的资金的行为，就不能以挪用公款罪定罪处罚。也有人认为，对于国家工作人员利用职务上便利挪用公有与非公有相混合的资金归个人使用的，应当仅仅把公有资金涉及的部分行为作为挪用公款罪论处。

在笔者看来，应当全面理解《刑法》第三百八十四条和第二百七十二条等条文的规定，从体系解释的角度来把握挪用公款罪的对象性质。《刑法》第二百七十二条第一款规定：“公司、企业或者其他单位的工作人员，利用职务上的便利，挪用本单位资金归个人使用或者借贷给他人的”，构成挪用资金罪。同条第二款又规定："国有公司、企业或者其他国有单位中从事公务的人员和国有公司、企业或者其他国有单位委派到非国有公司、企业以及其他单位从事公务的人员有前款行为的，依照本法第三百八十四条的规定定罪处罚。"《刑法》第一百八十五条第二款也规定，国有金融机构工作人员和国有金融机构委派到非国有金融机构从事公务的人员，利用职务上的便利，挪用本单位或者客户资金的行为，依照《刑法》第三百八十四条的规定定罪处罚。据此，如果行为人是国有公司、企业或者其他国有单位委派到非国有公司、企业以及其他单位从事公务的人员，其利用职务上的便利，挪用该非国有单位的资金归个人使用或者借贷给他人，只要同时在数额、未归还期限以及资金用途方面符合挪用公款罪的要件，就应当以挪用公款罪定罪处罚，而不论这些资金是否公有或公有所占比例多大，其犯罪数额也应是实际挪用的全部数额。

挪用公款罪与挪用资金罪的区分，不在于被挪用资金的性质；挪用公款罪的对象并不仅限于纯粹公有性质的资金，私有性质的资金也可以成为挪用公款罪的对象。进一步展开，挪用单位资金行为是构成挪用公款罪还是挪用资金罪，只需考察行为人身份予以判定：（1）国家机关、国有公司、企业、事业单位、人民团体中的国家工作人员（含"准国家工作人员"的身份的人），利用职务上的便利挪用本单位资金归个人使用的，构成挪用公款罪。（2）国家机关等国有单位中非国家工作人员挪用本单位资金归个人使用的，构成挪用资金罪。《刑法》第三百八十二条第二款规定的"受国家机关、国有公司、企业、事业单位、人民团体委托管理、经营国有财产的人员"属于贪污罪的主体，但是，这类人员利用职务上的便利将自己承包、租赁的企业中的资金予以挪用的，成立挪用资金罪，而不成立挪用公款罪。（3）国家机关、国有公司、企业、事业单位委派到非国有公司、企业、事业单位、社会团体从事公务的人员及其他依照法律从事公务的人员（包括党的机关、政协机关中从事公务的人员），利用职务上的便利，挪用本单位资金归个人使用的，构成挪用公款罪；非从事公务的人员实施同种行为，构成挪用资金罪。（4）集体经济组织所有的资金，也属于公款。但是，村委会、居委会等基层组织人员。利用职务上的便利挪用集体所有的款项归个人使用的，由于行为人不具有国家工作人员身份，成立挪用资金罪，而不成立挪用公款罪。

需要指出的是，根据2003年11月13日《最高人民法院全国法院审理经济犯罪工作座谈会纪要》的精神，作为挪用公款罪犯罪对象的"公款"，也不限于行为人本人所在单位的公款，如果国有单位领导利用职务上的便利指令具有法人资格的下级单位将公款供个人使用的，也属于挪用公款行为，构成犯罪的，应以挪用公款罪定罪处罚。值得研究的是，受国有单位委派到非国有公司、企业、事业单位、社会团体从事公务的人员，利用职务上的便利指令该非国有单位具有法人资格的下属单位将资金供个人使用的，究竟是以挪用公款罪还是挪用资金罪定罪处罚？这一问题在上述《纪要》中未被提及。笔者认为，宜以挪用资金罪定罪处罚。理由是：非国有单位具有法人资格的下属单位的资金，虽然含有国有财产成份，但行为人毕竟不是被委派到该下属单位从事公务的人员，就下属单位的资金管理而言，行为人并非国家工作人员。如果行为人与下属单位中代表国家从事公务的人员共同挪用资金归个人使用的，则应当以挪用公款罪的共犯论处。

另外，在实践中，有的单位因为某种特殊原因而将公款私存，对此不能从形式上判断资金性质，而要从实质上、归属上判断其性质。例如，被告人郝某自 2011 年 5 月起任山东省某电影公司（成立于 1995 年 5 月，经济性质为国有企业）经理。该公司因未按规定参加年度检验，于 2002 年 8 月 19 日被工商局吊销营业执照，但未进行清算和注销，其人财物及相关业务一直存续。因被吊销营业执照，不能办理企业公户，电影公司公户使用被告人郝某个人身份办理了包括农业银行账户（尾号 7512、5661）、农商银行账户（尾号 0085）、邮政储蓄账户（尾号 1365、4088）的银行账户。上述银行账户由电影公司出纳保管并按照郝某指示进行操作。2015 年 8 月，被告人郝某与王某等人共同出资入股（郝某占出资比例的 50%）注册成立某家政中心（系民办非企业单位，法定代表人系郝某）。2016 年 6 月 15 日，为拓展业务、增加收入，被告人郝某等人又成立某家政服务有限公司（有限责任公司，法定代表人系郝某朋友赵某，郝某为实际控制人）。被告人郝某在未经单位集体讨论的情况下，擅自指使电影公司出纳先后将以自己名义开立的、但实际上属于单位公户的账户中的 193 余万元挪作家政中心和家政服务有限公司注册和经营，且部分资金超过三个月未还。此案中，身为国家工作人员的郝某，利用职务上的便利将形式上为自己名下、实际归属于单位的公款挪作个人使用，应从实质上对涉案资金进行评价，对其行为无疑应认定为挪用公款罪。

二、非特定公物、有价证券、金融票证可否作为挪用公款罪的对象

（一）关于非特定公物

根据《刑法》第三百八十四条第二款的规定，“挪用用于救灾、抢险、防汛、优抚、扶贫、移民、救济款物归个人使用的，从重处罚。”显然，用于救灾、抢险、防汛、优抚、扶贫、移民、救济款物，可以成为挪用公款罪的对象。但是，非特定公物能否成为挪用公款罪的对象呢？根据2000年3月15日《最高人民检察院关于国家工作人员挪用非特定公物能否定罪的请示的批复》的规定，挪用公款罪中未包括挪用非特定公物归个人使用的行为，对这种行为不以挪用公款罪定罪处罚；如构成其他犯罪的，依照刑法的有关规定定罪处罚。这主要是因为，一般的公物虽然与公款都属于公共财物，但两者具有不同的特征，这种特征也决定了挪用公款与挪用一般的公物两者的社会危害性存在很大差别。比如，挪用一台价值500万元的机器，与挪用500万元资金在社会危害性程度上是不同的。因此，对于挪用一般公物的行为不能按挪用公款罪定罪处罚。

然而，在司法实践中，应当注意的是，如果行为人利用职务上的便利将公物变卖，以使用该变卖款为目的的，就应当以挪用公款罪定罪处罚。从实质上考察，行为人挪用的实际上也不是公物，而是公物的变卖款，或者以公物作为抵押、担保而取得的公款。例如，被告人王某，于1993年10月~1998年1月任上海机械进出口集团实业公司（以下简称“实业公司”）出口材料部经理，负责经营有色金属、黑色金属等原材料业务。1995年11月，经单位领导同意，被告人王某将实业公司99.235吨电解铜出借给上海市有色金属铜带分公司（以下简称“铜带分公司”）使用。1997年4月，借铜合同履行完毕，但这批铜仍置放在铜带分公司。1995年初，被告人王某经人介绍认识了江苏省南京市金属材料总公司（以下简称“南京总公司”）兰州公司（以下简称“兰州公司”）个人承包经营者邱某。至同年8月，由被告人王某经手实业公司与兰州公司两次发生购销业务。在履约过程中，兰州公司违约，欠实业公司货款人民币180万元。实业公司领导于1996年专门责成被告人王某和单位职工孙某向邱某追讨，经多次催讨未果。不久，邱某去向不明。同年底，被告人王某和

孙某至南京总公司，要求确认兰州公司的债务。负责接待的人员告知，兰州公司名义上挂靠在南京总公司，实际上是邱某个人承包经营，债权债务应由兰州公司自行负责。为了找到邱某，被告人王某于1997年5月在南京通过他人认识了邱某的朋友胡某，同时，又认识了胡某的朋友姚某。胡某、姚某分别系南京情侣服饰设计中心和扬子江资源经济开发总公司（以下简称“扬子江公司”）的个人承包者，当时均发生经营资金短缺的困难。被告人王某通过胡某与在外地的邱某通了电话，邱某要被告人王某想办法替他先向实业公司归还100万元的货款，并答应在同年七、八月间归还王某垫付的钱款。为了减轻未追回货款的压力，王某产生了将铜带分公司归还本单位的近100吨电解铜变价后替邱某还债的意图。王某同胡某、姚某策划，由扬子江公司出面将置放在铜带分公司的电解铜借用变价，变价后，其中40吨电解铜的变价款由王某用于为邱某归还所欠实业公司的部分货款，剩余变价款归姚某、胡某在经营活动中使用。1997年5月12日，被告人王某按照与姚某、胡某的策划，在南京擅自以实业公司出口材料部的名义与扬子江公司签订了出借电解铜100吨的协议。至同月底，王某与姚某、胡某一起将99.235吨电解铜分4次予以变卖，得款人民币226.975309万元，用于替邱某归还所欠实业公司的部分货款和姚某、胡某的经营活动。至案发时止，王某归还了124万元，尚有102万元未归还。上海市静安区人民法院审理后认为，被告人王某系国家工作人员，利用职务之便，擅自挪用公款，归个人用于营利活动，情节严重，且未予归还的数额巨大，严重侵犯国有企业的资金使用权，损害了国家工作人员理应遵守的廉政制度，其行为已构成挪用公款罪，依法应予惩处。以挪用公款罪判处被告人王某有期徒刑13年，追缴赃款人民币102万元，发还实业公司。宣判后，被告人王某不服，上诉于上海市第二中级人民法院。上海市第二中级人民法院经审理裁定，驳回上诉，维持原判。①

上述案件中，被告人王某利用职务上的便利，将其他企业归还本国有企业的公物电解铜予以变卖，尔后将这些变卖款挪归个人使用，其行为完全应当解释到挪用公款罪中。假若被告人仅仅是将这些电解铜挪作使用，暂不归还上海机械进出口集团实业公司，则不能成立挪用公款罪；如果符合国有公司、企业人员滥用职权罪，应以该罪定罪处罚。

---

① 案例参见：最高人民法院刑一庭、刑二庭编：《刑事审判参考》2000年第5辑，法律出版社2000年版。

（二）关于有价证券、金融票证

“公款”的核心含义是公共款项或资金，区别于实物形态的公有财产。在我国，人民币是公款的主要表现形式。但是，国库券及国家、国有企业发行的其他有价证券（包括国有股股票），[①] 以及本票、汇票、支票、汇款凭证、银行存单、信用证、信用卡等金融凭证能否成为挪用公款罪的对象？实践中争议很大。由于有价证券、金融票证的性质和特征不同于现金，国家工作人员往往很难利用持有、保管国有单位有价证券、金融凭证的职务便利，将有价证券、金融凭证归个人使用。比如，国有公司、企业的汇票、本票、支票，其使用受制于银行操作规程，一般来说很难被所有人、持有人以外的人直接用于支付，除非被伪造而被使用（在这些情形下，行为成立票据诈骗罪、金融凭证诈骗罪、信用证诈骗罪、信用卡诈骗罪等犯罪），因而所谓有价证券、金融票证被“挪用”的情况十分少见。有鉴于此，有的学者就认为，有价证券、金融票证不能成为挪用公款罪的对象。笔者认为，在一般意义上，不能将有价证券、金融票证排除在挪用公款罪的对象之外。但是，具体的、某一种有价证券、金融票证能否成为挪用公款罪的对象，则需要结合其性质和特征予以具体分析。因此，只要具有被挪用的可能性，其一旦被挪用能够给公共资金的使用权、收益权造成损失，就应当将其作为挪用公款罪的对象。比如，国家机关工作人员利用职务上的便利，将自己保管的单位银行存单，提供给自己亲属个人银行贷款作担保的，实际上就是损害单位公款（存单上记载的公款）使用权的挪用公款行为，应当根据挪用公款的构成要件认定是否构成犯罪。

当然，有价证券、金融票证能否成为挪用公款罪的对象，在解释论上还涉及“公款”的内涵。有人认为，公款只能包括公共货币资金，即公有的现金，而不包括公共有价证券及金融票证。有人则认为，公款的内涵不能仅限于货币资金，而应当扩大到所有代表公共财产所有权的券证，如支票、股票、国库券、债券、提单、存单及单位内部的一些可以流通、可以用来结算及支付的票证（如购物卡等），均属于挪用公款罪中的“公款”。笔者认为，在解释论上将有价证券、金融票证解释为“款”是没有疑问的。因为从刑法目的解释的

① 我国特定历史时期还曾存在具备货币流通、支付功能的外汇券（全称“中国银行外汇兑换券”，俗称“外汇兑换券”“外汇券”），主要是境外居民在我国境内应付零星支出时，在我国境内可以流通的人民币兑换券。外汇券自1995年停止使用并开始回收，总共使用了15年，目前已经成为钱币收藏品，不再属于“货币”或“有价证券”。

角度理解，既然有价证券、金融票证以记载资金为内容，而如果某种有价证券、金融票证事实上可以被挪用，那么，这种挪用行为就必然侵犯其中记载资金的使用权。比如，挪用公有股票、国库券、债券、提货单等有价证券、票证，必然同样侵犯了其中资金的使用权，其本质、后果与挪用公有货币资金并无差别，因而理应以挪用公款论处。最高人民检察院于1997年10月13日给宁夏回族自治区人民检察院的《关于挪用国库券如何定性问题的批复》指出："国家工作人员利用职务上的便利，挪用公有或本单位的国库券的行为以挪用公款论；符合《刑法》第三百八十四条、第二百七十二条第二款规定的情形构成犯罪的，按挪用公款罪追究刑事责任。"这一司法解释虽然只是将国库券并入"款"的范围，但它对于公款的解释并不是周延的，对于挪用其他有价证券、金融票证，侵犯公有资金使用权的行为，亦应以挪用公款罪论处（当然要同时考察其他构成要件）。

有必要指出的是，在实践中，将有价证券、金融票证用于质押的现象时有发生。对于国家工作人员利用职务上的便利将本单位有价证券、金融票证归个人使用，用于质押的，是否可以挪用公款罪定罪处罚？这涉及"质押"是否属于挪用公款罪的"使用"问题。从日常意义上讲，使用是指对物直接发挥使用价值的活动，就金融票证、有价证券而言，就是兑付、支付、兑现，而不包括质押。正如信用卡诈骗罪中的"使用作废的信用卡"，只能是指直接发挥作废的信用卡的使用价值、而不包括将作废的信用卡用于质押一样。但是，将有价证券、金融票证用于质押的行为，如果使公款处于风险之中，与直接挪用公款为他人提供担保没有实质的区别，应当以挪用公款罪定罪处罚，挪用公款数额以实际或者可能承担的风险数额认定。最高人民法院于2003年11月13日《全国法院审理经济犯罪案件工作座谈会纪要》对于挪用有价证券、金融凭证用于质押行为性质，作出了明确规定，肯定这种行为如果使公款处于风险之中，其便可以成立挪用公款罪。司法实践中应当注意，除了将有价证券、金融凭证用于质押的情况之外，将其他有价票证（如购物卡、提货单等）用于质押的，也应当遵照上述《纪要》的精神，结合挪用公款罪的构成要件，认定是否成立挪用公款罪。

三、国有证券公司工作人员利用职务上的便利挪用客户资金归个人使用，是否属于挪用公款

国有证券公司工作人员利用职务上的便利挪用客户资金归个人使用的情况，在司法实践中经常发生。但是，对于这类案件的处理，存在犯罪对象理解上的争议问题。例如，被告人金某系某国有证券公司××路营业部经理。为提升营业部业绩，金某私自使用营业部印章以营业部名义与上海某工程研究院签订2000万元国债委托买卖合同。金某将工程研究院交付的2000万元在买入国债后又私自抛售，并私自使用营业部印章以营业部名义与周某签订出借2000万元资金协议，将工程研究院的股票账户及回购国债所得并存在该账户的2000万元借给周某炒股，并收取1‰的炒股佣金。其间周某自带1000万元资金作为抵押，但之后又以要到其他证券公司托盘为由要求将1000万元的抵押资金撤走。金同意并帮助办理了撤走手续。至案发，营业部账面损失已达1000余万元人民币。对于此案中金某挪用客户资金给个人使用的行为，是否可以挪用公款罪定罪处罚？关键在于国有证券公司的“客户资金”是否属于公款。

《刑法》第三百八十四条对挪用公款罪的罪状规定，没有突出“公款”的所有人是否仅限于行为人本人所在单位。但是，《刑法》第二百七十二条第一款对挪用资金罪的规定则强调行为人利用职务上的便利挪用“本单位资金”归个人使用或者借贷给他人使用；第二款提示性地规定“国有公司、企业或者其他国有单位中从事公务的人员和国有单位委派到非国有公司、企业或者其他单位从事公务的人员有前款行为的，依照本法第三百八十四条的规定定罪处罚”。显然，从《刑法》第三百八十四条和第二百七十二条的规定进行形式解释，挪用公款罪的对象——“公款”只能是指“本单位”的资金（如前所述，当行为人是国有单位委派到非国有公司、企业或者其他单位从事公务的人员时，这些资金也包括私有性质的资金），即指所有权意义上或者同时具备占有、使用、收益及处分等四项权利的资金。可见形式解释结论必然是，他人委托给国有公司管理并由该公司承担不当人为因素所导致的损失的资金，并不能视为国有单位资金。这正是司法实践中相当多人士认为国有证券公司工作人员挪用客户资金不能构成挪用公款罪的依据所在。

笔者认为，从所有权意义上分析，国有证券公司客户资金不能被认为属于

国有证券公司的资金，因为客户账户上的资金与国有证券公司自营账户上的资金存在根本区别，国有证券公司的“本单位资金”不应当包括客户资金。① 但是，这并不意味着国有证券公司工作人员挪用客户资金归个人使用的行为不构成挪用公款罪。对于这种行为的性质，我们必须寻找刑法的特别规定作为依据。修正后的《刑法》第一百八十五条规定：“商业银行、证券交易所、期货交易所、证券公司、期货经纪公司、保险公司或者其他金融机构的工作人员利用职务上的便利，挪用本单位或者客户资金的，依照本法第二百七十二条的规定定罪处罚”（第一款）；“国有商业银行、证券交易所、期货交易所、证券公司、期货经纪公司、保险公司或者其他国有金融机构委派到前款规定中的非国有机构从事公务的人员有前款行为的，依照本法第三百八十四条的规定定罪处罚”（第二款）。根据以上规定，就国有证券公司工作人员而言，不仅挪用“本单位资金”归个人使用构成挪用公款罪，而且挪用客户资金归个人使用的行为也构成挪用公款罪。

四、单位集体讨论、为单位利益而挪用公款行为的定性

在司法实践中，有些国家机关、国有公司、企业、事业单位或者人民团体的负责人，违反规定，为了本单位的利益（如获取高利息或其他利益）擅自决定将本单位的公款挪给他人使用；或者由单位集体讨论通过或同意，为本单位利益而将公款借给他人使用。对于上述情况，应否对直接负责的主管人员和其他直接责任人员以挪用公款罪定罪处罚，实践中争论很激烈。笔者认为，这实际上是单位实施的挪用公款行为。然而，刑法并没有单位挪用公款罪的规定。

刑法设立挪用公款罪的宗旨，应是惩治国家工作人员个人擅自利用职务上的便利将本单位公款挪作私用的行为，对于单位负责人决定或者经单位集体讨论，为单位利益挪用公款给本单位的职工或外单位人员个人使用的单位行为，并不予以刑罚处罚。当然，如果单位负责人擅自决定将公款挪给他人甚至其他

① 有人认为，根据《刑法》第九十一条规定，在国家机关、国有公司、企业、集体企业和人民团体管理、使用或者运输中的私人财产，以公共财产论。据此，可以认为国有证券公司的客户资金属于国有证券公司“管理、使用”中的财产，以公共财产论。但这样的解释结论并不恰当，因为国有证券公司实际上对客户资金并没有管理、使用的权力，客户资金只是将账户挂在国有证券公司，买卖股票完全取决于客户的意志和委托。

单位使用，而谋取了个人利益的，即使是以单位名义进行的，也应以挪用公款罪定罪处罚。对此，下文将作分析。

需要指出，与挪用公款罪同处“贪污贿赂罪”一章的私分国有资产罪和私分罚没财物罪，实际上就是单位实施的犯罪行为，刑法规定受刑罚处罚的则是直接负责的主管人员和其他直接责任人员。但是必须注意，对于单位犯罪的处罚，不论采取双罚制还是单罚制，都必须以刑法对单位主体的明确规定为前提。如果对单位集体讨论、为单位利益挪用公款的案件追究有关责任人员的刑事责任，势必与罪刑法定原则相悖。

根据2003年11月13日《最高人民法院全国法院审理经济犯罪案件工作座谈会纪要》的精神，对于单位决定将公款借给个人使用的，如果致使单位遭受重大损失，构成其他犯罪的，依照刑法的有关规定对责任人员定罪处罚。这里所说的“其他犯罪”，主要指的是《刑法》第一百六十八条规定的国有公司、企业人员失职罪和国有公司、企业人员滥用职权罪。在具体行为的认定中，应当根据单位决定借出公款时责任人员的主观心态之具体情况，予以确定罪名。

五、挪用公款归个人使用的含义

挪用公款归个人使用，是挪用公款罪的构成要素之一。但是，在理论上和司法实务中，挪用公款罪这一构成因素的认定，一直是十分具有争议的疑难问题。关于什么是“挪用公款归个人使用”，1998年4月29日，《最高人民法院关于审理挪用公款案件具体应用法律若干问题的解释》（法释〔1998〕9号，以下简称最高人民法院1998年《解释》）明确规定：“《刑法》第三百八十四条规定的‘挪用公款归个人使用’，包括挪用者本人使用或者给他人使用”；“挪用公款给私有公司、企业使用的，属于挪用公款归个人使用”。最高人民检察院2000年3月14日《关于挪用公款给私有公司、私有企业使用行为的法律适用问题的批复》也指出：“经研究认为，挪用公款给私有公司、私有企业使用的行为，无论发生在刑法修订前后，均可构成挪用公款罪。”有鉴于此，2001年9月18日，最高人民法院又专门制发了《关于如何认定挪用公款归个人使用有关问题的解释》，该《解释》第一条规定：“国家工作人员利用职务上的便利，以个人名义将公款借给其他自然人或者不具有法人资格的私营独资企业、私营合伙企业等使用，属于挪用公款归个人使用”；第二条规定：“国家工作人员利用职务上的便利，为谋取个人利益，以个人名义将公款借给其他单位使用的，属于挪用公款归个人使用”。这个《解释》的出发点，一是为了限制以往司法解释中被视为“个人”的“私有公司、企业”的范围，二是突出挪用公款罪以“挪用公款归个人使用”的立法本质要求——即使公款的使用人是单位，但只要挪用人以个人名义将公款挪给这些单位使用，也属于“公款私用”，应以挪用公款罪定罪处罚。

鉴于实际中存在大量以单位名义挪用公款的案件，而以个人名义挪用的案件越来越少，且查明是否以个人名义存在困难，最高人民检察院根据《立法法》第四十三条的规定，向全国人大常委会提出了对《刑法》第三百八十四条第一款规定中挪用公款“归个人使用”的含义作立法解释的要求。根据《立法法》第四十四条的规定，全国人大常委会法制工作委员会对上述问题专门听取了最高人民检察院的意见，又与中央政法委员会、最高人民法院、公安部及法律专家多次进行研究，拟定了《全国人大常委会关于〈中华人民共和国刑法〉第三百八十四条第一款的解释》（以下简称“全国人大常委会《解释》”），经委员长会议讨论同意列入九届全国人大常委会第二十七次会议议程，并经委员们审议讨论后于2002年4月28日通过。

全国人大常委会《解释》将挪用公款“归个人使用”分为三种情况：（1）将公款供本人、亲友或者其他自然人使用的；（2）以个人名义将公款供其他单位使用的；（3）个人决定以单位名义将公款供其他单位使用，谋取个人利益的。下面逐一对立法解释所规定的三种情形予以论述。

（一）将公款供本人、亲友或者其他自然人使用

这是一种典型的挪用公款归个人使用的表现形式——公款的使用者都是自然人，包括行为人本人和其他自然人。全国人大常委会《解释》只是对《刑法》第三百八十四条第一款的明确规定进行了文理解释，对其理解在实践中不存争议。

（二）以个人名义将公款供其他单位使用

笔者认为，所谓“以个人名义将公款供其他单位使用”，是指打着个人的旗号将公款借给其他单位使用。这种情况下，不要求行为人谋取利益，使用公款的“其他单位”包括各种性质的单位。这种情况在实践中多表现为在单位的出借款条上或者其他提供款项的文件上签的是个人的名字，且无单位的公

章。从公款使用者的身份看，虽然是单位，但手续上反映的却是行为人个人把公款借出。全国人大常委会《解释》之所以如此规定，是因为虽然单位负责人或经手、管理公款的其他人员在职权范围内具有决定一定数额公款使用的权力，但那实际上是单位赋予其代表单位正确支配、使用公款的权力，决不意味着单位授权其可以以个人名义任意非法支配、使用单位公款。从出借公款单位的利益、挪用性质上考虑，以个人名义将公款供其他单位使用，本身就是将公款非法置于个人支配之下的一种表现形式。在适用这一规定时应注意，对于将公款供其他单位使用的行为是否属于“以个人名义”，不能只看形式，而要从实质上把握。对于以下几种情况，都应视为“以个人名义将公款供其他单位使用”：（1）行为人逃避财务监管，将公款借给其他单位使用。例如，某国有银行的行长，因同学经营的单位需要200万元资金却苦于不具备贷款的条件，为帮助该同学，他指令信贷员将200万元钱款划到同学公司账户上，但信贷员称没有名目，行长便同银行的老客户某民营企业联系，先由该民营企业按照正常途径将200万元款贷出，然后由该民营企业以“无偿借贷”的形式将这笔款项划到其同学的公司账户上。（2）行为人与使用人约定以个人名义进行的。不论口头还是书面的约定，均视为“以个人名义”。（3）行为人与使用人没有约定，但借款是以个人名义进行的。需要注意的是，“以个人名义”只要求借款以个人名义，而并不要求借款、还款都以个人名义进行，否则对认定“以个人名义”过于苛求，不符合全国人大常委会《解释》原意。因为在许多案件中，公款的使用单位还没有开始还款，有的甚至根本还不上。而这种情况下，从“法益侵害”的角度看，行为人对于公款的个人非法支配、使用，同样严重地侵犯了本单位对公款的支配使用权，对这种行为以挪用公款罪定罪处罚完全符合刑法宗旨。

（三）“个人决定以单位名义将公款供其他单位使用，谋取个人利益”

所谓“个人决定以单位名义将公款供其他单位使用，谋取个人利益”，是指公款出借时虽然出借人的名义是单位，但出借公款的决定是单位负责人或者其他经手、管理公款的人员自己擅自决定的；其个人擅自决定出借公款而又从中谋取了个人利益（非单位利益）。这实际上是以公款谋取个人私利的行为，符合挪用公款罪将公款非法置于个人的支配之下、公款私用的本质特征。

“个人决定”泛指单位决策层面集体研究决定以外的、一切体现挪用人个人意志的情况，既包括行为人在职权范围内决定，也包括超越职权范围决定。

但是，如上文所述，经单位集体讨论决定的，不属于“个人决定”。

理论上和司法实践中有人认为，这里的“个人决定”，仅仅是指职权范围内的决定，否则就谈不上“归个人使用”。但在笔者看来，立法解释所讲的“个人决定”，强调的是行为人以公款作为谋取私利的手段；只要行为人事实上支配了公款，侵犯了公款的使用权，而其将公款提供给其他单位使用又是擅自决定的，即可认定为“个人决定”，至于决定是否超越职权范围，概无影响。而且，从实务操作的角度看，许多单位负责人支配公款的权限并不十分明确，事实上难以判断“决定”是否超越职权。再者，即使可以明确有关人员支配公款的权力，也难以将超过其支配职权范围的公款排除在挪用公款罪的对象之外。试想，当行为人有权支配10万元公款的情况下，行为人擅自决定、超越职权将100万元公款提供给其他单位使用，难道只能在10万元的范围内追究挪用公款罪的责任吗？显然不能。从严格意义上理解，“个人决定”实际上也只能是指超越职权的决定，因为如果说行为人有权决定而又是在职权范围内决定，那事实上就不存在犯罪的问题。所以，即使单位负责人或者财务主管领导具有对公款使用的审批决定职权，但如果违反财务审批制度或者公款使用管理规定，将公款借给其他单位使用的，同样属于“个人决定”的挪用公款罪；部门负责人或者具体工作人员虽经单位负责人同意，但隐瞒真实情况或者违反规定将公款借出的，也属于“个人决定”的挪用公款罪。

当然，也有观点认为，“个人决定”中所讲的“个人”，只能是指单个的自然人，且只能是指单位的“一把手”即法定代表人或者单位负责人。[①] 笔者认为，这种观点并没有从实质上把握“个人”的含义。应当明确，这里的“个人”是与“集体”相对而言的。“个人”既可以是单独的个人，也可以是群体的个人，数个个人擅自决定与集体决定体现的意志是不同的。因此，不能将“个人决定”仅仅理解为一个人决定，而将形式上数人决定的都解释为“集体决定”。重要的是，将公款供其他单位使用是否体现了行为人单位的意志：如果在形式上法定代表人一人决定，但实质上是法定代表人依职权代表单位决定，就不是“个人决定”；相反，如果在形式上数人决定，但并没有反映单位的意志，则仍属于自然人群体的个人决定。将“个人”限定为法定代表人或者单位负责人，也是不正确的。因为事实上并非只有法定代表人或者单位

① 转引自单民、赵亮：《关于挪用公款罪立法解释的理解与思考》，载《国家检察官学院学报》2003年第1期。

负责人才能擅自决定将公款借给其他单位使用，从法益侵害的角度看，法定代表人或者单位负责人擅自决定将公款借给其他单位使用，与其他经手、管理公款的人员如出纳、会计等擅自决定将公款借给其他单位使用，危害性没有什么区别。所以，“个人”包括一切主管、经手、管理公款的国家工作人员。

“谋取个人利益”既包括谋取合法利益，也包括谋取非法利益；既包括谋取财产性利益，如钱物，也包括谋取非财产性利益，如解决子女上学、升职、就业、获得荣誉等。“谋取个人利益”可以是不确定的利益，如以单位名义将公款借给亲友经营管理的单位使用，行为人谋求分红，而分红比例并不明确。但是，“谋取个人利益”只能是指谋取具体的利益，行为人没有具体的利益目标，而纯粹是为了照顾亲友关系情面、讨好他人或者为徇私情，便不能认定为“谋取个人利益”。行为人所要谋取的利益是否最终实现或完全实现，不影响“归个人使用”的成立；谋取的个人利益，也未必要最终归属于行为人本人，行为人为其亲属、朋友谋取个人利益，均属此列。不过，在司法实践中应当注意，如果个人决定以单位名义将公款借给其他单位使用，而并没有谋取个人利益或者主要是为本单位谋取利益的，不应认定为挪用公款罪。如果因为用款单位无力还款，给单位造成重大损失，符合相关的渎职罪或者国有公司、企业、事业单位人员滥用职权罪构成要件的，对行为人应当按照各该犯罪追究刑事责任。

由于全国人大常委会《解释》重新对挪用公款“归个人使用”进行了解释，最高人民法院 1998 年《解释》的有关内容必须予以廓清：（1）最高人民法院 1998 年《解释》中“挪用公款归私有公司、私有企业使用”属于“挪用公款归个人使用”的规定应作限制解释，仅限于以个人名义将公款供私有公司、企业使用和个人决定以单位名义将公款供私有公司、企业使用，谋取个人利益的情形。当然，这里的“私有公司、企业”，不论是否具有法人资格，都属于“单位”。（2）最高人民法院 1998 年《审理挪用公款案件解释》第七条第一款规定：“因挪用公款索取、收受贿赂构成犯罪的，依照数罪并罚的规定处罚。”此款数罪并罚的规定，不仅适用于全国人大常委会《解释》第（一）项和第（二）项的情形，而且适用于第（三）项的情形。即当国家工作人员个人决定以单位名义将公款供其他单位使用，收受用款单位财物（谋取个人利益的形式之一）同时构成受贿罪的，应当以挪用公款罪和受贿罪实行数罪并罚。此时收受用款单位财物行为一方面成为“挪用公款归个人使用”的评价依据，另一方面作为受贿罪的构成要件，但数罪并罚不存在重复评价的问题。

六、挪用公款给国有、集体企业承包者、租赁者用于该企业的，能否认定为挪用公款罪

目前，司法实践中许多同志认为，既然国有、集体企业已经发包给了承包者、租赁者个人，那么，这个企业的经营实质上就是承包者、租赁者个人的经营，因而对于国家工作人员挪用公款给这些国有、集体企业承包者、租赁者用于该企业的，应认定为“挪用公款归个人使用”。笔者认为，在国有、集体企业发包与承包、出租与租赁中，承包关系和租赁关系是不能无视的事实，上述情况下，被挪用的公款不能理解为给承包者、租赁者个人，而应当理解为给国有、集体企业使用，承包者、租赁者则是这些公款的暂时管理、经营者。至于挪用公款给这些承包、租赁企业使用是否构成犯罪，应当依照全国人大常委会《解释》的规定具体分析：如果国家工作人员以个人名义将公款挪给这些承包、租赁企业使用，或者个人决定以单位名义将公款挪给这些单位使用，谋取个人利益的，构成挪用公款罪。否则，不以犯罪论处。

七、超过三个月未还的含义

“超过三个月未还”，是挪用公款归个人使用，进行营利活动及非法活动以外其他活动而构成挪用公款罪的必备条件。但是，理论和实务上对于“超过三个月未还”的理解，历来存在争议。有的观点认为，“超过三个月未还”是指挪用公款时间超过三个月，且在案发时未主动归还的。“超过三个月”与“未还”是相互并列的限制条件；如果行为人挪用公款超过三个月但在案发时已经归还的，便不符合挪用公款罪的法定构成要件，不应视为犯罪。另一种观点则认为，挪用公款“超过三个月未还”的立法规定表明，挪用公款在三个月期限内已退还的，不构成犯罪。但是，只要行为人挪用公款未还，期限超过三个月的，就符合挪用公款罪的法定构成要件。至于未还期限超过三个月以后，挪用人还与不还，自愿还与强制还，已不是罪与非罪的法定界限，而是量刑问题了。[①] 笔者认为，上述后一种观点是符合立法原意的。“超过三个月未还”作为构成挪用公款罪的事实要素，是一经出现就该当犯罪的，所以只要

① 参见赵秉志主编：《刑法争议问题研究》（下卷），河南人民出版社 1996 年版，第 208 ~ 209 页。

未还的期限达到三个月，犯罪就成立了。最高人民法院 1998 年《解释》第二条第一款规定：“挪用正在生息或者需要支付利息的公款归个人使用，数额较大，超过三个月但在案发前全部归还本金的，可以从轻处罚或者免除处罚。”这一规定被一些人理解为包含三层意思：一是挪用公款超过三个月、但只要在案发前已经归还的，就不构成犯罪；二是只有那些挪用正在生息或者需要支付利息的公款归个人使用，数额较大，超过三个月但在案发前的，才构成挪用公款罪；三是在上述情况下，行为人如果全部归还了本金，可以从轻处罚或者免除处罚。笔者认为，这一司法解释仅仅是强调了对于“挪用正在生息或者需要支付利息的公款超过三个月、案发前全部归还本金”的挪用公款罪可以减免刑事责任，而不排除其他场合超过三个月、案发前归还的挪用公款行为成立犯罪的可能性。换言之，这一司法解释内容是对案发前归还公款的挪用公款罪的周延性解释。按照这一《解释》的规定，从逻辑上分析，挪用公款只要超过三个月，即便在案发前归还，也是构成犯罪的。

顺便指出，从立法技术科学性的角度来说，《刑法》第三百八十四条中应当删除“未还”二字，即规定挪用公款数额较大“超过三个月”就构成犯罪，以免对“未还”产生歧义和不必要的争论。

八、挪用公款进行营利活动与进行非法活动的区别

根据 2016 年 4 月 18 日《最高人民法院、最高人民检察院关于办理贪污贿赂刑事案件若干问题的解释》第五条、第六条的规定，挪用公款归个人使用，进行非法活动，数额在 3 万元以上的，属“数额较大”，应当追究刑事责任；数额在 300 万元以上的，应当认定为挪用公款“数额巨大”。而挪用公款归个人使用，进行营利活动或者超过 3 个月未还，数额在 5 万元以上的，才属于“数额较大”，应当追究刑事责任；数额在 500 万元以上的，应当认定为挪用公款“数额巨大”。另外，根据刑法的规定，挪用公款进行非法活动，以及挪用公款数额较大、进行营利活动，是构成挪用公款罪的两种情形，前者不受“数额较大”和挪用时间的限制，后者只要数额较大，是否归还及归还期限也没有限制。由此可见，在挪用公款罪的认定中，公款的用途或去向之性质，对于衡量挪用公款行为成立犯罪有无数额要求、有无归还期限的限制以及量刑轻重，是有重大影响的。

实践中存在的突出问题是，《刑法》第三百八十四条所指的非法活动、营

利活动究竟分别包括哪些活动，存在疑问。笔者认为，在总体上，对于非法活动与营利活动的理解，既要注意其一般语义，也要进行体系性的刑法解释。“营利”之“营”，其义为“谋求”。因此，从一般语义上理解，凡是谋取利益的行为都可以纳入“营利活动”。但是，这个语词，在刑法中作为专门术语，无疑应与“挪用公款”“非法活动”等用语一起作协调性、体系性的界定。据此，《刑法》第三百八十四条中的营利活动，仅仅是指以合法手段谋取合法经济利益的行为，不包括非法的谋取经济利益或谋取非法经济利益的行为，更不包括谋取非经济利益的行为。如果营利活动非法或目的非法，应属于非法活动的范围。活动是否“非法”，其标准是全国人大及其常委会制定的法律和决定，国务院制定的行政法规、规定的行政措施、发布的决定和命令。

从司法实践来看，对于挪用公款进行以下几种活动其用途性质如何，有相当的困难，在此笔者作简短的分析：（1）挪用公款用以个人开办公司、企业作注册资金使用，是否属于营利活动？有人认为，营利活动应当是创造经济价值的活动，而挪用公款用于公司、企业注册资金证明的，因经济实体尚未建立，创造经济价值的活动尚未开始，被挪用的公款还没有直接投入营利性的生产经营活动，因而不能认定为一种营利活动；注册资金是公司、企业合法经营的必备条件，将公款用于注册，应视为准备进行营利活动，但其本身并不是营利活动。对此，2003 年《最高人民法院全国法院审理经济犯罪案件工作座谈会纪要》则指出：“申报注册资本是为了进行生产经营活动作准备，属于成立公司、企业进行营利活动的组成部分。因此，挪用公款归个人用于公司、企业注册验资证明的，应当认定为挪用公款罪。”笔者认为，该《纪要》的上述规定是正确的，不能孤立地看待注册公司、企业行为的性质。注册公司、企业的目的当然是为了营利，所以将公款挪用于个人注册公司、企业，应当认定为挪用公款进行营利活动。（2）挪用公款归还个人欠款的，属于挪用公款从事什么活动？《最高人民法院全国法院审理经济犯罪案件工作座谈会纪要》指出：“挪用公款归还个人欠款的，应当根据产生欠款的原因，分别认定属于挪用公款的何种情形。归还个人进行非法活动或者进行营利活动产生的欠款，应当认定为挪用公款进行非法活动或者进行营利活动。”这一规定的精神在于，对于个人欠款，应当分清性质，根据债务人欠款产生的最终“原因行为”本身是非法活动、营利活动还是其他活动来确定挪用公款的公款用途性质。比如，被告人甲系某国有公司总经理，因其弟乙与他人打架斗殴，造成他人重伤，举债赔偿了他人各种费用 10 万元，乙向甲提出借钱，甲遂挪用公款 10 万元给乙，帮助乙还债。此案中，乙举债的原因是伤害行为，为非法活动，相应地，被告人甲挪用公款给乙用于归还欠款，应属于挪用公款进行非法活动。又如，被告人丙系某国家机关的财务人员，因儿子被人绑架，绑架者向丙提出 15 万元的“赎金”，并威胁丙如报警便将丙子杀死，被告人丙在无奈之下，向同事求救，从同事处借得 15 万元后支付给了绑架者，尔后，被告人丙利用职务上的便利，将 15 万元公款用于支付个人欠款。此案中，被告人丙的个人欠款产生的原因是绑架者的犯罪行为，但对于被告人丙来说，产生欠款的原因不是非法活动，也不是营利活动（或者说，被告人丙不是借款举债去进行非法活动或者营利活动），所以，丙挪用公款属于进行非法活动、营利活动之外的其他活动。再如，被告人吴某系某高校财务处处长，曾经向某商业银行贷款 40 万元购买商品房，吴某与其妻蔡某为了能够平稳还贷，预先在还贷专用存折上储存了 20 余万元，后来，吴某因赌博欠下赌债 10 万元，在债主的威胁下，吴某先从还贷专用存折上取出 10 万元偿还了赌债，因担心妻子责备，又利用职务上的便利将公款 10 万元挪至还贷专用存折中。此案中，虽然被告人吴某利用职务上的便利挪用的公款，在形式上是弥补自己还贷专用存折上的空缺，但是，还贷专用存折之所以出现空缺，是因为吴某赌博欠债，因此，吴某挪用公款的行为属于挪用公款用于非法活动。（3）挪用公款用于游山玩水、铺张浪费的，是否属于“挪用公款归个人使用进行非法活动”？笔者认为，一般情况下，游山玩水、铺张浪费的行为属于违纪行为，认定为非法活动牵强附会，宜认定为“其他活动”。但是，如果行为情节严重，违反了国家法律法规，则属于非法活动。

九、挪而未用案件的定性

挪用公款案件，有的是行为人将公款挪出后立即就由本人使用或者他人使用，有的则是行为人“挪”公款的行为与本人或者他人“用”公款的行为相对分离。“挪而未用”，指的就是行为人将公款挪出之后，公款尚未被实际使用即案发的情况。对于这种案件能否认定为挪用公款罪、是定挪用公款既遂还是未遂，其构成要件具体如何确定？存在不一致的认识。比如，被告人姜某系某一国有公司的财务总监，应其亲属韩某的要求，擅自将自己掌管的 350 万元专项款划到韩某在上海世通证券有限公司开立的私人账户，用以个人买卖股票。公款划到韩某账户之后，由于股市行情不好，韩某一直没有实际炒作股票，一个月后，韩某在姜某的催促下如数归还了350万元的公款。在此案中，被告人姜某将350万元公款挪出之后，该笔公款并没有被使用，是否还属于“挪用”？如果属于“挪用”、成立挪用公款罪，那么，只有“挪”而没有“用”，是否属于构成要件未齐备的犯罪未遂？在肯定这类案件可以成立挪用公款罪的前提下，由于公款并没有被投入实际使用，那么，其构成要件（公款的用途）如何确定？都值得研究。

从目前司法实践和理论研究结论来看，对于公款被挪用后由于各种原因尚未投入实际使用的情形之定性，主要有三种观点：第一种观点认为，不成立犯罪。理由是挪用公款罪以“归个人使用”为客观构成要件，这说明挪用公款罪的构成不仅要求行为人具有“挪”公款的行为，而且还要求“个人”——行为人和他人有实际“使用”公款的行为。否则，就不成立挪用公款罪。第二种观点认为，“挪而未用”的情形属于挪用公款未遂。理由是行为人在挪用公款的主观故意支配下已经实施了“挪”的实行行为，具备挪用公款罪成立所必须的主客观要件。但是，在这种情形下，公款毕竟没有被实际使用，故不完全符合挪用公款罪成立的“挪用”要件。第三种观点认为，成立犯罪既遂。理由是行为人或者其他欲使用公款的人虽然没有实际使用公款，但既然公款被挪出，就侵犯了刑法设立挪用公款罪所要保护的法益，侵犯了公款的使用权和收益权，亵渎了国家工作人员职务行为的廉洁性。

笔者认为，上述第三种观点是正确的，应当肯定“挪而未用”的行为可以构成挪用公款罪。而且，只要行为人将公款挪出并实际控制，而其他成立挪用公款罪必备的条件（即依照公款用途的不同而确立的数额、未还时间等因素）亦同时具备，就成立挪用公款罪的既遂。至于挪用之后公款是否被实际使用，在所不问。具体理由是：从客观要件的角度看，挪用公款固然是一个复合行为，是“挪”和“用”的结合，“挪”是前提，“用”是目的。但是，挪用行为中的“用”，也应当属于挪用公款罪的主观构成要素。行为人一旦挪出了公款并使公款脱离了单位的控制，就侵犯了国有单位对公款的占有、使用和收益权，同时，也侵犯了国家工作人员职务行为的廉洁性。有人问：刑法既然明文规定挪用公款必须归个人“使用”的，才能构成犯罪，而“挪而未用”实际上并未使用公款，怎么能构成挪用公款罪呢？笔者认为，刑法规定的挪用公款“归个人使用”，其含义并非要求行为人或使用人实际使用公款，而着重强调的是行为人将公款挪出的目的，即公款究竟挪作个人使用还是公用。刑法规定挪用公款罪所要惩罚的是那种将公款挪作私用的行为，这种行为与将公款挪作其他公用的行为是有界限的。不然，“挪用公款”一语中已有“用”一字，再规定“归个人使用”纯属多余。认为“挪而未用”即使构成挪用公款罪也只是未遂的观点，是没有正确理解挪用公款罪中“挪”与“用”的关系所造成的结果。实务界和理论界不少人都认为，在挪用公款罪中，“挪”与“用”是不可或缺的，二者构成挪用公款罪的整体；如果行为人只有“挪”的行为而没有“用”或让他人“用”的行为，就不能产生挪用公款罪的法定危害结果，所以对其就必须以挪用公款罪未遂论处。但在笔者看来，刑法设立挪用公款罪的宗旨就在于保护公款的使用权不受侵犯，因此，注重的是公款是否被挪出。至于公款是否被实际使用，不是刑法关心的重点。公款一经挪出，就发生了公款使用权受到侵犯的结果。换言之，在“挪而未用”的案件中，只要挪用公款罪的要件成立，公款实际上没有被使用的事实，不影响公款使用权被侵犯的结果，故亦不影响犯罪既遂的成立。

有的学者认为，如果行为人擅自挪用公款是为了将公款使用于个人需要，或者从事牟利活动，或进行非法活动，或用于其他个人用途，但挪用时间很短，不足三个月时间，对此挪而不用的情况，一般不构成挪用公款罪。如果行为人挪用公款数额较大进行营利活动或非法活动而未及使用的，或挪用数额巨大的公款尚未及使用的，构成挪用公款罪的未遂。[①] 对这种观点，笔者不敢苟同。对于行为人擅自挪用公款是为了将公款使用于非法活动和营利活动以外的其他活动的情况，如果时间不超过三个月，自然不存在以犯罪论处的问题。但是，论者同时把行为人擅自挪用公款、为了将公款使用于牟利活动或非法活动只是挪用时间不足三个月的情形，也归入不以挪用公款罪论处的范围，并不符合立法原意。因为按照《刑法》第三百八十四条对挪用公款罪构成要件的规定，只要行为人挪用公款归个人使用：（1）就进行非法活动而言，不要“数额”和挪用时间的限制，即构成挪用公款罪；（2）就进行营利活动而言，只要“数额较大”，没有挪用时间长短的限制。

当然，“挪而未用”的案件不能成立未遂，并不意味着挪用公款罪没有成立犯罪未遂的可能性。笔者认为，由于刑法根据公款的使用去向或用途，对挪用公款罪规定了不同的构成要件，根据这些要件的特性，在行为人将公款挪用给个人用于非法活动、营利活动之外的其他活动的情况下，不存在犯罪未遂的问题。因为这种情况下，挪用公款行为成立犯罪必须具备“超过三个月”的

① 参见郭立新、杨迎泽主编：《刑法分则适用疑难问题解》，中国检察出版社2000年版，第437页。

时间条件：如果未归还的时间未超过三个月的，就不构成犯罪；超过三个月的，便成立犯罪既遂（至于公款是否投入实际使用，仍然在所不问）。总之，挪用公款后尚未投入实际使用的，只要同时具备“数额较大”和“超过三个月未还”的构成要件，应当认定为挪用公款罪。但是，在行为人意欲挪用公款用于营利活动或非法活动的情况下，是存在犯罪未遂的。犯罪既遂未遂的标志是行为人是否已经实际控制了公款。具体而言，行为人已经着手实行了“挪”的行为，但由于行为人意志以外的原因，使公款尚未脱离单位的控制，或者虽然公款脱离了单位的控制，但行为人或者使用人并没有实际控制公款，属于挪用公款罪未遂。反之，只要行为人或使用人对公款实际控制了，就成立犯罪既遂，行为人本人或者使用人是否实际使用公款，对于判断挪用公款罪没有意义。

“挪而未用”案件的构成要件如何具体确定？笔者认为，应当根据挪用人或使用人对公款的使用目的来具体确定。当然，这涉及证据问题。如果行为人完成了挪出公款的行为，有证据证明其目的在于将公款用于非法活动的，应认定其构成挪用公款罪既遂；如果行为人完成了挪出数额较大的公款的行为，并有证据证明其目的在于将公款用于营利活动的，也应认定其构成挪用公款罪既遂；行为人将数额较大的公款挪至个人控制之下，超过三个月未还，虽然无证据证明其使用公款的目的，仍然应当认定其构成挪用公款罪既遂。

2003 年 11 月 13 日，最高人民法院发布的《全国法院审理经济犯罪案件工作座谈会纪要》指出：“挪用公款尚未投入实际使用的，只要同时具备‘数额较大’和‘超过三个月未还’的构成要件，应当认定为挪用公款罪，但可以酌情从轻处罚。”这一《纪要》的内容，只是针对行为人挪用公款目的在于将公款用于非法活动、营利活动之外的其他活动的情形，或者因为公款没有被实际使用而又没有证据证明行为人意图将公款用于非法活动或者营利活动的情形，而且只就“挪而未用”是否“成立”挪用公款罪问题表明了立场，不涉及犯罪既遂未遂问题。笔者认为，如果能够查明行为人挪用公款目的在于将公款用于非法活动或者营利活动，那么，就不适用上述《纪要》的规定，对于用于非法活动的，不具备“数额较大”和“超过三个月未还”的构成要件要求；对于用于营利活动的，不要求具备“超过三个月未还”的构成要件要求，只要将公款挪出，就成立挪用公款罪，且系既遂。

十、挪用公款罪与贪污罪的区分、挪用公款罪转化为贪污罪的条件

挪用公款罪与贪污罪的根本区别在于，前者不具有永久非法占有公款的故意，而后者具有永久地非法占有公共财物的故意。可见，两罪在主观上具有本质的区别，但同时也具有轻罪向重罪转化的可能性。即当行为人主观上由暂时非法占有公款转化为永久地非法占有公款后，其行为性质也相应地由挪用公款罪转化为贪污罪了。

特别值得研究的是，“挪用公款数额较大不退还”或者“挪用公款数额巨大不退还”的行为，能否认定为贪污罪？下面作一分析研讨。

“挪用公款数额较大不退还”的行为，在全国人大常委会1988年《关于惩治贪污罪贿赂罪的补充规定》（以下简称《补充规定》）第三条中被认为是贪污罪。1989年，《最高人民法院、最高人民检察院关于执行〈关于惩治贪污罪贿赂罪的补充规定〉若干问题的解答》（以下简称《补充规定解答》）指出：“不退还，既包括主观上不想还的，也包括客观上不能还的。不退还，使被挪用的这部分公款遭到不可弥补的损失，这种行为应‘以贪污论处’，定为贪污罪。”但是，修订后的刑法未再规定“挪用公款数额较大不退还，以贪污论处”；将“数额较大”改为“数额巨大”，并将“挪用公款数额巨大不退还”的情形作为挪用公款罪的最高档次的量刑情节加以规定。1998年4月29日《最高人民法院关于审理挪用公款案件具体应用法律若干问题的解释》第五条规定：“‘挪用公款数额巨大不退还的’，是指挪用公款数额巨大，因客观原因在一审宣判前不能退还的。”目前，在实践中仍然存在以下两个问题：

第一，所谓“数额巨大”，究竟是指成立挪用公款罪时的数额巨大，还是在一审宣判前实际上不能退还的数额巨大？笔者认为，刑法之所以将“挪用公款数额巨大不退还”的情形规定为挪用公款罪最高量刑档次的依据，主要是考虑到被挪用的数额巨大的公款遭到实际损失。因此，所谓“数额巨大”，应当是指在一审宣判前行为人实际上未归还、不能退还的数额达到巨大，如果成立挪用公款罪时的数额巨大，但在一审宣判前行为人不能退还的数额没有达到巨大，不能认为是“挪用公款数额巨大不退还”的情形。具体而言，根据2016年4月18日《最高人民法院、最高人民检察院关于办理贪污贿赂刑事案件若干问题的解释》第五条、第六条的关于“数额巨大”标准的规定，挪用

公款归个人使用进行非法活动，在一审宣判前尚有 300 万元以上不能退还的；进行营利活动或作其他用途，在一审宣判前尚有 500 万元以上不能退还的，即为“挪用公款数额巨大不退还”。

第二，是否所有挪用公款后不退还公款的行为都只能以挪用公款罪定罪处罚，而不能认定为贪污罪？1997 年修订《刑法》取消了“挪用公款数额较大不退还以贪污论处”的规定后，在理论上有人认为，“不退还”是一种客观状态，即行为人挪用的公款在客观上没有归还，不论主观故意如何。只要是客观上没有归还，就说明挪用公款行为客观上造成了不可弥补的损失，比那些已归还的挪用公款行为的社会危害性要大，因而，需要给以更严厉的处罚。① 根据这种观点，任何挪用公款后不退还的行为，都是不可能再以贪污罪定罪处罚的。笔者认为，这种理解是与刑法规定的精神不符的，也会造成挪用公款罪与贪污罪之间的混淆。事实上，《刑法》第三百八十四条中作为挪用公款罪法定最高刑标准的“挪用公款数额巨大不退还”，只能是指因客观原因无法退还的情形，如果行为人有能力归还却不退还，则在主观上发生了转化、对被挪用的未退还部分的公款产生了非法占有的目的，符合贪污罪的构成，对行为人应以贪污罪定罪处罚。需要指出的是，只要挪用公款后主观上不想退还，未退还的公款数额达到贪污罪起刑数额标准的，就该部分未退还的公款，就应当认定为贪污罪，而不论未退还的公款是否“数额巨大”。

根据 1998 年 4 月 29 日《最高人民法院关于审理挪用公款案件具体应用法律若干问题的解释》第五条的规定，“挪用公款数额巨大不退还”的含义，也仅指因客观原因不能退还。该《解释》第六条规定：“携带挪用的公款潜逃的，依照《刑法》第三百八十二条、第三百八十三条的规定定罪处罚。”这也正确地阐明，挪用公款后对公款产生永久非法占有目的的，应当以贪污罪论处。② 只是 1998 年《最高人民法院解释》对于挪用公款罪向贪污罪的转化情形，没有全面予以指出。司法实践中应当注意的是，对于挪用公款罪转化为贪污罪的其他情形，司法人员要善于积极地解释。笔者认为，根据 2003 年 11 月 13 日《最高人民法院全国法院审理经济犯罪案件工作座谈会纪要》的精神，

---

① 参见孙谦主编：《国家工作人员职务犯罪研究》，法律出版社 1998 年版，第 142 页。

② “携带挪用的公款潜逃”作为挪用公款罪转化而成的贪污罪，同样要求行为人主观上具有非法占有目的。实践中，对于携带公款离家从事旅游或者经商等活动、但无非法占有目的的，不应认定为贪污罪。对于畏罪潜逃但未携带挪用的公款的，也只能认定为挪用公款罪。对于携带挪用的公款潜逃而后又主动投案自首的，应按照贪污罪的自首论处。

除了行为人对所携带挪用的公款部分应当以贪污罪定罪处罚外，具有以下情形之一，均可推定行为人的挪用公款行为转化为了贪污罪：（1）行为人挪用公款后，采取虚假发票平账、销毁有关账目等手段，使所挪用的公款已难以在单位财务账目上反映出来，且没有归还行为的；（2）行为人截取单位收入不入账，起先只是暂时非法占有，尔后使所占有的公款难以在单位财务账目上反映出来，且没有归还行为的；（3）有证据证明行为人有能力归还所挪用的公款而拒不归还，并隐瞒挪用的公款去向的；（4）将挪用的公款随意挥霍或不计后果地进行高风险投资，造成公款实际无法返还的。

另外，在挪用公款罪与贪污罪的区分中，必须注意，在实践中，有的行为人一方面挪用公款为自己或者亲友经营所用，另一方面，在自己或亲友的经营活动中，还利用职务上的便利，为亲友牟取非法利益，或者通过经营的幌子，以利润的形式非法占有本单位国有财产。对此，应当注意对其行为进行分别评价，实行数罪并罚（有的成立挪用公款罪和为亲友非法牟利罪，有的成立挪用公款罪和贪污罪）。例如，被告人任某，原系某市社会保障局（下称“社保局”）局长；被告人杨某，原系该局医保处主任。2014 年 10 月，社保局计划实施该市乡镇卫生院医保网络工程建设，被告人任某和杨某遂产生谋取非法利益的念头，商议决定由其二人合伙开办一家技术公司承建工程。为了掩饰真相，两被告人最后以同学、家属的名义设立了“迅驰”公司，并在工商行政管理局预留了公司名称，设立账户，承揽医保网络工程。2015 年 1 月，医保处经过市场询价，与各乡镇卫生院签订了委托协议，确定工程造价 80 万元，被告人任某和杨某虚增造价到 100 万元，由各卫生院自筹和预付，并交由医保处代为结算和支付。工程开始后，杨某组织人员进行施工，至同年 2 月工程完工。在验收前，工程款 100 万元已被划拨到“迅驰”公司账户上。但是，此时“迅驰”公司因为没有注册资金而尚未成立。于是，任某、杨某等人又商定动用已到账的工程预付款 50 万元作为“迅驰”公司注册资本。同年 5 月 12 日，工商行政管理局颁发了“迅驰”公司企业法人营业执照。任、杨两被告人通过承建工程获得利润 50.5 万元。其中，任某分得 26 万元，杨某分得 24.5 万元。后经司法审计，工程造价 75 万～85 万元较为合理。对于上述案件中任某、杨某的行为如何定性，存在不同意见：一种意见认为，任某、杨某的行为构成贪污罪。理由是：首先，在主观上，任某、杨某在经过市场询价后明知工程造价为 80 万元，而故意虚增到 100 万元，具有通过虚报价格非法占有公共财物的故意；其次，客观上，两被告人利用接受乡镇卫生院委托组织医保网络工程建设的职务便利，以设立公司为手段私下承揽工程、虚开造价并从中非法赚取了超额利润20万元（贪污数额应当按照获取的利润减除建设成本）。第二种意见认为，两被告人的行为不构成贪污罪。因为他们主观上只具有通过私下承揽工程谋取利益的故意，而没有无偿地非法占有公共财物的故意，客观上虽然利用职权，通过私自承揽单位工程赚取了超额工程利润，但仍然属于为自己谋取非法利益行为。由于《刑法》第一百六十六条规定了为亲友非法牟利罪，却没有规定“为自己非法牟利罪”，故两被告人的行为无罪。第三种观点认为，任某、杨某的行为不构成贪污罪，但其利用职务上的便利，将部分工程预付款用于个人控制的公司作注册资本金使用，根据2003年11月13日《最高人民法院全国法院审理经济犯罪案件工作座谈会纪要》的规定，属于挪用公款用于营利活动，所以成立挪用公款罪。笔者认为，对任某、杨某的行为应以挪用公款罪与贪污罪实行数罪并罚，挪用公款的数额为50万元，贪污罪的数额为超出工程成本价的20万元超额利润。本案中，任某、杨某既有为注册公司而挪用公款的犯罪故意和行为，又有通过虚增工程造价非法占有公共财物、变相贪污的犯罪故意和行为。因此，以挪用公款罪与贪污罪实行数罪并罚，评价全面合理。至于任某、杨某赚取超额非法利润的行为属于贪污罪，可以详见本书前文关于“贪污罪与为亲友非法牟利罪如何区分”之相关论述。

十一、挪用人与使用人构成共犯的认定

1998年4月29日，《最高人民法院关于审理挪用公款案件具体应用法律若干问题的解释》第八条规定：“挪用公款给他人使用，使用人与挪用人共谋，指使或者参与策划取得挪用款的，以挪用公款罪的共犯定罪处罚。”这是对挪用人与使用人构成共犯的规定。在司法实务中，挪用人与使用人共犯认定中的关键问题有两个：

其一，如何从共同犯罪的故意方面正确理解上述1998年《最高人民法院解释》的规定？笔者认为，根据这个《解释》的规定，只有使用人在主观上与挪用人具有挪用公款罪的共同故意，客观上实施了与挪用人共同商议、策划挪用公款或主动指使挪用人挪用公款时，才能对使用人以挪用公款罪的共犯定罪处罚。使用人如果对于资金来源于擅自挪用的事实缺乏认识，即使与挪用人

对资金的借贷、用途有过商议，也不能以挪用公款罪的共犯论处。挪用人告知使用人资金是其擅自挪用出来的，只要使用人没有参与策划、在挪用人未产生挪用公款决意时没有指使，对使用人同样不能以挪用公款罪的共犯论处。

其二，当挪用人与使用人对公款具体用途认识不一致时，如何处理？刑法针对被挪用公款的不同用途，设定了构成挪用公款罪宽严有别的三种条件。所以，当挪用人与使用人共同商议、策划挪用公款或使用人指使挪用人挪用公款，但两者对于公款具体用途认识不一致时，如何根据被挪用公款的用途认定各人成立犯罪所适用的构成要件，就十分值得研究，直接影响罪与非罪、罪责轻重。1998年，《最高人民法院解释》第二条第（三）项指出："挪用公款给他人使用，不知道使用人用公款进行营利活动或者用于非法活动，数额较大、超过三个月未还的，构成挪用公款罪；明知使用人用于营利活动或者非法活动的，应当认定为挪用人挪用公款进行营利活动或者非法活动。"这个解释为司法实践解决上述问题提供了一个准则。另外，当挪用人明知使用人要用于营利活动或者非法活动而挪用公款，但而后使用人并未将公款用于营利活动或者非法活动，而是用于其他活动的，怎样予以认定，《解释》没有明确意见。笔者认为，对上述问题的解决，应当依据共同犯罪原理，站在刑法客观主义的立场，区别情况予以处理：（1）如果使用人在与挪用人共谋，指使挪用人挪用公款或者参与策划行为时，故意欺骗挪用人、隐瞒其用公款进行非法活动或营利活动的真实意图，以非法活动及营利活动以外的其他用途为名取得公款，在取得公款后却将之用于非法活动或营利活动的，对使用人应按照"挪用公款进行非法活动"或"进行营利活动"的情形，衡量是否构成犯罪及量刑；对挪用人则应按"挪用公款数额较大、超过三个月未还的"要件，衡量是否构成犯罪及量刑。（2）如果使用人在与挪用人共谋，指使挪用人挪用公款或者参与策划行为时，确实是为了将公款用于非法活动及营利活动以外的其他用途，只是在取得公款后主观目的及客观行为发生转变，将公款用于非法活动或营利活动的，处理结果同上。（3）如果使用人在与挪用人共谋，指使挪用人挪用公款或者参与策划行为时，是为了将公款用于非法活动或营利活动，但使用人在取得公款后实际上将公款用于非法活动及营利活动以外的其他用途，基于刑法客观主义的立场，对使用人和挪用人均应按照公款的实际用途确定是否构成犯罪及量刑。

十二、挪用公款罪的牵连犯形态

1998 年《最高人民法院解释》第七条规定："因挪用公款索取、收受贿赂构成犯罪的，依照数罪并罚的规定处罚"（第一款）；"挪用公款进行非法活动构成其他犯罪的，依照数罪并罚的规定处罚"（第二款）。适用此一规定，实践中有如下两个问题值得研究：

第一，使用人与挪用人共谋，指使或者参与策划取得公款，同时，挪用人索取、收受使用人贿赂，挪用人构成挪用公款罪和受贿罪的牵连犯，应当数罪并罚；使用人也成立挪用公款罪的共犯。但是，使用人是否构成挪用公款罪和行贿罪的牵连犯呢？如果是，那么，是否对其同样应当实行数罪并罚呢？笔者认为，使用人构成挪用公款罪和行贿罪的牵连犯是应当肯定的，而且，从"举重以明轻"的原则出发，既然被指使的挪用人也须实行数罪并罚，那么，对指使者即使用人也应当实行数罪并罚。

第二，挪用公款进行非法活动构成其他犯罪的，依照数罪并罚的规定处罚的适用，是否有所限制？挪用公款给他人进行非法活动情况下，挪用人构成与挪用公款罪并罚的"其他犯罪"，必须以挪用人与使用人具有该犯罪的共同故意为前提。这已取得共识。刑法理论界和实务界也普遍认为，不论是挪用公款给自己使用还是给他人使用进行非法活动，只要非法活动构成走私犯罪、赌博罪等其他犯罪，均可以对挪用人以挪用公款罪和其他犯罪实行数罪并罚。但是，也有少数观点认为，挪用人本人将挪用的公款用于自己进行非法活动，而牵连其他犯罪的，只能以挪用公款罪一罪对挪用人定罪处罚，不实行数罪并罚。理由是，非法活动是挪用公款罪的犯罪情节，在非法活动本身构成其他犯罪时，把它从挪用公款罪中分离出来独立定罪，实行数罪并罚，就造成非法活动"一行为两头挑"，违背数罪并罚的一般原理。[①] 笔者认为，这种观点与 1998 年《最高人民法院解释》的精神显然是相违背的。从有利于司法实务统一执法的角度出发，对于"挪用公款进行非法活动构成其他犯罪的，依照数罪并罚的规定处罚"的适用，不应有所限制。但是，对于"非法活动"既作为挪用公款罪成立的要素同时又作为其他犯罪成立要素的情形，量刑时应当酌定从宽处理。

---

① 参见钟澍钦主编：《新中国反贪污贿赂的理论与实践》，中国检察出版社 1995 年版，第 180 页；郭立新、杨迎泽主编：《刑法分则适用疑难问题解》，中国检察出版社 2000 年版，第 436 页。

十三、挪用公款罪与挪用特定款物罪的区别

《刑法》第二百七十三条规定的挪用特定款物罪，是指挪用用于救灾、抢险、防汛、优抚、扶贫、移民、救济款物，情节严重，致使国家和人民群众利益遭受重大损害的行为。该罪在主体和对象上与挪用公款罪存在交叉重合。即其行为主体可以是（但不限于）国家工作人员，犯罪对象为用于救灾、抢险、防汛、优抚、扶贫、移民、救济的款物按照《刑法》第九十一条第一款第三项的规定属于公共财产。

笔者认为，国家工作人员将用于救灾、抢险、防汛、优抚、扶贫、移民、救济的资金（“款”）挪作他用，既可能构成挪用特定款物罪，也可能构成挪用公款罪；至于行为是构成挪用公款罪还是挪用特定款物罪，关键在于认定行为人是否挪作个人使用（具体判断标准是全国人大常委会关于“挪用公款归个人使用”的立法解释）。如果行为人是将这些特定款物挪作个人使用，就应当认定为挪用公款罪；如果行为人是将这些特定款物挪作非个人使用，同时，具备“情节严重”和“致使国家和人民群众利益遭受重大损害”情节的，应当认定为挪用特定款物罪。

实践中应当注意，挪用特定款物罪并非不存在将特定款物挪作个人使用的情形。如果行为人并非国家工作人员，其将特定款物挪作个人使用，情节严重，致使国家和人民群众利益遭受重大损害的，应当以挪用特定款物罪定罪处罚。另外，国家工作人员挪用特定公物归个人使用的，不符合挪用公款罪的构成特征，但可以构成挪用特定款物罪。

十四、多次挪用公款、挪用公款用于多种用途的犯罪数额计算问题

在一次性挪用公款的行为中，挪用公款的数额认定没有问题。对于多次挪用公款、在案发前均未还的，挪用公款数额累计计算，也不存在什么争议。但是，对于多次挪用公款，并以后次挪用的公款归还前次挪用的公款的情形，如何计算挪用公款的数额，司法实践中则历来存在着争议。

那么，对于多次挪用公款的数额究竟如何认定呢？有人指出，对于多次挪用公款，并以后次挪用的公款归还前次挪用的公款的，应当以末次挪用的实际

数额认定挪用公款的数额；挪用的时间，从挪用公款行为构成犯罪之日起计算；多次挪用公款的情节、案发前已部分或全部归还的情节，在量刑时予以考虑。[①] 笔者认为，这一建议具有相当的合理性，但其仍然无法普遍适用于多次挪用公款的情形中。我国有的学者提出的如下设想是比较全面的：依据罪刑相适应原则和时效与犯罪构成相结合原则，区分挪用公款的目的和用途、区分是否归还和归还的方式，对于多次挪用公款的数额分别认定：（1）多次挪用公款均未还的，累计计算挪用公款数额。（2）多次挪用公款用于非法活动、营利活动的，累计计算挪用公款数额（包括案发前已归还的）。其中，以后次挪用的公款归还前次挪用的公款的，也应累计计算挪用公款的数额，而不能以案发时实际未还的数额认定。（3）对于挪用公款归个人使用，用于非法活动及营利活动以外活动的，无论以何种方式归还，通常应以案发时未还的实际数额认定。如果在多次挪用中，有数额巨大的（即达到情节严重数额起点的），即使已归还，也应累计计入挪用公款的数额。（4）对多次挪用公款，其中有用于非法活动，有用于营利活动，也有用于其他活动的，扣除案发前已归还的个人用于其他活动的部分，累计其挪用公款数额。（5）对于多次挪用公款的，无论其用途如何，均应以情节严重论处。[②]

司法实践中，常常还会出现这样的情况，行为人挪用公款分别用于两种以上的用途，但是，根据2016年4月18日《最高人民法院、最高人民检察院关于办理贪污贿赂刑事案件若干问题的解释》有关数额标准的规定，每一种类型都达不到定罪标准，或者有的类型达到了标准、有的没有达到，对此应当如何处理？有人认为，应当严格按照挪用公款的类型，依据司法解释规定的数额单独评价，对于达不到数额标准的类型作无罪处理，如果所有类型的挪用公款行为均分别达不到数额标准，全案应作无罪处理。笔者认为，挪用公款的三种类型并非完全对立的关系，当某一种或几种类型不能符合构成要件的时候，应当综合起来考察，根据具体情况，将达不到定罪数额标准的重类型行为作为轻类型行为或者并入轻类型行为之中评价，以确定是否构成挪用公款罪，并决定适用的法定刑。例如，行为人挪用公款（归个人使用）用于非法活动的数额是2.9万元，用于营利活动的数额是4.9万元，用于其他活动的数额是4.9万元，而且均超过三个月未还。对行为人应当如何处理？笔者认为，按照司法解

① 参见毛晓玲：《多次挪用公款数额认定质疑》，载《上海检察调研》1999年第3期。

② 参见郭立新、杨迎泽主编：《刑法分则适用疑难问题解》，中国检察出版社2000年版，第431～482页。

释的规定分别评价行为人的三种挪用公款类型，每一种类型都不构成犯罪，但是，非法活动、营利活动与其他活动相比是重行为，前两者的数额单独达不到定罪标准，就应当并入“其他活动”中计算数额，对于行为人应以挪用公款12.7万元用于其他活动来定罪量刑。假如从形式的、孤立的立场去解释，对行为人作无罪处理，将造成极不公正的结果：甲挪用公款用于其他活动的数额是5万元，超过三个月未还，构成挪用公款罪。而乙在挪用公款用于其他活动4.9万元、超过三个月未还之外，还挪用公款2.9万元用于非法活动、挪用公款4.9万元用于营利活动，却不构成犯罪。这样的结论是令人难以接受的。又如，行为人挪用公款用于非法活动的数额是2.9万元，挪用公款用于营利活动的数额是4.9万元，而且均在三个月内归还。对此，应以挪用公款7.8万元进行营利活动追究行为人的挪用公款罪责任。因为挪用公款用于非法活动和挪用公款用于营利活动均没有时间要求，而挪用公款用于非法活动又比挪用公款用于营利活动的危害性程度要大。再如，行为人挪用公款用于非法活动的数额是2万元，用于营利活动的数额是2万元，用于其他活动的数额是4.9万元。其中，用于非法活动的数额和用于营利活动的数额三个月内归还了，用于其他活动的超过三个月未还。对此，应认定行为人无罪。因为用于其他活动的虽然超过三个月未还，但其数额达不到定罪标准，与用于非法活动和营利活动的行为相比属于轻类型行为，而轻类型行为不能纳入重类型行为之中评价，否则有违有利于被告的原则；而用于非法活动的2万元可以与用于营利活动的2万元数额合并，一并作为挪用公款进行“营利活动”的数额，但这个总数额4万元也达不到定罪标准（5万元起点），而如果将这4万元并入用于其他活动的数额，则又因为这4万元在三个月之内归还了，不符合“超过三个月未还”的条件。总而言之，当重类型行为达不到定罪标准时，应当归入轻类型行为之中去考虑，但轻类型行为是否构成犯罪，仍要以法律或司法解释对这一类型行为的定罪标准予以衡量。

十五、挪用公款罪是否为继续犯

挪用公款罪是否为继续犯，直接关系到对挪用公款罪追诉时效的计算问题。有人认为，挪用公款罪的客观行为表现为“挪”和“用”公款，而只要被挪出的公款还在被使用人使用，没有归还，就是继续犯。有人则认为，挪用公款罪并非继续犯。笔者赞成后一种意见。如前文所述，挪用公款罪立法宗旨在于保护公款的使用权，公款的被挪出（即使用权被侵犯）是刑法关心的重点，所以，从立法意图上讲，公款一经被挪出，刑法保护的法益就受到侵害。至于公款被挪出后被他人使用，应视为公款使用权被侵害后的不法状态的继续，而非犯罪行为的持续。

必须指出，由于刑法依据公款被挪用后的用途对挪用公款罪分别规定了三种不同的情形，且设置了宽严不一的构成要件，因此，根据最高人民法院 2003 年 9 月 22 日《关于挪用公款罪如何计算追诉期限问题的批复》（法释〔2003〕16 号）及刑法关于追诉期限的规定精神，对于挪用公款罪的追诉时限的起算日期也应分别情况而有所区别：（1）对于挪用公款归个人使用、进行非法活动的，或者挪用公款数额较大、进行营利活动的，犯罪的追诉时限，应从公款被挪出的行为完成之日起算。因为在将公款挪作非法活动或者将数额较大的公款挪作营利活动的情形下，公款被挪出之时，就是犯罪成立之时，追诉时限应开始计算。（2）对于挪用公款数额较大，超过三个月未还的，犯罪的追诉时限应从犯罪成立之日即超过三个月之日起计算。因为这种情形下，数额较大的公款被挪出之后，并不是立即构成挪用公款罪，必须是超过三个月未还，犯罪才能成立。（3）挪用公款行为有连续状态的，犯罪的追诉时限应当从最后一次挪用行为实施完毕之日或者犯罪成立之日起计算。

第四章

受贿罪

一、受贿罪的对象是否包括财产性利益

刑法关于介绍贿赂罪的规定直接使用了“贿赂”一词，在受贿罪、利用影响力受贿罪、行贿罪、对单位行贿罪、单位行贿罪等罪刑规范中，将贿赂明文规定为“财物”“回扣”“手续费”。“回扣”“手续费”当指金钱，不存疑问。但是，对于包括受贿罪在内的贿赂犯罪中作为贿赂的“财物”如何理解、“财物”是否包括财产性利益，理论上和实务中存在不同的认识。第一种观点认为，“财物”应当作严格解释，即只能指金钱和物品；如果扩大“财物”的范围，不仅缺乏法律依据，与《刑法》第三百八十五条的明文规定相悖，而且会导致受贿罪等贿赂犯罪成为“口袋罪”，在受贿罪主要依靠受贿数额作为定罪量刑依据的情况下，司法机关也难以把握标准。[①] 第二种观点认为，这里的“财物”，应当包括财物和其他财产性的利益或者物质利益。凡是可以以金钱、货币计算的物质性利益，都应当纳入“财物”的范围。如设定债权、免除债务、提供劳务、降低贷款利息、给予不当的销售让利等，但我国现行刑法

① 转引见王作富主编：《经济活动中罪与非罪的界限》，中国政法大学出版社 1996 年版，第 541～542 页。

中的贿赂并不包括含性贿赂在内的非财产性利益。[①] 第三种观点认为，作为受贿罪对象的贿赂，既包括财物，也包括可以以货币计算的财产性利益，还包括其他非财产性的不正当利益。比如，接受为其本人亲属解决住房、落户口、招录岗位、升学、提供出国留学机会等不正当利益。[②]

根据2011年12月20日《最高人民法院关于发布第一批指导性案例的通知》（法〔2011〕354号）（指导案例3号·潘玉梅、陈宁受贿案），“国家工作人员利用职务上的便利为请托人谋取利益，以明显低于市场的价格向请托人购买房屋等物品的，以受贿论处，受贿数额按照交易时当地价格与实际支付价格的差额计算。”由此可见，最高人民法院对于贿赂犯罪中“贿赂”的解释立场，是明确认为贿赂包括物质性利益在内的。

2016年4月18日，《最高人民法院、最高人民检察院关于办理贪污贿赂刑事案件适用法律若干问题的解释》（以下简称2016年《最高人民法院、最高人民检察院贪污贿赂刑事案件解释》）第十二条进一步明确规定：“贿赂犯罪中的‘财物’，包括货币、物品和财产性利益。财产性利益包括可以折算为货币的物质利益，如房屋装修、债务免除等；以及需要支付货币的其他利益，如会员服务、旅游等。后者的犯罪数额，以实际支付或者应当支付的数额计算。”

笔者认为，虽然从受贿罪的本质在于侵犯职务行为的不可收买性这一点来说，任何用以收买职务的利益，不论物质利益还是非物质利益，都可以成为受贿罪的贿赂（这也是许多国家将性贿赂等也作为受贿犯罪予以规定的理由），但是，何种利益能够成为受贿罪的对象，必须立足于成文法的规定进行规范解释。根据我国刑法有关贿赂犯罪的规定，作为受贿罪犯罪对象的“贿赂”，只能在“财物”所可能具有的含义范围内进行解释。否则，将受贿罪的对象扩大到一切不正当利益，有违罪刑法定原则。“财物”的文义解释结论，就是金钱和其他有经济价值的物品。

值得注意的是，正如笔者在前文关于贪污罪对象的论述中所提到的，由于我国刑法没有规定利益罪，因而对“财物”的理解，应当在符合刑法宗旨的前提下进行目的解释、扩张解释，而不能停留在文义解释的范围之内。因此，对于国家工作人员利用职务上的便利，要求或者接受相对人为其本人或者第三

① 高铭暄、张慧：《论贿赂犯罪的贿赂“范围”》，载《法学杂志》2013年第12期。

② 转引见陈兴良：《受贿罪研究》，载陈兴良主编：《刑事法判解》（第3卷），法律出版社2001年版，第29~30页。

人设定的债权股权，免除所欠债务，免费提供劳务或装修房屋，免费旅游，减免贷款借款利息，免费提供住房使用权或高档物品使用权，免费吃喝玩乐消费，购买商品给予明显超出正当范围的优惠等，均应实质性地解释为索取或者非法收受财物。上述司法解释遵循了刑法规范的目的，对贿赂犯罪中的“财物”所作的解释结论全面合理。对于被收买的国家工作人员来说，享受相关权利而节省了一定的金钱或财物代价，在实质上等同于获取了一定的金钱或者财物。比如，被告人杭某，原系浙江省杭州市萧山区电影发行放映总公司（国有公司）总经理。2014～2018年，唐某利用负责杭州市萧山区电影院娱乐城装潢、萧山开发区电影院建造的职务之便，为他人谋取利益，非法收受工程承包人虞某现金2万元，并接受了虞某为自己提供的住房免费装潢（装潢估价39.29万元）。对于该案中被告人唐某接受工程承包人虞某的住房免费装潢，是否属于“非法收受财物”的行为，存在争议。笔者认为，唐某接受住房免费装潢，可以实质性地解释为接受了虞某39.29万元钱款。因为如果不是虞某收买唐某的职务，唐某就必须自己支付房屋装潢费用，而虞某也可以从中获得39.29万元的收入，虞某的“让利”与唐某的无偿取得装潢，实质上表现为权钱交易。又如，被告人蔡某系某检察机关工作人员，其违反法律规定将犯罪嫌疑人的强制措施由逮捕变更为取保候审。犯罪嫌疑人家属为表示感谢，送予蔡某5万元人民币，蔡某当场拒绝，说“不能收钱，这是犯罪，出去玩玩倒没关系”。犯罪嫌疑人家属遂为蔡某及其亲属办理护照、签证，并耗资4万余元让蔡某及其亲属加入旅游团到新加坡、马来西亚和泰国旅游。此案中，蔡某及其亲属免费出国旅游，实际上是将自己的职务行为出卖后获得了旅游费用，应当认定为受贿4万余元。也许有人反驳说，蔡某拒绝收受现金，没有受贿的故意，如果不是犯罪嫌疑人家属为其提供旅游费用，蔡某也不会与其亲属出国旅游，故也不存在节省4万余元的问题。但事实上，蔡某与其亲属出国旅游并没有支出应支出的费用，而这些费用由犯罪嫌疑人家属代为支出，这是客观存在的；蔡某也认识到接受由犯罪嫌疑人家属出资的旅游，与其为犯罪嫌疑人谋利行为之间存在对价关系。故受贿罪的主客观要件已完全具备。

另外，一个值得研究的问题是，受贿罪的对象是否包括“实价股份”？司法实践中，一些国家工作人员以职务行为为对价，要求或者收受以实际交纳财物的形式入股效益较好的企业或公司，从而获取较大收益。贿赂是否包括这种“实价股份”呢？比如，某市国土资源局局长刘某，在某煤矿主梁某有求于其办理有关采矿手续时拒绝收受梁某送的贿赂款10万元，但却主动向梁某提出要求，自己拿出10万元实价入股该煤矿（按照当时当地行业状况，只要入股煤矿，除发生重大事故外，一般一年就会有100%的回报）以作为职务行为的对价，梁某不敢不应。之后，刘某拿出了10万元，以其妻子的名义入股该煤矿，煤矿开出了股东收据，刘某也作出了相应的职务行为：为该煤矿办理了有关手续。一年后，刘某共从该矿获得了30万元的红利，后案发。对此行为的定性，有两种观点：一种观点认为，行为人以职务行为为对价，主动要求入股效益很好、风险较小的企业，虽然是实价入股，但与真正意义上的风险投资还是有质的区别，属于权力股的范畴之一，对此应从30万的红利中扣除10万元的存款利息，差额部分应以受贿犯罪论处。另一种观点则认为，刘某的行为不构成犯罪，从行为构造来说，刘某获取了30万元的利益确实利用了职务上的便利，但不是纯正意义上的职务上的便利，其中还有10万元资金的因素。毕竟从风险角度来说，刘某还是要承担10万元资金的投资风险。所以，其行为属于“两利用”行为，与权力股——虚价入股（通常所说的“干股”）还是有质的区别，对此不应该以受贿罪论处。笔者同意第二种观点，认为受贿罪的对象不应包括“实价股份”，但应包括“干股”或“虚价股份”。针对“干股”受贿问题，2007年7月8日，《最高人民法院、最高人民检察院关于办理受贿刑事案件适用法律若干问题的意见》在第二条专门指出：“干股是指未出资而获得的股份。国家工作人员利用职务上的便利为请托人谋取利益，收受请托人提供的干股的，以受贿论处。进行了股权转让登记，或者相关证据证明股份发生了实际转让的，受贿数额按转让行为时股份价值计算，所分红利按受贿孳息处理。股份未转让，以股份分红名义获取利益的，实际获利数额应当认定为受贿数额。”然而，国家工作人员以“实价股份”的形式获取物质利益，虽然利用了职务上的便利，但毕竟存在实际出资，体现了出资与分红的市场关系，而不是以职权换取财物，而虚价股份则是以股份名义行受贿行贿之实，属于变相的贿赂。换言之，实价入股的行为实际上获取的是一种获利机会。对此，也可以参照2003年11月13日《最高人民法院全国法院审理经济犯罪案件工作座谈会纪要》有关受贿罪问题的“（七）涉及股票受贿案件的认定”之规定予以理解。该《纪要》针对国家工作人员利用职务便利买卖股票的行为性质问题指出：“……（2）行为人支付本金而购买较有可能升值的股票，由于不是无偿收受请托人财物，不以受贿罪论处。”同理，实价入股和支付本金购买股票，本质上一样，自然也不应当以受贿罪定罪处罚。

二、受贿罪“利用职务上的便利”之含义（兼及斡旋受贿中“利用本人职权或者地位形成的便利条件”之含义）

“利用职务上的便利”是受贿罪的客观构成要件之一。如何理解这一要件，是准确认定受贿罪的一个重要问题。从目前刑法理论和实践来看，对于受贿罪中“利用职务上的便利”的理解，主要争议在于两点：一是如何处理《刑法》第三百八十五条“利用职务上的便利”和《刑法》第三百八十八条“利用本人职权或者地位形成的便利条件，通过其他国家工作人员职务上的行为”之间的逻辑关系，以便准确地区分直接受贿和间接受贿？或者说，利用“第三者”的职务便利是否可以视为“利用职务上的便利”？二是“利用职务上的便利”是否包括所谓利用将来或者过去的职务便利。下面分三个部分依次论述上述两个问题。

（一）《刑法》第三百八十五条“利用职务上的便利”和《刑法》第三百八十八条“利用本人职权或者地位形成的便利条件”之间的逻辑关系

1997 年《刑法》施行之前，我国刑法规范中没有使用过“利用本人的职权或地位形成的便利条件”这样的术语，而只使用了“利用职务上的便利”。但是，当时的实务中出现国家工作人员并非利用本人职权范围的便利条件为他人谋利而收受请托人的财物的现象。比如，上级主管部门领导指使其能够制约的下级单位的管理人员为请托人谋取利益，而本人从中收受请托人财物的（在下级单位管理人员没有受贿行为的情形下）。对此，能否认定受贿罪出现争议。为了解决争议，最高人民法院、最高人民检察院曾于 1989 年 11 月 6 日出台《关于执行〈关于惩治贪污罪贿赂罪的补充规定〉若干问题的解答》（以下简称《补充规定解答》）。《补充规定解答》第三条第（二）项明确规定：“受贿罪中‘利用职务上的便利’，是指利用职权或者与职务有关的便利条件。‘职权’，是指本人职务范围内的权力。‘与职务有关’，是指虽然不是直接利用职权，但是利用了本人的职权或地位形成的便利条件。”“国家工作人员不是直接利用本人职权，而是利用本人职权或者地位形成的便利条件，通过其他国家工作人员职务上的行为，为请托人谋取利益，而本人从中向请托人索取或者非法收受财物的，应以受贿论处。”

上述《补充规定解答》对受贿罪“利用职务上的便利”的扩大解释，解决了当时实践中的一些难题，对于全面打击受贿犯罪起了积极作用。1997 年全面修订《刑法》时，在刑法规范中合理吸收了上述司法解释的内容，在《刑法》第三百八十五条规定“利用职务上的便利”成立直接受贿的同时，在第三百八十八条另行规定了“利用本人职权或者地位形成的便利条件”成立的间接受贿类型。两者在成立犯罪的条件上存在的区别是：前者，行为人索贿的不必以为他人谋取利益为必要，非法收受贿赂的则必须以为他人谋取利益为前提，但为他人谋取的利益正当与否在所不论；后者，为请托人谋取的必须是不正当利益，且无论是索贿还是非法收受贿赂均以谋取不正当利益为必要。

依附于《全国人大常委会关于惩治贪污罪贿赂罪的补充规定》的《补充规定解答》业已废止，在现行刑法规范的框架下，如何理解《刑法》第三百八十五条“利用职务上的便利”和《刑法》第三百八十八条“利用本人职权或者地位形成的便利条件”之间的逻辑关系呢？这不仅是一个理论问题，还是一个涉及司法实务的重大问题——国家工作人员是不是只要在形式上利用了其他国家工作人员的职务便利为请托人谋取利益，就属于《刑法》第三百八十八条规定的间接受贿？如果答案是肯定的，那么，只要国家工作人员在形式上不是利用本人职权便利而是利用其他国家工作人员职权便利的受贿行为，都必须考虑为他人谋取利益的不正当性这一额外要素。

1999 年 9 月 16 日，最高人民检察院公布施行的《关于人民检察院直接受理立案侦查案件立案标准的规定（试行）》指出，受贿罪中的“‘利用职务上的便利’，是指利用本人职务范围内的权力，即自己职务上主管、负责或者承办某项公共事务的职权及其所形成的便利条件。”从司法实践的操作和刑法理论的分析来看，这种立场将《刑法》第三百八十五条中“利用职务上的便利”仅仅理解为“行为人本人职权范围”内的便利，而不包括本人的职权可以制约他人、特别是行为人与他人之间具有隶属关系而所形成的便利条件，过分地限制了直接受贿的成立范围。从理论上分析，强调行为人直接受贿之“直接”的实质根据，并不在于其与送财物者之间“直接”而没有中间人（其他国家工作人员及其职务行为），而在于行为人的索取或者非法收受贿赂行为可以直接通过自己的职权达到——这才是直接受贿危害总体上要大于间接受贿的关键所在。因此，如果行为人完全可以以自己职权制约其他国家工作人员而通过该国家工作人员的职务行为为他人谋利，其利用其他国家工作人员为他人谋利，就与利用本人主管、负责或者承办某项公共事务的职权及其所形成的便利条件为他人谋利没有什么实质区别。比如，某地级市副市长戴某虽然分管外贸工作，但由于其属于市委常委，在全市处级干部的人事任免方面有实际权力，对下属政府职能部门实际上具有制约关系。请托人某甲之子未通过公务员考试、不符合进入该市教育局就业的条件，但戴某在接受某甲的财物后，约请该市教育局局长帮助某甲解决了儿子到教育局就业的问题。在此案中，行为人戴某自己职务上并不主管、负责或者承办教育局安排工作的事务，亦即其本人职权范围内的便利条件不可能为请托人安排教育局的工作。但是，其由于属于教育局局长的上级领导，而且对教育局局长的职务具有隶属、制约关系，所以，其通过教育局局长的职务便利为某甲谋利、本人从中收受财物，实际上也是利用本人职权为某甲谋利。正是由于具体实施职务行为的教育局局长受戴某的领导、管理和节制，戴某通过教育局局长的职务便利为某甲谋利，如同其利用分管外贸工作的便利为他人谋利收受他人财物一样，属于直接受贿，教育局局长不过是直接受贿的“工具”而已。

有鉴于《最高人民检察院关于人民检察院直接受理立案侦查案件立案标准的规定（试行）》解释过窄，2003 年 11 月 13 日，最高人民法院下发的《全国法院审理经济犯罪案件工作座谈会纪要》对受贿罪中的“利用职务上的便利”重新作出解释，指出：“《刑法》第三百八十五条第一款规定的‘利用职务上的便利’，既包括利用本人职务上主管、负责、承办某项公共事务的职权，也包括利用职务上有隶属、制约关系的其他国家工作人员的职权。担任单位领导职务的国家工作人员通过不属自己主管的下级部门的国家工作人员的职务为他人谋取利益的，应当认定为‘利用职务上的便利’为他人谋取利益。”

笔者认为，这一《纪要》内容准确把握了直接受贿的本质特征。司法实践中据此应当注意，在《刑法》第三百八十五条规定的直接受贿中，不排除行为人通过（借助）其他国家工作人员职务行为为他人（请托人谋取利益）的现象。这种情况下的直接受贿，与《刑法》第三百八十八条规定的行为人通过其他国家工作人员的职务行为为请托人谋利（谋取不正当利益）的行为，在形式上都具有利用其他国家工作人员职务行为的特征，但是，两者在本质上具有重要区别：前者行为人在职务上与其他国家工作人员（即被利用的、具体实施职务行为的国家工作人员）的职务之间具有隶属、制约关系，或者行为人是其他国家工作人员的单位领导；而后者行为人在职务上与其他国家工作人员不存在隶属、制约关系。实践中，当遇到行为人不在本人职权范围内为他人谋利、而是利用其他国家工作人员的职务行为为他人谋利而本人从中索取或者收受财物时，不能仅仅从形式上判断为间接受贿而否认直接受贿。否则，由于间接受贿成立受贿罪的条件严于直接受贿（其中重要因素之一是前者须为请托人谋取不正当利益），可能放纵犯罪。例如，江西省原副省长胡长清，并不分管交通运输，但作为江西省政府领导，对江西省内一定范围的工作均实际上具有领导、监督或者管理的职责，权力相当宽泛。胡长清通过江西省交通厅对有关运输项目进行干预，收受周某人民币 53 万元、港币 67 万元，明显利用了其副省长的职务便利，属于直接受贿而非间接受贿。所以，对于其为他人谋取的利益是否正当，根本不必考察。又如，成克杰在担任广西壮族自治区党委副书记、人民政府主席期间，通过李某接受他人请托，先后向中国建设银行广西分行和中国银行广西分行提出要求，让前者向广西信托投资公司发放贷款 600 万元，广西信托投资公司尔后将该款借给广西桂信实业开发公司使用；使后者向广西桂信实业开发公司发放贷款 1000 万元。此后，李某两次收受广西桂信实业开发公司给付的“好处费”共计 60 万元，并将收受贿赂的情况告诉成克杰。对此，成克杰及其辩护人在诉讼中提出，成克杰为请托人联系银行贷款事宜，并没有利用职务上的便利，因而上述事实不能认定为受贿罪。北京市第一中级人民法院判决认为，“在当时的金融管理体制下，设立于广西壮族自治区内的中国建设银行广西分行、中国工商银行广西分行、中国银行广西分行有关负责人员的任命，要征得自治区党委和政府的同意。成克杰作为自治区党委及政府的主要负责人，对设立于自治区内的上述三家银行及其负责人具有管理制约关系，其帮助请托人从银行获取贷款，属于利用职务上的便利。”笔者认为，法院的认定抓住了直接受贿的本质特征，正确阐释了《刑法》第三百八十五条“利用职务上的便利”的涵义。

从实际情况看，《刑法》第三百八十五条规定的受贿罪中的“利用职务上的便利”，所包含的权力及其所形成的便利条件，主要体现为行为人本人职权所产生的一定制约关系。这种制约关系一部分表现在单位内部或某一系统内上下级之间、各职能部门之间的制约关系（抽象职务权限的制约关系，如县人民政府县长对县政府各行政部门负责人的制约关系），一部分表现在担负某种职务的国家工作人员，在处理公共事务时，直接与有关的单位或当事人之间的制约关系（具体担当事务的制约关系，如行政机关的办事员在行政相对人要求其办理某项具体事务时形成的对行政相对人的制约关系）。就前者而言，只要认定行为人有一定职权、便利条件属于该职权范围即可；就后者而言，须认定行为人担当的具体事务是否与其职务相符，如果具体事务并非其职权范围内，则谈不上“利用职务上的便利”。例如，某市政府办公楼的门卫，向来市政府办理事务的某公民讹诈财物，声称“如不给钱，进了门也见不着领导，事也办不成”，某公民无奈送予其钱财，该门卫便将需办事的公民引领到市领导的办公室，并向市领导介绍该公民需办理事务的情况。在此案中，门卫的职责是看守办公楼，其并非有利用自己职权为该公民办理事务的便利条件，所以其讹诈钱财的行为构成敲诈勒索罪或诈骗罪（视手段是要挟还是欺骗）而非受贿罪。从职务的制约作用来看，制约关系具体表现为三个方面：（1）它可以使有关单位或个人获得某种正当或不正当利益；（2）它可以使有关单位或个人得不到某种正当或不正当利益；（3）它可以使有关单位或个人丧失已经获得或拥有的某种利益。正因为国家工作人员的职务具有这些制约作用，才能够利用其职务非法向他人索取或者收受财物为他人谋取利益。利用职务上的便利，还可分为积极利用和消极利用两种形式，具体包括四种情况：（1）通过积极实施或者承诺实施自己正当的职务行为，即以本人职务上有权作或应做的事务，为他人谋取利益，以此为交换条件，向他人索取或非法收受贿赂。（2）通过积极实施或者承诺实施在其职务范围内能够实施，却不应该实施的行为，为他人谋取利益，以此为交换条件，向他人索取或非法收受贿赂。（3）通过消极的不实施自己职务的行为，亦即不履行自己的职责，为他人谋取利益，而向他人索取或非法收受贿赂。例如，海关工作人员明知他人有走私行为，本应对其货物进行检查，但在收受该人贿赂后有意不去检查。（4）国家工作人员不通过自己积极的或消极的职务行为，而是以自己职务所必然产生的特定事实，直接为他人谋取利益。例如，某外贸机关主管外贸业务的负责人，擅自将因其职务而掌握的我国对某种商品进出口的重要情报泄露给外商，从中向外商索取巨额贿赂。

在行为人利用其他国家工作人员职务行为具体实施谋利的情况下，行为人成立直接受贿，也主要是因为行为人因自己的职权对被其利用的其他国家工作人员具有制约关系。制约关系主要表现为两类：纵向的制约关系和横向的制约关系。所谓纵向的制约关系，是指行为人对他人具有上下级的隶属、制约关系。这种制约关系的形成源于上下级的隶属关系。如上级领导人员对其下级国家工作人员在职务上具有隶属、制约关系，上级领导人员凭借其本人在职务上对其下属单位和人员的领导、监督、管理的便利，利用下属单位及人员的职务上的行为，为他人谋取利益，而本人从中索取或者收受贿赂。例如，某县教育局局长，受他人之托为请托人的子女安排进某一重点中学学习，该学生并不符合转学的条件，行为人却凭借其局长的地位，写条子给中学校长，事成之后行为人向请托人索取了贿赂，即属于利用职务上的便利实施的直接受贿行为。教育局局长虽然不具体管理有关转学事务，但中学校长的职务受制于该教育局局长。所谓横向的制约关系，是指在不同的部门、单位之间，这一国家工作人员与那一国家工作人员存在着职务上的制约关系。一方可以凭借自己的职权左右或者节制另一方，使其利用职权为他人办事。国家、社会是复杂的肌体，国家各机关、部门要在国家的建设中发挥各自的作用，必须通过法律、法规和各种规章，赋予它们各自的职能，规定各种规章制度。有规章制度，就必然存在各机关、部门之间的制约，只有这样，社会才能在有条不紊的状态中发展。但是，有些国家工作人员却利用本人的职务与其他国家工作人员的制约关系，通过其他国家工作人员的职务行为为请托人谋取利益，达到本人受贿的目的。这种情况发生在市场监管、税务、金融、物资、房屋土地、水电、公安、检察、司法、纪检监察、劳动人事等管理部门较多，而且部门权力对其他单位的个人有着强烈的制约作用，为某些国家工作人员以权谋私提供了便利条件。例如，某市供电局处长，利用其主管供电业务的权力影响，受请托人之托，通过本市在其供电网内的某一国有公司经理，将请托人安排在该公司工作，从而从中收受请托人贿赂；某区监察委工作人员利用其对公职人员行使监察职权的便利，通过其所在区域的、行政级别比自己还要高的其他国家工作人员为请托人谋利，自己从中收受贿赂。这些情况即为利用其职权形成的具有横向制约关系的便利条件为请托人谋利，仍然属于直接受贿。

（二）“利用本人职权或者地位形成的便利条件”如何界定

在厘清《刑法》第三百八十五条“利用职务上的便利”与《刑法》第三百八十八条“利用本人职权或者地位形成的便利条件”之间的逻辑关系的基础上，需要进一步解决的问题是：《刑法》第三百八十八条规定的间接受贿的要件“利用本人职权或者地位形成的便利条件”应当如何理解？

根据最高人民法院于2003年11月13日下发的《全国法院审理经济犯罪案件工作座谈会纪要》的规定，“《刑法》第三百八十五条规定的‘利用本人职权或者地位形成的便利条件’，是指行为人与被其利用的国家工作人员之间在职务上虽然没有隶属、制约关系，但是行为人利用了本人职权或者地位产生的影响和一定的工作联系，如单位内不同部门的国家工作人员之间、上下级单位没有职务上隶属、制约关系的国家工作人员之间、有工作联系的不同单位的国家工作人员之间等”。显然，按照《纪要》的精神，行为人与被其利用的国家工作人员职务之间有无制约关系，成为区分间接受贿和直接受贿中“便利”的重要标志。然而，需要明确的是，什么是《纪要》所讲的排除隶属、制约关系的“行为人利用了本人职权或者地位产生的影响和一定的工作联系”？一定的工作联系，是什么性质的联系？

笔者认为，准确界定间接受贿中的“利用本人职权或者地位形成的便利条件”，除了必须把握“行为人与被其利用的其他国家工作人员之间在职务上不应存在隶属、制约关系”这样一个原则外，还应当在逻辑上将“职权或者地位形成的便利条件”同完全与职务无关的便利条件（如纯粹的亲友关系）区分开来，以达到间接受贿与直接受贿既在同属受贿罪这一罪质上的统一（间接受贿与直接受贿同样具有权钱交易的特性，否则就不是受贿），又要在行为类型上相互区别。由此得出结论是，间接受贿中行为人所利用的本人职权或者地位产生的影响和一定的工作联系，应当具有两个特征：第一，行为人与被其利用的国家工作人员的职务之间具有相互利用性。被利用的国家工作人员之所以接受行为人的斡旋而实施职务行为、为请托人谋利，是因为行为人的职务对他来说也具有可利用性。否则，该国家工作人员在未接受请托人财物的情况下还实施职务行为，就得不到合理的解释。对他人职务具有隶属、制约关系，当然也是一种“影响关系”，但是，间接受贿中行为人职权或地位对他人的影响关系，既然要排除隶属、制约关系，就只能是相互利用关系。第二，在性质上，行为人与被其利用的国家工作人员的职务之间存在稳定的、必然的工作联系。从理论上讲，任何人的职务都具有收买的可能性，任何两个国家工作人员的职务之间也都具有相互利用性。因此，如果仅仅以职务具有相互利用性为依据，就断定属于行为人利用本人职权或者地位形成的便利条件通过其他国家工作人员为请托人谋利，是存在疑问的，也会无限制地扩大间接受贿的成立范围。比如，甲省某县公安局局长可以为乙省某县市场监督管理局局长帮忙处理请托的户口、交通事故事宜，而后者也可以为前者在乙省某县办理有关公司设立登记、市场监管处罚等事宜。但是，事实上，该公安局局长与该市场监督管理局局长的职务在工作联系性质上是偶然的，没有必然性，因此，不能认为他们之间具有成立间接受贿的条件。

对于《纪要》所说的“单位内不同部门的国家工作人员之间”“上下级单位没有职务上隶属、制约关系的国家工作人员之间”“有工作联系的不同单位的国家工作人员之间”等，在实践中都应从上述两个特征予以限定，对于职务之间没有相互利用性，或虽可相互利用但工作联系不具有稳定性、必然性的联系，均不应认定为“利用本人职权或者地位形成的便利条件”。例如，2009年2月19日，涉嫌票据诈骗的孙某被S市公安局P分局经侦支队刑事拘留后，孙某的朋友黄某、卞某（均另案处理）找到S市公安局L分局刑侦支队民警、被告人陆某，要求陆某帮忙释放孙某，陆某答应后即向P分局经侦支队副支队长姚某（陆某儿时的邻居和同学）请托，并邀请姚某至某饭店接受吃请。同月，P分局经侦支队决定对孙某取保候审。同年3月，被告人陆某又邀请姚某到某宾馆接受了孙某为其释放而表示谢意的宴请。席毕，被告人陆某收受了孙某通过丁某等转送的人民币5万元。公诉机关指控被告人陆某犯受贿罪。一审法院经审理认为，被告人陆某身为国家工作人员，利用其公安人员身份，通过其他国家工作人员职务上的便利，为请托人谋取不正当利益，收受贿赂人民币5万元，依照《刑法》第三百八十八条的规定，其行为构成受贿罪，于2014年2月22日作出一审判决，认定陆某构成受贿罪，判处有期徒刑三年六个月。陆某不服一审判决，其辩护人提出陆某的职权、地位对姚某没有制约关系，不构成受贿罪的意见。二审法院经审理认为，上诉人陆某及其辩护人以陆某的职权或者地位对姚某没有制约关系为由认为陆某不构成受贿罪的意见，无法律依据，于2014年5月21日作出裁定，驳回上诉，维持原判。笔者认为，上述案件中，被告人陆某与具体实施职务行为为孙某谋取利益的姚某之间，的确不存在职务上的制约关系，这是毫无疑问的。但是，本案的关键，不在于被告人陆某是否对姚某存在职务上的制约关系（是否具有制约关系，是考察是否属于直接受贿的依据），而在于被告人陆某与姚某的职务之间是否存在相互利用性和稳定的工作联系。一审、二审法院认定陆某成立受贿罪的法律依据是《刑法》第三百八十八条间接受贿的规定，因此，控辩的法律适用焦点应该是陆某是否利用了本人职权或者地位形成的便利条件、通过姚某的职务行为为孙某取保候审、且取保候审具有不正当性。笔者认为，被告人陆某虽然与姚某同为S市公安局系统的工作人员，但分属不同的分局，且前者为刑侦人员，后者为经侦人员，尽管他们的职务之间可以相互利用，但不具有稳定的、必然的联系，因而没有间接受贿成立的余地。事实上，即便陆某不是因为与姚某是儿时的邻居和同学而有机会认识姚某、通过姚某为请托人谋取利益，而是因为偶然一次工作上的联系认识姚某、通过姚某为请托人谋取利益，也不能认为陆某是利用本人职权或者地位形成的便利条件通过其他国家工作人员为请托人谋利，而应认定为利用朋友关系通过其他国家工作人员为请托人谋利。

（三）“利用职务上的便利”是否包括利用将来或过去的职务便利

“利用职务上的便利”是否包括利用将来的职务便利？笔者认为，回答是肯定的。所谓利用将来的职务便利，是指行为人利用现在尚未担任，但即将担任的职务上的便利。比如，担任某区市场监督管理局局长的行为人某甲即将到该区税务局担任局长，某私有公司为了获得非法减免税款的待遇，将数万元人民币作为某甲担任税务局局长后为该公司少征税款的条件，某甲收受了这些钱财。可见，在利用将来职务上的便利的情况下，行为人用以权钱交易的“权”，在行为人索取或收受贿赂时还是一种“期权”，而不是现实的职权，与一般情况下的受贿在形式上有不同的特征——索贿或收受财物时的职务状况与谋利时的职务状况存在差异（有的是从此种职务变更为彼种职务，有的是从无职到有职、从非国家工作人员到国家工作人员）。但是，在这种情况下，请托人（送贿赂者）毕竟已经将贿赂送出，受贿人也已经将贿赂索取或收受，而且承诺将来担任某职务时为请托人谋利，请托人与受贿人之间已经存在“权钱交易”的不法行为，而不是什么单纯的权钱交易“约定”了。虽然索取或收受贿赂时行为人尚不具有为请托人谋利所需的“职务”（有的行为人在索取或收受贿赂时可能还不是国家工作人员），但行为人索取或收受贿赂的行为与为他人谋利的行为是密切相联，作为一个整体的。行为人之所以在任职之前索取或收受贿赂，就是因为他与请托人约定了任职后为其谋利。因此，从实质上讲，利用将来的职务便利与利用现在的职务上的便利没有任何区别，两者同样对职务行为的不可收买性造成了损害。当然，上述情形下成立受贿罪，要求行为人案发时已是具有为请托人谋利的“职务”的国家工作人员。否则，与刑法对受贿罪主体的规定不符。

关于受贿罪中“利用职务上的便利”是否包括所谓利用过去的职务便利，最典型的就是已离、退休国家工作人员能否构成受贿罪的问题。我国 1979 年《刑法》、全国人大常委会 1988 年《关于惩治贪污罪贿赂罪的补充规定》及 1997 年修订后的《刑法》都没有把已离、退休国家工作人员作为受贿罪的主体加以规定。《刑法修正案（七）》增设的利用影响力受贿罪的主体，包括“离职的国家工作人员”，自然将“已离、退休国家工作人员”包含其中。但是，1988 年《全国人大常委会关于惩治贪污罪贿赂罪的补充规定》施行后，为了适应司法实践惩治贿赂犯罪的需要，1989 年 11 月 6 日最高人民法院、最高人民检察院颁布的《关于执行〈关于惩治贪污罪贿赂罪的补充规定〉若干问题的解答》第三条第（三）项曾经明确规定："已离、退休国家工作人员，利用本人原有职权或者地位形成的便利条件，通过在职的国家工作人员职务上的行为，为请托人谋取利益，而本人从中向请托人索取或者非法收受财物的，以受贿论处。"这一司法解释虽然在1997年《刑法》施行后，随着全国人大常委会《关于惩治贪污罪贿赂罪的补充规定》废止而自然失效，但是，在司法实践中仍存在较大影响，有的司法机关仍参照其精神对有关案件适用受贿罪定罪处罚。

笔者认为，包括已离、退休国家工作人员在内的离职国家工作人员，既然已经脱离原来的工作岗位，就不再拥有原来岗位的职权，也就不可能利用过去职权范围内的职务便利为他人谋取利益，索取和非法收受贿赂，不可能成立受贿罪。如果说离职的国家工作人员在新的岗位，利用新的职务便利索取他人财物或者非法收受他人财物，为他人谋取利益，或者利用新的职权或地位形成的便利条件，通过其他国家工作人员的职务行为为请托人谋取不正当利益而从中索取或者收受请托人财物的，那实际上也不属于"离职"国家工作人员受贿，本身是国家工作人员作为主体的受贿罪了。当然，包括已离、退休国家工作人员在内的离职国家工作人员，利用原职权或地位形成的便利条件，通过在职的国家工作人员的职务行为，为他人谋取不正当利益，索取或者非法收受请托人财物的行为，在《刑法修正案（七）》增设利用影响力受贿罪之后，已符合利用影响力受贿罪的构成要件。

需要指出的是，如果国家工作人员在职期间为请托人谋取利益，并与请托人事先约定，在其离职后索取或者收受财物的，只要达到犯罪的标准，应以受贿罪定罪处罚。这种情况属于事后受贿，而不属于离职国家工作人员利用过去职务上的便利实施的受贿。由于谋利行为与收受贿赂行为作为受贿罪的复合行为，在实施时间上可以相对分离，因此，针对这种特征，应从实质上把握受贿罪的构成——只要谋利行为实施时行为人属于国家工作人员而谋利又是利用该职务上的便利的，不论索取或者收受贿赂在谋利行为之前还是之后，都应以受贿罪定罪处罚。针对国家工作人员离、退休之前为他人谋利，离、退休之后受贿的问题，2000年6月30日，最高人民法院给江苏省高级人民法院的《关于国家工作人员利用职务上的便利为他人谋取利益离退休后收受财物行为如何处理问题的批复》明确指出："国家工作人员利用职务上的便利为请托人谋取利益，并与请托人事先约定，在其离、退休后收受请托人财物，构成犯罪的，以受贿罪定罪处罚。"2003年11月13日，《最高人民法院全国法院审理经济犯罪案件工作座谈会纪要》在“（四）离职国家工作人员收受财物行为的处理”部分也指出：“参照《关于国家工作人员利用职务上的便利为他人谋取利益离退休后收受财物行为如何处理问题的批复》规定的精神，国家工作人员利用职务上的便利为请托人谋取利益，并与请托人事先约定，在其离职后收受请托人财物，构成犯罪的，以受贿罪定罪处罚。”上述《批复》和以该《批复》为参照依据的《纪要》内容，并没有超越修订《刑法》第三百八十五条规范的范围，只是明确了直接受贿的一种具体情形——事后受贿，而不是在实质上肯定离职国家工作人员可以成为受贿罪的主体。

三、如何区分索取财物（索贿）与非法收受财物

包括受贿罪在内的所有受贿犯罪，在行为人获取财物的基本方式上，都包括索取与“非法收受”他人财物两种。行为基本方式是索取还是非法收受，不仅影响量刑——《刑法》第三百八十六条明确规定“索贿的从重处罚”，有时影响受贿犯罪的构成要件评价（如直接受贿的受贿罪中，如果行为人系向他人索取财物，则不需要考虑“为他人谋取利益”要件的问题），有时还影响送予财物人的定性问题（如按照《刑法》第三百八十九条第三款的规定，因被勒索给予国家工作人员以财物，没有获得不正当利益的，就不是行贿，不能认定为行贿罪）。因此，区分行为人是索取财物（索贿）和非法收受财物，具有较为重要的意义。

理论上一般认为，索贿是指国家工作人员利用职务上的便利主动向他人索要或勒索并收取财物。[①]“索要”，指行为人在进行职务活动时，向当事人以明示或者暗示的方式要求贿赂，但未使用要挟、胁迫的方法；“勒索”，指使用要挟、胁迫的方法，明示或者暗示如不送财物其事就不好办或者会有严重后果，迫使对方不得已给自己送财物。[②]

关于索贿是否包括胁迫手段的勒索，有人认为，“索贿具有明显的勒索性、胁迫性”，[③] 甚至索贿“很难说与一般敲诈勒索在行为性质上存在根本区别”。[④] 但也有人认为，受贿罪中的索取财物不包括勒索，索贿中“索”与勒

① 参见高铭暄、马克昌主编：《刑法学》，中国法制出版社 1999 年版，第 1139 页。

② 参见马克昌主编：《刑法理论探索》，法律出版社 1995 年版，第 268 页。

③ 刘光显等主编：《贪污贿赂罪的认定与处理》，人民法院出版社 1996 年版，第 292 页。

④ 陈兴良：《刑法疏议》，中国人民公安大学出版社 1997 年版，第 633 页。

索是有所区别的，它仅仅是指要求。[①]

关于索贿是否需要收取或获取财物的行为或结果，有人认为，索取贿赂仅仅是指要求、索要与勒索贿赂，而不包括收取。[②]

笔者认为，索取他人财物即索贿行为，作为法定从重处罚的情节即可成立直接受贿型受贿罪的一种受贿方式。我们对其进行解释时，应当力图体现刑法规范的目的，解释的结论要体现其与“非法收受”财物行为在社会危害性程度上的明显差异，以体现索贿为何从重处罚的实质根据。基于此，索贿具有以下特征：

1. 索取他人财物或者索贿行为，是以语言、文字或眼神、手势等动作形式向相对人（财物送予人）表现出来的主动、积极要求给予财物的作为。索贿在形式上、外在特征上，首先表现为行为人向财物送予人在财物方面的主动积极要求。反过来说，如果财物的收取不是因为行为人的主动积极作为所引起与推进的结果，就不可能成立索贿。

需要强调，主动积极性，是就获得一定数额的财物的行为进程和结果而言的，不能单纯地从权钱交易的意思在时间上是由行为人还是送予人率先发出，从而得出结论。有人认为，索贿一定是行为人先向他人表示出要取财物的意思，否则便没有构成索贿的可能。[③] 这种主张是错误的，是对索贿“主动性”特征的误解。因为实践中存在这样的现象：财物送予人（相对人）首先联系身为国家工作人员的行为人，要求其在职权范围内“照顾”自己所需要办理的某项事务，以获取顺利办理的利益，可以以好处费表示“感谢”，但行为人趁机提出超出相对人经济能力能够承担或者愿意承担的数额要求，相对人表示难以满足行为人的要求后，行为人暗示相对人如不满足其要求将可能面临事务办理的不利后果，相对人考虑再三后又“主动”联系行为人，按照行为人要求的数额给予行为人财物，所办事务很快完成。对于上述情况，应当认为行为人是索贿。因为尽管相对人率先提出向行为人送予财物以谋取利益，但是，从所送予、收取的一定数额的财物最终达成“交易”结果而言，是行为人的主动积极作为促成的。换言之，针对一定数量的财物送予和获取来说，由行为人的意志起了主导作用。行为人具有主动积极的要求财物行为，与之相对应的，则是送予人将财物送予行为人在意志方面就具有被动性。

---

① 陈兴良：《受贿罪研究》，载《刑事法判解》（第3卷），法律出版社2001年版，第21页。
② 张明楷：《刑法学》，法律出版社1997年版，第920页。
③ 廖福田：《受贿罪纵横与探究》，中国方正出版社2007年版，第270页。

2. 索贿行为具有压制或影响相对人自主性的特征。在非法收受财物型的受贿中，就一定数额的财物送予和收取而言，要么是送予人积极主动，要么是双方完全自愿合意，没有明显的谁主动、谁被动。但在索贿的情况下，行为人在意志上则具有对财物送予人（相对人）的压制性或影响性，送予财物不具有完全平等自愿性。

尽管行为人与财物送予人最终在形式上达成了“权钱交易”，而且贿赂行为都是通过财物送予人将财物从自己控制下转移到行为人控制下而完成的（受贿行为人从行贿人处取走财物的情形十分罕见），但是，索贿的情况下，在送予、收取财物的起因和推进过程中，行为人的主动积极作为起了引导和支配作用。有的索贿案件事实简单，双方达成和完成权钱交易的过程非常短暂和简单。相对人原本没有送予财物的想法，而行为人明示或者暗示相对人给予财物，财物送予人“心领神会”，甚至还表面上“欣然”送予财物。但是，如果没有行为人的提示，贿赂行为就不会发生。毫无疑问，行为人在贿赂的起因上起了支配引导作用，影响了相对人的自主性，这便属于索贿。

由于索贿既可以是压制相对人送予财物的自主性，也可以是影响相对人送予财物的自主性，因此，索贿可以是胁迫、敲诈、勒索，也可以是非胁迫性的主动索要。或者说，索贿中的索取，包括勒索但不限于勒索。上述观点中，无论是否定索贿包括胁迫、勒索的观点，还是把索贿完全等于、局限于胁迫和勒索的观点，都是错误的。两种观点都不当地限制了索贿的成立范围。

3. 索贿具有职务性，或者说行为人索取他人财物以职权，或者职权或地位形成的便利条件为依托。行为人之所以主动积极就一定数额财物向相对人表示索要，最为关键的是以其职权或者职权、地位形成的影响为依托，作为威慑、引诱相对人送予财物的“筹码”，一旦相对人不送予财物，可能面临不利后果。当索贿采取胁迫、勒索形式实施时，有无职务性是区分受贿与敲诈勒索的标志性要素。

四、受贿罪中为他人谋取利益的构成地位如何界定，他人是否仅限于送予财物者和个人①

“为他人谋取利益”在受贿罪中的构成地位、性质和认定标准，向来是受贿罪适用中的争论焦点。对这一问题的理解，理论上涉及受贿罪的法益性质，实务中涉及受贿罪的成立和既遂未遂的判断。

关于“为他人谋取利益”是否索贿成立受贿罪的必备要件，1985 年 7 月 18 日，《最高人民法院、最高人民检察院关于当前办理经济犯罪案件中具体应用法律的若干问题的解答（试行）》作了肯定回答。1988 年《全国人大常委会关于惩治贪污罪贿赂罪的补充规定》对受贿罪的罪状予以细化，将“索取他人财物的”与“非法收受他人财物为他人谋取利益的”作并列表述，意在强调索贿成立受贿罪不必以“为他人谋取利益”为要件。1989 年 11 月 6 日，《最高人民法院、最高人民检察院关于执行〈关于惩治贪污罪贿赂罪的补充规定〉若干问题的解答》（以下简称《补充规定解答》）对此作了确认。修订刑法对受贿罪的罪状予以沿用，因而现在对于“为他人谋取利益”仅是非法收受他人财物构成受贿罪的必备要件，而非索贿成立受贿罪的要件，理论和司法实践都已达成共识。1999 年 9 月 16 日，《最高人民检察院关于人民检察院直接受理立案侦查案件中立案标准的规定（试行）》（以下简称《立案标准（试行）》）也明确，索取财物的，不论是否“为他人谋取利益”，均可构成受贿罪；非法收受他人财物的，必须同时具备“为他人谋取利益”的条件，才能构成受贿罪。不过，需要注意，《刑法》第三百八十八条关于间接受贿构成受贿罪的规定，表述为“为请托人谋取不正当利益，索取请托人财物或者收受请托人财物的”，显然，这里的“为请托人谋取不正当利益”，同时修饰“索取请托人财物”和“收受请托人财物”两种情况。因此，就利用本人职权或者地位形成的便利条件构成受贿罪而言，无论是索贿还是收受贿赂，都必须以为他人谋取利益（不正当利益）为要件。

另外，值得研究的是，《刑法》第一百六十三条对非国家工作人员受贿罪罪状的表述，与《刑法》第三百八十五条对受贿罪罪状的表述存在很大差异：

---

① 之所以使用“送予财物者”而不用“行贿人”，是因为行贿罪以“为谋取不正当利益”为要件。当送予财物者为谋取正当利益而送予国家工作人员以财物时，严格地说便不属于“行贿人”。

前者索贿行为构成受贿罪应当以“为他人谋取利益”为要件，而且必须数额较大；但后者对于索贿行为构成犯罪并没有“为他人谋取利益”要件的限制。而根据《刑法》第一百六十三条第三款的规定，国有公司、企业或者其他国有单位中从事公务的人员和国有公司、企业或者其他国有单位委派到非国有公司、企业或者其他单位中从事公务的人员，有前两款行为的依照《刑法》第三百八十五条的受贿罪定罪处罚。那么，这些人员索贿构成受贿罪，应当以第一百六十三条第一款还是以第三百八十五条的规定为标准呢？笔者认为，《刑法》第一百六十三条第三款的规定，属于一种注意规定或者提示性的规定，而没有改变“国有公司、企业或者其他国有单位中从事公务的人员和国有公司、企业或者其他国有单位委派到非国有公司、企业或者其他单位中从事公务的人员”构成（公务）受贿罪的构成要件，对于这类人员构成受贿罪完全应当依据《刑法》第三百八十五条的规范进行判断。立法者之所以在非国家工作人员受贿罪的罪状中也要求索贿与收受贿赂一样以“为他人谋取利益”为犯罪要件，而有别于（公务）受贿罪中对索贿和收受贿赂成立犯罪要件的区别规定，是考虑到非国家工作人员受贿罪在侵害法益的性质上毕竟不同于（公务）受贿罪，对于前者构成要件作更为严格的限制，是比较合理的。因此，《刑法》第一百六十三条第一款中索贿以“为他人谋取利益”为要件的规定，应理解为仅适用于非国家工作人员受贿罪；该条第三款所指的各种“以国家工作人员论”的人员索贿构成受贿罪的，应适用《刑法》第三百八十五条的规定，即不以“为他人谋取利益”为要件。这也是刑法体系解释的结果。

除了《刑法》第三百八十八条规定的间接受贿类型成立受贿罪，无论索贿还是非法收受贿赂都需要具备“为他人谋取利益”要件之外，《刑法》第三百八十七条规定的单位受贿罪、《刑法》第三百八十八条之一规定的利用影响力受贿罪，也具有同样的要求。

那么，“为他人谋取利益”在受贿罪中居于什么样的地位？它到底是收受财物构成受贿罪的主观要件要素还是客观要件要素？抑或是其他性质的要件要素？刑法理论上一直争论不休，产生了许多学说。

早期刑法理论研究中，有人站在“客观要件说”的立场，主张该要素是客观要件要素，认为“为他人谋取利益”属于受贿罪的客观要件，因为受贿罪在客观方面即表现为“行为人利用职务上的便利，索取他人财物或者非法收受他人财物为他人谋取利益的行为”。所谓为他人谋取利益，是指受贿人为行贿人谋取某种非法的利益或合法的利益，这是行贿人与受贿人之间的一个交换条件。[①] 有客观要件说学者认为："'为他人谋取利益'作为受贿罪的客观要件的存在，使得许多严重侵害国家工作人员职务行为廉洁性的行为难以得到刑法的惩罚……例如，有的案件中，国家工作人员受贿数额特别巨大，但没有来得及利用职务为他人谋取利益或者根本不想利用职务为他人谋取利益。基于此种情况，因为其不符合现行刑法的罪刑法定原则及第三百八十五条的规定，所以，不能将其作为犯罪进行处罚。"[②] 有人则主张"主观要件说"，认为"为他人谋取利益，只是行贿人与受贿人之间货币与权力相互交换达成的默契。就行贿人而言，是对受贿人的一种要求；就受贿人而言，是对行贿人的一种许诺或者答应。因此，为他人谋取利益只是受贿人的一种心理态度，属于主观要件的范畴，而不像通说观点所说的那样是受贿罪的客观要件。"[③] 还有主张主观要件说的学者提出如下理由："'为他人谋取利益'应当解释为是行为人的意图，是一种心理态度，属于受贿罪的主观要件，这样解释才与刑法理论和司法实践相结合。……从司法实践上看，审理这类案件，都是根据《最高人民法院，最高人民检察院解答》，不论为他人谋取利益是否实现，均按受贿罪（既遂）论处，这实际上是将它作为受贿的主观要件看待。"[④]

在客观要件说和主观要件说论证的过程中，产生了修正的客观要件说或者新客观要件说。新客观要件说认为，受贿罪中的"为他人谋取利益"仍然是客观要件要素，但并不要求行为人实际上有为他人谋取利益的实行行为和完成为他人谋取利益的结果，其内容的最低要求是"许诺为他人谋取利益"。[⑤] 新客观要件说产生的原因，或者说新客观要件说和旧客观要件说的区别，正是在对"为他人谋取利益"内涵理解上的差别，旧客观要件说难以把"承诺为他人谋取利益"解释到"为他人谋取利益"之中，因此，遭受了主观要件说的有力批判。

从实务上看，2003 年 11 月 13 日，《最高人民法院全国法院审理经济犯罪案件工作座谈会纪要》（以下简称《纪要》）站在新客观要件说的立场作出了解释："为他人谋取利益包括承诺、实施和实现三个阶段的行为。只要具有其

---

① 参见高铭暄主编：《中国刑法学》，中国人民大学出版社 1989 年版，第 692 页。

② 张玉娟：《浅议受贿罪中的"为他人谋取利益"》，载《检察实践》2001 年第 1 期。

③ 王作富、陈兴良：《受贿罪若干要件之研讨》，载杨敦先等主编：《廉政建设与刑法功能》，法律出版社 1991 年版，第 136 页。

④ 马克昌主编：《刑法理论探索》，法律出版社 1995 年版，第 270 页。

⑤ 张明楷：《刑法学》（第五版），法律出版社 2016 年版，第 1207 页。

中一个阶段的行为，如国家工作人员收受他人财物时，根据他人提出的具体请托事项，承诺为他人谋取利益的，就具备了为他人谋取利益的要件。明知他人有具体请托事项而收受其财物的，视为承诺为他人谋取利益。”

2003年《纪要》出台之后，司法实务中认定受贿罪“为他人谋取利益”这一要件问题上仍存在不少困惑，最为突出的是在许多案件中，国家工作人员收受了他人财物，但连行为人“承诺”为他人谋取利益的证据也难以取得，这是由贿赂犯罪中受贿行贿双方各有所需、犯罪隐蔽的特点所决定的。在严惩腐败犯罪的刑事政策下，随着2015年《刑法修正案（九）》对贪污贿赂罪的修正，2016年《最高人民法院、最高人民检察院贪污贿赂刑事案件解释》第十二条对“为他人谋取利益”作了进一步解释，明确规定：“具有下列情形之一的，应当认定为‘为他人谋取利益’，构成犯罪的，应当依照刑法关于受贿犯罪的规定定罪处罚：（一）实际或者承诺为他人谋取利益的；（二）明知他人有具体请托事项的；（三）履职时未被请托，但事后基于该履职事由收受他人财物的”“国家工作人员索取、收受具有上下级关系的下属或者具有行政管理关系的被管理人员的财物价值3万元以上，可能影响职权行使的，视为承诺为他人谋取利益。”《解释》实际上把“为他人谋取利益”分为四种情形。有学者认为，《解释》所列的四种情形，分别对应了四种学说（1）客观谋利：“实际或者承诺谋利的”（第一款第一项），这体现了旧客观说与新客观说；（2）主观谋利：“明知他人有具体请托事项的”（第一款第二项），这明显采取了主观说；（3）事后受贿：“履职时未被请托，但事后基于该履职事由收受他人财物的”（第一款第三项）；（4）礼金受贿：“国家工作人员索取、收受具有上下级关系的下属或者具有行政管理关系的被管理人员的财物价值3万元以上，可能影响职权行使的，视为承诺谋利”（第二款）。①

2016年《最高人民法院、最高人民检察院解释》出台之后，关于受贿罪“为他人谋取利益”要件功能与定位的研究，出现新的进展。一些学者试图摆脱客观要件说、主观要件说争论的限制，在理论框架和研究方法上另辟蹊径，提出了一些新见解。最具代表性的是“职务属性说”和“违法要素说”。“职务属性说”认为，谋利要件在我国受贿罪构成中的功能设定（体现职务要件的对价性），决定了其体系地位：它是从属于“利用职务上的便利”这一职务

① 潘星丞：《“为他人谋取利益”之实证分析与理论重构——由行为属性说转向职务属性说》，载《山东大学学报（哲学社会科学版）》2019年第4期。

要件的子要件（二级要件），而非与职务要件并列的独立要件（一级要件）。同时，体系地位又进一步决定了其本质属性：谋利要件并非行为之属性，而是职务之属性；但若将谋利要件作为职务属性，其修饰的就不是事实层面的履职行为，而是规范层面的职务权限。如此一来，成为受贿罪构成要件的就不是事实上的“谋利之行为”，而是规范上的“职务权限的可谋利性”或“可谋利之职务权限”。因此，受贿罪构成就只剩下受财行为一个行为，“谋利行为”无论是客观的还是主观的，均是不必要的。这相当于取消了“谋利行为”要件，同时，在职务要件中添加了新的内容，即在便利性之外增加了谋利性。与原有研究相比，发生变化的不是“谋利”的文义，而是其体系地位（由独立于职务要件的一级要件转变为从属于职务要件的二级要件）与性质（由行为之属性转变为职务之属性）。简言之，谋利要件的核心由“具有谋利性之行为”变为“具有谋利性之职务权限”。以往研究将谋利要件定位于行为属性，其作用在于使事实层面的履职行为被定性为谋利行为，不论“实施”“承诺实施”或“意图实施”，其对象均是“谋利行为”。①

“混合违法要素说”是在批判客观要件说、主观要件说、特别是新客观要件说（承诺行为说）的基础上提出的见解。该观点的持有者认为，从新客观要件说所主张的“承诺”本身是主观意愿的体现而并非谋利行为这个角度来看，将其理解为主观要件可能更为合适；新客观要件说主张“承诺”为他人谋取利益也是为他人谋取利益，其实质上就是主观要件说；客观要件说存在容易导致处罚漏洞等明显缺陷，而主观要件说（包括所谓新客观要件说）则在事后受贿等场合力有不逮；新客观要件说把“默示的承诺”，即在他人主动行贿并提出为其谋取利益的要求后，国家工作人员未予拒绝时的“消极不作为”也视为一种承诺行为，这样的理解所产生的疑问是：第一，与2016年《最高人民法院、最高人民检察院解释》的规定不吻合，从该《解释》第十三条第一款把第（二）项的“明知他人有具体请托事项”与第（一）项的“承诺为他人谋取利益”相并列并赋予其“应当认定为‘为他人谋取利益’”的效果来看，司法解释进行的是拟制规定，亦即是在没有肯定第（二）项情形不属于“承诺”的情况下直接认定其为“为他人谋取利益”；第二，即便认为上述司法解释第十三条第一款第（一）项中的“承诺”是指明示承诺，从而肯定第

① 潘星丞：《“为他人谋取利益”之实证分析与理论重构——由行为属性说转向职务属性说》，载《山东大学学报（哲学社会科学版）》2019年第4期。

（二）项是不作为意义上的默示承诺，但规范看来，也可认为不作为的默示承诺就是真实意愿的体现（否则就应该拒绝），从而也就是国家工作人员为他人谋取利益的“意图”。另外，论者还评说，在事后受贿的场合，承诺谋利说也难以肯定存在现实的承诺而充其量肯定推定的承诺，从而仍然无法解决传统主观要件说在此场合存在的缺陷，和传统主观要件说有同样的问题。在此意义上，认为承诺谋利说即所谓的新客观要件说，其实质仍是强调受贿人心理的主观说。

在展开对主观要件说、客观要件说和新客观要件说（承诺行为说）的上述批判后，“混合违法要素说”认为，非法收受型的受贿罪中的“为他人谋取利益”，是担保职务行为不可收买性这一法益遭受侵害的联结要素。受贿罪的法益是国家工作人员职务行为的不可收买性，而不可收买性至少包括“职务行为的不可收买性本身”和“国民对职务行为不可收买性的信赖”两个方面。在国家工作人员利用职务便利索贿的场合，其“索贿”行为（“钱”）已经和“职务”（“权”）挂钩，已然侵犯了公众对其职务行为不可收买的信赖，从而也就侵犯了职务行为的不可收买性。与之相对，在国家工作人员利用职务上的便利非法收受他人财物的场合，已经侵犯了职务本身的廉洁性，但在其并未同意为他人谋取利益时，该财物收受行为（“钱”）与其职权行使（“权”）之间尚未建立起对价关系，权钱交易的性质就并未体现出来，公众对国家工作人员职务行为的信赖就并未受到侵害，从而国家工作人员职务行为的不可收买性也就并未被现实侵犯。在将国家工作人员职务行为的不可收买性界定为受贿罪法益的前提下，无论是体现为客观的行为还是主观的同意，正是“为他人谋取利益”这一要件，联结起国家工作人员的廉洁义务和其职务本身，使得对于相应行为类型的否定评价从违反党纪提升至违反刑法（而构成犯罪）。①

笔者认为，新客观要件说仍然是最合理、最具有说服力的学说。这一学说对“为他人谋取利益”的解释结论，在构成要件理论的框架下，不仅符合刑法规范的语义逻辑，而且与受贿罪的法益性质相契合。

首先应当明确，无论是立足于中国传统的犯罪构成理论还是德日“阶层论”的犯罪论体系，非法收受型受贿罪中的“为他人谋取利益”，都属于“构成要件”或“构成要件要素”的范畴，而在逻辑上，构成要件不外乎客观要

① 付立庆：《受贿罪中“为他人谋取利益”的体系地位：混合违法要素说的提倡》，载《法学家》2017 年第 3 期。

件和主观要件，因此，既否定其系客观要件又否定其系主观要件，或者既肯定其系客观要件又肯定其系主观要件的观点，都是逻辑不通的。所谓突破客观要件说和主观要件说对立的思维模式，实际上回避了构成要件基本理论或者否定了这一理论框架的合理性。

在笔者看来，职务属性说的论点至少存在以下两个缺陷：（1）违背刑法规范基本的文义。《刑法》第三百八十五条第一款对受贿罪的罪状明确表述为“国家工作人员利用职务上的便利，索取他人财物的，或者非法收受他人财物，为他人谋取利益的……”，而不是“国家工作人员利用可以为他人谋利的职务便利……”，而且在“为他人谋取利益”之后使用了“的”。刑法条文的这种表述，显然不是把“为他人谋取利益”作为一个非独立的、用以修饰“职务上的便利”的要素。(2）如果说“为他人谋取利益”仅仅是用来表达职务要件即“职务上的便利”属性的修饰性用语，那么，索贿行为也是需要“利用职务上的便利”这一要件的。但是，对于直接受贿中的索贿，无论是实务中还是理论上，所有人的共识是不需要考虑“为他人谋取利益”要素的。这便意味着将谋利要件作为从属于职务要件的所谓“二级要件”的说法，是难以贯穿完整的。

“混合违法要素说”是在赞成或者不反对“为他人谋取利益”是“要件”的前提下，主张这一“要件”起到联结起国家工作人员的廉洁义务和其职务本身的作用，从而是一个可以摆脱是客观要件还是主观要件纠结的一个“混合违法要素”，然而，在“为他人谋取利益”究竟是何种要件的问题上，尽管其强力批判新客观要件说的内容，但在得出所谓“混合违法要素说”的结论时，又以“为他人谋取利益”“无论是体现为客观的行为还是主观的同意”这样两者居其一的命题为前提，逻辑上也是不能自洽的。换言之，“混合违法要素说”主张“为他人谋取利益”属于“混合违法要素”，与其说是对这一要件类别（究竟是客观的还是主观的）进行定位，还不如说是对其进行作用和功能（与客观主观要件类别无关的）的评价。这一点与上述“职务属性说”的疑问是相同的。“混合违法要素说”对新客观要件说的批判，也是不能成立的：（1）包括新客观要件说的理论，并不是专门为司法解释进行背书的，特别是不能以学说的主张能否合理说明某项司法解释的内容作为标准来衡量该一学说是否合理。因此，以新客观要件说关于“默示承诺”也是承诺的主张，难以说明最高人民法院、最高人民检察院司法解释在第十三条第一款第（一）项规定了“承诺”之后为何在同款第（二）项并列规定“明知他人有具体请托事项的”为由，来批评新客观要件说，是有失偏颇的。何况，新客观要件说也未必不能合理解释司法解释的内容。（2）在非法收受财物的受贿罪中，国家工作人员只要收受了他人的财物，即表明职务行为的廉洁性和公众的信赖遭受侵害——财物业已收受，职务的不可收买性便遭到侵害，除非是国家工作人员“收而不受”，客观上收到但实际上缺乏接受的意思（对此，下文设有专题专门予以探讨）。因此，公众对国家工作人员职务行为的信赖并非只有在“为他人谋取利益”要件该当时才受到侵害，“为他人谋取利益”不过是完成权钱交易的一个环节，把它视为一个联结职务和廉洁义务的要素，并无实质依据。“混合违法要素说”认为国家工作人员索贿的之所以不需要“为他人谋利益”为要件，是因为索贿的情况下，索贿行为一经实施，职务行为的廉洁性和公众的信赖就同时遭受侵害，但这种见解难以说明间接受贿的受贿罪为何索贿和非法收受贿赂均应当以“为他人谋利益”为要件。难道在间接受贿的情况下，索贿又只侵害到职务行为的廉洁性？在非国家工作人员受贿罪单位受贿罪中，面临同样的解释问题。（3）“为他人谋取利益”即使是一个“职务属性”要素或“混合违法要素”，也最终要解释到客观要件或者主观要件之中，一个表明主观意图的客观行为要素，也并不是主观意图本身。正如侵占罪中“非法占为己有，数额较大，拒不退还”一样，这里的“非法占为己有”行为当然也是以非法占有目的的外在表现，“拒不退还”用来表明非法占有的目的和行为的属性，也不失为一种行为要素，拒不退还本身也说明非法占有目的。

站在新客观要件说的立场，笔者认为，在刑法理论和司法实践中认定“为他人谋取利益”，必须强调以下几点，以合理控制受贿罪的处罚范围，既避免不恰当地扩大处罚范围，又防止不恰当地限制处罚范围：

1．“为他人谋取利益”不得作为非法收受型受贿罪的主观要件，不能认为只要有证据证明国家工作人员主观上具有为他人谋取利益意图的场合，就符合这一要件。否则，将不当扩大处罚范围，在文义解释上存在疑问。《刑法》第三百八十五条第一款规定将“为他人谋取利益”置于“非法收受他人财物”之后，两者相并列，“为他人谋取利益”显然是被作为客观行为被规定的。如果“为他人谋取利益”作为受贿罪的主观要件，立法者理应将该词语置于条文之首，并准确地表达为“为给他人谋取利益”，而不是置于“非法收受他人财物”之后。另外，“为”（Wèi）一词在汉语中有不同的意义，有时作为介词，后接动词或者介动词组，表达目的，如“为把我国建设成为社会主义法治国家而努力奋斗”行贿罪中“为谋取不正当利益”，这里的“为”与“为了”同义；有时则作为介词后接名词，表达行为对象，如“为人民服务”“为他人付出”等，这里的“为”是“替”“给”的意思。[①]“为”的含义究竟是前一种还是后一种，应当联系上下文、视具体语境而定。很明显，“为他人谋取利益”中的“为”是“替”或者“给”的意思，“为他人谋取利益”也就是替他人谋取利益，表达的是一种行为。如果将“为他人谋取利益”解释为主观目的，将其中的“为”解释成“为了”，显然在语句上极不通畅。将“为他人谋取利益”作为受贿罪行为人的主观目的要件，与行为人主观故意的实际情况也不相符。在贿赂犯罪中，受贿人与行贿人（送予财物人）之间是一种权钱交易的关系，就行贿人（送予财物人）而言，其主观意图或者目的是为了谋取利益，但就受贿人而言，说其主观意图是为了给他人谋取利益，则不准确或不贴切。受贿人的主观意图或者目的在于收受他人财物，替他人谋取利益不过是客观上的为达到收受财物之目的的一种手段。

2. 国家工作人员“为他人谋取利益”即使不是实行，而只是对财物送予人的一种许诺、答应、承诺，本身也是一种行为，而非一种心理态度。2003年11月13日，《最高人民法院纪要》指出，只要具有承诺、实施和实现三个阶段之中一个阶段的行为，就具备了为他人谋取利益的要件；明知他人有具体请托事项而收受其财物的，视为承诺为他人谋取利益。这仍然强调的是“行为”要件。2016年最高人民法院、最高人民检察院的《解释》对2003年《最高人民法院纪要》的内容进行了必要的补充和明确。把握上述司法解释的规定，仍然应当站在新客观要件说的立场，特别注意以下几点：（1）从利益的实现方面来看，“为他人谋取利益”包括承诺为他人谋取利益，正在为他人谋取利益、尚未谋取到利益（实施），以及已为他人谋取到利益（实现）。同时，谋取到利益，包括谋取到全部利益和谋取到了部分利益。这样，在以“为他人谋取利益”为要件的受贿罪中，只要行为人有为他人谋取利益的承诺就足够，即使其最终未为请托人谋取到利益，也足以认定其行为构成受贿罪并成立既遂。（2）“承诺”为他人谋取利益，不论其事后有无为他人谋取利益的行为，均不影响受贿罪的成立。“承诺”为他人谋取利益作为一种意思表示行为，既可以是明示的，也可以是暗示的。前者指他人送予财物时，国家工作人员明确表示会为送予财物者或其所要求的其他人谋取利益；后者指他人送予财物时，国家工作人员虽然没有明确表示会为送予财物者或其所要求的其他人谋

---

① 参见中国社会科学院语言研究所编：《新华字典》（第10版），商务印书馆2005年版，第502页。

取利益，但并不拒绝收受财物。不过，认定行为人以暗示方式承诺为他人谋取利益，必须以客观上具有具体的请托事项为前提。否则，在行为人不明知他人有具体的请托事项的情况下，难以认定行为人承诺了为他人谋取利益（行为人收受下属、被管理人员的财物的情况例外，下述）。(3)《最高人民法院、最高人民检察院解释》第十三条第一款第（二）项所规定的“明知他人有具体请托事项的”，是一种对“承诺”行为的推定规定，对同款第（一）项“承诺”起补充作用（就像《刑法》第九十三条第二款规定“以国家工作人员论”以补充第一款）。据此，在没有证据证明行为人有承诺行为（当然更没有实行）的情况下，只要行为人收受了他人财物，而在收受财物之时又明知他人有具体请托事项的，收受财物行为本身就表明行为人承诺为他人谋取利益。(4)“承诺”为他人谋取利益作为一种出卖职务行为的行为，其内容既可以是真实的，也可以是虚假的。所谓虚假的承诺，是指国家工作人员客观上具有为他人谋取利益的职权便利，但主观上根本不想通过职务行为为他人谋取利益，而又承诺通过职务行为为他人谋取利益。这种情况下，职务行为的不可收买性同样受到侵犯。[①] (5) 行为人履行职责、客观上实施了“为他人谋取利益”的时候，虽然没有权钱交易的意图，但是，事后基于履职事由收受他人财物的，也符合“为他人谋取利益”的要求。例如，户籍警甲依法依规为辖区居民乙办理非婚生子女的落户手续，解决了乙多年的困难。在办理落户时，甲和乙孰不相识，甲没有索取和收受乙财物的意思表示，乙也没有给予甲财物的意思表示。但是，乙的非婚生子女落户后，乙找到甲表示“一定要重谢”，给予甲5万元，甲未拒绝。在此案中，甲履职时虽然没有接受乙以贿赂为对价的请托，只是例行职责给乙处理事宜，但事后其收受乙5万元“感谢费”，明知是基于其给乙办理非婚生子女落户手续之事由（对于乙来说属于“谋取”了利益），应当认定甲为乙谋取了利益。(6) 凡是收受具有上下级关系的下属或者具有行政管理关系的被管理人员的财物，可能影响职权行使的，其收受财物行为本身就同时推定至少是承诺为下属、被管理人员谋取利益，无须以证据专门证明“为他人谋取利益”的客观事实。

---

① 在司法实践中，有的行为人收受他人财物，承诺了为他人谋取利益，但事实上该种利益在客观上不具有实现可能性。这实际上也属于虚假承诺。对此能否认定为受贿罪？笔者认为是可以的。因为利益能否实现不是受贿罪中归责的关键因素，只要行为人主观上具有受贿的故意，客观上具有利用职务上的便利为他人谋利的行为，即使谋取利益“不能”，也同样侵犯了职务行为的不可收买性，认定受贿罪也符合刑法的规定。

关于“为他人谋取利益”的认定，还有一个值得注意的问题，就是：这里的“他人”是否仅仅是指送予国家工作人员财物的人，是否可以包括单位？笔者认为，回答这一问题，要结合受贿罪的本质特征、侵害的法益和刑法对贿赂犯罪的罪名体系设置进行分析。受贿罪禁止的是行为人将自己的职务行为与他人的财物进行交换。因此，国家工作人员为送予财物的人谋取利益，属于受贿罪，为送予财物的人代表、指明或暗示的其他人谋取利益，也同样应当成立受贿罪。我们不能机械地理解“非法收受他人财物”和“为他人谋取利益”中的“他人”，站在形式的立场强调两个“他人”是同一人。因为送予国家工作人员财物的人，与通过国家工作人员职务行为获得利益的人是否同一人，丝毫不影响财物与国家工作人员职务行为之间的对价关系和交换性。同理，国家工作人员收受单位的财物为该单位或其他单位谋取利益，国家工作人员收受自然人的财物按照自然人要求为某单位谋取利益，都是侵犯国家工作人员职务行为不可收买性的行为，均应当认定为受贿罪。[①] 从刑法对贿赂罪名体系的设置看，刑法中规定的行贿犯罪共有行贿罪、对有影响力的人行贿罪、对单位行贿罪和单位行贿罪四个罪名。其中，对单位行贿罪中，行贿的对象是国有单位而不包括国家工作人员个人；行贿罪和单位行贿罪重要的区别在于是实施行贿行为的主体是个人还是单位；共同点是行贿的对象均是国家工作人员个人；对有影响力的人行贿罪，指的是个人或单位向有影响力的人实施行贿的行为。然而，在受贿犯罪中，国家工作人员接受贿赂的罪名只有受贿罪一罪，单位受贿罪的主体仅限于国有单位（贿赂犯罪罪名体系及对向关系，详见下列图表）。这样一来，如果否定国家工作人员索取、收受单位财物的行为成立受贿罪，则对于这种行为就没有其他罪名可以包容。这样的结果意味着——单位行贿可以成立犯罪，但接受单位贿赂的国家工作人员反而是无罪的。显然，这样的解释结论是不协调的。

① 在我国刑法规定的贿赂犯罪中，对于国有单位受贿的行为存在主体有别于受贿罪的单位受贿罪，对于给国有单位行贿的行为存在对象有别于行贿罪的对单位行贿罪，对于单位向国家工作人员行贿的行为存在主体有别于行贿罪的单位行贿罪而言。但是，对于国家工作人员收受单位财物的行为没有从对象上单独设立罪名，因此，应当也只能将这种行为解释到受贿罪的构成之中。

图表 “贪污贿赂罪”章中贿赂犯罪罪名体系及对向关系①

<table>
<tr><th colspan="2">受贿犯罪</th><th>索取、收受财物
←←←←
被索取、送予财物</th><th colspan="2">行贿犯罪</th></tr>
<tr><td rowspan="2">主体：国家工作人员</td><td rowspan="4">受贿罪</td><td rowspan="2">索取、收受财物←←←←被索取、送予财物</td><td rowspan="2">行贿罪</td><td>主体：个人</td></tr>
<tr><td>财物去向：国家工作人员</td></tr>
<tr><td rowspan="2">索取、接受财物的来源：个人；单位</td><td rowspan="2">索取、收受财物←←←←被索取、送予财物</td><td rowspan="2">单位行贿罪</td><td>主体：单位</td></tr>
<tr><td>财物去向：国家工作人员</td></tr>
<tr><td>主体：国有单位</td><td rowspan="2">单位受贿罪</td><td rowspan="2">索取、收受财物←←←←被索取、送予财物</td><td rowspan="2">对单位行贿罪</td><td>主体：个人；单位</td></tr>
<tr><td>索取、接受财物的来源：个人；单位</td><td>财物去向：国有单位</td></tr>
<tr><td>主体：国家工作人员的近亲属、其他与国家工作人员关系密切的人；离职国家工作人员及其近亲属、与之关系密切的人</td><td rowspan="2">利用影响力受贿罪</td><td rowspan="2">索取、收受财物←←←←被索取、送予财物</td><td rowspan="2">对有影响力的人行贿罪（对离职国家工作人员及其近亲属或者关系密切的人行贿，无罪）</td><td>主体：个人；单位</td></tr>
<tr><td>索取、接受财物的来源：个人；单位</td><td>财物去向：国家工作人员的近亲属、其他与国家工作人员关系密切的人</td></tr>
</table>

① 这里讲的“对向”关系非严格意义，考虑到行贿犯罪的成立要求“为谋取不正当利益”，而受贿犯罪中“为他人谋取利益”一般不要求谋取的是不正当利益（斡旋受贿的受贿罪除外），所以，当送予财物者为谋取正当利益而受贿者为其谋取这种利益而索取或接受财物时，就不存在对向关系。

五、贿赂犯罪中不正当利益的界定

“为请托人谋取不正当利益”是间接受贿行为类型成立受贿罪的必备要素，也是利用影响力受贿罪的构成要件要素。另外，刑法中所有行贿犯罪的成立，也都要求为谋取“不正当利益”。因此，判断相关利益是否正当，往往成为行为人是否构成贿赂犯罪的重要问题。为了便于司法实践中正确区分受贿行为人为他人所谋取的利益是否正当、行贿人谋取的利益是否正当的问题，最高人民法院、最高人民检察院先后出台了多个司法解释：(1) 1999 年 3 月 4 日，《最高人民法院、最高人民检察院关于在办理受贿犯罪大要案的同时要严肃查处严重行贿犯罪份子的通知》（高检会〔1999〕1 号)，对于行贿罪、单位行贿罪、对单位行贿罪中的“谋取不正当利益”，解释为“是指谋取违反法律、法规、国家政策和国务院各部门规章规定的利益，以及要求国家工作人员或者有关单位提供违反法律、法规、国家政策和国务院各部门规章规定的帮助或者方便条件。”(2) 1999 年 9 月 16 日，《最高人民检察院关于人民检察院直接受理立案侦查案件立案标准（试行)》在附则中规定：“本规定中有关贿赂罪案中的‘不正当利益’，是指谋取违反法律、法规、国家政策和国务院各部门规章规定的利益，以及谋取违反法律、法规、国家政策和国务院各部门规章规定的帮助或者方便条件。”(3) 2003 年 11 月 13 日《最高人民法院全国法院审理经济犯罪案件工作座谈会纪要》的完全肯定（《纪要》对“不正当利益”的解释与上述《立案标准》（试行）完全相同)。(4) 2012 年 12 月 26 日，《最高人民法院、最高人民检察院关于办理行贿刑事案件具体应用法律若干问题的解释》第十二条规定，行贿犯罪中的“谋取不正当利益”，是指行贿人谋取的利益违反法律、法规、规章、政策规定，或者要求国家工作人员违反法律、法规、规章、政策、行业规范的规定，为自己提供帮助或者方便条件；违背公平、公正原则，在经济、组织人事管理等活动中，谋取竞争优势的，应当认定为“谋取不正当利益”。

上述前三个司法解释内容基本一致，第四个司法解释即 2012 年《解释》在前三个司法解释的基础上进行了补充，增加了国家工作人员违反行业规范规定为请托人谋取的利益及违背公平、公正原则谋取竞争优势的两种情形，也应当属于不正当利益。

笔者认为，利益按照合法性程度可以分为应得利益、非法利益和可得利益（不确定利益）三种。其中，可得利益（不确定利益）是指通过合法正当手段可以得到的合法利益。不正当利益首先包括非法利益是没有问题的，应得利益属于正当利益也是没有问题的。但是，所谓“违反法律、法规、规章、政策规定”，或者“国家工作人员违反法律、法规、规章、政策、行业规范的规定”为请托人提供帮助或者方便条件而谋取的利益，是否是指一切通过非法、违规手段而谋取的利益？目前理论和实践中，有人予以肯定，认为采取行贿手段谋取的利益也属于不正当利益。[①] 在笔者看来，这种说法不能成立。通过非法、违规手段取得的合法利益，也不能一概视为不正当利益。因为行贿和收受财物本身就是非法的，如果承认通过非法、违规手段取得的合法利益都是不正当利益，那么就意味着刑法规定的间接受贿和行贿犯罪以“谋取不正当利益”为限制要件就没有意义。所以，对“不正当利益”的最好理解，就是包括非法利益和不法手段谋取的不确定合法利益。不确定的合法利益，也就是指当事人谋取的利益虽然符合法律、法规、规章、政策和行业规范的规定，但在能否取得、取得多少等方面处于不确定的状态。之所以说是可得利益或不确定利益，是因为这种利益的取得存在竞争性或者受自由裁量权的影响处于不确定状态。国家工作人员间接受贿，通过其他国家工作人员的职务行为为请托人谋取这种利益的，便属于谋取不正当利益。如果利益合法且确定，则不能因为该利益的取得采取了行贿手段而被认为属于不正当利益。这也就是2012年《解释》强调违背公平、公正原则，在经济、组织人事管理等活动中，谋取竞争优势的也应当认定为“谋取不正当利益”的正当根据所在。比如，某国有单位办公楼建设工程招标，甲乙丙三人都具有投标资格，三人在报价、工程用料等方面各有优势，究竟谁能中标并不确定。为了获得工程，甲乙丙三人分别向有关国家工作人员田某送予了人民币2万元、3万元、1.5万元，田某利用本人职权形成的便利条件，要求该国有单位负责人将工程承包给了乙。此案中，甲乙丙三人都明知自己能否中标处于不确定状态，为了获得工程，均给予田某财物，属于“为谋取不正当利益给予国家工作人员以财物”的行为，均成立行贿罪。田某利用职务上的便利，承诺通过国有单位负责人为甲乙丙每人谋取不正当利益，收受人民币共6.5万元，构成间接受贿形式的受贿罪。

① 参见曾乐非：《论行贿罪的司法认定》，载《检察实践》2003年第2期。

六、如何认定收受回扣、手续费的受贿罪

《刑法》第三百八十五条第二款规定："国家工作人员在经济往来中，违反国家规定，收受各种名义的回扣、手续费，归个人所有的，以受贿论处。"与之对应，《刑法》第三百八十九条第二款也规定了以回扣、手续费形式成立行贿罪的情形："在经济往来中，违反国家规定，给予国家工作人员以财物，或者违反国家规定，给予国家工作人员以各种名义的回扣、手续费的，以行贿论处。"另外，《刑法》第三百八十七条单位受贿罪和《刑法》第三百九十一条对单位行贿罪和《刑法》第三百九十三条单位行贿罪中也规定有以回扣、手续费受贿或者行贿的情形。其中《刑法》第三百八十七条第二款规定的是国有单位"在经济往来中，违反国家规定，在账外暗中收受各种名义的回扣、手续费的，以受贿论"；《刑法》第三百九十一条第一款规定的是"在经济往来中，违反国家规定，给予各种名义的回扣、手续费的"（对条文进行整体解释，指的是给予国有单位——作者注）对单位行贿罪；《刑法》第三百九十三条第一款规定的是单位"违反国家规定，给予国家工作人员以回扣、手续费"成立单位受贿罪。《刑法》第三百九十三条第一款对单位行贿罪给予国家工作人员以回扣、手续费的情形，虽然没有"在经济往来中"的表述，但实际上仍然指的是在经济往来中。

刑法之所以就收送回扣、手续费的受贿、行贿行为类型作出特别规定，是因为在经济往来中的商业贿赂有其特殊性和复杂性。在商业活动或者经济往来中，交易双方往往基于自愿、按照商业惯例或交易习惯，给予对方某种名义的金钱、财物，实际情况和法律评价较为复杂，有必要从贿赂犯罪的本质特征予以把握辨析。下面根据刑法的规定，重点就收受回扣的受贿问题进行阐述。

关于"回扣"的一般含义，《现代汉语词典》解释是："经手采购或代卖主招揽顾客的人向卖主索取的佣钱。这种钱实际上是从买主支付的价格中扣出的，所以叫'回扣'。有的地区也叫'回佣'。"简言之，回扣就是收款方在收到商品或劳务付款后退回给付款方其中一部分的款项。

作为刑法规范中的用语，"回扣"则必须基于其一般含义的基础，结合我国刑法及其他有关非刑事法律法规的规定予以解释。我国最先规定惩处收送回扣行为的法律是1993年9月2日通过的《反不正当竞争法》。该法第八条规定："经营者不得采用财物或者其他手段进行贿赂以销售或者购买商品。在账

外暗中给予对方单位或者个人回扣的，以行贿论处；对方单位或者个人在账外暗中收受回扣的以受贿论处。”结合刑法的有关规定，笔者认为，贿赂犯罪中的“回扣”，是指在经济往来中，经营者违反国家规定，从所收取的价款中扣出一定数量或比例的款项，或者以一定数量或比例的额外款项，在账外以财物或其他方式支付给对方单位或其负责人、代理人、经办人等相关人员的报酬。

作为贿赂的“回扣”，具有以下特征：

1. 产生的领域是经济往来中。无论是国家工作人员还是国有单位因为收受回扣而成立受贿犯罪，抑或是给予国有单位回扣成立单位受贿罪、单位给予国家工作人员以回扣成立单位行贿罪，都是发生在经济往来过程中。非经济往来领域，不存在因为收送回扣而成立受贿、行贿犯罪的问题。如行政审批、招生招录过程中，不存在国家工作人员因收受回扣而成立受贿的问题，其收受请托人财物，直接适用《刑法》第三百八十五条第一款。当然，国家工作人员收受回扣所发生的经济往来活动，体现的经济关系是其所从事公务的单位与其他单位或个人之间，国家工作人员并不是经济往来的主体。

2. 刑法中作为贿赂的“回扣”，无疑具有非法性质。给予和收受回扣都是违反国家规定、在账外暗中收送的，因此，不存在所谓合法回扣与非法回扣之分。在市场经济活动中，普遍存在折扣、佣金现象，但折扣、佣金本身并不当然违法。当然，违反国家规定，以折扣、佣金之名义在账外收送回扣、手续费的，则另当别论。正常的商品价格、服务费用折扣，是经营者通过价格上的优惠达到促销目的的一种方式，是经营者在商品交易或者提供、接受服务的过程中，“明示并如实入账”的打折，即公开明示的价格减让。《反不正当竞争法》第八条第二款规定：“经营者销售或者购买商品，可以以明示方式给对方折扣……”折扣与回扣在形式上的区别是前者明示、如实入账，后者是背着雇主或委托人在账外暗中给予和收受；在本质上的区别则是前者为法律所允许、符合商业惯例、不损害同业者与消费者利益，后者是商业贿赂的现象，损害同业者与消费者利益，为法律所禁止。佣金是代理人、售货人、经纪人或受委托人等依法依约按照交易额或业绩的一定比例获取的酬劳。《反不正当竞争法》第八条第二款规定：“经营者销售或者购买商品……可以给中间人佣金……给中间人佣金的，必须如实入账，接受佣金的经营者必须如实入账。”1996 年国家工商总局《关于禁止商业贿赂行为的暂行规定》第七条也规定：“经营者销售或者购买商品，可以以明示方式给中间人佣金。经营者给中间人佣金的，必须如实入账；中间人接受佣金的，必须如实入账”。在商品交易活动中，佣金也往往以“好处费”“手续费”“辛苦费”“介绍费”“茶水费”“提成费”“信息费”“业务费”等名义出现，对其法律性质判断，应当结合有关法律法规、规章的规定，着重考察相关费用的给予和收受是否存在真实的商品交易、服务提供，是否按照合同订明公开进行、如实入账。对于不符合主体身份收受、不是如实入账且在实质上不属于按照交易量、销售额一定比例给予、收受的款项，应当以商业贿赂论。例如，国家工作人员利用职权协助近亲属或其他特定关系人从事交易，作为“中间人”向特定关系人或交易对方收受“手续费”的，由于国家工作人员不具有合法中间人的地位，且有协助交易具有权力基础，其行为属于受贿。

3. 回扣的给予或收受者可以是经济往来中的任何一方。理论上和实务中有人认为，回扣只能是商品销售或者服务提供一方给予、只能由商品购买或者服务接受一方收受。因为只有卖方（或其代理人）才有可能从自己的价款中扣出一部分返还给买方或其代理人；而买方为了购进货物或者得到服务，如果额外给予对方价款，则不属于“回”款的回扣。笔者认为，从《反不正当竞争法》的规定和刑法惩治贿赂犯罪的宗旨来看，经营者双方都可以是给予或者收受回扣的主体，而无论国家工作人员、国有单位是商品购买方还是销售方，只要违反国家规定，在经济往来中收受回扣的，都是受贿行为、都要受到惩治。例如，销售商甲向国有单位销售办公用品，国有单位的经办采购人员乙以额外收取甲的款项归自己所有为条件才向甲采购，否则不与甲进行交易。在此，乙属于在经济往来中收受回扣，具有受贿的性质。而相反，国有单位管理人员要处理本单位废旧物品，为了获得个人利益，将本单位废旧办公用品低价（账面）处理给某废品收购站，而个人从废品收购站收受“好处费”“介绍费”，同样属于收受回扣，具有受贿性质。

七、索而未取、收而不受、受而未收等情况如何处理

刑法将索取他人财物与“非法收受”他人财物作为受贿罪的两种形式。索取，从字面上看是“索”和“取”的组合，“索”指求取、讨取，“取”指领取、取得。[①] 受贿罪中的索取也应该是指行为人向相对人索求并取得他人财物的行为。“收受”，从字面上看就是“收”和“受”两个字的组合。“收”

① 《辞海语词分册》，上海辞书出版社1977年版，第118、1965页。

指收取、接纳；“受”指接受、承受。[1] 因此，受贿罪中的“收受”就是指收取并接受（他人财物），也应该是一种复合行为。

犯罪行为从时间概念上看是一个过程，是指时间的“一段”，而不是时间的“一点”。[2] 索取与收受行为本身也是一个过程，如果综合考虑受贿罪的其他客观要件，要素和司法机关的查处时间，行为人在不同的时间“段”上或“点”上收取财物，就成为能否认定受贿罪意义上的索取或“收受”的关键所在。这也是司法认定中常见的疑难问题之一。

（一）“索而未取”如何处理

司法实践中，“索而不取”有两种情况：一是行为人向他人索要财物，而对方不答应给付或者没有明确的答复；二是行为人提出索要财物要求时，对方口头答应给付但在案发时还没有实际给付，“索而未得”。对以上两种情况是认定为受贿既遂还是未遂，抑或是无罪处理？值得研究。

关于第一种情况，我国刑法理论上鲜有探讨，实务中做法也各不相同。大致有以下两种立场：一种观点认为，行为人利用职务上的便利，索要他人财物，只是由于对方拒绝而未得逞，属于其意志以外的原因，因而构成受贿罪未遂；另一种观点则认为，受贿罪中的索取是由索求与取得两个行为构成，应该说是一种复合行为。这个概念实际上包含了两层意思：其一，行为人以明示或暗示的方法向相对人索取或要求财物，其主观上不仅有取得相对人财物的故意，而且具有提出要求的主动性；其二，只有行为人客观上取得了相对人的财物，对方实施了给付行为或者承诺给付，两者的统一才构成刑法意义上的索取。如果只有主观上的要求即“索求”而客观上不能实际“取得”（因相对人拒绝），则不能被认为是受贿罪中的索取。其次，从侵犯的法益上分析，只“索”而不“取”也不足以侵犯职务行为的不可收买性。因此，应该不以犯罪处理。笔者同意第二种观点。

对于第二种情况，实务中也有不同的观点：一种观点认为，行为人利用职务上的便利，向相对人提出索要财物，而相对人口头答应给付但案发时还没有实际给付的，应该构成受贿罪中的索取。理由是相对人答应给付就应该视为索取行为的完成，没有给付只是因为时间上的原因而没有来得及完成，实际

---

① 《辞海语词分册》，上海辞书出版社 1977 年版，第 1549、1568 页。

② 储槐植：《美国刑法》，北京大学出版社 2005 年版，第 105～106 页。

"取得"只是时间问题，对此不影响索取的成立，应该构成受贿罪。另一种观点则认为，应视情况区别对待。如果有证据证实，相对人口头答应只是一种虚假承诺，相对人内心拒绝给付的，应作无罪处理。理由是口头答应并不等于相对人内心的真实给付，由此就具有相应的义务而必须予以给付。现实中相对人对自己的行为还有选择的空间和余地：或者拒绝或者给付。这就是说给付与否仍然处于一种不确定状态。实践中也确有很多相对人因有求于公职人员的职务行为而不得不作出违心的许诺，而实际上根本就不打算违法给付，因此，行为人根本不可能"取得"。在这种情况下，不能认定受贿的成立。认为相对人的"许诺"就一定意味着必须给付财物，势必会造成法律支持不法行为的尴尬局面，进而在追缴赃款时会侵犯相对人的财产。但如果有证据证实，相对人的承诺是其内心真实想法，并由此具有相应的外在表现行为，只是由于时间上的原因在案发时还没有来得及给付。这种情况下，认定为受贿罪未遂是符合刑法理论的。因此，相对人的许诺并不意味着行为人索取行为的成立，而应从行为人与相对人的主客观相统一的前提下予以正确认定。

笔者同意后一种观点，索取的成立必须从行为人与相对人主客观统一的情况下予以认定。从索取行为构造来说，完整的索取表现为行为人"主观上有要求，客观上已取得"。但由于行为人的"客观上的取得"完全受制于相对人的"主观上想给付，客观上给付"索取在现实之中的后果就可能表现为两种情形：一是行为人主观上有要求，客观上也实施了要求，但却不可能取得——相对人主观上不想给付，客观上也没有给付；二是行为人主观上有要求，客观上可以取得——相对人主观上想给付，但客观上还没来得及给付。显然对第一种情形不能认定为索取的成立，而第二种情形是不完整的索取形态，可以认定为受贿未遂。

（二）"收而不受"如何处理

"收而不受"是指行为人客观上收到相对人的财物时，在口头上表示了拒绝（实际上主观上是否接受财物仍处于一种不确定状态），但在案发时财物仍然处于行为人控制状态之中的一种情况。它专指行为人在收到相对人财物时的那一个时间段的外在表现形态。"收"是指客观上已经收到并且财物在其掌握之中；"不受"是指行为人收到财物时向相对人口头表示了不接受或拒绝接受，但只是一种语言表达行为。确切地说，行为人是否接受相对人的财物还处于一种不确定状态，随着情势变更，行为人可能接受也可能拒绝。这种情形在实践中经常碰到，也是司法实践中疑难问题之一。行为人主观上是否接受财物不能单从其语言表示来认定，而应主要根据其收受财物后所表现出来的行为来判断。但是，如果行为人收受财物的时间点与被查处的时间点间隔时间很短，仅有语言表示行为时，亦即在行为人还在不确定状态下接受财物就被查处时，能否认定为“收受”？值得研究，对此，实务中有三种观点：第一种观点认为，可以认定为“收受”，因为案发前财物实际上在行为人的控制之中；第二种观点认为，不能认定为“收受”，因为行为人向相对人表示了拒绝，应视为主观上并不想接受相对人财物；第三种观点认为，应该根据主客观相统一的原则认定“收受”，并视具体情况分别对待。

笔者同意第三种观点。“收受”的司法认定是极度复杂的。从主客观相统一的角度来分析，“收受”这个概念同样包含两层含义：一是行为人客观上收取行贿人给予的财物。如果行为人只是主观上想得到相对人的财物但实际上并未收取到，或者行为人与相对人约定将来收取财物但在案发时尚未收取到，则不能认定行为人客观上收取他人财物。二是行为人主观上对相对人给予的财物表示了接受或者推定为接受。如果行为人仅是客观上收取到相对人给予的财物，而主观上未表示接受而是拒绝的，则不能认定行为人主观上对相对人给予的财物表示了接受。在这一前提之下，分别不同情况加以区别认定：

1. 如果行为人只是口头表示拒绝接受，但无具体行为的（如向有关主管部门说明情况或明确要求相对人拿回财物的或送回财物的），则应认定为“收受”。因为其虽在接到财物时表示了拒绝，即当时只有客观上的收到而无主观上的接受，但事后既未上交也未退还，则表明其主观上已对财物予以接受。

2. 如果行为人在事后向有关主管部门或单位说明了情况，但案发时财物仍在其控制之下，则应认定为其未收受财物。因为行为人表示拒绝及事后向单位或有关部门说明情况，已证明了无论在接到财物的当时还是之后，行为人主观上均无接受的意图，且由于单位或有关部门已了解情况，行为人实际上已不可能得到财物的所有权，其对财物的控制属于暂时代为保管。

3. 如果行为人在事后未向单位或有关部门说明情况，而是私下要求相对人将财物领回，应进一步具体分析：首先，应分析行为人的主观态度，包括事中和事后。在事中，有的行为人虽然口头表示拒绝，但态度并不坚决，有时是半推半就，甚至只是因“不好意思”而说的客套话，相对人也明白其中奥妙，自然会将财物留下——这种情形下，如果案发时财物仍由其控制，应认定为“收受”。有的行为人则断然表示拒绝，而相对人为达目的，乘行为人不备时将财物留下——这种情形下，如果案发时间和给付财物时间间隔不长，就不能认定为“收受”；如果间隔时间太长（但到底多长时间，应由法官结合案情自由裁量），说明行为人产生了接受故意，应认定为“收受”。在事后，有些行为人并未主动与相对人联系，而只在遇见相对人时，要其将财物领回，在相对人未领回时也就不再有表示——这种情形下，显然应认定为“收受”。而有些行为人则多次要求相对人将财物领回，甚至多次送回财物而未果——这种情形下，不宜认定行为人“收受”。其次，必须分析行为人未将财物上交或退还相对人的原因。有些行为人是碍于亲友的情面而未将财物上交，同时，因在较短时间内未能找到相对人而未退还——这种情形下，不宜认定为“收受”。因为法律并没有明文规定在什么时间内没有退还或上交就是“收受”。有些行为人则与相对人之间并无亲友的请托情份，完全可以将财物上交而不上交，或在长时间内未将财物上交或退还——这种情形下，显然可以认定为“收受”。再次，必须分析行为人有无为相对人谋利的行为。有些行为人不仅断然表示拒绝，而且多次要求相对人将财物领回，同时坚持原则未为相对人谋利——这种情形下，显然不能认定为“收受”。有的行为人虽表示拒绝，但仍为相对人谋取利益——如果谋取的是不正当利益，则可认定为“收受”；如果谋取的是正当利益，则难以认定为“收受”，因为正当利益是相对人本应得到的利益，行为人在表示拒绝接受财物的情况下为相对人谋取这样的利益，难以反映行为人具有通过自己职务行为与财物进行交换的意图。有的行为人在办不成请托事情时才要求相对人将财物领回——这种情形下，实际上行为人主观上是“能办事就收财物，办不成事就不收”的一种心理状态，对此也分两种情况处理：如果行为人在办不成请托事情时要求相对人拿回财物但相对人不予拿回的，而且行为人又没有向有关单位或部门上交或说明，并且在案发时仍然由行为人占有的，应认定为“收受”；反之，则不宜认定为“收受”。当然，有时需要综合以上三个方面的因素予以分析，才能作出正确的认定。

（三）“受而未收”如何处理

“受而未收”，是指行为人主观上同意接受相对人的财物，但财物却未由行为人本人占有的一种状况。实际中，又可以分为两种情形：一是行为人主观上同意接受相对人财物，但财物仍然由相对人（行贿人）占有；二是行为人主观上同意接受相对人财物，但明确指示财物交由第三者占有。

对于第一种情形，实务中有几种不同观点：第一种观点认为，行为人主观上同意接受相对人财物，虽然财物仍然由相对人占有，但这实际上是相对人暂时保管行为人的财物，应该认定为“收受”。第二种观点则认为，行为人虽然主观上同意接受相对人财物，但客观上还没有实际收取到相对人的财物。这和国外受贿罪中的“期约”概念等同，因而不能认定为“收受”。第三种观点认为，财物由相对人（行贿人）占有，根据双方是否有约定，又分为双方有约定的（由相对人）占有和双方无约定的（由相对人）占有两种不同情形，应视情况区别处理：对于“双方约定明确由相对人占有”的，在案发时还仍然由相对人占有的，这种情形与“行为人与相对人约定将来收取财物”还是有区别的，区别的关键在于“将来收取”与“约定占有”所表现出来的行为人的主观故意不同。“将来收取”实际上是一种“期约”，行为人能否收受到财物还有待于双方的情势是否会发生变更，因而不能认定为“收受”。《最高人民法院关于国家工作人员利用职务上的便利为他人谋取利益离退休后收受财物行为如何处理问题的批复》也明确规定，国家工作人员利用职务上的便利为请托人谋取利益，并与请托人事先约定，在其离职后收受请托人财物，构成犯罪的，以受贿罪定罪处罚。可见，“事先约定”和“事后收受”是构成（事后）受贿罪的必要条件，只具备其一而不是同时具备两要件，仍然不构成受贿罪。而“约定占有”则是相对人基于约定而对财物的保管，相对人因违法行为而丧失了财物的所有权，事实上行为人具有了对财物的处分权，对此应该认定为“收受”；而对于双方没有约定的，只要客观方面还没有实际交付财物就不能认定为“收受”，即使行为人在口头上作出了接受的表示，诸如“先放你那里”的话并不能表明行为人就具有完全接受的故意，主观上还存在变更的可能，因此，不能认定为“收受”。笔者同意第三种观点。

对于第二种情形，理论和实践部门一般认为，收受财物一般只是自己收受，而不包括他人收受。但国家工作人员要求暗示请托人向第三者提供财物的现象，在现实生活中并非罕见。对此，实务中也有两种观点：一种观点认为，受贿罪中的“收受”行为只是受贿人自己收受占有，而不能作扩大解释。因为刑法没有明确“使请托人向第三者提供贿赂罪”的立法规定，把“第三者收受”也视为是行为人收受，有类推之嫌。另一种观点认为，虽然我国刑法并没有规定使请托人向第三者提供贿赂罪，但从客观上说，刑法所规定的收受他人财物，包括直接收受与间接收受；相对人提供给第三者的财物，仍然是国家工作人员职务行为的不正当报酬，因而具有贿赂性质；对方之所以提供给第三者，是因为有求于国家工作人员的职务行为或者因为国家工作人员已经为其实施了职务行为，这表明国家工作人员利用了职务上的便利。从主观上说，刑法所规定的受贿罪并没有要求行为人具有接受贿赂据为己有的意图。退一步说，即使认为受贿罪要求行为人具有不法占有贿赂的目的，但刑法从来没有将非法占有目的限定为本人的目的，而是包含了使第三者非法占有的目的。这是因为行为人是为了本人非法占有还是为了第三者占有，对法益的侵犯程度并不产生影响。笔者同意后一种观点，认为财物由行为人收受还是第三者收受，并不影响受贿罪的法益的侵害，因而也不影响受贿罪的成立。这正如盗窃罪、侵占罪、贪污罪等犯罪中行为人将财物转为他人所有一样，即使行为人并不直接经手而将财物转为他人所有，也应视为行为人以财物所有人自居对财物进行处分，符合“非法占有”的本质，与将财物非法占为本人所有一样侵犯了法益。

（四）“案发前退回财物的或将财物上交的”是否影响“收受”的成立

司法实践中，有的行为人在案发前退回他人送予的财物或将财物交公。这种情况是否影响受贿罪的成立？2007 年 7 月 8 日，《最高人民法院、最高人民检察院关于办理受贿刑事案件适用法律若干问题的意见》（法发〔2007〕22 号）第九条规定：“国家工作人员收受请托人财物后及时退还或者上交的，不是受贿”；“国家工作人员受贿后，因自身或者与其受贿有关联的人、事被查处，为掩饰犯罪而退还或者上交的，不影响认定受贿罪。”上述司法解释的规定相对原则，有必要细致探讨。

一般来说，受贿案件中，除了在案发时财物为行为人本人或由其意志支配下其他人控制外，财物的去向问题分两种情形：一种情形是行为人收受财物后，案发前将财物退还给相对人；另一种情形是行为人收受财物后，案发前将财物交公或作为公务开支。将财物作为公务开支的情况，前文已述，此不赘言。

关于“行为人收受财物后，案发前将财物退还给相对人”的情形，实务中有几种不同的观点：一种观点认为，行为人收到财物后，受贿罪就已经既遂，将已经收受的财物予以退还不影响受贿罪的成立；另一种观点则认为，行为人收到财物时并不能意味着受贿罪的成立，因为法律并没有禁止财物不可以退还给相对人。事实上，行为人是否收受财物，并不能以行为人客观上收到财物为标准来判断，财物退还给相对人表明了行为人没有受贿的故意，法律应该允许行为人将财物退还给相对人。从法益侵害的角度分析，退还了财物并不会对国家公职人员的廉洁性造成实质的危害，因而也不应以受贿论处。还有一种观点认为，不能以财物退还给相对人就不构成受贿罪、反之就构成受贿罪的观点来认定是否构成受贿罪，而应该根据实践中不同情况来区别处理。笔者同意第三种观点，受贿案件中行为人将财物退还给相对人有很多不同的情形，应该根据个案的具体情形分别处理。行为人将财物退还给相对人有以下几种情形：

1. 行为人发现相对人暗中送的财物而退还。有的相对人为谋取某种利益，在行为人不接受财物的情况下，采取暗中送物或趁人不备时将财物放下即离去等方式，行为人一旦发现财物便及时退还。这种情况就属于司法解释所讲的“及时”退还，不应当认定为受贿。“及时”退还或上交包含两个要素：一是行为人知道接受到他人送予的财物，这是前提。在行为人不知情的情况下，无论请托人送予财物多长时间、在案发时没有退还或上交，都谈不上及时不及时退还或上交的问题，行为人也没有受贿的故意。二是在没有客观不能或特殊事由的情况下，行为人在最短时间内将财物退还或上交。例如，行为人在发现他人暗中给自己家里送予了现金之后，应当在最短的时间内联系送钱人或有关组织，表明退还或上交的意愿，并商约退还或上交的时间、地点、方式等，然后付诸实施。但是，如果因为本人或家属急病、发生重大疾病疫情、灾害等突发事件导致一时无法付诸实施的，不能认为没有“及时”退还或上交。

2. 行为人发现近亲属或其他特定关系人收受财物时而勒令退还。有的相对人因为行为人拒收财物或担心行为人不接受财物，就以种种借口和理由让行为人近亲属或其他特定关系人收受。如果行为人发现后勒令将财物退还或上交、且确已退还或上交了的，这种情况也不应认定为受贿。因为和上面第一种情况相同，行为人主观上缺乏受贿的故意，从行为构造来分析，也属于“收而不受”。

2016 年《最高人民法院、最高人民检察院贪污贿赂刑事案件解释》第十六条第二款规定：“特定关系人索取、收受他人财物，国家工作人员知道后未退还或者上交的，应当认定国家工作人员具有受贿故意。”这是从与上述情况相反的角度作出的认定受贿的规定。强调的是，特定关系人索取、收受请托人财物之后国家工作人员事后知情的，如果不将财物退还或上交，即表明其主观上有出卖职权的意图，符合受贿罪的本质特征。当然，实践中仍然应当注意，在特定关系人索取或收受财物、国家工作人员事后知情的情形中，仍要考虑案发时财物未退还或上交的具体原因，对于行为人能够提出“主观上想退还或上交”的合理辩解，也不存在未“及时”退还或上交因素的，也不能因为客观上财物没有退还或上交，就一概认定受贿罪的成立，因为不排除上文所述的“收而不受”。

3. 行为人因悔罪或害怕承担法律责任而主动将财物退还。有的行为人索取或非法收受财物后，因某种原因（包括案发前获得自己或其他相关联人可能被查处的消息；误认为自己或其他相关联人可能被查处；国家某一段时间采取从严打击腐败犯罪政策，他人案发后害怕自己被查处，等等）而认识到自己行为的性质，主动将财物退还给相对人或上交，以期逃避法律制裁。由于这种情形下的行为人是由于想逃避法律的制裁而退还，因此，退还或上交财物行为不能阻却受贿故意的成立，退还或上交财物之前"收受"行为已经完成，犯罪已经成立，行为人在案发前退还，只是向相对人"退贿"或上交退赃的表现而已。

4. 行为人因未把允诺的事情办妥而退还。有的行为人因未给相对人办成允诺的事情或者看到可能办不到，而主动将财物退还给相对人。这种情况，笔者认为性质同上述第三种情况，仍不影响受贿罪的认定。

5. 行为人因相对人要求退还而退还。这里又分三种表现：一是相对人对行为人索贿不满，而要求退还；二是相对人因所谋取利益的目的没有达到，而要求将财物退还；三是相对人因受到追查而要求退还。对这些情形的处理，实务中有两种观点：第一种观点主张不以犯罪论处；第二种观点主张按犯罪从宽处理。笔者同意第二种观点。因为上述三种情形下的退还，均是行为人被迫而退之，从收受行为的构造分析，受贿罪中"收受"业已成立。行为人主观上想最终占有已经收受的财物但客观上不能最终占有，与司法解释所讲的"因自身或者与其受贿有关联的人、事被查处，为掩饰犯罪而退还或者上交"不完全相同，但近似。

八、涉及科技人员受贿案件认定中的疑难问题

所谓科技人员受贿案件，是指科技人员在科研活动中，利用职务上的便利索取他人财物，或者非法收受他人财物，为他人谋取利益的行为。司法实践中，在认定科技人员受贿案件时，必须首先界定科技人员的国家工作人员的身份。一般来说，从科技人员参与的技术活动的性质就可认定科技人员是否具备国家工作人员身份。科技人员从事技术咨询、技术开发、技术转让、技术服务、技术承包等技术活动，从性质看，不外乎两种：一种是承担单位的公务性质的技术合同任务，这是一种依法进行的公务活动；一种是在国家法律和政策允许的前提下，科技人员业余从事的第二职业，它不是公务活动。因此，只有依法从事具有公务性质的科技活动，以及在科技活动中具有行政、管理职责的科技人员，才可成为受贿罪主体。除此之外则不能构成受贿罪的主体。对于科技人员涉嫌受贿的案件，仍有许多问题值得探讨：

（一）科技人员利用自己所掌握的关键技术上的便利是否可以理解为利用职务上的便利

受贿罪中的利用职务上的便利，是指利用本人职务上主管、负责、承办某项公共事务的职权，也包括利用职务上有隶属、制约关系的其他国家工作人员的职权，表现为一种公权性质。那么，科技人员利用自己所掌握的关键技术，索取或者非法收受他人财物能否理解为利用职务上的便利呢？对此，实务中有人认为，利用所掌握的关键技术与利用职务上的便利有所不同，前者是技术权力，后者是公共管理权力，两者有本质上的区别，对前者不应该以受贿论处。在笔者看来，对此需要根据科技人员所掌握技术的归属，确定是否有可能构成受贿犯罪：如果科技人员根据本单位的指派、委托从事技术活动，他就有义务根据合同的规定提供技术咨询、技术服务。不能因为技术的智力性质而否定其从事工作的管理性，单纯的公共管理权也具有智力性的特征。从这个角度来说，技术权也是单位的管理权的一种形式，如果科技人员违背其所承担的职责，利用手中关键技术的便利，索要或者非法收受他人财物，为他人谋取利益的，应以受贿论；如果科技人员利用的不是单位所有的根据合同应提供的技术，而是利用个人的关键技术的，则不能以受贿论处。

（二）科技人员在技术咨询等活动中，提供了合同约定以外的技术服务或劳务，收取相应报酬，如何处理

技术也是商品，根据商品经济等价交换的原则，只要提供了技术或劳务，就应获得相应的报酬。由于技术合同本身的局限性，经济生活的千变万化，执行合同过程中可能出现合同约定以外的需要解决的技术问题。在执行合同中，也可能因为双方合作良好，对方单位请求科技人员为其解决科技生产活动中其他技术问题。因此，只要科技人员提供的额外技术服务不侵犯其所在单位技术利益或违反国家有关规定，对其所得收入就应予肯定。也就是说，不仅不能以犯罪论处，相反要予以充分肯定。科技人员的技术活动为对方单位经济发展作出了重大贡献，对方单位出于感激或继续合作的愿望，以奖金等名义在合同约定之外给予科技人员一定数量财物的；如果科技人员没有利用职务上的便利或利用单位所有的关键技术的，单位有规定的，可按单位规定处理；即使与单位规定相冲突的，也不应以犯罪论处。

（三）如何区分既具有管理职务又有技术职务的科技人员“利用职务上的便利”

实践中，很多科技人员既从事技术服务活动，又具有一定的管理职务。如何认定其是否利用了职务上的便利，对于其行为是否构成受贿罪具有决定性的作用。如果科技人员在经济往来中，利用管理职务上的便利，与他人勾结，以次充好、以假充真、以少报多、以多报少、抬高或降低物资价格、提高工程造价、降低工程质量等手段为他人谋取利益，而以酬谢费、服务费、顾问费等名义索取、收受财物的，均应以受贿论处；如果不是利用职务上的便利，而是利用其在科研、服务过程形成的社会关系，为他人推销产品、购买物资、联系业务，索取、收受财物的，不应以受贿论。实践中，科技人员在技术咨询、技术服务等活动中，因有权为对方单位选定施工单位，为工程项目定价、产品定级，从而个人有利用职务上的便利为他人谋取利益的可能性，同时又确实为有关当事人提供了技术咨询、技术服务。对科技人员在上述活动中索取、收受了一定财物的，由于技术咨询与利用职务上的便利交织在一起，往往难以区分罪与非罪。对此应实事求是，具体案件具体分析。如果明显是利用提供工作承包、加大工程造价等便利和手段为他人谋取利益，从而索取、收受财物的，应以受贿论。比如，工程设计人员为甲方设计桥梁，受甲方委托选定乙方为施工单位，并与乙方签订技术咨询合同，收取咨询费，同时又向乙索要工程转让费。该工程技术人员根据合同向乙方收取咨询费，无可非议；但向乙方索要工程转让费，则应以受贿论。对既有技术咨询费成分，又难以排除不是利用职务上的便利索取、收受贿赂的，一般不应以受贿论。如在上例中，若该工程设计人员是在无义务为乙方提供技术咨询的情况下向乙方提供了技术咨询，同时，又是利用职权把工程交给乙方承建，那么，该工程设计人员向乙方索要财物就很难说是索取贿赂。对既有行政职务又具有技术职称的人员，如果根本没有或无能力为他人提供技术服务的，却在履行行政职务时，以提供技术劳务为名，索取对方财物或收取对方财物为其谋利的，应以受贿罪论处。

九、涉及有价证券、股票受贿案件认定中的疑难问题

所谓涉及有价证券、股票的受贿案件，是指行为人利用职务上的便利，索取、非法收受他人有价证券或股票，为他人谋取利益的行为。作为财物表现形

式的有价证券和股票，可以成为受贿罪的犯罪对象。但是，因为有价证券和股票与传统财物的差别性，在认定中有许多问题值得探讨：

（一）何时为受贿罪的既遂点

在涉及有价证券和股票的受贿案件中，是收受有价证券、股票时为受贿罪既遂的成立，还是以日后兑换成货币或财物为既遂成立的标志？实务中有两种观点：一种观点认为，有价证券和股票自身并没有价值，它仅仅是持有人借以取得财产所有权的一种凭证，因此，受贿人收受自身没有价值的有价证券和股票时，还不能认定其收受行为的完成，应该以其日后兑换成货币或财物时为受贿罪既遂的成立，收受有价证券和股票后还要承担其他的风险，这与贿赂的本质不符；另一种观点则认为，有价证券与股票虽然自身没有价值，但它们是一种可以金钱衡量的财产权利，被受贿人实际取得后，即为受贿罪既遂。无论其日后是否能够实际占有财产利益，都不影响受贿罪的成立。有价证券和股票具有一定的价格，它可以在规定的场所通过买卖或者转让，给持有人带来财产收入，因此，可以计算受贿数额。笔者赞同第二种观点。

（二）如何认定涉及有价证券和股票受贿案件的犯罪数额

对于涉及有价证券和股票的受贿案件，因为犯罪对象的特殊性（有价证券和股票价格的不稳定性）决定了在犯罪数额认定上的复杂性。这也是司法认定的疑难问题。笔者认为，应根据有价证券和股票的性质分别认定：对于不记名、不挂失的有价证券，不论能否随即兑现，均按票面数额和案发时应得的利息、奖金或奖品等一并计算。股票应按照受贿当日证券交易所公布的该种股票成交的平均价格计算；对于记名的有价证券，如果是票面价已定并能随即兑现的，应按票面数额（有利息的应包括案发时应得的利息）或可提货物的价值计算。如果票面价值未定的，但能随即兑现的，则以实际兑现的财物价值计算；对于不能随即兑现的记名有价证券或将能随即兑现的有价证券销毁或丢弃，而所有人（行贿人）可以通过挂失、补领、补办手续等方法避免实际损失的，不按票面数额计算，只可作为量刑考虑的情节。

（三）行为人收受股票后，股票价格的涨跌能否影响受贿罪数额的构成

笔者认为，行为人收受股票后，股票价格的涨跌原则上不应该影响受贿罪数额的构成，但要正确认定收受时股票的数额，即股票的价值数额：对收受尚

未批准上市交易的股票的，原则上按股票的票面价值认定。如已另外分得股利的，还应同股票票面价值一并计算。如果行为人收受股票后转让的，应按行为人的转让价认定。对收受已经批准上市交易。股票尚未转让的，原则上按其收受股票当日所公布的该种股票成交的收盘价格认定。如行为人收受股票后，取得股息和红利的，还应一并计算。如行为人收受股票后通过证券交易所转让的，应按其实际转让价认定。根据 2003 年 11 月 13 日最高人民法院下发的《全国法院审理经济犯罪案件工作座谈会纪要》的规定，股票已上市且已升值，行为人仅支付股本金，其“购买”股票时的实际价格与股本金的差价部分应认定为受贿。这实际上是强调受贿数额应当扣除行为人的“成本”。

（四）股票的转让方式对受贿罪的认定有无影响

以股票为内容的贿赂犯罪中，通常由行贿人将一定数额的股票交付受贿人并由受贿人收受。如此完成的贿赂，实际上是股票转让的过程。股票转让因记名股票与无记名股票的区别，分为交付转让和背书转让。交付转让，即无记名股票可视为种类物，其转让仅需将股票交付相对人，即产生法律效力。背书转让，即股票持有人将转让的意思表示记载于证券背面的转让行为。我国《合同法》第一百四十五条规定：记名股票，由股东以背书方式或者法律、行政法规规定的其他方式转让。记名股票的转让，由公司将受让人的姓名或名称及住所记载于股东名册。由此可以看出，在股份转让问题上根据物权变动原理，实行公示和公信原则，将无记名股票作动产对待，以交付行为作为公示方式，以交付（占有）的事实表现出公信力；将记名股票作不动产对待，以登记作为公示方法，并由此取得登记公信力，按照物权变动之公示公信原则，即便股权事实上已经变动，但未实行公示的形式，仍然不发生所有权变动的效力。反之，如果形式已经履行变动手续，但事实上并未变动，仍然发生变动的效力。一般情况下，行贿人出于谋取非法利益的目的，将无记名股票付给受贿人，且该股票具有其票面权利的经济价值，即完成贿赂行为。但是，如果以记名股票行贿，通常要将受让人姓名或名称记载于股东名册。这里就出现两种情况，第一种情况是受贿人收受股票后，行贿人并未办理相应登记。原因有两个：一是受贿人对是否最终收受股票持犹豫态度，主观上处于不确定状态。如果没有形成实际的收受，不应定为受贿，可以参照国务院发布的《国家行政机关及其工作人员在国内公务活动中不得赠送和接受礼品的决定》第三条第五项规定的“以其他形式和名义收受礼券”予以处理；二是由于受贿人的原因而未办理登记。如果受贿人与行贿人互有期约或受贿人索贿的，应构成受贿罪，除此之外，不应按受贿罪处理。第二种情况是受贿人实际办理了登记。这也有两种表现形式：一是受贿人以自己或亲属和其他第三人名义办理了登记，说明收受人已经取得股权或者行使了处分权，应按受贿处理。二是行贿人或第三人自作主张，用其他人名义办理登记。若此事行为人知道而未表示异议，应视为本人对股票的处分，按受贿罪对待；若此事本人不明知或知悉后表示异议的，则不能将此登记转让行为视为受贿。

（五）股票盈利性和风险性是否影响受贿数额

行为人收受股票后，通过市场运作就会有盈利和风险。对股票盈利部分和亏损部分能否影响受贿数额，一直是实践中争论较多的问题。如何认定盈利部分和亏损部分的法律性质及如何处理这些款项？有的行贿人为谋取利益，向受贿人贿赂原始股，有的除了无偿贿送之外，由于某种原因受贿人有时也给付一部分对价。例如，溢价发行股票面值给付价款，除去购买人应支付的发行成本而按票面价值付款；还有的行贿人对受贿人承诺如果不能实现预定股利则给予补偿。对此，一种观点认为，收受人收取股票的实际价值与其给付价款之间的差价是一种利益取得，应将该差价计为受贿额。另一种观点认为，股票上市交易，其价值运动表现的是股票面额与股市行情之间的关系，只要收受人付出了票面额与股票价值的款项，其盈利部分就是合法的，笔者倾向第一种观点。第二种观点不足之处在于没有看到两种独立行为之间存在着一个内在的连接点，即如果行为人之间具有通谋性，包括双方通谋，通过第三人（证券商或交易所）共谋和行贿人确保受贿人主观上达到了明知的程度，从而证明了受贿人不等价收受股票的非法盈利属于受贿罪客观方面的表现。对此，应将收受股票的差价部分与股票交易盈利部分合并计为受贿额。同样，在受贿人未付出股本（行贿人出股本）却获得盈利的情况下，这种情形在民法中视为不当得利，在刑法中仍然可视为贿赂。在股市盈利的前提下，受贿人只获得盈利，股本金被行贿者收回，这种不当得利应计为受贿额，股本金则应作为犯罪工具追缴。而在股票亏损时，则以实收股本确定受贿犯罪数额，由于股票交易风险和亏损的客观性及同一范围内的普遍性，在股票亏损的情况下，应按收受股票当时的股本金确定受贿数额，不宜将收受股票投入股市的数额重复计算，更不能将亏损列为损失而加重处罚，以避免与挪用公款（包括挪用公款炒股）或贪污行为相混淆，造成法律适用上的错误。

十、资本一级市场股权投资、违规入股行为是否成立受贿犯罪

资本一级市场是指公司、企业股份在证券化之前的股份交易市场，亦称资本初级市场、证券发行市场。与资本二级市场中市场主体通过第三方交易平台（证券交易所）进行标准化股票（证券化后的股权凭证）交易不同，在资本一级市场上，市场主体直接参与公司、企业的股权交易——投资者认购公司发行的股票（并通过认购股票成为股东），发行人筹措公司所需资金（并以获得资金为对价扩张股份）。虽然投资总是与风险并存、追逐巨额收益的过程往往也是面临和经历高度风险的过程，但由于公司IPO成功所可能带来的超额财富增长效应，以一些拟上市公司为目标公司的一级市场投资，长期以来呈现繁荣的景象。拟上市公司通过"增资扩股"方式解决IPO过程中的资金需求，已成为一种普遍现象。

为确保上市公司质量，保护广大市场投资者（公众）的利益，维护证券发行与交易管理秩序，我国法律法规严格规范包括一级市场秩序在内的投资规则，禁止特定人员持有与其职业、职责存在关联关系的公司股票，并对相应违规违法行为作出了处罚规定。作为专门规范证券发行和交易行为的《证券法》在其第四十三条规定："证券交易所、证券公司和证券登记结算机构的从业人员、证券监督管理机构的工作人员以及法律、行政法规禁止参与股票交易的其他人员，在任期或者法定限期内，不得直接或者以化名、借他人名义持有、买卖股票，也不得收受他人赠送的股票。"该法第一百九十九条规定："法律、行政法规规定禁止参与股票交易的人员，直接或者以化名、借他人名义持有、买卖股票的，责令依法处理非法持有的股票，没收违法所得，并处以买卖股票等值以下的罚款；属于国家工作人员的，还应当依法给予行政处分"（第一款）。"任何人在成为前款所列人员时，其原已持有的股票，必须依法转让"（第二款）。但是，对于证券交易所、证券公司从业人员等法律、行政法规禁止参与股票交易的特定人员（以下简称"证券从业人员"或"特定从业人员"）违规持有、买卖股票的不法行为，我国刑法除了设立旨在惩治破坏二级市场证券交易公平秩序的内幕信息交易、泄露内幕信息罪（第一百八十条第一、二、三款）、利用未公开信息交易罪（第一百八十条第四款）等类型之外，未有惩治违规持有、买卖一级市场股份、股票的专门性或针对性的罪刑规

范，特别是针对一级市场较为普遍存在的突击入股、低价入股等违规入股行为，没有设置个别性的构成要件或独立罪名。实践中，对于这类行为能否定罪处罚、能否认定为受贿犯罪，争论激烈，做法不一。

2007 年 7 月 8 日，《最高人民法院、最高人民检察院关于办理受贿刑事案件适用法律若干问题的意见》（法发〔2007〕22 号）曾就“收受干股”和“以开办公司等合作投资名义收受贿赂”问题作了司法解释，规定：“国家工作人员利用职务上的便利为请托人谋取利益，收受请托人提供的干股的，以受贿论处”“国家工作人员利用职务上的便利为请托人谋取利益，由请托人出资，‘合作’开办公司或者进行其他‘合作’投资的，以受贿论处。受贿数额为请托人给国家工作人员的出资额”“国家工作人员利用职务上的便利为请托人谋取利益，以合作开办公司或者进行其他合作投资的名义获取‘利润’，没有实际出资和参与管理、经营的，以受贿论处。”有必要在遵从上述司法解释精神下的基础上，从刑法理论上对违规入股行为进行专门探讨。

（一）违规入股相关案件的类型及处理结果

证券从业人员在有关公司 IPO 运作过程中实施的各种“突击入股”案件，可以从两个角度进行划分或归纳：（1）从行为人主体身份种类方面，据公开信息显示，资本一级市场违规入股行为，既有证券交易所从业人员所为，也有证券公司从业人员所为，但后者居多。在公开的案例中，尚无证券监督管理部门工作人员违规入股的情形，但实践中事实上已有证券公司从业人员与中国证监会工作人员共同违规入股、前者介绍后者以亲友名义受让持有拟上市公司股权、持有该公司股票的情形。（2）从行为人入股价格与入股时股权公允价值的比较结果来看，违规入股行为包括违规平价入股、违规低价入股和违规溢价入股三种类型。当然，违规入股行为还可以从所投资目标公司成功上市与否的角度进行划分。实践中，绝大多数违规入股的目标公司都成功上市，相关行为人受到处罚的也都属于目标公司成功上市、行为人获得收益的情形。

近年来，在“突击入股”案件中，最为典型的是前深交所发审员、中国证监会发审委兼职委员冯小树“突击入股”案。据称，冯小树掌控 IPO 成败的审核大权，其在参与三川智慧、宝莱特、鱼跃医疗等公司的首次公开发行上市审批的过程中，通过其岳母代持突击入股，以 300 万元原始本金获利 2.48 亿元，在 2017 年 4 月被中国证监会予以没收违法所得 2.48 亿元，处以 2.51 亿元罚款，并予以终身市场禁入的行政处罚。中国证监会给予冯小树行政处罚的事实与法律依据是："冯小树作为承担重要职责的监管干部，知法犯法，以他人名义在公司上市前突击入股，上市后卖出股票获取利益，违反了《证券法》第四十三条[①]关于证券交易所从业人员买卖股票的相关规定，严重扰乱了资本市场管理秩序。"[②] 另外，原国信证券投资银行事业部业务六部总经理戴丽君、副总经理刘兴华两人，于2007年9月在分别作为天润曲轴IPO项目承揽人和协调人（负责统筹安排、协调推进项目）、项目负责人（主要参与项目前期初步工作并负责项目后续事项的指导和把关）期间，借用他人名义在天润曲轴公司上市前受让该公司股权，突击入股1260万元。2009年8月，天润曲轴股票在深圳证券交易所上市交易，戴、刘两人在限售股解禁后将相关股票全部抛出，共获利超1.4亿元。2012年7月，国家审计署京津冀特派办发现戴丽君等人违法行为线索并启动核查程序，经过长达近3年的调查，最终中国证监会决定，没收两人违法所得共1.42亿元，并对戴、刘两人分别处以300万元和150万元的罚款。中国证监会处罚的依据是：戴丽君和刘兴华以他人名义持有、买卖天润曲轴股票的行为，违反了《证券法》第四十三条第一款关于证券公司的从业人员不得直接或者借他人名义持有、买卖股票的规定，构成了《证券法》第一百九十九条所述"法律、行政法规规定禁止参与股票交易的人员，直接或者以化名、借他人名义持有、买卖股票"的行为。[③]

然而，对于违规入股是否违反《证券法》第四十三条的规定（或者说，证券从业人员突击入股的违法依据是否《证券法》第四十三条）？违规入股可否成立犯罪？如果成立犯罪、成立何罪？理论上和实务中始终存在争论。在中国证监会处理的多起行政处罚案件中，被处罚当事人都曾以"《证券法》第四十三条禁止的是证券从业人员在二级市场违背公平原则地持有和买卖股票的内幕交易行为，而非规制在一级市场持有和买卖公司的'股权'"为由，提出抗

① 书里《证券法》为2014年版，现行修订后为第四十条证券交易场所、证券公司和证券登记结算机构的从业人员，证券监督管理机构的工作人员以及法律、行政法规规定禁止参与股票交易的其他人员，在任期或者法定限期内，不得直接或者以化名、借他人名义持有、买卖股票或者其他具有股权性质的证券，也不得收受他人赠送的股票或者其他具有股权性质的证券。任何人在成为前款所列人员时，其原已持有的股票或者其他具有股权性质的证券，必须依法转让。实施股权激励计划或者员工持股计划的证券公司的从业人员，可以按照国务院证券监督管理机构的规定持有、卖出本公司股票或者其他具有股权性质的证券。

② 陆玲、张建锋、曲艳丽、秦嘉敏：《发审硕鼠冯小树》，载《财经》2017年第10期（总第497期）。

③ 参见：中国证监会行政处罚决定书（戴丽君　刘兴华），文号：（2015）12号。见中国证监会"证券期货监督管理信息公开目录"（索引号：40000895X/）。

辩；也有被处罚当事人以“相关受让股权行为系通过正当途径从第三方获得投资机会、购买股权的价格公允、并未因身份原因获得任何优待”为由，提出没有违法的辩解，但均被中国证监会予以驳回。

对于违规入股行为人在目标公司成功上市、相关股票解禁期满后抛售获利的，能否以受贿罪（当行为人为国家工作人员时，如证监会工作人员、国家参股证券公司中代表国有投资主体从事公务的人员）或非国家工作人员受贿罪（当行为人为非国家工作人员时）定罪处罚？刑事司法实践中立场种种：（1）有的认为，行为人违规入股，实为利用职务上的便利收受拟上市公司财物，亦即没有相应的职务便利，行为人不可能通过受让拟上市公司股权、在IPO成功后套利的形式获利，对此应当以受贿犯罪定罪处罚，受贿数额以股票抛售后实际获利数额（非法利润）计算。（2）有的认为，违规入股行为具有严重的社会危害性，予以刑事处罚实有必要；由于行为人并非无成本地获取利益，因此以受贿犯罪定性不妥，但可以非法经营罪定罪处罚。（3）有的认为，行为人违规入股，虽然违反证券法的禁止性规定，但是，不具有刑事违法性，证券法有关“法律责任”部分也无“构成犯罪的，依法追究刑事责任”这类附属刑法条款。（4）有的则认为，行为人违规入股，违反的是证券市场公平交易秩序，宜以内幕交易罪定罪处罚。不过，从中国裁判文书网上检索，至今尚无法院裁判此类受贿犯罪罪名成立之例。

（二）违规入股行为之性质

毫无疑问，某些违规入股行为可能具有行政违法和刑事违法的双重性质，行政违法责任与刑事责任也从来不相冲突，某种行为承担行政违法责任并不影响或阻却其刑事责任的承担。因此，在评价违规入股行为是否成立犯罪时，首先不能在一般意义上否认其刑事违法性。尤其应当警惕的是，对于经济违法行为能否定罪处罚，并不需要考虑证券法等非刑事法律法规中是否存在相应的“附属刑法条款”，而应当直接运用刑法规范进行考察。这是因为，在我国法律体系中，唯有《刑法》和单行刑法具有真正的刑法规范意义，“罪刑法定”之“法”仅仅指的是《刑法》和单行刑法（刑法修正案属于《刑法》的有机组成部分），而不包括所谓“附属刑法条款”；类似于“构成犯罪的，依法追究刑事责任”的附属刑法条款只具有象征或者指引意义——指引行政执法人员和司法人员注意：如果有关经济违法行为成立犯罪，应当依照刑法（即《刑法》和单行刑法）定罪处罚。在刑法没有明文规定的情况下，相关的经济违法行为则属于"法无明文"不为罪的行为。

当然，纯粹地以行为具有严重的社会危害性为理由主张对违规入股行为定罪处罚，也是错误的。因为即使某个经济违法行为具有十分严重的社会危害性，只要没有被刑法明文规定为犯罪行为，也不得定罪处罚。总之，对违规入股行为的行政违法、刑事犯罪之评价，应当分别遵照行政法、刑法进行；由于行政法和刑法在价值取向和解释规则上存在差别，进行评价时必须相应地考虑不同法律部门的目的及解释规则，以进行恰当的规范解释。

1. "违规"判断的内容

笔者认为，违规入股之"违规"，侧重评价的是行为人作为特定从业人员从事特定投资本身的不法性。对于《证券法》第四十三条规定的"违法"性质，应当从以下几个方面予以把握：（1）只要从形式上审查发现，证券从业人员在其证券从业期间或者法定限期内，直接或者以化名、借他人名义持有、买卖股票或者受赠股票，即可认定其违法。持有、买卖股票的行为，并不以利用内幕信息为前提，也无须单独考察持有、买卖股票的行为是否利用了职务上的便利。或者说，行为人的从业资格和身份，直接可以作为推定其利用了职务便利之事实基础。从这个意义上说，《证券法》第四十三条所强调的违法，实质依据在于行为人"持股"行为本身；作为特定身份人，行为人持股行为本身值得"非难"。(2)"持有、买卖股票"，并不限于持有、买卖二级市场上的股票，亦同时包括一级市场的收购、受让股权行为。虽然狭义的"股票"或者通常意义上的"股票"指的是证券化后的股权凭证，但是，证券从业人员在一级市场受让相关公司的股权、在公司 IPO 过程中突击入股，和在二级市场上持有、购买股票，在违反证券市场公平秩序方面并无实质的区别。因此，中国证监会在相关行政处罚案件中对《证券法》第四十三条的"股票"进行扩大解释，是符合立法目的的合理解释。一些受行政处罚当事人以"《证券法》第四十三条并不规制一级市场"为由提出抗辩，是站不住脚的。（3）受让股权所支付股价是否合理、入股价格公允，与是否"违规"并无关联性。只要行为人属于证券从业人员，其以任何价格受让相关公司股权，都属违规违法。这一点，也是"持股"行为本身"无价值"性质所决定的。（4）即使投资失败、所受让股权对应的目标公司最终没有成功上市甚至所付出资金成本部分或全部没有收回，亦不影响其行为违规的性质，对其仍应依照证券法的规定予以行政处罚。

2. 违规入股行为的刑法规范分析

必须强调，以刑法规范为依据，并非所有违反《证券法》第四十三条的违规入股行为都可以成立犯罪；对于一级市场违规入股行为，不得以内幕交易罪定罪处罚；只有低价入股的违规入股行为，才存在认定为受贿犯罪的余地，而对于平价或溢价入股的，即使其违法所得特别巨大，也应仅作为违规、一般违法行为处理，不得以受贿犯罪定罪处罚。就平价或溢价入股行为而言，从形式上看，不可否认，证券从业人员因为在从业期间或者法定期限“突击入股”，可以推定利用了自己的职务或工作便利。但是，这种违规投资行为在本质上、主要性质上仍属于一种投资行为（只不过是“违规”的投资行为），而不宜归结为“权钱交易”的国家工作人员或者非国家工作人员的受贿行为。具体理由如下：

（1）一级市场的违规入股行为，并不符合内幕交易罪的构成要件。《刑法》第一百八十条规定的内幕交易罪，是指证券、期货交易内幕信息的知情人员或者非法获取证券、期货交易内幕信息的人员，在涉及证券的发行，证券、期货交易或者其他对证券、期货交易价格有重大影响的信息尚未公开前，买入或者卖出该证券，或者从事与该内幕信息有关的期货交易，或者明示、暗示他人从事上述交易活动，情节严重的行为。根据《刑法》第一百八十条第三款的规定及2012年3月《最高人民法院、最高人民检察院关于办理内幕交易、泄露内幕信息刑事案件具体应用法律若干问题的解释》的规定，内幕交易罪的主体包括《证券法》第七十四条[①]规定的七类人员，其中第5、6类人员分别是“证券监督管理机构工作人员以及由于法定职责对证券的发行、交易进行管理的人员”“保荐人、承销的证券公司、证券交易所、证券登记结算机构、证券服务机构的有关人员”。上述第5、6类人员与证券法第四十三条规定的证券从业人员外延基本一致。因此，当掌握内幕信息的上述人员在内幕信息敏感期从事或者明示、暗示他人从事与内幕信息有关的股票交易时，既具有内幕交易的性质，也因违反证券法第四十三条而具有违规持有、买卖股票的性质，只要情节严重，就应当以内幕交易罪定罪处罚。由此可见，在行为内容上，《刑法》第

① 书里《证券法》为2014年版，现行修订后为第五十一条证券交易内幕信息的知情人包括：（一）发行人及其董事、监事、高级管理人员；（二）持有公司百分之五以上股份的股东及其董事、监事、高级管理人员，公司的实际控制人及其董事、监事、高级管理人员；（三）发行人控股或者实际控制的公司及其董事、监事、高级管理人员；（四）由于所任公司职务或者因与公司业务往来可以获取公司有关内幕信息的人员；（五）上市公司收购人或者重大资产交易方及其控股股东、实际控制人、董事、监事和高级管理人员；（六）因职务、工作可以获取内幕信息的证券交易场所、证券公司、证券登记结算机构、证券服务机构的有关人员；（七）因职责、工作可以获取内幕信息的证券监督管理机构工作人员；（八）因法定职责对证券的发行、交易或者对上市公司及其收购、重大资产交易进行管理可以获取内幕信息的有关主管部门、监管机构的工作人员；（九）国务院证券监督管理机构规定的可以获取内幕信息的其他人员。

一百八十条内幕交易罪与证券法第四十三条违规入股存在竞合关系。

但是，需要指出，《证券法》第四十三条所规制的违规入股行为类型要比《刑法》第一百八十条宽泛得多。如前所述，构成《证券法》第四十三条的违规入股，并不要求行为人拥有内幕信息、利用内幕信息买卖股票，只要持有、买卖股票即属违规。其中，特定从业人员在一级市场上持有、买卖股票的行为，也属于《证券法》第四十三条规制的内容。而由于一级市场上股权转让受让并非普遍公开进行，而采取的是私募股权投资方式，交易在特定的当事人之间发生（公司股票上市交易之前，存在为募集资金而公开发行的准备），因此，一级市场的股票交易、股权转让受让也不存在与交易相关的所谓“内幕信息”问题。而内幕交易罪旨在维护享有内幕信息知情权的特定主体与广大投资者（投资公众）之间在证券、期货交易中的公平秩序，避免特定人员利用内幕信息交易损害广大投资者利益。显然，一级市场的特征及内幕信息罪的立法宗旨决定，一级市场投资、包括违反《证券法》第四十三条的违规入股行为，与内幕交易罪没有任何关联性。对一级市场上违规入股行为以内幕交易罪定罪处罚，背离刑法立法目的，实属有罪类推。①

（2）对于平价或者溢价入股的行为，应当从实质的因果联系角度考察入股与获利的关系。即使行为人利用自己担任证券管理监督、保荐等工作便利受让拟上市公司的股权，甚至也为该等公司上市提供了帮助，公司上市后行为人获得了巨额收益，但是，不能简单地把“工作便利”和“获得利益”两个并存的现象归结为因果现象，否则在形式上就很容易把行为人通过购买股份获得的收益牵强附会地归因于出卖工作职责、职权。实质地考察证券从业人员“突击入股”与拟上市公司“增资扩股”的利益相关内容，我们可以发现，入股、增资扩股对于彼此双方来说，实际上就是一个互惠互利的资金私募、商业投资行为（尽管这种投资因为主体特定而违规），不存在谁行贿谁受贿、没有贿赂交换利益的因果联系——一方需要资金解决上市面临的瓶颈问题而采取

---

① 由内幕交易罪的立法目的决定，成立内幕交易罪的“交易”，也不包括单纯的大宗交易（大宗交易，又称为大宗买卖，是指交易数量和金额远远超过市场平均交易规模的交易），除非大宗交易是为了处理之前内幕交易的证券，如将利用内幕信息购买的股票在价格上涨后通过大宗交易方式卖出。因为大宗交易发生在特定主体之间，买方和卖方就大宗交易达成一致后，代表买方和卖方的会员分别通过各自席位进行成交申报、议价协商，最终完成交易。单纯的大宗交易之交易双方相对固定，交易价格双方协商、交易时间与其他公众投资者也不一致、不重合，因而即使交易存在欺诈等违法犯罪问题，也不可能损害其他公众投资者（尤其是中小投资者）的利益，对大宗交易行为以内幕交易罪定罪处罚，不符合刑法设立内幕交易罪以维护证券期货市场公平交易秩序的目的。

“增资扩股”方案，而另一方博弈后续可能上市带来的收益；对于入股的证券从业人员来说，在相关公司上市前突击入股可以博弈可能上市后预期收益，对于需要资金的拟上市公司来说，可以以私募的方式、通过向行为人出让股份在上市前获得资金、解决资金短缺等问题，以利于成功上市。拟上市公司给予行为人的是“现金入股”的机会，实质上并非收买其“权力”“职权”，而是自己也存在资金需求、在资金需求问题得到解决之后可以获取更大的利益——以股份换资金。如果说存在利益的出卖和收买、利益的交换，那也是行为人让渡资金（而非出卖权力），拟上市公司出让股份。如果并非作为证券从业人员的行为突击入股，而是社会上其他人员入股，即使是证券从业人员介绍其他人入股，只要自己没有让他人代持，则纯粹是拟上市公司与股权受让人之间的正常行为，连违规都不成立。因此，不能说行为人仅仅因为主体身份特殊、入股行为构成违规行为，同时将这种违规行为又重复评价为受贿犯罪。否则，属于不恰当的重复评价。

（3）对受贿犯罪的认定，必须从受贿罪、非国家工作人员受贿罪“利用职务便利”与“为他人谋取利益”的内在关系的角度加以确证。不可否认，包括“入股”在内的任何非法获取财物、财产性利益的行为，都有可能成为受贿犯罪的形式，被解释为“索取他人财物或者非法收受他人财物”。例如，国家工作人员或非国家工作人员以明显低于市场的价格向请托人购买房屋、汽车等物品，以明显高于市场的价格向请托人出售房屋、汽车等物品，或者收受请托人的干股、以低于市场的价格购买请托人提供的股份，都可以成为受贿犯罪的行为方式。但是，必须强调的是，无论什么样的获取物质利益行为要成为贿赂犯罪，必须以行为体现“权钱交易”、侵害职务的不可收买性为前提。就受贿罪或非国家工作人员受贿罪而言，行为都必须体现行为人出卖职权、将所收受的物质利益作为权力出卖对价的特征。证券从业人员都存在一定的职务、存在相关的便利，但是，有职务便利的人获取利益，即使是从与其职务便利有关的单位或个人那里获取利益，也完全有可能是没有利用职务便利，而是利用与其工作、职务相关的资源优势获得利益。以在证券公司从事保荐工作的从业人员突击入股为例，证券公司作为拟上市公司的保荐机构、证券公司从业人员作为保荐代表人在拟上市公司 IPO、准备上市过程中，所从事的辅导上市、证券保荐事务，是一种中介服务性质的工作。证券公司及其工作人员进行各种资料起草、整理、递交和向证券管理监督部门发表相关意见，都是证券公司与拟上市公司之间根据平等自愿原则而签订的协议所确认的工作内容。证券公司选派工作人员履行其与拟上市公司就推进 IPO 项目所约定的义务、享有相应的权利，均依据双方的协议。拟上市公司不满于保荐机构，可以随时更换。可以断定，一个公司能不能成功上市，取决于很多因素，虽然保荐是必经的流程，但最后并不取决于保荐工作。作为保荐代表工作人员的行为人入股不入股，可以从资金上影响所保荐公司能否上市，但无法从保荐工作方面左右公司能不能上市——因此，行为人虽然拥有保荐职权，但其入股获得收益，不是因为出卖保荐权力获得、与其保荐工作本身没有内在的关系，而是因为在保荐过程中由于拟上市公司需要增资扩股而获得了投资机会，最后往往也因为公司成功上市而获得了收益。

（4）从证券法和刑法立法的目的角度来看。如前所述，《证券法》第四十三条所规定的违规“持股、买卖股票”行为，既可以发生于股票二级市场上，也可以发生于股票（股权）一级市场上。无论是在二级市场还是一级市场上，特定从业人员在IPO推进过程中违规入股、持股（不论是否利用职务便利）都是违规，都是违背证券市场交易公平原则的违法行为。其中，刑法对于发生在二级市场上、利用了内幕信息交易、情节达到定罪标准的，专门设置了内幕交易罪，而一级市场的行为并不具有刑罚处罚的必要性和合理性。

为什么刑法对于证券从业人员在帮助有关公司提供上市服务过程中，利用获取的内幕信息进行交易获利这种“违规交易”，并未纳入受贿犯罪，而是单独规定为内幕交易罪？这是因为：第一，行贿受贿涉及的财物是相互对应的。受贿人的受贿财物来源于行贿人的送予，而这种交易行为利用的是行为人资金成本而非权力成本，行为的内在特征是风险投资交易，而非向上市公司及其高管收取或者索取贿赂，拟上市公司也无相应的贿赂成本。也就是说，行为人获利数额并非来自上市公司及其高管给予的财物，而是以投资方式从资本市场通过买卖交易获得回报利益；如果把特定证券从业人员的获利算作受贿数额，是无法找到上市公司对应的行贿数额的，因为这些获利并不是上市公司上市之前给予特定从业人员的财物。第二，在这种行为中，交易是否能够获利在交易当时是具有不确定性的，获利只是具有不同程度的可能性。证券从业人员进行的交易行为，侵犯的法益是市场交易公平公正秩序。这与行贿受贿行为人收送相对确定的物质利益（刑法规定的“财物”而非机会）存在明显的不同。所以，没有获利甚至亏损的内幕交易，也成立内幕交易罪。

正因为买卖股票、以资金购买股权股份具有交易的性质，针对国家工作人员利用职务便利买卖股票的行为，最高人民法院于2003年11月13日《全国法院审理经济犯罪案件工作座谈会纪要》就受贿罪法律适用问题也专门作出规定——在受贿罪问题的“（七）涉及股票受贿案件的认定”中指出：“……

(2) 行为人支付本金而购买较有可能升值的股票，由于不是无偿收受请托人财物，不以受贿罪论处。”也就是说，即使是利用职务便利购买股票，但只要是实际出资了，不是无偿的，就不能认定为受贿犯罪。这一司法解释虽然针对的是国家工作人员的受贿罪作出的，但应该参照适用于非国家工作人员受贿罪的认定中。因为受贿罪与非国家工作人员受贿罪相比，是更为严重的犯罪，对于受贿罪的认定尚且要考虑是否无偿收受、是无偿收受还是以资金购买股票，那么，举重以明轻，对于非国家工作人员受贿罪的认定而言，更应当进行这样的解释（当然解释方法）。总之，在资本二级市场上，对于内幕信息知情人员利用内幕信息进行交易获益的，即使内幕信息是利用工作便利从上市公司获得的，也不认定为受贿罪或非国家工作人员受贿罪，而是由刑法专门设立的内幕交易罪定罪处罚（也不成立受贿犯罪与内幕交易罪的竞合犯）。同理，资本一级市场的特定从业人员入股（除了收受干股），实际上也是特定从业人员利用信息优势违背交易公正秩序而进行的投资交易行为，虽然具有社会危害性，但也不宜认定为受贿。在刑法没有类似于内幕交易罪这样的独立罪名（比如，违规入股罪）的立法背景下，应视为刑法法无明文不受刑罚处罚的行为，由相关部门依照证券法的规定予以行政处罚，而不能转而又以受贿罪或非国家工作人员受贿罪定罪处罚。

顺便指出，通过交易的投资获利行为，与收送干股这种相对确定的情形不同，干股完全属于以投资形式掩盖行贿受贿实质的行为，违背投资与风险并存的市场规律。通过交易的投资获利行为，与单纯低价收购请托人现成的股份（没有扩股）也有所不同，后者是请托人让利转让股份，属于以转让股份为形式的行贿受贿。

(5) 只有低价入股的违规入股行为，才存在认定为受贿犯罪的余地。这是因为，当行为人利用职务上的便利，以低于公允价格受让相关公司股权，为该公司谋取顺利上市等利益时，其行为便具有权钱交易的受贿性质。显然，其受让股权所支付股金低于公允价值的差额部分，属于贿赂性质，应作为受贿犯罪的数额予以认定；而不能将行为人待公司上市后抛售股票获得的所有利润，作为受贿数额予以认定。

行为人突击入股是否“低价”，关键要查明涉案的公司增资扩股时的股权市场价值。公司股权每股价值的计算公式是：每股收益（扣除非经常性损益后的归属于母公司的利润/行为人入股后公司的总股份数额）×一定倍数的市盈率。对于其中各要素的认定，应当严格遵循股权资产评估的基本原理与规则：(A) 对拟上市公司的股权、某一个时间节点上的股权价值，应当以具有审计结果的上一年度财务数据为依据。(B) 应当按照市场法、成本法、收益法等法定方法进行评估，而不得运用“倒推法”，以假定评估基准日当时公司将来一定时间内会上市为前提，进行价值推算。(C) 评估的股权合理价值、公允价格，不是、也不可能是一个实际交易价格，而是一个理论参考价格，以评估得出的理论参考价格减去行为人当时入股价格来计算受贿数额，应当认为是相对合理的做法。

十一、涉及人情往来的受贿案件的认定问题

这里的“人情往来”，是指作为社会细胞的个人或家庭与其他人或家庭基于社会正常交往而发生的具有经济关系的往来。在我国这样一个人情浓厚的国家，人情往来是表示互相之间亲密关系的必要形式之一，即使是国家公职人员与一般公民的往来或者国家公职人员之间的往来，也免不了受这种习俗的影响。法律不能把正当的礼尚往来归结为犯罪，从而造成法律与社会文化相冲突。但是，由于公职人员本身是社会一员，其受贿行为往往与“人情往来”容易混淆。如何界定和区分公职人员“人情往来”与受贿的界限，成为司法难题。一般来说，人情往来包括正常馈赠与接受礼金两个方面，现就其与受贿的区分，分别予以论述：

（一）受贿与馈赠的界限问题

笔者认为，司法认定中要把握受贿与正常馈赠的界限，除正确把握受贿罪的构成要件之外，还应综合考虑以下一些问题，以判断对行为人应否以受贿论处：一是从双方的关系看，双方是同学、同乡、亲友及其他私人关系，还是有利害关系的当事人与主管人的关系。正常馈赠一般发生在有密切关系的个人之间，这种密切关系往往由来已久，且在馈赠发生之后仍保持和发展这种关系；而贿赂则是发生在有利害关系的当事人与主管人之间，双方的利害关系是由于国家工作人员的特定身份而临时产生，且随贿赂目的得逞后而逐渐淡化。二是从行为的动机来看，正常馈赠是行为人基于亲情、友情而无偿将财物送予他人；而贿赂则是行贿人（为谋取正当利益时不构成行贿罪）为使他人利用职务之便为自己谋取利益而将财物给予他人。三是从行为的方式来看，正常馈赠一般是公开进行的，为他人知悉；而贿赂则往往是秘密地进行，行为的双方都

采取各种手段掩盖、隐匿、毁灭可能被查获的罪证。四是从行为的时间上看，馈赠发生的时间一般确定；而贿赂则必然发生在行贿人有求受贿人利用职务为其谋取利益之时。五是从行为的标的物价值来看，正常馈赠的财物一般为私人财物，一般来说价值不大；而用以贿赂的财物，既可能是国家、集体的，也可能是私人的，且标的物价值一般较大。

（二）受贿与受礼的界限问题

国家工作人员的受贿与受礼的界限问题，一直是司法认定中的疑难问题。对此，除把握受贿罪的犯罪构成之外，还要根据社会的一般观念掌握界定受贿与受礼的方法：

1. 分解比较法。是指将受礼与受贿主客观两方面的要素分解后，运用比较分析的方法进行研究，从中找出它们之间的差异性，即区分它们之间的界限。

第一，从主体关系上进行比较分析。（1）受礼与受贿主体关系的性质不同。受礼主体双方的关系是私人感情关系。一般来说，受礼双方是亲朋好友或者具有其他特殊亲密的私人关系。但是，在实践中如何界定亲朋好友的范围却是一个比较复杂的问题。对亲属范围的界限问题，首先要确定界定的原则，一要考虑我国的传统，二要参照其他法律的有关规定，三要有利于同贿赂犯罪作斗争的需要。根据上述原则，亲朋好友范畴不是广泛意义上的概念，而应是具有特定法律意义内涵的概念。因此，既不宜界定过宽，也不宜界定过窄。笔者认为，亲属的范围可界定为：直系血亲（包括拟制血亲）、三代以内旁系血亲、直系姻亲、三代以内旁系姻亲。对好友和有特殊感情关系的范围界定相对要复杂一些，标准不好把握。总的原则是从严掌握。可以认定的标准，一是群众公认标准，即在一定群体范围人们认为他们是好友；二是自我证明评价标准，即由双方或其中一方主体提供事实证据予以证明，然后审查决定。好友包括在同乡、同学、同事中关系比较好、感情比较深的人，还包括同外界有关人员中感情比较深的人。有特殊感情的私人关系中包括感情比较深的教师、领导等。受贿主体双方的关系是利害关系，其实质是权钱交换关系。（2）受礼与受贿主体关系产生的基础不同。受礼主体双方关系产生的基础是血缘关系、婚姻关系和私人感情关系。受贿主体双方关系产生的基础是受贿人特定的身份而享有特定权力。（3）受礼与受贿主体关系维系的时间不同。一般来说，受礼主体双方关系维系的时间比较长，具有长期性的特征，有的在受礼者具有特定的身份之前就建立了这种私人关系。受贿主体双方关系维持的时间比较短，具有临时性的特征。

第二，从主观上进行比较分析。（1）受礼与受贿的动机、目的不同。送礼方的动机目的是基于亲友情义或主要是因为亲友情，而将财物无偿送予他人，并不要求得到回报。而受贿的对方是以利用他人职权为自己谋取利益或请托解决某一问题为目的，而将财物给予他人，送财物是要求得到报偿的。（2）受礼人与受贿人对送财物的意义认识不同。受礼者知道送财物是出于亲朋好友之间特殊的私人感情，其目的是互相帮助、解决自难，或是进一步加深感情。受贿者知道或应当知道送财物是出于某种利害关系，或谋取某种利益的要求。

第三，从客观方面进行比较分析。（1）受礼与受贿的行为方式不同。受礼一般是公开进行的，而受贿则总是在秘密状态下进行的。（2）受礼与受贿的时间契机不同。受礼的对方一般是以逢年过节、生病住院、婚丧嫁娶、子女当兵、升学等家庭有关的重要问题为契机，而受贿的对方一般是在谋取利益前夕、谋取利益的过程或取得利益之后不久的时间段等三个阶段进行。（3）受礼与受贿的财物数额大小不同。一般来说，礼品的数额比较小。（4）受礼者与受贿者为对方谋取利益的方式不同，一般情况下送礼者不要求受礼者为其谋取特定的利益。但在特殊情况下，送礼者也要求受礼者为其谋取特定的利益。所不同的是，送礼与谋取利益之间没有必然的逻辑联系，即送礼与否及其数额大小都不会影响受礼者为送礼者谋取利益；而受贿者为对方谋取利益的方式，则是以收受财物及其数额的大小，作为为其谋取利益的对价。

2. 综合分析法。是指把受礼与受贿的要素综合起来进行分析研究，作出判断。对利用职权为亲朋好友谋取了利益（包括合法利益与非法利益）而收受了财物的，既不能仅仅从主体双方关系的特殊性上来理解，也不能简单地从法条的形式规定上来理解，而应把两者结合起来进行分析研究，根据不同的情况作出不同的判断：一是看是否有排除因素。对直系血亲、三代以内旁系血亲、直系姻亲、三代以内旁系姻亲所给予的较小财物适用排除原则，即对利用职务上的便利，为直系血亲、三代以内旁系血亲、直系姻亲、三代以内旁系姻亲谋取利益，而收受较小财物的，一般认定为受礼，而不宜认定为受贿；如果数额较大的，除共同共有关系的直系亲属送的财物之外，只要有对价关系一般应认定为受贿。二是看是否有职务行为为对价。利用职权为他人谋取利益而收受了数额较小的财物的，应认为是受礼；如果利用职权为他人谋取利益而收受了财物，数额较大的，应认定为受贿。三是看数额。数额是衡量受贿与受礼的一个重要因素。一般来说，所送财物价值明显超出社会一般人的观念，则就有受贿的嫌疑，如果有职务行为为对价就应以受贿论处。如果数额较小，在社会一般人的观念之下能够接受，就不能以受贿处理。

在司法实践中，还有几个具体问题值得研究：第一，关于亲属转送财物的问题。所谓亲属转送财物，是指受托人利用职权为请托人谋取利益，请托人不是直接将财物送给受托人，而是通过受托人的亲属将财物转送给受托人。笔者认为，如果行为人明知是转送的财物，则认定为受贿。如果不知是转托的财物，则不宜认为是接受请托人的贿赂，而宜认定为是接受亲属的礼物。第二，关于再找适宜的契机以送礼之名行贿赂之实的问题，可以有条件地认定为贿赂。这些条件可以是：（1）给予财物的主体，应是亲朋好友及有特殊亲密关系以外的其他人。亲朋好友及有特殊亲密关系的人，在某种契机上给予财物，应属于正常的送礼。（2）应该是为他人谋取了非法利益。谋取了合法利益而在某种契机上给予较少财物，一般认定为受礼比较适宜。（3）给予财物应是在为他人谋取利益的过程中。（4）应是给予了数额比较大的财物。给予财物数额比较少的，不宜认定为受贿。寻找契机以送礼之名行贿赂之实的，必须同时具备上述四个条件，才可认定为受贿。其他情况认定为受礼比较适宜。第三，关于领导收受下属和下级机关给予的财物问题。笔者认为，对这个问题可以分解为以下几种情况：（1）属于正常的礼尚往来问题。领导同下属和下级机关的领导之间也有常人之间的私人感情，他们之间的礼尚往来，有相当一部分是属于受礼性质的。（2）领导利用职权为下属或下级机关谋取了特定的利益的问题。谋取了特定的合法利益，而收受的财物数额又比较小的，可以认为是受礼。如果谋取了非法利益而收受财物的，应认定为受贿；如果谋取利益而收受财物的数额比较大的，不管是在什么特定的时间收受的，均应以受贿论处。

笔者认为，由于我国法律没有对公职人员可以收受和不能收受的利益及数额作出规定，实务中存在着许多疑难适用问题。建议借鉴我国香港特殊行政区的做法，对公务员接受利益及款待，制定严格而详细的细则，作为刑法意义上的贿赂的认定依据。

十二、涉及借贷的受贿案件的认定

借贷形式的行贿受贿，是指行贿人为了达到某种目的，假借民间借贷形式进行贿赂，国家工作人员利用职务上的便利，以借为名索取、收受他人财物，并为他人谋利益的行为。其特点表现为公开性、长效性。公开性表现为行贿人与受贿人之间不再以秘密形式交付收受财物，往往是公开交易。长效性表现为行贿受贿双方互相利用，已不再为一己、一时之利行贿受贿，而是谋求彼此之间的长期、稳定的权钱交易关系。如何认定涉及借贷的受贿案件，对于分清罪与非罪具有重要意义，并且也是司法实务中的重大疑难问题之一。

根据2003年11月13日最高人民法院下发的《全国法院审理经济犯罪案件工作座谈会纪要》的规定："国家工作人员利用职务上的便利，以借为名向他人索取财物，或者非法收受财物为他人谋取利益的，应当认定为受贿。具体认定时，不能仅仅看是否有书面借款手续，应当根据以下因素综合判定：（1）有无正当、合理的借款事由；（2）款项的去向；（3）双方平时关系如何、有无经济往来；（4）出借方是否要求国家工作人员利用职务上的便利为其谋取利益；（5）借款后是否有归还的意思表示及行为；（6）是否有归还的能力；（7）未归还的原因；等等。"笔者认为，结合上述《纪要》的内容和司法实践的情况，重点应该从以下几个方面予以审查分析：

一是审查借贷关系产生的时间、原因是否自然，看是否与行贿之间存在内在联系。借贷关系的成立没有时间上的限制，原因是真实自然的，它的形成完全取决于当事人之间的借贷契机，契机是以真实、合理、可信的事由而产生的，没有时间上的特定性，原因往往表现在一方经济拮据需借钱，另一方经济宽裕，有能力出借。而借贷形式的行贿则不同，它具有时间上的限制性和原因上的虚假性。利用借贷关系行贿所产生的时间是以行贿人为实现某种目的为中心，或在其前，或在其后，而行贿方利益的实现也必然要见之于客观，在原因上又往往会出现反常现象，行贿方无钱出借却要四处奔波筹措资金出借，受贿方经济宽裕无需借钱而却堂而皇之借钱，借来的钱不用于生活急需，而是将借款存入银行或用于高消费又无偿还能力，这就给我们展示了一条明晰的犯罪因果链，使我们在行贿人谋取利益的时间与借贷关系成立的时间比较中，对产生借贷关系事由和原因的分析中，找出行贿受贿之间的内在联系。

二是审查双方主体之间的真实关系，看有无行贿受贿的客观基础。正常的民间借贷关系没有职务上的内在必然联系，双方主体之间除了情感上的依托关系外并不存在某种依赖关系，一般来讲双方结识时间长、交往多，互相了解、信任，关系融洽，有正当的书面手续。而借贷形式的行贿受贿则围绕着行贿人谋取的利益与受贿人利用职务便利而进行的权钱交易，这样双方主体之间必然存在某种特殊联系。这种联系以职权为媒介，表现为仅仅在工作关系上有一面之交，缺乏借贷关系赖以存在的信任基础，又没有任何借贷手续。这种既无信任基础，又无借贷手续的不正常现象正是行贿受贿的典型表现。因此，只要我们认真审查分析双方主体间的真实关系，仍然可以摸到定性的脉络，找到行贿受贿的客观基础。

三是审查借贷双方的意愿，看有无行贿的本质。民法上的借贷关系是一方当事人自愿将自己所有的金钱出借给对方当事人，对方当事人经过一定时间归还本金并支付一定数额利息或作礼仪性酬谢的民事法律行为。这种关系的确定完全出于双方当事人的自愿，是一种互助互济的行为，不附加与借贷无关的其他条件，一般借贷数额不大，时间较短，如果是大数额借款，洽淡时一定会明确还款时间，对拖欠时间较长，或逾期不归还的，出借人也会主动催还。而借贷形式的行贿受贿双方存在着直接的依附于受贿人的职权而违心出借，时间无限期，数额较大，受贿人一旦权力在握，便以借入为名收受贿赂，并为出借者谋取利益，这种非自愿的借贷关系从本质上区别于民法意义上的借贷关系。

四是审查借贷关系的产生是否给第三人带来损失，看有无行贿受贿的必然结果。合法的借贷关系是一种民事法律行为，它以不损害他人利益为前提条件，事实上，正常的民事借贷关系不存在损害第三人利益的情况。而借贷形式的行贿受贿是通过出借人的出借（行贿）和借入人的借款（受贿）来实现不可告人的目的，这种行为的实现必然会给第三人带来损害，或者使企业经济利益受损或者扰乱国家的经济秩序，这些损失是因受贿人接受贿赂造成的，因而损失的产生与这种借贷有着直接的因果关系，也是行贿受贿的必然结果。

笔者认为，根据以上几方面的原因，对以下几种“借贷”应以受贿论处：一是借款方式是利用职务上的便利，为出借人谋取利益的国家工作人员或者其他从事公务的人员；二是借款人经济条件好，无需借款，虚构借款事由的；三是借款金额大，时间超过一定期限或不确定期限的；四是借款不留凭证的；五是借款后有能力、有机会偿还而不予偿还的；六是借款人借款后又收受出借人贿赂钱财的。

这里试举一例，以说明借贷与受贿的区分问题。公诉机关指控称：被告人周某利用在某国有银行下属某支行担任市场部经理（信贷科科长）、负责该支行贷款审批的职务便利，于 2011 ~ 2012 年间，多次向在该支行办理贷款业务的某公司法定代表人张某索取贿赂，共计人民币 90 万元，并将该款投资于股市，至今未还（除此之外，另有收受贿赂 5 万余元的事实）。在此过程中，周某未正确履行审查职责，造成该支行巨额贷款未能收回。公诉机关认为，被告人周某利用职务便利，以借款为名，实际向贷款单位非法索取贿赂，其行为已构成受贿罪。被告人周某辩解该90万元系借款，有双方口头约定和借条为证，该款用于购买张某推荐的股票，由于股价下跌没有抛售，故无法还款，不是索贿。法院经审理查明：被告人周某具有负责对贷款发放的审查职责。行贿人张某所在的某公司及关联公司在周某任职银行有贷款，通过周某审查后发放，在此过程中，周某未严格按照有关贷款规定正确履行职责，造成该支行巨额贷款未能收回。2011年5月，被告人周某向张某提出想炒股谋利，张某向周某推荐某股票，周某表示缺少资金，张某便提出借款给周某，之后，张某即将30万元给了周某，周某出具借款期限为一年的借条，将资金投入股市。2011年11月，被告人周某因购买股票价格下跌，向张某提出借款用于补仓，张某便又给了周某30万元，周某表示要写借条，张某表示大家很熟悉，不用写借条了，周某表示等股票上涨抛售后再还款，张某同意。周某将资金又投入股市买卖股票，但股价继续下跌，又被套住。2012年1月，被告人周某再次向张某提出借款用于补仓，张某又给了周某30万元，周某没有写借条，亦表示等股票抛售后还款，将资金投入股市，由于股价持续下跌，又被套住。

本案中，被告人周某的上述行为，是属于利用职务便利索取贿赂还是个人借款？笔者认为，被告人周某的行为难以认定为受贿罪。本案的关键在于被告人周某从张某处获取90万元的真实意图是占有（所有）还是借贷。在本案中，被告人周某具有可以利用的审批放贷的职权，客观上也利用了这一职权，但是，问题在于被告人周某利用这一职权谋取的是“获得财物”还是“借到钱款”。无疑，行为人往往以借为名索取或者非法收受贿赂，但司法机关必须有确实充分的证据（综合“借款”的原因、经过、用途、数额等）予以证明其“借款”的虚伪性。从法院审理查明的现有证据（特别是张某对出借90万元给周某炒股的证言）来看，尚难以排除被告人周某具有借款真实意图的可能性，所以不能认定其利用这一职权“索取或者非法收受贿赂”。

十三、国家工作人员与近亲属或其他特定关系人、特定关系人之外的其他人共同受贿的认定问题

受贿罪是特殊主体身份的犯罪，两个以上国家工作人员成立受贿罪的共同犯罪，是没有问题的。但从实务的角度看，受贿罪的共同犯罪形态多见于非国家工作人员与国家工作人员之间，特别是国家工作人员的近亲属或其他特定关系人与国家工作人员之间的共同犯罪，占据了受贿罪共同犯罪的大部分比例。

关于国家工作人员的近亲属或其他特定关系人以及其他非国家工作人员可以与国家工作人员成立受贿罪的共犯，尽管曾经存在一定的争论，[①] 但是，长期以来刑法理论界和实务界几乎无人对此持有异议。因为如同任何特殊主体身份的犯罪一样，根据刑法总则关于共同犯罪的规定，无身份人都可以和有身份人成立以特殊身份为要件的犯罪之共同犯罪，其中无身份人成立共犯。受贿罪的共同犯罪当然也不例外。

毫无疑问，依据共同犯罪的刑法理论，非国家工作人员与国家工作人员是否成立受贿罪的共同犯罪，取决于他们之间是否具有共同的受贿犯罪故意和体现共同受贿的行为。这种共同犯罪的故意和行为，必须结合受贿罪的法益特征和行为特征予以把握。

2003年11月13日，《最高人民法院全国法院审理经济犯罪案件座谈会工作纪要》指出："根据刑法关于共同犯罪的规定，非国家工作人员与国家工作人员勾结，伙同受贿的，应当以受贿罪的共犯追究刑事责任。非国家工作人员是否构成受贿罪的共犯，取决于双方有无共同受贿的故意和行为。国家工作人员的近亲属向国家工作人员代为转达请托事项，收受请托人财物并告知该国家工作人员，或者国家工作人员明知其近亲属收受了他人财物，仍按照近亲属的要求利用职权为他人谋取利益的，对该国家工作人员应认定为受贿罪，其近亲属以受贿罪的共犯论处。近亲属以外的其他人与国家工作人员通谋，由国家工

① 有人曾经指出，1997年修订后的刑法实际上已经取消了内外勾结的受贿罪共犯，修订刑法施行以后，对非国家工作人员勾结国家工作人员，伙同受贿的，不能以受贿罪共犯追究刑事责任。其主要理由是：(1) 受贿罪主体是特殊主体，必须由国家工作人员构成，伙同受贿的非国家工作人员不构成受贿罪主体。对于受贿罪主体，权威刑法论著也认为是特殊主体。(2) 刑法总则关于共犯规定的适用前提必须是共同犯罪人的行为均符合犯罪构成四要件，缺一不可。特殊主体犯罪，共犯人必须都是特殊主体，非国家工作人员连犯罪的主体资格都不具备，谈不上构成受贿罪的共犯。(3) 刑法分则明文规定国家工作人员为受贿罪的主体，直接排除了非国家工作人员成为其主体。女子可以成为强奸罪的教唆共犯和帮助共犯，但强奸罪并非特殊主体的犯罪，因为特殊主体是指犯罪主体的特殊身份，而非指人的性别、生理等身体上的特殊状况。所以，不能以女子可以成为强奸罪共犯的主体为理由来论证非国家工作人员可以成为受贿罪共犯。(4) 受贿罪与贪污罪两者侵犯的客体不同。非国家工作人员虽不能利用职务便利构成贪污罪，但伙同贪污中能勾结国家工作人员完成贪污行为，侵占公共财物的所有权，而在伙同受贿中，非国家工作人员虽然得到了贿赂款，却不能利用职权为他人谋取利益（王发强：《内外勾结的受贿罪共犯是否已被取消》，载《人民司法》1998年第9期）。上述错误观点，显然是没有正确理解特殊主体身份的含义及刑法总则规定共同犯罪的原因和意义所致。刑法总则规定共同犯罪，是因为刑法分则规定的都是实行犯，而刑法分则规定的贪污罪、受贿罪等犯罪的主体特殊身份，也仅就实行犯而言，没有这种特殊身份的人不仅事实上可以教唆、帮助有特殊身份的人实施以特殊身份为主体要件的犯罪，而且在法律上也符合教唆犯的规定，成立共同犯罪。至于无身份人可否与有身份者共同实行以特殊身份为要件的犯罪，可以特别讨论。

作人员利用职务上的便利为请托人谋取利益，收受请托人财物后双方共同占有的，构成受贿罪共犯。国家工作人员利用职务上的便利为他人谋取利益，并指定他人将财物送给其他人，构成犯罪的，应以受贿罪定罪处罚。”上述《纪要》内容明确了非国家工作人员可以与国家工作人员成立受贿罪的共犯，而且，从内容上分析，该《纪要》肯定了收受财物的客观行为可以由非国家工作人员实行的立场，因而非国家工作人员不仅可以成为受贿罪的教唆犯、帮助犯，还可以与国家工作人员成立受贿罪的共同实行犯。①

2007 年 7 月 8 日，《最高人民法院、最高人民检察院关于办理受贿刑事案件适用法律若干问题的意见》第七条规定：“国家工作人员利用职务上的便利为请托人谋取利益，授意请托人以本意见所列形式，将有关财物给予特定关系人的，以受贿论处”（第一款）；“特定关系人与国家工作人员通谋，共同实施前款项行为的，对特定关系人以受贿罪的共犯论处。特定关系人以外的其他人与国家工作人员通谋，由国家工作人员利用职务上的便利为请托人谋取利益，收受请托人财物后双方共同占有的，以受贿罪的共犯论处”（第二款）。该《意见》所列的收受财物的形式，即是指以交易形式（以明显低于市场的价格向请托人购买房屋、汽车等物品；以明显高于市场的价格向请托人出售房屋、汽车等物品；以其他交易形式非法收受财物的）；以收受请托人干股的形式；以开办公司等合作投资名义收受贿赂的形式；以委托请托人投资证券、期货或者其他委托理财的名义收受贿赂的形式；以赌博收受贿赂的形式；以及特定关系人不实际工作，“挂名”领取薪酬的形式。“特定关系人”，按照《意见》第十一条的规定，是指与国家工作人员有近亲属、情妇（夫）及其他共同利益关系的人。

随着相关司法解释的相继出台，实务中的关于非国家工作人员可否与国家工作人员成立受贿罪共犯的争论完全可以停止，而值得研究的是如何认定上述各种情形的受贿罪的共同犯罪。

笔者认为，按照刑法关于共同犯罪的规定、上述司法解释的规定及其精

① 刑法理论上大多不支持无身份人可以与有身份人成立以特殊身份为要件的犯罪的共同实行犯。笔者认为，对于这一问题，应当视以特殊身份为要件的犯罪之实行行为具体情况而论。像强奸罪、受贿罪的实行行为属于复合行为，其中的部分实行行为（强奸罪的暴力、胁迫等强制手段行为，受贿罪中的索取、收受财物行为）事实上完全可以由无身份人实行，刑法解释上也不存在因为犯罪主体需要特殊身份的障碍——无身份人实行无须特殊身份及相关职权、自然条件便可实行的部分实行行为，有身份人实行非特殊身份及相关职权、条件便无法实行的部分实行行为。

神，立足于受贿罪的本质特征，对于非国家工作人员与国家工作人员的受贿罪的共同犯罪认定，核心就是非国家工作人员与国家工作人员之间是否存在受贿罪的共同故意和共同行为，这也是共同犯罪理论的当然要求。受贿罪的共同故意，表现为非国家工作人员与国家工作人员之间在“请托人送予财物、国家工作人员以此作为交换利用职务上的便利为请托人谋取利益”这一点上存在共同的认识和意志，达成了共谋；受贿罪的共同行为，表现为非国家工作人员参与了受贿行为的组织、教唆国家工作人员索取、非法收受请托人财物而为请托人谋取利益的行为，或者帮助或实行索取、非法收受请托人财物的行为。因此，在总体上，非国家工作人员没有对国家工作人员以出卖职权换取贿赂方面的认识，或者虽然有这种认识，但在意志方面没有认同国家工作人员的受贿、不具备共同意志的，不能仅仅因为其客观上接触、占有、享用、处置了贿赂款物，就认定为国家工作人员受贿罪的共犯。同时，如果非国家工作人员仅有与国家工作人员共同收受贿赂的主观故意，但并无任何组织、教唆国家工作人员实施受贿，或者帮助或实行索取、非法收受请托人财物的行为的，也不能对非国家工作人员论以共犯。

当然，受贿罪的共同故意和行为，在国家工作人员与其近亲属或其他特定关系人之间的表现，和国家工作人员与特定关系人之外的其他人之间的表现，存在一定的差异。这是因为他们各自与国家工作人员之间的关系状况不同：由于特定关系人和国家工作人员本身关系密切、存在情感关系、共同经济利益等方面的关联，因此，其和国家工作人员成立受贿罪共同犯罪的外在表现因素更为简单，或者说司法实践中判断其与国家工作人员之间存在受贿罪的共同故意和行为的条件相对较低（比如，由于国家工作人员的情妇与国家工作人员之间存在经济共同利益这种特定关系，他们其中任何一方占有贿赂，实际上都可以认为是双方共同占有，或者和双方共同占有没有实质区别），而与国家工作人员没有特定关系的其他人，其与国家工作人员具有受贿罪共同犯罪的故意和行为表现因素则相对复杂，或者说实务判断考察的要素更多一些、条件相对要高。这里需要指出，2003 年《最高人民法院纪要》只是把可能与国家工作人员构成受贿共犯的非国家工作人员区分为国家工作人员的“近亲属”和“近亲属以外的其他人”。2007 年《最高人民法院、最高人民检察院意见》则已经把国家工作人员的情妇（夫）及其他与国家工作人员具有特定关系的其他人与国家工作人员的近亲属“一视同仁”地予以了评价。在 2007 年《意见》施行后，处理相关共同犯罪案件，应当依照《意见》执行。当然，对于发生在

《意见》施行之前的案件，如果在《意见》施行后处理，应当参照刑法溯及力从旧兼从轻的原则适用司法解释。

基于上述分析，下面就国家工作人员的近亲属及其他特定关系人与国家工作人员的受贿罪共犯，以及与国家工作人员没有特定关系的其他人员与国家工作人员的受贿罪共犯认定问题，分别阐述：

1. 特定关系人收受请托人财物（包括以交易等各种形式，下同）后，明示或者暗示国家工作人员收受财物的事实，向国家工作人员转达请托人的请托事项，国家工作人员按照特定关系人的要求，为请托人谋取利益的，应当认定特定关系人与国家工作人员之间具有受贿罪的共同故意和共同行为，国家工作人员成立受贿罪，特定关系人成立受贿罪的共犯。因为这种情况下，特定关系人实行了受贿罪中的部分实行行为——收受财物的客观行为，其转达请托人请托事项，表明其主观上具有对国家工作人员出卖职权、为请托人谋取利益从而换取请托人财物的故意。国家工作人员在明知特定关系人已经收受请托人财物的情况下，仍按照其要求为请托人谋取利益的行为，表明国家工作人员与特定关系人之间完全达成了受贿罪的共谋，且具有相互配合的受贿实行行为。

2. 特定关系人索取、收受请托人财物后，没有明示或暗示国家工作人员，但是，国家工作人员明知特定关系人收受了请托人财物，特定关系人也向国家工作人员转达请托人的请托事项，而国家工作人员按照特定关系人的要求，为请托人谋取利益的，仍然应当认定特定关系人与国家工作人员双方成立受贿罪的共同犯罪。因为这种情况下，特定关系人在实施索取、收受财物的实行行为后转达请托事项，表明其主观上具有通过国家工作人员职务便利为请托人谋取利益的故意，而国家工作人员明知特定关系人收受了财物仍利用职务上的便利为请托人谋取利益，表明国家工作人员认同特定关系人收受财物作为换取权力出卖的意志，且与之相互配合，故两种行为之间具有受贿罪的共同故意和共同行为。

国家工作人员“明知”特定关系人收受了财物，是这种情况下国家工作人员具有受贿罪故意的关键要素。如果国家工作人员应特定关系人的要求，利用职务上的便利，为请托人谋取利益，但确实对特定关系人收受请托人财物之事实不明知，便无法说明国家工作人员具有出卖职权的意图，认定受贿罪缺乏正当根据（不符合受贿罪法益性质的要求）。这里的“明知”，包括“确知”和“应知”。其中，“应知”应当根据客观事实予以推定。比如，特定关系人与请托人平时关系一般，甚至素不相识，而突然频繁地要求国家工作人员为请托人办理某项职权内事项；特定关系人与请托人突然交往频繁，存在吃请等不正当经济往来的可能；特定关系人所转达的事项较为重大或者明显具有违反国家规定等不正当性而特定关系人仍无理要求国家工作人员予以办理的，请托人违背常理、“理直气壮”，甚至以威胁等手段催促国家工作人员抓紧办理所托事项，等等。上述情形下，基本可以推定国家工作人员知道特定关系人收受了请托人财物。

但是，如果特定关系人原本与国家工作人员在一起共同生活居住，只是因为家庭生活关系，国家工作人员收受请托人财物之当时在场（如在家或行贿受贿人双方约定的其他地点），不存在向国家工作人员转达请托人的请托事项之行为，即使特定关系人接触、存放、处置、享用了贿赂款物，也不应当认为特定关系人参与了受贿行为，不应将特定关系人认定为受贿罪的共犯。

3. 国家工作人员利用职务上的便利为请托人谋取利益后，告知特定关系人索取、收受请托人财物，或者让请托人给特定关系人送予财物，特定关系人收受了财物且明知财物可能来源于国家工作人员收受贿赂的，对国家工作人员和特定关系人以受贿罪的共同犯罪处理。这种情况下，国家工作人员实际上是借特定关系人之手“事后受贿”，特定关系人在明知财物属于贿赂的前提下配合已经为请托人谋取利益的国家工作人员收受财物，即与国家工作人员达成了受贿罪的共同故意，同时实施了收受财物的实行行为。

另外，在有的案件中，国家工作人员事先实施某种职务行为为他人谋取利益，在为他人谋取利益的时候没有收受财物的故意，而他人在获得利益后，为了表示“感谢”而送予国家工作人员的特定关系人财物，特定关系人明知该财物是国家工作人员事先为他人谋取利益而获得的贿赂却予以收受，国家工作人员知情后仍不要求特定关系人退还财物或上交的，国家工作人员亦成立受贿罪，特定关系人成立共犯（经国家工作人员要求，特定关系人将贿赂款物退还或上交的，国家工作人员和特定关系人均不成立犯罪）。这实际上是国家工作人员及其特定关系人共同实施的“事后受贿”行为。

当然，如果国家工作人员未将事先为请托人谋取利益之事实告知特定关系人，特定关系人也没有其他途径知晓所收受的财物为国家工作人员出卖权力的贿赂，特定关系人就其没有受贿罪的共同故意，可以提出辩解，比如，误认为所收财物为房屋、车辆、土地转让款、商业利润等正常款项等情况的，如果其辩解合理、成立，则排除其受贿罪的故意，对特定关系人不以共犯论处。

4. 国家工作人员索取请托人财物，或者非法收受请托人财物，为请托人谋取利益，在收受财物后，将贿赂款物交给或赠与特定关系人占有、保管的，即便告知特定关系人所赠送、交予的款物系贿赂款物，对特定关系人也不宜认定为受贿罪的共犯，只认定国家工作人员单独的受贿罪。这种情况下，国家工作人员成立受贿罪，但是，特定关系人既无与其存在受贿罪的共同故意，也没有任何受贿罪的参与行为，当然不成立受贿罪的共犯。当然，特定关系人的行为在符合洗钱罪的情况下，应当以洗钱罪追究特定关系人的责任。

需要强调的是，如果有证据证明特定关系人事先与国家工作人员存在受贿通谋（包括通过请托人、行贿人从中沟通），彼此分工，特定关系人负责收受财物、国家工作人员负责为请托人谋取利益的，那么，对特定关系人与国家工作人员应当以受贿罪的共同犯罪追究责任。此时，既不需要特定关系人在形式上具有向国家工作人员转达请托人请托事项、提出要求的行为，也不需要特定关系人以自己名义占有贿赂款物。因为特定关系人和国家工作人员彼此对在受贿罪中的各自分工“心照不宣”，贿赂款物即使名义上由国家工作人员或国家工作人员指定的其他人占有，只要能为特定关系人或国家工作人员所实际控制，即不影响受贿罪的共同犯罪的认定。例如，原铁道部运输局局长张曙光于2007 年至 2011 年 1 月间先后多次接受原广州中车公司铁路机车车辆销售租赁有限公司法定代表人杨某的请托，为杨某谋取铁路建设项目之利益，张曙光的情妇罗菲明知杨某给予自己款物，正是为了讨好张曙光，获取张曙光的职务便利所提供的帮助，仍多次收受杨某的巨额款物，并征得张曙光的同意或事后告知张曙光（张未要求罗予以退还或上交）；在张曙光的授意下，杨某还让罗菲到其北京公司“挂名”做企业宣传和形象策划，前后发给罗菲三四十万元“工资”，其实罗菲从未到公司上班。另外，张曙光还索要今创集团总裁戈某200 万元，部分存于保险柜内用于其和罗菲的日常开销，其余部分加上自己的积蓄给罗菲购买了房产。2013 年 8 月，检方以涉嫌受贿罪对罗菲提起公诉。此后，检方又将罗菲的罪名由受贿罪变更为掩饰、隐瞒犯罪所得罪。[①] 但最终法院认定，罗菲作为张曙光的特定关系人，就罗菲事后告知张曙光的部分收受财物事实，与张成立受贿罪的共犯。[②]

5. 特定关系人之外的其他非国家工作人员，与国家工作人员通谋的，由国家工作人员利用职务上的便利为请托人谋取利益，如果所收受的财物为国家工作人员和非国家工作人员共同支配，成立受贿罪的共同犯罪；如果仅仅为国家工作人员单独支配，只认定国家工作人员成立受贿罪，对非国家工作人员不

① 参见洪雪、梅双：《张曙光情妇罗菲犯受贿罪一审获刑 5 年》，载《法制晚报》2014 年 12 月 2 日。

② 参见康瑛：《罗菲受贿案——如何认定特定关系人是否成立受贿罪共犯》，最高人民法院刑一、二、三、四、五庭主办：《刑事审判参考》（总第 106 集），法律出版社 2017 年版，第 47 ~ 52 页。

予认定受贿罪的共犯。这是特定关系人与非特定关系人在与国家工作人员成立共犯上的重要区别。

十四、受贿为他人谋取利益构成犯罪的罪数认定及量刑应当注意的问题

国家工作人员利用职务上的便利索取他人财物或者非法收受他人财物，同时“为他人谋取利益”的行为又触犯其他罪名的，对国家工作人员如何处理？是以一罪定罪处罚还是实行数罪并罚？在实行数罪并罚时，如何注意避免重复评价？这是值得关注和研究的问题。

从我国刑法和相关司法解释、规范性文件的规定来看，对于受贿又同时触犯其他罪名的情况如何处理，存在不同的规定。《刑法》第三百九十九条第四款明确规定：“司法工作人员贪赃枉法，有前三款行为的，同时又构成本法第三百八十五条规定之罪的，依照处罚较重的规定定罪处罚。”亦即，司法工作人员徇私枉法、民事、行政枉法裁判，同时又索取、非法收受他人财物构成受贿罪的，应当从一重罪定罪处罚，而不以渎职犯罪和受贿罪实行数罪并罚。而1998年4月29日，《最高人民法院关于审理挪用公款案件具体应用法律若干问题的解释》第七条明确规定：“因挪用公款索取、收受贿赂构成犯罪的，依照数罪并罚的规定处罚。”2010年4月7日，最高人民法院刑二庭在《宽严相济在经济犯罪和职务犯罪案件审判中的具体贯彻》中指出：“渎职犯罪分子具有下列情形之一的，一般不适用缓刑：（1）依法减轻处罚后判处3年有期徒刑以下刑罚的；（2）渎职犯罪造成特别恶劣影响的；（3）渎职行为同时构成其他犯罪，以渎职犯罪一罪处理或者实行数罪并罚的。”这一规范性文件是针对渎职犯罪缓刑适用问题作出的，但内容上反映了最高人民法院刑二庭对于渎职行为同时构成包括受贿罪在内的其他犯罪的情形是以一罪还是实行数罪并罚，采取了“两可”的态度，或是主张除了《刑法》第三百九十九条第四款的规定予以遵循外，在实践中对于其他情形下都实行数罪并罚。

2012年12月7日，《最高人民法院、最高人民检察院关于办理渎职刑事案件适用法律若干问题的解释（一）》（法释〔2012〕18号）第三条规定：“国家机关工作人员实施渎职犯罪并收受贿赂，同时构成受贿罪的，除刑法另有规定外，以渎职犯罪和受贿罪数罪并罚。”2016年《最高人民法院、最高人民检察院贪污贿赂刑事案件解释》第十七条则明确规定：“国家工作人员利用

职务上的便利，收受他人财物，为他人谋取利益，同时构成受贿罪和刑法分则第三章第三节、第九章规定的渎职犯罪的，除刑法另有规定外，以受贿罪和渎职犯罪数罪并罚。”按照这两个司法解释的规定，凡是国家工作人员成立受贿罪，而其中“为他人谋取利益”的行为又同时触犯妨害对公司、企业的管理秩序罪或渎职罪的，除了刑法规定从一重罪定罪处罚的外，一律实行数罪并罚。最高人民检察院指导性案例也指出：“负有食品安全监督管理职责的国家机关工作人员，滥用职权或者玩忽职守，导致发生重大食品安全事故或者造成其他严重后果的，应当认定为食品监管失职罪。在渎职过程中受贿的，应当以食品监管渎职罪和受贿罪实行数罪并罚。”①

笔者认为，实践中，国家工作人员收受他人财物，为他人谋取利益的行为又属于违法犯罪的情况，不在少数。但是，个案的具体事实又存在差异（包括受贿和渎职等其他行为在是否达到定罪标准方面存在差异），而且在罪刑规范方面更不限于司法解释所提及的受贿罪与挪用公款罪（行为人收受他人财物，为他人谋取的利益就是将公款挪给行贿人使用）、受贿罪和妨害对公司、企业的管理秩序罪（如行为人收受亲友的贿赂，为亲友非法谋利）、受贿罪和渎职罪相互交织的情形。比如，国有金融机构工作人员和国有金融机构委派到非国有金融机构从事公务的人员，利用职务上的便利收受他人财物，为他人违法发放贷款、违规出具金融票证的，在罪刑规范上就涉及受贿罪与违法发放贷款罪、违规出具金融票证罪的交织。加之，受贿罪和“为他人谋取利益”行为对应的其他犯罪，在定罪量刑的要素方面，刑法和司法解释的规定也各有不同。因此，定罪量刑的问题比较复杂。对此，应当综合个案不同情况，结合刑法、司法解释、规范性文件的规定，依照刑法原理，具体分析，在定罪量刑问题上作出不同处理：

1. 如果行为人收受贿赂、索贿的数额没有达到受贿罪的成立标准（即使考虑受贿数额之外的其他情节），而为他人谋取利益的行为符合挪用公款罪、徇私枉法罪、滥用管理公司、证券职权罪、徇私舞弊不征、少征税款罪、违法提供出口退税凭证罪、放纵走私罪等其他犯罪的构成要件，对行为人自然应当以挪用公款罪等其他犯罪定罪处罚，收受贿赂、索贿的行为通常作为量刑情节考虑。需要注意的是，如果受贿行为本身已经作为其他犯罪的构成要件要素在其他犯罪的定罪中考量过，则在以其他犯罪定罪量刑时，不得再把受贿行为作

① 2014 年 2 月 20 日，《最高人民检察院关于印发第四批指导性案例的通知》（检例第 16 号，赛跃、韩成武受贿、食品监管渎职案）。

为量刑情节考虑，否则有违禁止重复评价原则。例如，国有公司、企业的主管人员（属于国家工作人员），收受收购方的财物不满1万元，将国有资产低价折股或者低价出售给收购方，致使国家利益遭受直接经济损失50万元以上或者造成企业破产、停业、停产1年以上等情形的，按照2010年5月7日最高人民检察院、公安部《关于公安机关管辖的刑事案件立案追诉标准的规定（二）》规定的徇私舞弊低价折股、出售国有资产罪的追诉标准，以及2016年《最高人民法院、最高人民检察院贪污贿赂刑事案件解释》对受贿罪的定罪数额、情节要求，其行为成立徇私舞弊低价折股、出售国有资产罪，而不成立受贿罪（按照司法解释的规定，受贿数额不满1万元的，即使具有“多次索贿”“为他人谋取不正当利益，致使公共财产、国家和人民利益遭受损失”等严重情节，也不构成受贿罪）。但是，这里的受贿行为，实际上已经作为徇私舞弊低价折股、出售国有资产罪中的“徇私”要素进行了评价，故在对徇私舞弊低价折股、出售国有资产罪量刑时，不应再考虑受贿这一情节了。

2. 当行为人的受贿行为和渎职行为，在互不作为定罪特殊情节考虑时，其中一种行为成立犯罪的，以此种行为对应的罪名定罪处罚，未定罪的行为作为量刑情节考虑。比如，依照2006年7月26日《最高人民检察院关于渎职侵权犯罪案件立案标准的规定》，税务机关工作人员徇私舞弊，不征、少征应征税款，致使国家税收损失累计达10万元以上，应予立案；致使国家税收损失累计不满10万元，但具有索取、收受贿赂或者其他恶劣情节的，也应予立案。据此，当税务机关工作人员徇私舞弊不征、少征应征税款未达到“致使国家税收损失累计达10万元以上”的一般标准，但有索贿、受贿情节的，可以认定成立徇私舞弊不征、少征应征税款罪。对此，笔者认为，为了避免受贿行为与渎职行为之间交叉充当定罪情节，当其中一类行为在暂不考虑另一类行为作为定罪情节时即可以成立犯罪的，就不应将该类行为作为定罪情节考虑，而只将其作为量刑情节予以考虑。

3. 当按照刑法和司法解释的规定，受贿行为和渎职行为均无法达到一般情况下（即受贿行为不考虑渎职情节，或渎职行为受贿情节时）成立犯罪的标准，而受贿行为成立受贿罪可能把“为他人谋取利益”对应的行为作为定罪情节考虑，“为他人谋取利益”对应的渎职行为成立渎职犯罪，也可能把受贿作为定罪情节考虑时，应当比较、权衡两种考量结果，在刑法规定从一重处或者只能成立其中一罪的情形下，选择重罪定罪处罚；在按照司法解释规定实行数罪并罚、而两种行为类型都达到定罪标准的情形下，则要避免“一事两头沾”，在遵循禁止重复评价原则的前提下数罪并罚。例如，按照2006年7月26日《最高人民检察院关于渎职侵权犯罪案件立案标准的规定》，海关、外汇管理等国家机关工作人员违反国家规定，在提供出口货物报关单、出口收汇核销单等出口退税凭证的工作中徇私舞弊，成立违法提供出口退税凭证罪的标准一般是“致使国家税收损失累计达10万元以上”，但是，“致使国家税收损失累计不满10万元，但具有索取、收受贿赂”的，也应予立案。据此，违法提供出口退税凭证致使国家税收损失累计不满10万元，具有受贿情节的，成立违法提供出口退税凭证罪。而按照2016年《最高人民法院、最高人民检察院贪污贿赂刑事案件解释》第一条的规定，受贿行为成立受贿罪一般要求受贿数额在3万元以上（达到“数额较大”的定罪基础标准），但是，如果受贿数额在1万元以上不满3万元，而具有“为他人谋取不正当利益，致使公共财产、国家和人民利益遭受损失”等严重情节的，也成立受贿罪。违法提供出口退税凭证致使国家税收损失累计不满10万元的，虽然没有达到成立违法提供出口退税凭证罪的一般标准，但也可以解释到这里受贿人“为他人谋取不正当利益，致使国家利益遭受损失”之中。按照司法解释的规定，行为人实施违法提供出口退税凭证渎职行为并收受贿赂同时成立违法提供出口退税凭证罪和受贿罪的，以违法提供出口退税凭证罪和受贿罪数罪并罚（2012年司法解释），或者说，行为人收受他人财物，为他人谋取利益，同时构成受贿罪和违法提供出口退税凭证罪的，以受贿罪和违法提供出口退税凭证罪数罪并罚（2016年司法解释）。然而，行为人受贿且违法提供出口退税凭证（或者说因为违法提供出口退税凭证而受贿）的个案至少可能出现以下一些情形，如何评价、能否数罪并罚，需要具体分析：（1）假如行为人收受贿赂9000元（不满1万元），为他人违法提供出口退税凭证而致使国家税收损失累计9万元（不满10万元）。那么，由于受贿不满1万元即使有其他严重情节也无法达到受贿罪的成立标准，对此只能以违法提供出口退税凭证罪评价行为人的犯罪行为。这种情形与上述受贿与挪用公款等行为的交织情形基本相同。此时，受贿行为不得作为量刑情节单独考虑，因为其在违法提供出口退税凭证罪的成立条件中已经评价（缺少受贿等恶劣情节的情形下，致使国家税收损失累计不满10万元的原本不成立违法提供出口退税凭证罪）。同理，假如为他人违法提供出口退税凭证而致使国家税收损失的较小（如不到1万元）、情节显著轻微，但受贿数额在1万元以上不满3万元，那么，只能认定受贿罪（致使国家税收损失再小，也符合受贿行为“为他人谋取不正当利益，致使公共财产、国家利益遭受损失”的定罪情节——司法解释对这一“损失”没有数量上的要求)。(2)假如行为人收受贿赂2万元(在1万元以上不满3万元),为他人违法提供出口退税凭证而致使国家税收损失累计9万元(不满10万元,但又不是显著轻微)。那么,按照相关司法解释的规定,既可以把致使国家税收损失累计9万元的违法提供出口退税凭证的行为作为认定受贿罪的情节“为他人谋取不正当利益,致使公共财产、国家利益遭受损失”予以考量,定受贿罪一罪,也可以把收受2万元的受贿行为作为违法提供出口退税凭证罪的“收受贿赂”情节考量,认定违法提供出口退税凭证罪一罪。但是,无论如何考量,不可能同时认定两罪成立。比较《刑法》第三百八十三条第一款第(一)项(受贿罪,数额较大或其他较重情节的,处三年以下有期徒刑或者拘役)和《刑法》第四百零五条第二款(违法提供出口退税凭证罪,致使国家利益遭受重大损失的,处五年以下有期徒刑或者拘役)规定的刑罚,以违法提供出口退税凭证罪定罪处罚为宜,量刑不得再对受贿进行评价。(3)假如行为人收受贿赂在1万元以上不满3万元,为他人违法提供出口退税凭证而致使国家税收损失累计10万元以上。那么,由于受贿行为只有把违法提供出口退税凭证、致使国家税收损失作为特别定罪情节加以考虑时才成立受贿罪,而违法提供出口退税凭证行为本身不需要考虑受贿情节即可认定违法提供出口退税凭证罪,且法定刑为五年以下有期徒刑或者拘役,高于数额较大或者其他严重情节的受贿罪(三年以下有期徒刑或者拘役),此时,对行为人应当以违法提供出口退税凭证罪一罪定罪处罚,量刑时同时考虑其具有受贿情节,酌定从重处罚。由于受贿行为在违法提供出口退税凭证罪的定罪过程中没有发挥作用,量刑时就其单独考量,不违反禁止重复评价原则。(4)假如行为人收受贿赂在3万元以上,为他人违法提供出口退税凭证而致使国家税收损失累计10万元以上。那么,受贿行为认定受贿罪不必把为他人违法提供出口退税凭证、致使国家税收损失作为定罪特殊情节考虑,违法提供出口退税凭证行为认定违法提供出口退税凭证罪也不必把受贿作为定罪特殊情节考虑。此时,对两种行为分别定罪处罚,数罪并罚。

十五、受贿罪与贪污罪的界分

受贿罪与贪污罪最容易发生混淆的是行为人在经济往来中从行为人单位之外的其他单位或个人处收取、取得财物的场合。《刑法》第三百八十五条第二款规定:“国家工作人员在经济往来中,违反国家规定,收受各种名义的回扣、手续费，归个人所有的，以受贿论处。”但是，在经济往来中，有的国家工作人员以收取回扣、好处费、手续费、奖金等名义，假借经济往来之名义，实施侵占本应归属于单位的财物之行为。有的国家工作人员利用职务上的便利将他人或其他单位让利给本单位的回扣（合法或非法不限）或者应当缴纳给单位保管的金钱财物据为己有。后两种情况都属于贪污行为。

区分经济往来中受贿罪与贪污罪，应主要从以下两个方面考察：

第一，考察回扣、好处费、手续费、奖金等各种财物的性质是否真实，即这些回扣、好处费、手续费、奖金实质上究竟原本属于交易对方、体现的是对方的贿赂款物，还是属于行为人本单位，是行为人在本单位财产没有遭受损失的前提下收取不当利益（出卖自己职务行为的对价），还是行为人将本来就属于单位的财物通过交易形式假借交易对方之手而迂回占有（以职务行为损公肥私）。对于行为人在经济往来中，明显背离市场规律，采取高价买进、低价卖出，尔后从交易对方套取回扣、奖金等财物的，应当认定为贪污罪，因为这些财物原本属于行为人所在单位。例如，某甲是国有公司采购员，受委派为本单位购买机械设备，该套设备市场中间价为350万元，某甲要求供货商给予自己20万元的好处费，供货商声称机械设备的利润非常低，除非将设备价格加价至370万元才可给予其20万元的好处费，某甲应允，双方遂签订了价款为370万元的购销合同，设备安装测试成功、货款兑付后，某甲获得了20万元的好处费。此案中，某甲获取的好处费，并非真正意义上的供货商的让利，实质上是来源于国有公司原本不应支付的货款，某甲利用采购商品的便利，通过供货商给予好处费的“幌子”而变相侵吞公共财物20万元，应认定为贪污罪。当然，在有多方交易主体的经济往来中，应当特别注意，行为人通过违背市场规律的经济往来获取的财物，可能遭受损失的既不是行为人所在单位，也不是给予财物的自然人或单位，而是其他人。此时，应根据具体情况，将财物视为行为人所在单位，或者给予财物的自然人或单位“额外的收入”，对行为人分别认定为贪污罪或受贿罪。例如，某矿务局煤炭贸易集团总公司（国有）煤炭调配处处长某乙，利用职务上的便利，违反国家规定，将国家计划供应的特种焦煤调拨给下属的某煤炭贸易公司经营（利润与总公司共享均分），要求该公司每吨加价80元出售，并商定以“奖金”的名义每吨提成40元给某乙，某乙共得“奖金”50万余元。在此案中，从正常经营的角度看，煤炭贸易集团总公司及其下属的煤炭贸易公司在经济上均未遭受损失。某乙要求煤炭贸易公司加价出售焦煤，违背市场规律、违反国家法律，因此而遭受损失的是购买焦煤的企业，通过加价获得的超额利润不能完全视为由煤炭贸易公司所有，而应当视为煤炭贸易集团总公司及煤炭贸易公司两家公司共享所有，某乙收受的“奖金”，实质上来源于煤炭贸易集团总公司的超额利润部分，故其行为属于利用职务上的便利侵占本单位财物的行为，构成贪污罪。

第二，考察交易对方是将回扣、好处费等各种财物给予行为人还是行为人所在单位。在经济往来中，按照商业惯例，存在合法返利、好处费、手续费、中介费等情况，所以《刑法》第三百八十五条第二款强调“违反国家规定”，收受回扣、手续费的才构成犯罪。当交易对方明确表示给予行为人所在单位合法返利、好处费、手续费、中介费等费用时，行为人将这些费用、款项据为己有的，属于贪污行为。因为此种情形下，尽管费用、款项可能未实际被行为人所在单位控制，但已经属于该单位所有的财物，行为人利用职务上的便利予以侵吞，符合贪污罪的特征。当交易对方明确表示给予行为人所在单位回扣、其他非法的好处费等费用、款项时，行为人将之据为己有的，也属于贪污行为。因为即使款项是非法的，按照交易对方的意思也属于行为人单位所有或依法应当上缴，行为人利用职务上的便利予以侵吞，同样符合贪污罪的特征（如果单位在经济往来中，在账外暗中收受这些回扣，按照《刑法》第三百八十七条第二款的规定应成立单位受贿罪）。当交易对方明确表示给予行为人回扣、好处费时，则不存在合法的问题，如果按照上述“第一”所述的考察内容属于贪污的，定贪污罪；如果不属于贪污行为，则应认定为受贿罪。

十六、国家工作人员误认为自己属于一般公司、企业人员而受贿的，如何定性（受贿罪与非国家工作人员受贿罪的界分）

《刑法》第一百六十三条规定的非国家工作人员受贿罪，是指公司、企业或者其他单位的工作人员利用职务上的便利，索取他人财物或者非法收受他人财物，为他人谋取利益，数额较大，或者公司、企业或者其他单位的工作人员在经济往来中，违反国家规定，收受各种名义的回扣、手续费，归个人所有的行为。如本章之“三”所述，非国家工作人员受贿罪的成立，无论是索取他人财物还是非法收受他人财物，均应以“为他人谋取利益”为要件。这一点，是非国家工作人员受贿罪与受贿罪在客观构成要件上的差异。因此，对于非国家工作人员索取他人财物，并无承诺、实施和实现为他人谋取利益行为的，也不能认定为犯罪。

受贿罪与非国家工作人员受贿罪的关键区别，在于两罪的主体不同。因此，区分行为人的身份是国家工作人员还是一般的公司、企业或单位工作人员，至关重要。关于公司、企业中国家工作人员身份的界定，本书第一章已详细论述，在此不赘。这里需要探讨的是，在刑法上界定国家工作人员本身十分复杂，当行为人在刑法上应当评价为国家工作人员，而主观上误认为自己是非国家工作人员时，其索取或者非法收受他人财物，为他人谋取利益，或者在经济往来中，违反国家规定，收受各种名义的回扣、手续费归个人所有的，是否应当认定为受贿罪？换言之，行为人对于自己属于国家工作人员的事实没有认识，是否影响受贿罪的成立？笔者认为，国家工作人员固然是受贿罪构成要件的事实，但这种事实不应当成为行为人主观认识的内容，只要作为国家工作人员的行为人认识到自己存在职务上的便利，并且认识到自己利用这种职务上的便利为他人谋取利益，可以与他人财物进行对价交换，就应当成立受贿罪，而不应在其对自己身份的主观认识范围内认定为非国家工作人员受贿罪。在相反场合，当公司、企业或者其他单位工作人员本身不具有国家工作人员身份却误认为自己是国家工作人员而收受他人财物时，也不能认为其成立受贿罪未遂。

十七、受贿人主动检举揭发他人贿赂犯罪事实，能否认定为立功

在司法实践中，往往出现犯罪嫌疑人或者被告人主动检举揭发他人行贿或者受贿、介绍贿赂的犯罪事实，并查证属实的情况。对于这种情况可否认定为立功，存在不同的认识。笔者认为，对此应当根据刑法关于立功制度的规定和1998年4月17日《最高人民法院关于处理自首和立功具体应用法律若干问题的解释》的规定予以处理。《刑法》第六十八条规定的立功，是指犯罪分子“揭发他人犯罪行为，查证属实的，或者提供重要线索，从而得以侦破其他案件”等行为。从刑法的规定可以看出，犯罪分子只有对于“他人犯罪”而言才可以成立立功；对于自己的犯罪事实（包括实行、组织、教唆和帮助的）则不存在立功的问题。对于自己的犯罪事实，犯罪分子可以在符合“自动投案、如实供述自己的罪行”条件的前提下成立自首，或属于坦白交待罪行。上述《最高人民法院解释》第五条的规定也体现了这一精神。具体到贿赂案

件中，受贿人检举揭发他人贿赂犯罪事实或提供有关线索，存在不同的情况：受贿人检举揭发的，有的属于自己参与的犯罪事实，比如，其揭发的行贿人就是向自己行贿、其揭发的介绍贿赂人就是在自己与行贿人之间介绍贿赂；有的则是与自己犯罪事实无关的他人贿赂犯罪事实。笔者认为，只有对于受贿人检举揭发与自己无关的他人贿赂犯罪事实，经查证属实的，才可成立立功。如果受贿人揭发同案犯罪分子的事实，根据上述《最高人民法院解释》第六条的规定，可以酌情予以从轻处罚。

当然，按照《刑法》第六十八条第一款和1998年4月17日《最高人民法院关于处理自首和立功具体应用法律若干问题的解释》的规定，犯罪分子到案后有检举、揭发他人犯罪行为，包括共同犯罪案件中的犯罪分子揭发同案犯共同犯罪意外的其他犯罪，经查证属实；阻止他人犯罪活动；协助司法机关抓捕其他犯罪嫌疑人（包括同案犯）以及具有其他有利于国家和社会的突出表现的，都应当认定为有立功表现。因此，受贿行为人如果揭发向自己行贿或介绍贿赂者贿赂犯罪之外的其他犯罪（与行为人没有共同犯罪关系的），经查证属实的，当然也成立立功。另外，“协助抓捕其他犯罪嫌疑人”认定为立功，被抓捕的犯罪嫌疑人是否属于协助者的同案犯，是不影响立功的成立的。因此，受贿行为人实施以下行为，使司法机关抓捕其他犯罪嫌疑人的，均属立功：（1）按照司法机关的安排，以打电话、发信息、微信视频或语音、发送电子邮件等方式将其他犯罪嫌疑人（包括同案犯、向自己行贿或介绍贿赂者）约至指定地点的；（2）按照司法机关的安排，当场指认、辨认其他犯罪嫌疑人（包括同案犯、向自己行贿或介绍贿赂者）的；（3）带领侦查人员抓获其他犯罪嫌疑人（包括同案犯、向自己行贿或介绍贿赂者）的。

十八、受贿人受贿后将财物退还送予财物人的，是否属于积极退赃

《刑法》第三百八十六条规定：“对犯受贿罪的，根据受贿所得数额及情节，依照本法第三百八十三条的规定处罚”，从而致使受贿罪的量刑完全依照贪污罪的处罚原则。然而，贪污罪与受贿罪两者在构成要件与特征上存在区别。《刑法》第三百八十三条第三款规定：“犯第一款罪，在提起公诉前如实供述自己罪行、真诚悔罪、积极退赃，避免、减少损失结果的发生，有第一项规定情形的，可以从轻、减轻或者免除处罚；有第二项、第三项规定情形的，可以从轻处

罚。”那么，受贿罪的处罚，是否有适用上述规定的余地？具体而言，当行为人个人受贿数额较大或者有其他较重情节的，在提起公诉前如实供述自己罪行、真诚悔罪、将财物退还给送予财物人（退贿）的，是否可以解释为“积极退赃”，从而可以从轻、减轻或者免除处罚？在受贿数额巨大或者有其他严重情节、受贿数额特别巨大或者有其他特别严重情节的情形下，是否可以从轻处罚？

笔者认为，贪污罪虽然与受贿罪同属贪污贿赂罪一类犯罪，行为人对于赃物都具有非法占有目的，但两者在性质上存在重大区别，前者属于损公肥私性质的、非法占有型的财产性渎职犯罪，而后者严格来说是贿买型的、非法取得型的渎职犯罪。刑法规定犯贪污罪在提起公诉前如实供述罪行、真诚悔罪并积极退赃的可以从轻、减轻甚至免除处罚，主要是考虑这种情况下，行为人的积极退赃行为可以弥补犯罪给受害单位造成的财产损失，加上其真诚悔罪表现表明人身危险性较小。而在受贿罪中，财产受害者并不是送予财物人（在收受财物的情形下行为人只是被动地接受行贿人主动给予的财物；除非送财物人是被勒索而没有获取不正当利益，被勒索者不是行贿人、属于被害人），因为受贿人的职务行为被收买，非财产性利益的受害者实际上是行为人所在单位。因此，可以说，根据《刑法》第六十四条的规定，贪污罪中的赃物本来应当退赔给被害单位（行为人所在单位遭受了财产损失），而受贿罪中的赃物本来应当予以追缴，上缴国库（行为人所在单位没有遭受财产损失，送予财物人也不能被视为受害者）；即便受贿人将财物退还送予财物人的，也不是“积极退赃”，对于职务行为的不可收买性遭受侵犯的后果也不可能有所弥补，所以，对于这种情况不能援用《刑法》第三百八十三条第三款的规定对受贿人适用法定从宽处罚。

第五章

单位受贿罪和对单位行贿罪

一、单位受贿罪和对单位行贿罪构成的基本要求

《刑法》第三百八十七条规定的单位受贿罪，是指国家机关、国有公司、企业、事业单位、人民团体，索取、非法收受他人财物，为他人谋取利益，情节严重，或者在经济往来中，在账外暗中收受各种名义的回扣、手续费的行为。单位受贿罪是纯正的单位犯罪，其主体仅限于国家机关等国有单位，非国有单位不成立本罪。非国有单位索取、非法收受他人财物，为他人谋取利益的行为，目前在我国尚不属于刑法调整的范围。对于在经济往来中，非国有公司、企业等单位违反国家规定，在账外暗中收受回扣、手续费的行为，可以依照《反不正当竞争法》予以处罚。

根据2006年9月12日最高人民检察院法律政策研究室《关于国有单位的内设机构能否构成单位受贿罪主体问题的答复》（高检研发〔2006〕8号），国有单位的内设机构利用其行使职权的便利，索取、非法收受他人财物并归该内设机构所有或者支配，为他人谋取利益，情节严重的，依照《刑法》第三百八十七条的规定以单位受贿罪追究刑事责任；上述内设机构在经济往来中，在账外暗中收受各种名义的回扣、手续费的，以受贿论处。上述《答复》与刑法规定和1999年6月25日《最高人民法院关于审理单位犯罪案件具体应用

法律有关问题的解释》及2001年1月21日《最高人民法院全国法院审理金融犯罪案件工作座谈会纪要》有关单位犯罪认定的规定精神一致。据此，就单位受贿罪而言，凡是以单位名义实施的受贿犯罪，违法所得归单位所有的，就是单位受贿罪；以单位的内部职能部门、下属部门或者分支机构名义实施受贿犯罪，违法所得亦归单位的内部职能部门、下属部门或者分支机构所有的，亦应认定为单位受贿罪；不能因为单位的下属部门（内部职能部门）或者分支机构没有可供执行罚金的财产，就不将其认定为单位受贿罪而按照这些内部职能部门、下属部门或者分支机构的相关责任人员个人的受贿罪之共同犯罪处理。例如，高校的院、系、处、室，可以利用招生、考试、采购教育教学设备等职责便利，通过向他人索取或非法收受财物为本院、系、处、室"创收"；公立医院的科室可以利用药品采购选择权向药品供应商收受回扣归科室支配、使用，等等。这些行为都成立单位受贿罪。

根据1999年9月16日《最高人民检察院关于人民检察院直接受理立案侦查案件立案标准的规定（试行)》的规定，国家机关、国有公司、企业、事业单位、人民团体，无论是索取他人财物还是非法收受他人财物，都必须同时具备"为他人谋取利益"的条件，且情节严重的行为，才能成立单位受贿罪；涉嫌单位受贿，有下列情形之一的，应予立案：（1）单位受贿数额在10万元以上的；（2）单位受贿数额不满10万元，但具有下列情形之一的：第一，故意刁难、要挟有关单位、个人，造成恶劣影响的；第二，强行索取财物的；第三，致使国家或者社会利益遭受重大损失的。由此可见，单位受贿罪在成立的数额、情节标准上要高于受贿罪，而且即使索取他人财物的单位受贿罪，也以"为他人谋取利益"为要件，这是与受贿罪（除间接受贿类型外）有所不同的。

《刑法》第三百九十一条规定的对单位行贿罪，是指为谋取不正当利益，给予国家机关、国有公司、企业、事业单位、人民团体以财物，或者在经济往来中，违反国家规定，给予各种名义的回扣、手续费的行为。对单位行贿罪，既可以是个人构成，也可以是单位构成。作为对单位行贿罪主体的"单位"，没有所有制性质上的限制，只要符合单位犯罪主体要件即可，包括公司、企业、事业单位、机关、团体五种类型。同理，单位的分支机构或者内设机构、部门，也可以成立对单位行贿罪。

需要指出，刑法中作为单位犯罪主体的"单位"，与职务侵占罪、非国家工作人员罪中作为行为人工作所在的"单位"含义不尽一致，前者在类型、范围上限制严格。比如，不具有法人资格的个人独资企业因无独立财产、个人与企业行为难以区分、不具备刑事责任能力，不能成为包括对单位行贿罪在内的犯罪主体。但是，职务侵占罪、挪用资金罪、非国家工作人员罪中“公司、企业或者其他单位”中的“单位”，主要是基于惩治单位内工作人员侵犯单位财产利益或损害单位职务行为廉洁性的立法目的，因而其范围并无特别限制，只要是与个人相对应的组织，都可以是这里的单位。比如，不具有法人资格的个人独资企业、村委会、居委会、业主委员会、物业管理委员会、“××”事故调查组，甚至通过虚假验资骗取工商登记执照的“三无”企业，等等，均可以成为职务侵占罪、挪用资金罪、非国家工作人员受贿罪等罪中的“单位”。这是在认定单位受贿罪、对单位行贿罪的单位犯罪中必须注意的问题。

根据 1999 年 9 月 16 日《最高人民检察院关于人民检察院直接受理立案侦查案件立案标准的规定（试行）》和 2000 年 12 月 22 日《最高人民检察院关于行贿罪立案标准的规定》之规定，涉嫌对单位行贿，有下列情形之一的，应予立案：（1）个人行贿数额在 10 万元以上、单位行贿数额在 20 万元以上的；（2）个人行贿不满 10 万元、单位行贿数额在 10 万元以上不满 20 万元，但具有下列情形之一的：第一，为谋取非法利益而行贿的；第二，向三个以上单位行贿的；第三，向党政机关、司法机关、行政执法机关行贿的；第四，致使国家或者社会利益遭受重大损失的。由此可见，对单位行贿罪的定罪量刑标准要高于行贿罪。当然，按照司法解释的规定，在对单位行贿罪和行贿罪中，影响定罪量刑的、降低数额要求的特殊情形不完全相同。比如，行贿数额在 1 万元以上不满 3 万元，但将违法所得用于行贿的，也成立行贿罪，但在对单位行贿罪中没有这样的要求；对单位行贿如系为谋取非法利益，则产生降低定罪量刑标准的效果，而在行贿罪中不存在这样的要求。

单位受贿罪和对单位行贿罪是一组对合性犯罪。单位受贿罪的主体，正是对单位行贿罪的对象——国家机关等国有单位；在财物的送予和接受方面，单位受贿罪中接受财物的自然只能是单位，但对单位行贿罪的行为人既可以是个人，也可以是单位。

单位受贿罪中“索取、非法收受”“为他人谋取利益”“回扣”等范畴的基本含义，与受贿罪中相关范畴含义一致；对单位行贿罪中的“为谋取不正当利益”与行贿罪中的该范畴，含义也完全一致。因此，对上述范畴的基本意义无须赘言。

二、区分单位受贿罪与受贿罪的关键要素——受贿的犯罪意志性质（兼及单位收受财物后单位有关责任人员予以私分、侵吞行为的定性）

从刑法规范的表述不难看出，单位受贿罪与受贿罪在构成要件及其要素方面存在许多相同或相似之处：（1）两罪都是以索取、非法收受他人财物作为基本的客观行为方式，“索取、非法收受他人财物”中的“他人”，均包括自然人和单位。（2）在经济往来中违反国家规定收受各种名义的回扣、手续费的，在两罪中均属于受贿的一种特殊类型。当然，在受贿罪中，直接受贿类型的受贿罪，如果行为人是主动索贿，是不需要同时以“为他人谋取利益”为要件的。而在单位受贿罪中，国有单位无论索取还是非法收受他人财物，都必须同时以“为他人谋取利益”为要件。

值得关注的是，单位受贿罪和受贿罪罪状中，就收受回扣、手续费形式的受贿行为成立犯罪，在表述上不完全相同：《刑法》第三百八十七条第二款对单位受贿罪中“收受回扣、手续费”类型的表述是“在经济往来中，在账外暗中收受各种名义的回扣、手续费……”；《刑法》第三百八十五条第二款对受贿罪中“收受回扣、手续费”类型的表述是“在经济往来中，违反国家规定，收受各种名义的回扣、手续费……”。那么，两罪在“收受回扣、手续费”类型的犯罪构成方面，其构成要件要素是否存在实质差别呢？笔者认为，答案是否定的。理由如下：（1）受贿罪中之所以强调国家工作人员“违反国家规定”要素，是因为受贿罪是国家工作人员的个人犯罪，国家法律、法规对国家工作人员的职务廉洁性的规定较多、范围较广，当然也包括在经济往来中不得收受回扣、手续费的规定。在“收受回扣、手续费”类型的受贿罪中使用“违反国家规定”一语，并非独立于“收受各种名义的回扣、手续费”之外的构成要件要素，只是对“收受回扣、手续费”的一种评价性描述。（2）单位受贿罪中之所以强调国有单位收受回扣、手续费的“在账外暗中”要素，是因为单位受贿罪是纯正的单位犯罪，如果在经济往来中按照商业惯例收受返利、让利、佣金、中介费等各种费用入账，就不违反国家规定，也不属于收受回扣、不正当的“手续费”。回扣本身就是不入账、账外收受、给予的，也是暗中收受、给予的，从而违反国家规定的，因此，刑法中对收受回扣完全可以不必以“在账外暗中”作修饰语。“在账外暗中”是回扣的应有之义，也意味着“违反国家规定”。此外，“账外暗中”也不是“账外”并“暗中”的意思，“账外”指的是在法定会计账户之外，这种不入账或者在法定会计账户之外的“小账户”入账，对于法定会计账户而言回扣的送予和收受就是“暗中”进行的。[①]

笔者认为，从刑法规范的目的出发，单位受贿罪与受贿罪的区别在于受贿的犯罪意志究竟是国有单位还是该国有单位中国家工作人员个人，即受贿行为体现的到底是国有单位还是国家工作人员的犯罪意志。这种犯罪意志的性质，是司法实践中区分两罪需要考察判断的关键因素。这种犯罪意志的区别，也与两罪的法益性质密切相关：受贿罪侵害的法益是国家工作人员的职务的不可收买性，而单位受贿罪侵害的法益是国有单位权力行使的廉洁性和国有单位的正常活动。因此，在司法实践中，要准确对它们予以区分，关键是要考察受贿行为体现的是单位的整体意志还是个人的意志（即使是数个人的犯罪意志，仍是个人意志的共同结合或相加），犯罪行为侵害的是国家工作人员个人职务的不可收买性还是国有单位权力行使的廉洁性和国有单位的正常活动。具体而言，单位受贿罪体现的是国有单位的受贿犯罪意志，这种犯罪意志具有整体性，即必须反映单位整体的罪过，而受贿罪体现的是国家工作人员的个人意志。在形式上，国有单位的受贿犯罪意志表现为，国有单位索取、非法收受他人财物，是经过国有单位集体研究决定的，或者由有权决定的单位负责人员代表单位所决定、决策的。国有单位的负责人一般都能够代表本单位作出决定，或者说其决定可以体现单位意志，因而如果国有单位的负责人为了本单位利益收受他人财物归单位所有的，应当认定为单位受贿罪。即使国有单位的负责人超越职权或违反程序作出受贿的决定，也不影响单位受贿罪的成立，因为单位实施受贿行为本身就是违反法律的。例如，某市物价检查所所长冯某于2007年10月～2011年3月担任该物价检查所法定代表人期间，利用执行国家物价检查工作的便利条件，对某县土地局等14个单位进行检查发现违规收费时，没有依法对违规收费予以处罚、没收，而是为了本单位的利益，经与被查单位协商，以物价咨询服务费的方式变通处理，收取违规收费单位的咨询服务费共59万余元。在该案中，某市物价检查所构成单位受贿罪，单位法定代表人冯

① 实践中有人认为，应当取消单位受贿罪“账外暗中”的限制，理由是在市场经济中，经营者与销售者享有自主定价权，只要在合同中获取了非法利益或者接受了商品，由于不符合“暗中”特征，难以定罪（参见吴忆萍、陈晓南：《单位受贿罪“账外暗中”的限制应予取消》，载《人民检察》2007年第2期）。这其实是对“账外”与“暗中”之间关系的误解。

某作为单位受贿罪的直接负责的主管人员应承担相应的刑事责任。

另外，在特殊情况下，单位受贿的犯罪意志也可能是单位在行使管理、监督等权力过程中形成惯例而得以体现，实质上也是由单位集体或负责人员予以默认的。如某一国家机关长期以来形成了办事“雁过拔毛”的习惯，办事人员对行政管理相对人均或多或少地索要财物“归公”，供单位发放福利，在案只有证据证明这种违法犯罪行为久已有之，但无证据证明这种行为自何时开始到案发，更无证据证明单位现任领导决策或单位领导层集体讨论，这种情况仍应认定为单位受贿罪。

总之，包括单位受贿罪在内的单位故意犯罪的集体意志，在很大程度上都是通过决策主体体现出来的。因为单位无血无肉，要判断犯罪行为是不是体现了单位的集体意志，当然首先考察的是犯罪行为是否经单位集体研究决定或者由有关负责人员决定的，或者是单位集体或负责人员对惯常做法的默认。一个犯罪行为，如果既不是经单位集体研究决定，又不是由有关负责人员决定的，也不是由单位按照惯例实施的，就不可能会是单位故意犯罪。不过，犯罪行为的决策主体，并不是认定单位受贿犯罪整体意志惟一的或绝对的根据。有的犯罪行为，表面上是由单位的决策机构或有关负责人员决定的，但实质上可能并不体现单位整体的意志，所以，除了进行决策主体的形式判断外，还必须结合犯罪利益的归属进行综合判断。或者说，利益的归属是司法实践中判断犯罪意志究竟是单位整体意志还是单位中个人意志的重要参考。比如，对于盗用国有单位名义实施受贿犯罪，违法所得全部或者主要由实施犯罪的个人私分的案件，即使是由国有单位有关负责人决定的，也应当依照自然人犯罪即受贿罪定罪处罚；有的受贿行为，虽然不是盗用国有单位名义实施，而是事先经单位集体研究决定的，但国有单位在受贿后财物又由个人占有，这种情况下，也应当以个人的受贿罪定罪处罚，而不能认定为单位受贿罪。

当然，对于受贿行为而言，利益的归属也只是判断有无单位整体意志的一个重要参考因素，而非全部依据。

鉴于单位受贿罪和受贿罪在构成要件要素上的差别，对于国有单位中从事公务的人员，假借单位名义向其他人或单位索取或者非法收受财物的，其涉案行为，应该按照《刑法》第三百八十五条、第三百八十八条的规定予以认定。比如，行为人在自己职权范围内，假借单位名义索取财物的，不必考虑为他人谋取利益要件的问题；行为人利用自己职权或者地位形成的便利条件，假借单位名义，通过没有制约关系但有一定工作联系的其他国家工作人员的职务行为，为他人谋利的，则要确认为他人谋取的利益具有不正当性，且即便是索取财物，也需要为他人谋取不正当利益的要件。

值得进一步研究的是，单位收受他人财物后，有关责任人员又以单位名义将财物予以集体私分的，是定受贿罪还是私分国有资产罪，抑或是单位受贿罪与私分国有资产罪实行数罪并罚？笔者认为，如果有关责任人原本具有通过单位受贿形式占有贿赂款的故意，则“单位受贿”实际上是个人受贿罪的手段、单位不过是个人受贿犯罪的一个“平台”，对有关责任人应认定受贿罪一罪，对单位不认定单位受贿罪；如果单位收受他人财物当时有关责任人没有通过单位受贿形式占有贿赂款的故意，只是该有关责任人员先前决策或参加集体讨论决定由单位收受他人财物，而在单位收受他人财物之后，有关责任人员又起意在单位职工内部集体私分这些财物的，则对有关责任人员应以单位受贿罪（作为直接责任人员）和私分国有资产罪（亦作为直接责任人员）实行数罪并罚；如果在单位收受财物之后，有关责任人员又起意非以集体意志、仅在少数决策者内部瓜分、占有这些财物的，对有关责任人员宜以单位受贿罪（作为直接责任人员）和贪污罪实行数罪并罚。

例如，犯罪嫌疑单位某高校教务处、犯罪嫌疑人夏某（教务处处长）、吴某（教务处副处长）。夏某、吴某在担任某高校教务处处长、副处长期间，为谋取小团体的利益，在2001年10月~2005年1月的经济往来中，在账外暗中收受6家书商购书返还款23次，共计人民币10.0752万元，所得赃款放入由吴某保管的教务处的小金库中。后犯罪嫌疑人夏某、吴某陆续以加班费、过节费的名义将所得赃款分发给教务处的工作人员，共分发人民币9.2383万元。其中，夏某、吴某分得人民币4.24万元，余款作为教务处的活动经费予以开支。对于此案中教务处成立单位受贿罪、夏某和吴某作为单位犯罪的直接负责的主管人员和其他直接责任人员承担单位受贿罪的责任，这是没有争议的。存在分歧的是，夏某、吴某将单位受贿所得予以分发给教务处工作人员（包括夏某、吴某本人）的行为，是否另行构成贪污罪或私分国有资产罪？一种意见认为，对夏某、吴某分发受贿所得款的行为应当另行定罪；由于教务处分得受贿赃款的工作人员并不知款项的来源，故只宜就夏某、吴某分到的部分即4.24万元认定为二人的贪污罪。另一种意见认为，夏某、吴某两人作为单位受贿罪的直接责任人员，将单位受贿赃款予以分发，是对赃款进行处分的一种不可罚的行为，不应再单独评价；如果认为其二人还另行成立贪污罪，实际上认可了单位受贿所得赃款转化为国有财产。[1]

笔者认为，上述案件对夏某、吴某应当另行认定私分国有资产罪，与其单位受贿罪实行数罪并罚。理由是：（1）夏某、吴某作为教务处领导，出于为本处谋取利益的目的收受书商回扣，归本处所有、由吴某具体掌管，教务处成立单位受贿罪，夏某、吴某作为单位受贿罪的直接责任人员承担相应刑事责任，这没有疑问。（2）教务处受贿所得赃款，虽然非法，但在进入小金库后客观上已经归属于单位、属于教务处所有，包括夏某、吴某在内的任何人都无权改变。虽然夏某、吴某是单位受贿罪的直接责任人员，但本身不是犯罪单位，其作为单位工作人员不得擅自侵犯单位的财产权。（3）主张对夏某的分发单位犯罪所得赃款成立犯罪，并不意味着单位受贿的合法性，而是体现即使对单位占有的非法来源的财产也必须保护的刑法规范目的。因为赃款并非来源于夏某、吴某（或者说夏某、吴某不是赃款的本权者），而教务处的财产即使来源和性质非法，非本权者对于这种非法占有状态，非经法定程序也不得改变（正如被盗者之外的人将被盗财物从盗窃者那里非法取得也成立财产犯罪一样）。（4）对夏某、吴某另行认定私分国有资产罪而不认定为贪污罪，根据在于，教务处分得赃款的工作人员虽然对款项的来源不知情，但这并不是私分国有资产罪和贪污罪的区别所在。重要的决定性因素是，恰恰因为只有夏某、吴某知情，而两人并不仅在知情者、决策者范围内分发款项，而是给大多数人、包括决策者之外的人员分发，体现的是单位私分的意志。尽管夏某、吴某分得比例较其他人要大，但这不影响"私分"的性质（对于私分国有资产罪，本书后面有专门论述）。

三、医疗机构、高校等国有单位接受社会捐助及杂志社索要、收受他人版面费等行为，是否构成单位受贿罪

随着我国经济实力的不断增强、特别是民营经济的不断壮大，社会捐助已经成为社会的普遍现象。捐助行为作为企业履行社会责任的重要表现形式，也受到了社会的广泛关注和赞誉。在发生地震、洪灾、突发传染病疫情等灾害期间，众多民营企业、企业家还有群众更是踊跃捐助。比如，在自2019年年底开始的新冠肺炎疫情期间，各地民营企业积极响应中央疫情防控工作精神，履

① 参见郑敏：《以各种名义分发单位受贿所得款的定性》，载《中国检察官》2008年第1期。

行社会责任，开展了数不胜数的各种捐款和捐助医疗物质、疫情防护物质、生活用品的活动。接受捐助的单位既有红十字会、慈善会等社会团体，也有地方政府及有关部门、国有医院等医疗机构。

然而，在国有医疗机构接受社会捐助、特别是医药企业提供的各种名义的赞助已成为普遍现象的情况下，如何对医疗机构接受医药企业捐助的行为定性，也引起了不少的争议。由于医疗行业涉及国计民生，人们对长期以来在医疗卫生系统发生的商业贿赂行为较为敏感，如何区分社会捐助行为与商业贿赂行为之间的界限，也成为医疗界、社会学界和法学界讨论的热点话题。在刑法设立单位受贿罪和对单位行贿罪的背景下，刑法理论和刑事司法实务更是无法回避这一问题。与国有医疗机构接受捐助相同或类似，近年来，国家设立的高校社会捐赠也已成为我国慈善事业的重要组成部分，展示出强劲的活力和社会影响力。其中，校友捐赠和企业捐赠逐渐成为高校社会捐赠中的两个主要支撑力量。

笔者认为，国有单位正当、合法地接受捐助与单位受贿的界限，应当在准确把握单位受贿罪的法益的基础上进行区分。单位受贿罪侵害的法益，是国有单位代表国家履行职责，从事经营及其他活动的不可收买性，包括代表国家履行职责，从事经营及其他活动的廉洁性和公众对国有单位履行职责、从事相关活动的信赖。而判断国有单位接受捐助究竟正当合法还是属于以接受捐助为名的受贿，除了以刑法规范为依据外，还需要结合国家其他法律法规、政策来对相关行为进行甄别、对刑法规定的构成要件进行解释。具体分析如下：

1. 对于具有公益性质的捐助行为，不得认定为单位行贿行为，接受捐助的国有单位也不成立单位受贿罪。捐助包括捐赠和赞助。“捐赠”是指向国家、集体或个人无偿地赠送金钱或实物，公益性和无偿性是捐赠的根本特征。《中华人民共和国公益事业捐赠法》（以下简称《公益事业捐赠法》）虽然没有以下定义的方式对捐赠概念进行界定，但根据该法第二条的规定，所谓捐赠应是指自然人、法人或者其他组织自愿无偿向依法成立的公益性社会团体和公益性非营利的事业单位捐赠财产，用于公益事业的行为。“赞助”从字面意思来说，是指赞同和资助。理论上对于“赞助”一词的含义，则有不同的理解。有人认为，赞助是指企业（赞助者）和公益事业单位（被赞助者）之间以支持（金钱、实物、技术或劳务等）和回报（冠名、广告、专利和促销等权利）的等价交换为中心，平等合作、共同得益的商业行为；赞助的性质是一种商业行为，支持和回报之间的等价交换是赞助区别于捐赠和其它任何一种沟通手段的最本质的特征，也是一切赞助活动的出发点和归宿。① 有的学者则认为，赞助就是企业免费向社会公益事业和文化事业提供物质、技术、资金和人力等方面的资助②。这种观点把赞助作为一种无偿的、纯公益性质的行为。笔者认为，狭义的赞助应当有别捐赠，具有有偿性。根据《公益事业捐赠法》的有关规定，公益捐赠的捐赠人为不特定的自然人、法人或者其他组织；受赠人为公益性社会团体和公益性非营利的事业单位。公益性非营利的事业单位是指“依法成立的，从事公益事业的不以营利为目的的教育机构、科学研究机构、医疗卫生机构、社会公共文化机构、社会公共体育机构和社会福利机构等”。另外，公益捐赠应当是自愿和无偿的，捐赠财产必须用于公益事业，符合公益目的。因此，可以肯定，企业向高校、非营利性医疗机构自愿、无偿地提供的资金或实物等财产、用于公益事业的，都是合法捐助，无论是以捐赠还是赞助之名义，只要符合公益捐赠的性质，都受法律保护。比如，企业赞助高校、非营利性医疗机构举行国内外学术交流、科研活动、体育赛事、人员培训、业务用房建设、设备购置、救治贫困患者等公益性非营利业务活动的，都属于合法的公益捐助。

2. 对于赞助或者以捐赠为名的有偿赞助，应当具体分析，对于赞助行为附加或者伴随损害国有单位履行职责廉洁性和公众信赖的条件的，应当认定为贿赂行为。但是，不能仅仅从观念上进行是否存在“利益交换”或“互利”性的判断，而必须看是否存在有损国有单位职责廉洁性和公众对其信赖的具体交易行为，即是否遵循了“资助与具体商业盈利行为相分离”的原则。

有人认为，判定医药企业向医院赞助行为的性质是正当的赞助还是不正当竞争或者商业贿赂，关键是要看两个单位之间是否存在交易和可能交易的关系、医药企业是否受益，如果有交易的可能或者医药企业是主要受益者，则就是商业贿赂。③ 笔者认为，这种观点是违背赞助规律的，也不符合以法益性质为标准判断单位受贿罪的原则。

以企业赞助高校为例，企业是以营利为目的组织，而高校是非营利性的教育机构，这两类组织的终极使命虽然存在差异，但它们的责任结构却有交叠之处——企业的使命虽然是创造社会财富、推动经济社会发展，但同时企业肩负

① 蔡俊五：《体育赞助的起源、地位和魅力》，载《北京体育师范学院学报》1999 年第 11 期。
② 许春珍：《试论企业赞助的目标与效果》，载《财贸研究》1998 年第 3 期。
③ 参见徐涛：《卫生部酝酿新规划分赞助与贿赂——防医院打擦边球》，载《医院领导决策参考》2006 年第 18 期。

着多层次的社会责任——经济、法律、道德，无论这种追求源于自身长远发展或是单纯的公益理想情怀。① 同样，高校也肩负着组织生存发展的基本责任、追求具有实现良性运行的效益效率。正是因为双方在责任结构上存在交叠之处，才会有开展跨部门合作尤其是捐赠、赞助互动的契合点。可以说，即便在公益性的捐赠中，也很难说捐赠方没有"利益"动机，没有受益。例如，在体育行业的一些重大赛事中，相关国有单位接受公司、企业的赞助是非常普遍的，而提供赞助的公司、企业中（相当一部分是著名的经营体育用品的公司如，耐克公司、阿迪达斯公司、李宁公司等），很难说这些公司与接受赞助方不存在"交易"或"可能交易"的关系。事实上，在赞助活动中，赞助方和受赠方一般都是有目的的，对提供赞助的企业来说，其可能因赞助活动扩大了知名度和美誉度，提升了企业社会形象，还可能获得国家给予的某种税收减免的优惠待遇；对接受赞助的国有单位来说，则可能促进了相关工作的提升。正如有的学者所指出的，不同类型的组织间合作的最强动因就是资源互补，即通过合作获取组织以外的重要资源，为自身的生存发展提供有利条件。企业与高校的捐赠、赞助互动中可能涉及的互补性资源，包括但不仅限于资金、实物、人力、知识、技术、品牌、声誉、社会关系等；互动的双方或通过直接交换实现资源互补，或通过项目拓展的方式实现深度长远合作，长期迂回地获取间接性收益，这是社会不同类型组织自身发展、通过组织合作推动整个社会进步的需要。②

当然，从单位受贿罪及对单位行贿罪的法益角度考察，赞助方与接受方之间，如果存在以输送接受赞助方给以赞助方具体利益作为赞助的交换条件的权钱交易，损害国有单位履行职责的廉洁性和公众信赖的，则无疑应当对国有单位认定为单位受贿罪。相应地，提供赞助的单位也成立对单位行贿罪。比如，一些医药生产企业给医院提供赞助，附加一些与医院采购药品有关的条件，要求医院必须购买该企业医药产品，在商业交易的角度就是不正当竞争，在刑法规范的角度则是对单位行贿，而接受赞助的医院涉嫌单位受贿罪。

国有单位办刊收取"版面费"行为的性质，关键也是要看以"版面费"名义所收取费用，是否与刊发有关论文关联、影响刊物论文发表的廉洁性和公正性。有的"版面费"，具有无偿捐赠的公益性质，有的是赞助方提供资金，

---

① 胡楠：《中国企业慈善行为模式与路径选择》，载《现代管理科学》2015 年第 3 期。

② 王俊：《企业与高校捐赠互动绩效的影响因素的探究》，载《管理案例研究与评论》2019 年第 3 期。

以换取在期刊刊登广告的利益，这种意义上的“版面费”，不具有刑法的可谴责性。对收取费用的杂志社、国有办刊单位不得认定成立单位受贿罪。但是，明确地以收取作者的“版面费”作为给作者发表论文的交换条件，则侵害单位受贿罪的法益，实质上是对刊物职务行为的出卖，符合单位受贿罪的构成要件。①

四、国有单位和该单位工作人员共同受贿的，如何处理

考察行为体现的是单位意志还是个人意志，可以将受贿行为区分为单位受贿与（个人）受贿。但是，在司法实践中，国有单位和该单位工作人员共同为他人谋取利益、索取或者收受财物的现象，也时有发生。这种现象，不同于国有单位中从事公务的人员以单位名义索取或者收受财物后将全部或部分所得归个人所有的情况，而是财物送予者分别给予行为人和行为人所在国有单位。比如，应某事业机构的要求，被告单位某市机关事业单位社会保险局，将该事业机构的统筹调控征集计划比例由9%下调到5%，使该单位每年少缴统筹基金70万元，事后多次出具白条收据向该事业机构收取赞助费共35万元，这些钱款主要用于支付单位职工的福利发放。被告人成某（被告单位社会保险局局长）不仅参与研究决定本单位的受贿，而且本人也另外收受该事业机构财物3万余元。该案中，被告单位某市机关事业单位社会保险局与被告人成某事实上实施了共同的犯罪行为，被告人成某除了具有单位犯罪的直接责任人员性质外，个人也具有受贿的行为。

那么，对于国有单位和该单位工作人员共同受贿的，以及单位和该单位工作人员共同向国家工作人员行贿的，如何处理呢？

笔者认为，国有单位和该单位工作人员共同受贿的，以及单位和该单位工作人员共同向国家工作人员行贿的，在事实意义上属于共同犯罪。但是，由于刑法对于单位与自然人的相同行为，分别作了专门罪名的规定，因而上述两种情况在规范意义上均无法成立共同犯罪。试想，如果对国有单位和该单位工作人员共同受贿的，按照单位受贿罪的共同犯罪处理，其中工作人员由于主体的自然人属性而以单位受贿罪的共同实行犯论处，于法理不符（在教唆、帮助

① 参见刘长秋、程杰：《单位受贿罪视域下的版面费行为》，载《中国刑事法杂志》2009年第12期。

的场合也存在理论上的障碍)；如果按照受贿罪的共同犯罪处理，则国有单位由于主体的单位属性而以受贿罪的实行犯论处，也存在疑问。假如将其中国有单位受贿的直接责任人员按照受贿罪论处，也是违背刑事责任归责基本理论的。因为工作人员作为单位受贿罪的直接责任人员承担刑事责任，是以单位犯罪的成立和单位被追究刑事责任为前提的，与纯粹作为自然人犯罪承担受贿罪的刑事责任是有根本区别的。

基于上述分析，合理的立场是对单位和其工作人员分别认定犯罪。具体而言，国有单位和该单位工作人员共同受贿的，对单位认定单位受贿罪，对工作人员认定为受贿罪。当工作人员同时属于单位受贿罪的直接责任人员时，应当以单位受贿罪与受贿罪实行数罪并罚。当然，在具体认定犯罪时，应当注意单位受贿罪与受贿罪的起刑数额存在差异，可能产生工作人员构成受贿罪而单位不成立单位受贿罪的情形。这种情况下，不应将单位中的直接责任人员作为个人犯罪处理。例如，某国有单位和该单位的领导甲共同受贿，共同行为涉及的受贿数额是9万元。其中，归单位所有的8万元，归甲所有的1万元。那么，国有单位和甲的受贿数额，均应按照9万元计算。但是，由于单位受贿以10万元为犯罪起点标准（无“故意刁难、要挟”等情节时），单位便不成立单位受贿罪，故只能对甲以受贿罪定罪处罚（受贿数额为9万元），不能再以单位受贿罪的直接责任人员追究甲的责任。

五、单位对单位行贿的，是单位行贿罪还是对单位行贿罪

对单位行贿罪的主体既可以是自然人，也可以是单位，单位行贿罪的主体又是单位。那么，单位对单位行贿的，究竟是认定为单位行贿罪还是对单位行贿罪呢?

笔者认为，分析对单位行贿罪和单位行贿罪的构成要件，应当明确，《刑法》第三百九十三条单位行贿罪中所讲的“单位为谋取不正当利益而行贿”，只能是指对国家工作人员的行贿，而不包括对国有单位的行贿（本书第七章有关单位行贿罪的论述中将详细论证)。而《刑法》第三百九十一条第一款已经明确对单位行贿罪中财物的去向只能是国有单位。因此，单位对单位行贿行为的性质定性结论是：（1）单位（不论是否国有单位）对国有单位行贿的，成立《刑法》第三百九十一条的对单位行贿罪；（2）单位（不论是否国有单位）对非国有单位行贿的，属于法无明文规定的行为，无罪。

至于单位（不论是否国有单位）对国家工作人员行贿的，成立《刑法》第三百九十三条的单位行贿罪；单位（不论是否国有单位）对利用影响受贿罪的主体——“国家工作人员的近亲属或者其他与国家工作人员关系密切的人”行贿的，成立《刑法》第三百九十条之对有影响力的人行贿罪。另外，依据《刑法》第一百六十四条的规定，单位（不论是否国有单位）对非国家工作人员的公司、企业等单位工作人员或者外国公职人员、国际公共组织官员行贿的，成立对非国家工作人员行贿罪或对外国公职人员、国际公共组织官员行贿罪（该两罪的主体也包括单位）。

六、如何准确认定单位受贿罪和对单位行贿罪（单位构成时）中的直接负责的主管人员和直接责任人员

根据《刑法》第三百八十七条和第三百九十一条的规定，对于单位受贿罪和单位实施的对单位行贿罪，均实行双罚制，即一方面对受贿的国有单位或对国有单位行贿的单位判处罚金，另一方面还要处罚对单位受贿或对国有单位行贿行为直接负责的主管人员和其他直接责任人员。因此，准确认定单位受贿罪和对单位行贿罪（单位实施的）中的直接负责的主管人员和其他直接责任人员，具有重要的意义。

2001 年 1 月 21 日，《最高人民法院全国法院审理金融犯罪案件工作座谈会纪要》曾经指出，单位犯罪中“直接负责的主管人员”，是在单位实施的犯罪中起决定、批准、授意、纵容、指挥等作用的人员，一般是单位的主管负责人，包括法定代表人。“其他直接责任人员”，是指在单位犯罪中具体实施犯罪并起较大作用的人员，既可以是单位的经营管理人员，也可以是单位的职工，包括聘任、雇佣的人员。应当注意的是，在单位犯罪中，对于受单位领导指派或者奉命参与实施了一定犯罪行为的人员，一般不宜作为直接责任人员追究刑事责任。具体到单位受贿罪中，国家机关、国有公司、企业、事业单位、人民团体中对于“索取、非法收受他人财物，为他人谋取利益”起组织、决定、批准、授意、纵容、指挥等作用的人员，就是“直接负责的主管人员”；具体实施受贿并起较大作用的人员，就是“其他直接责任人员”。具体到单位实施的对单位行贿罪中，单位中对于“为谋取不正当利益，给予国家机关、国有公司、企业、事业单位、人民团体以财物，或者在经济往来中，违反国家规定，给予各种名义的回扣、手续费”起组织、决定、批准、授意、纵容、

指挥等作用的人员，就是“直接负责的主管人员”；具体实施行贿并起较大作用的人员，就是“其他直接责任人员”。

司法实践应当注意以下几个问题：（1）对于单位中哪些人员属于直接责任人员，是属于其中的“直接负责的主管人员”还是“其他直接责任人员”，依据的是行为人在单位犯罪中的实际的地位和作用，而不能完全站在形式的立场上，仅仅从行为人在单位中职务、地位的高低或者具有什么身份、头衔进行判断。司法人员应当注意将单位业务、事务的组织、管理、监督行为同犯罪的组织、管理、监督行为区分开来。在单位中具有某种组织、管理、监督职责的人员，未必在单位犯罪中起了组织、决定、批准、指挥等作用。比如，某行政机关利用划拨专项资金的职权，由该机关行政首长兼党组书记王某提议，经党组会议研究决定为另一单位谋取了利益，之后，该行政机关收受了该单位提供的巨额资金。办公室主任马某等人代表机关积极索要资金，并按照王某的旨意积极采取各种措施，使巨额资金到位。检察机关指控该行政机关构成单位受贿罪，并将该机关行政首长兼党组书记王某作为单位受贿罪的“直接负责的主管人员”、将纪检组长何某、办公室主任马某作为单位受贿罪的“其他直接责任人员”起诉。法院经审理后认为，本案中，王某作为国家机关的首长兼党组书记，提议单位受贿，并主持党组会议讨论单位犯罪，在单位受贿中起组织、授意、指挥等作用，属于单位受贿的“直接负责的主管人员”，办公室主任马某明知单位受贿，而在领导的授意下积极地具体实施单位受贿行为，在单位受贿中起较大作用，属于单位受贿的“其他直接责任人员”；纪检组长何某虽然具有参与决策的职责，但其不是分管领导，也不是单位受贿的主要执行者，因此，不属于单位受贿的“直接负责的主管人员”和“其他直接责任人员”，不构成犯罪。笔者认为，法院的认定是正确的，因为纪检组长何某虽然属于党组成员，但作为一般党组成员参与决策，在单位犯罪中的作用相对较小，其又未具体实施单位的受贿行为，因而也不应当被认定为单位受贿的“其他直接责任人员”。如果说纪检组长的职责是纪律检查，其在单位党组作出收受其他单位财物的错误决定时没有及时制止，也只属于失职行为，可以按照有关党纪处分规定予以党纪处分。（2）单位受贿罪或单位实施的对单位行贿罪中“其他直接责任人员”，在主观上必须具有对单位受贿或者对单位行贿的主观认识。如果有关人员主观上并不明知单位领导的决策内容属于索取、非法收受他人财物的受贿行为或者为谋取不正当利益而向国有单位行贿的行为，而误认为是应当向他人合理收取资金或者交纳资金、缴纳款项，就不应认定为

“直接负责的主管人员”或“其他直接责任人员”。（3）对单位受贿罪或单位实施的对单位行贿罪中的直接负责的主管人员和其他直接责任人员，应当根据其在单位犯罪中的地位、作用和犯罪情节，分别处以相应的刑罚。在个案中，单位受贿罪或单位实施的对单位行贿罪的直接负责的主管人员和其他直接责任人员之间，不是当然的主、从犯关系。有的案件中，直接负责的主管人员和其他直接责任人员在实施犯罪行为时主从关系不明显，根据2000年9月30日《最高人民法院关于审理单位犯罪案件对其直接负责的主管人员和其他直接责任人员是否区分主犯、从犯问题的批复》，对单位犯罪中直接负责的主管人员和其他直接责任人员，可以不分主犯、从犯，按照其在单位犯罪中所起的作用判处刑罚。但是，参照2001年1月21日《最高人民法院全国法院审理金融犯罪案件工作座谈会纪要》的精神，在具体案件中，不分清主、从犯，在同一法定刑档次、幅度内量刑无法做到罪刑相适应的，应当分清主、从犯，依法处罚。对此，不能不加区别地认为任何一个直接负责的主管人员在单位犯罪中所起的作用要大于所有直接责任人员，而应当根据个人在单位犯罪中实际所起作用的大小予以区分主、从犯，以体现罚当其罪。

七、两个以上国有单位受贿，单位及各单位的直接责任人员如何分担责任

单位受贿罪很可能存在由两个以上单位共同实施的情形。当两个以上单位共同犯罪时，如何在各单位之间、各单位的直接责任人员之间分配刑事责任，是值得研究的问题。

笔者认为，两个以上单位共同受贿，应当根据各单位在共同犯罪中的地位、作用大小，确定犯罪单位的主、从犯。在此基础上，依据《刑法》第二十六条和第二十七条关于共同犯罪人的处罚原则对共犯单位裁量罚金。

如前所述，单位受贿罪的直接负责的主管人员和其他直接责任人员之间不是当然的主、从犯关系。根据最高人民法院有关司法解释的规定，对单位犯罪中直接负责的主管人员和其他直接责任人员，可以不分主犯、从犯，按照其在单位犯罪中所起的作用判处刑罚。但是，当两个以上单位共同受贿，在区分了主犯单位和从犯单位之后，是否应当在各单位中的直接负责的主管人员和其他直接责任人员之间区分主、从犯呢？笔者认为，当单位共犯区分之后，应当区分各单位中的直接负责的主管人员和其他直接责任人员的主、从犯。因为单位

受贿均由具体直接责任人员实施，脱离直接责任人员的行为就谈不上单位犯罪，当单位共同犯罪中各单位的地位、作用有主次之分时，单位内部的直接责任人员在单位共同犯罪中也必然存在地位、作用的主次之分。

那么，主犯单位中的直接负责的主管人员和其他直接责任人员是否就是主犯，从犯单位中的直接负责的主管人员和其他直接责任人员是否就是从犯呢？笔者认为，从犯单位中的直接负责的主管人员和其他直接责任人员，应当毫无例外地被认定为从犯，因为该单位在整体上、在单位共同犯罪中都居于从犯地位，而其从犯的地位、作用本身是通过直接责任人员的行为表现出来的，将其中一个或几个直接责任人员认定为主犯，显然是不适宜的。但是，主犯单位中直接负责的主管人员和其他直接责任人员，未必就都是主犯。这是因为，单位在整体上在单位共同犯罪中居于主犯地位，虽然也是通过所有直接责任人员的行为表现出来的，但是，这些直接责任人员之间，在主犯单位内部事实上可能存在地位高低、作用大小之别，如果否定个别直接责任人员可能成立从犯，有时难免造成罪刑失衡。

八、单位受贿为他人谋取利益的罪数问题

国有单位索取、非法收受他人财物，并实施为他人谋取利益，其中，为他人谋取利益的行为往往是谋取非法利益，甚至属于犯罪行为。比如，国有单位收受他人财物后，为走私普通货物的分子提供贷款、资金证明，则其行为在触犯单位受贿罪的同时还触犯走私普通货物罪。这种情况下，对单位应当以单位受贿罪和走私普通货物罪（单位作为犯罪主体）实行数罪并罚。其理由，同受贿罪的牵连犯的处罚原则。

值得关注的是，当单位为他人谋取利益的行为触犯的罪名并无单位犯罪规定时，能否对单位受贿罪的直接责任人员以单位受贿罪和单位行为触犯的其他相关罪名实行数罪并罚？笔者认为，应当具体分析单位为他人谋取利益的行为是否可以恰当地评价为直接责任人员的自然人犯罪。如果可以，则对单位认定单位受贿罪一罪，对直接责任人员应当以单位受贿罪（作为直接责任人员）和相关犯罪（作为自然人主体）实行数罪并罚。否则，只能在对单位认定单位受贿罪的前提下追究直接责任人员单位受贿罪的责任。

九、对单位行贿罪中定罪量刑的把握

刑法关于对单位行贿罪的定罪量刑没有“数额较大”“情节严重”等限制性要素的规定，也没有从宽处罚的规定。

按照1999年9月16日《最高人民检察院关于人民检察院直接受理立案侦查案件立案标准的规定（试行）》和2000年12月22日《最高人民检察院关于行贿罪立案标准的规定》之规定（两个规定确立的立案标准完全相同），对单位行贿罪的立案标准，因犯罪主体是个人还是单位而有所不同：对于个人实施的对单位行贿行为，一般情况下以行贿数额在10万元以上作为立案标准；对于单位实施的对单位行贿行为，一般情况下以行贿数额在20万元以上作为立案标准。但是，如果有下列情形之一的，亦应予立案：个人对单位行贿不满10万元或者单位实施对单位行贿数额在10万元以上不满20万元的，也应予立案：（1）为谋取非法利益而行贿的；（2）向三个以上单位行贿的；（3）向党政机关、司法机关、行政执法机关行贿的；（4）致使国家或者社会利益遭受重大损失的。

上述司法解释关于立案标准的规定，可以视为就对单位行贿行为成立犯罪设置的条件。在司法实践中，以上述司法解释为依据，结合刑法关于对单位行贿罪和其他相关犯罪的规定，有以下几个涉及定罪量刑情节的问题，应予重视和探讨：

1. 在具有“为谋取非法利益”等特殊情节时，个人对国有单位行贿，有无数额的最低要求？

按照司法解释的规定，个人对国有单位行贿，在“行贿数额不满10万元”时，具有“为谋取非法利益”等特殊情节的，也应当追究刑事责任。但是，司法解释没有规定最低数额要求，实务中对此存在困惑。有人认为，既然刑法和司法解释没有作出最低数额的要求，说明具有特殊情节的对单位行贿行为，并不需要数额限制，司法解释的目的在于强调特殊情节在定罪量刑中的重要作用。

笔者认为，无论具有司法解释规定的何种情节或者多种情节，个人对单位行贿行为成立犯罪，都应该有一定行贿数额的限制，这是因为：（1）按照刑法和2016年4月18日《最高人民法院、最高人民检察院关于办理贪污贿赂刑事案件适用法律若干问题的解释》的规定，国家工作人员实施受贿行为，即使在具有“多次索贿”“致使公共财产、国家和人民利益遭受损失”等特殊情节时，尚且有受贿数额的最低要求（受贿数额 1 万元以上）；个人实施的向国家工作人员行贿的行贿罪，在具有“向三人以上行贿”“将违法所得用于行贿”“通过行贿谋取职务提拔、调整”等特殊情节时，也有行贿数额的最低要求（行贿数额 1 万元以上）。那么，如果说在司法实践中对单位行贿罪在具有特殊情节的情况下成立犯罪，不受数额的限制，显然是不妥当的，是与其他相关犯罪的处罚范围不相协调的。（2）包括对单位行贿罪在内的行贿犯罪，虽然侵害的法益是国家工作人员职权的廉洁性或者国有单位职权行使的公正性和公众对国有单位职权的信赖，但行贿犯罪其实都具有数额犯的特征，行贿数额与受贿数额对应，在很大程度上决定和影响贿赂行为的社会危害性程度，即使行贿有特殊情节，但不考虑行贿数额在对单位行贿罪定罪中的作用，显然是存在疑问的。（3）虽然对单位行贿罪的法定最高刑只有 3 年有期徒刑，属于轻罪，但并不能得出轻罪成立犯罪就没有数额限制的结论。《刑法》第十三条但书“情节显著轻微危害不大的，不认为是犯罪”，原则上低于分则所规定的各罪，均具有辐射性。事实上，个人对单位行贿，数额很小的，即便存在特殊情节，综合考虑这些特殊情节和数额，也完全可以得出“情节显著轻微危害不大”的判断。比如，向三个国有单位行贿、每个单位 2000 元，行贿数额总计不过 6000 元，这种情况无疑就属于“情节显著轻微危害不大的，不认为是犯罪”的情形。

那么，到底以多少金额作为具有特殊情节时个人对单位行贿成立犯罪的最低要求，较为恰当呢？笔者认为，对比行贿罪，一般可以将 3 万元设定为最低数额要求。如前所述，按照司法解释的规定，个人向国家工作人员行贿，在具有特殊情节时要求行贿数额在 1 万元以上，没有特殊情节的是 3 万元以上；单位对单位行贿在有特殊情节时要求行贿数额 10 万元以上才成立对单位行贿罪。那么，个人犯罪与单位犯罪数额大致 1∶3 的这个比例，将具有特殊情节时个人对单位行贿成立犯罪的最低要求设定在 3 万元以上，比较适当。当然，在没有司法解释明确规定的情况下，3 万元只是相对的最低数额标准，实务中可以根据行贿行为的特殊情节轻重，在个案中进行适度调整。

2. “为谋取非法利益而行贿”作为对单位行贿罪定罪的特殊情节，如何在定罪量刑中全面发挥作用？

按照司法解释的规定，无论是个人还是单位，对单位行贿具有“为谋取非法利益”情节的，成立犯罪的数额标准都可以降低。这一规定必然带来一个问题："为谋取不正当利益"本身就是对单位行贿罪的一个要件要素，而"为谋取非法利益"又包含于"为谋取不正当利益"之中。那么，当存在"为谋取非法利益"情节时，这一情节可能"一身兼两任"，既作为降低数额标准的要素，又作为原本的构成要件要素。对此，笔者认为，当具有"为谋取非法利益"这一特殊情节，行贿数额才能达到犯罪成立的标准（个人不满 10 万元、单位在 10 万元以上不满 20 万元）时，对行贿人或行贿单位认定对单位行贿罪，予以基础性的裁量刑罚即可；当权且不用考虑"为谋取非法利益"这一特殊情节，行贿数额也已经达到犯罪成立要求（个人 10 万元以上、单位 20 万元以上）时，应当将个人行贿数额中超过 10 万元的部分、单位行贿数额中超过 20 万元的部分，单独作为量刑数额予以考量，用于增加刑罚量，以充分发挥"为谋取非法利益"这一特殊情节的作用，实现刑罚公平。

第六章

利用影响力受贿罪与对有影响力的人行贿罪

《刑法》第三百八十八条之一规定的利用影响力受贿罪，是指国家工作人员的近亲属或者其他与该国家工作人员关系密切的人，通过该国家工作人员职务上的行为，或者利用该国家工作人员职权或者地位形成的便利条件，通过其他国家工作人员职务上的行为；或者离职的国家工作人员或者其近亲属以及其他与其关系密切的人，利用该离职的国家工作人员原职权或者地位形成的便利条件，通过其他国家工作人员职务上的行为，为请托人谋取不正当利益，索取请托人财物或者收受请托人财物，数额较大或者有其他严重情节的行为。

《刑法》第三百九十条之一规定的对有影响力的人行贿罪，是指为谋取不正当利益，向国家工作人员的近亲属或者其他与该国家工作人员关系密切的人，或者向离职的国家工作人员或者其近亲属以及其他与其关系密切的人行贿的行为。

利用影响力受贿罪与对有影响力的人行贿罪是一组对合犯，前者的主体是索取或者收受财物的国家工作人员的近亲属或其他特定关系人、离职的国家工作人员等受贿人，后者的主体是向国家工作人员的近亲属或其他特定关系人、离职的国家工作人员等有影响力的人行贿的个人或单位。

根据2016年4月18日《最高人民法院、最高人民检察院关于办理贪污贿赂刑事案件适用法律若干问题的解释》第十条第一款、第二款和第三款的规定，利用影响力受贿罪与对有影响力的人行贿罪的定罪量刑标准，分别参照受贿罪和行贿罪执行。单位对有影响力的人行贿的，行贿数额在 20 万元以上的，应当追究刑事责任。

本章就利用影响力受贿罪与对有影响力的人行贿罪司法认定中的一些特殊问题展开论述。

一、关系密切的人的界定

利用影响力受贿罪的主体包括三类：一是国家工作人员的近亲属及其他与国家工作人员关系密切的人；二是离职的国家工作人员；三是离职国家工作人员的近亲属及其他与其关系密切的人。对第二类人员的理解，只要在正确把握"国家工作人员"的基础上进行理解，问题不大。相对于原有职务而言，国家工作人员因为离退休、辞职或职务变动等各种原因而离开原来岗位的，都属于"离职的国家工作人员"。但是，何为与国家工作人员、离职国家工作人员关系密切的人？除了近亲属外，"其他关系密切的人"如何界定，在实务中存在很多困惑，值得研究。①

从立法渊源上考察，在 2009 年《刑法修正案（七）》增设利用影响力受贿罪、在刑事立法中首次出现"关系密切的人"之前，2007 年 7 月 8 日，《最高人民法院、最高人民检察院关于办理受贿刑事案件适用法律若干问题的意见》（以下简称"2007 年《最高人民法院、最高人民检察院受贿案件意见》"），第六条、第七条曾使用了"特定关系人"一词，针对特定关系人挂名领取薪酬、特定关系人收受贿赂涉及的受贿罪及共犯问题作出了规定。该《意见》第十一条关于"特定关系人"的范围规定为："是指与国家工作人员有近亲属、情妇（夫）以及其他共同利益关系的人。"而上述司法解释使用的"特定关系人"一词，又可以追溯到 2007 年 5 月 29 日中共中央纪委根据中央纪委第七次全会精神作出的《关于严格禁止利用职务上的便利谋取不正当利益的若干规定》（以下简称"中纪委《若干规定》"）这一规范性文件。中纪委《若干规定》第六条规定："严格禁止利用职务上的便利为请托人谋取利益，要求或者接受请托人以给特定关系人安排工作为名，使特定关系人不实际工作却获取所谓薪酬"，同时规定："特定关系人，是指与国家工作人员有近

① 国家工作人员的"近亲属"的范围，笔者认为，应当与《刑事诉讼法》第一百零六条的规定一致，即指夫、妻、父、母、子、女、同胞兄弟姐妹。至于祖父母、外祖父母、孙子女、外孙子女，根据个案具体情况，可以纳入"其他关系密切的人"。

亲属、情妇（夫）以及其他共同利益关系的人"。可见，中纪委《若干规定》有关"特定关系人"及其范围的规定，完全为司法解释所沿用。然而，《刑法》第三百八十八条之一利用影响力受贿罪的规范中，没有再使用"特定关系人"一词或者"国家工作人员的近亲属、情妇（夫）以及其他共同利益关系的人"的措辞，将"情妇（夫）以及其他共同利益关系的人"代之以"其他与……关系密切的人"。

应当肯定，无论是中纪委《若干规定》还是2007年《最高人民法院、最高人民检察院受贿案件意见》，针对"特定关系人"与国家工作人员共同实施受贿或者"特定关系人"利用国家工作人员的职务行为受贿进行规制，都是居于新形势下我国反腐工作面临新情况、新问题而作出的公共政策选择。《刑法》第三百八十八条之一增设利用影响力受贿罪，也是这一公共政策的延续和在刑事立法上的体现。无论是在规范性文件中使用"特定关系人"还是"关系密切的人"，主要应对的是受贿犯罪中"权""利"分离现象：国家工作人员利用手中的职权或职务便利为请托人谋取不正当利益，而由"关系人"收受请托人财物或者向请托人索取财物。案发后，国家工作人员只承认自己为请托人谋取了不正当利益，但对"关系人"索取、收受请托人财物的行为则声称并不知情；"关系人"只承认自己代请托人向国家工作人员转达了请托事项，而对自己索取、收受请托人财物之事则坚称并未告知国家工作人员。这种形式上的"权""利"分离，给刑事司法带来的是公开的挑战——一是挑战共同犯罪的成立条件；二是挑战证据的收集、固定及证明标准等规则。[①] 正是居于全方位惩治受贿犯罪的公共政策考量，《刑法修正案（七）》才增设了利用影响力受贿罪。因此，对于该罪罪状中使用的"关系密切的人"的理解，当然也不能脱离公共政策背景。为何在刑事立法中使用"关系密切的人"而未沿用司法解释中的"特定关系人"一词？曾经全程参与《刑法修正案（七）》立法的赵秉志教授这样进行了解读：在《刑法修正案（七）》研拟讨论过程中，有人曾提出是否可以使用"特定关系人"这一概念，认为因为有了相关司法解释和中纪委文件，这一概念比较明确，范围相对确定。但是，立法机关考虑到特定关系人往往限定在近亲属、情人、有共同财产、共同利益这样的关系，现实中很多并没有也很难证明他们之间有这样的关系，而只能证明他们有

① 参见张心向：《刑法中"关系密切的人"之实证考察与再审视》，载《法治研究》2015年第6期。

密切的关系或者交往。“关系密切的人”这样的表述是想把这类腐败行为包含得更广一些，更接近《联合国反腐败公约》的要求。因此，“关系密切的人”是一个包括范围更广的概念，它涵盖了全部“特定关系人”在内，但不限于此；“特定关系人”只是“关系密切的人”的一部分；“关系”是否“密切”，主要是看双方平时的关系如何。①

笔者认为，刑事立法使用“关系密切的人”替代“特定关系人”，旨在尽可能扩大受贿犯罪的惩治范围，只要有人利用其自身与国家工作人员或者离职国家工作人员的“密切关系”，进行权钱交易，从国家公权力中寻租获利，就应当予以惩治。而“密切”原本是一个社会学概念，在法律上不可能得到量化的客观标准，因此，对其把握必须结合具体的环境和条件。司法实践中，对行为人是否属于国家工作人员（或者离职国家工作人员，下同，仅以国家工作人员为例）近亲属之外的其他“关系密切的人”，从立法宗旨出发，应当把握以下一些因素，予以综合评判：

1. 考察行为人与国家工作人员之间是否存在基于性的情感关系。基于性而形成的亲密的情感关系，都应当归结为“密切”的关系。情人关系一般表现为异性之间的情夫、情妇关系，但也不排除同性恋的关系，甚至也不排除暧昧关系。由于情人关系的影响力比较特殊，因此，在个案中，也不限于“稳定”的情人关系。实务中，有的行为人仅仅与国家工作人员一面之交，但彼此存有好感，双方偶然发生性关系甚至没有发生性关系之后，行为人利用国家工作人员的职务行为而为请托人谋取不正当利益，这种情况下，当然也侵害到国家工作人员职务的不可收买性，行为人同样可以成立利用影响力受贿罪。

2. 考察行为人与国家工作人员之间是否存在远亲或曾经的姻亲及其形成的亲戚关系、同事、同乡、师生、领导与下属、同学、战友、旅友、球友、牌友等关系，并在此基础上联系较多、存在利益关系。有的行为人是国家工作人员的前夫、前妻，或者前夫、前妻的近亲属等，有的行为人是国家工作人员关系较好、交往较多的同事、老师或学生、领导或下属、同学、战友、同乡，且来往较多。只要行为人利用国家工作人员的职务行为为请托人谋取不正当利益，即可推定行为人属于与国家工作人员“关系密切的人”。

3. 考察行为人与国家工作人员接触、交往的时间长短和交往频繁程度。

---

① 参见王荣利：《反腐新罪名不会成为贪官的“免罪符”——刑法学家赵秉志详解〈刑法修正案（七）〉反腐新罪名》，载《法制日报》2009 年 4 月 7 日。

对于接触、认识时间较长，平时个人之间特别是家庭之间保持日常往来、具有较好关系的，一般可以认定为“关系密切”。比如，虽然双方之间不具有同事、师生、领导与下属、同学、战友、同乡等关系，而只是街坊邻居（同一社区居民），或者偶尔原因等相互认识的关系，但彼此之间往来较多，有的逢年过节彼此有问候，有的就自己和家庭事务内容还进行交谈讨论，这种关系就比较密切。行为人完全可以利用国家工作人员的职务行为为请托人谋取不正当利益。司法实践中，很多行为人正是利用这种与国家工作人员的朋友关系为他人谋利，本人从中索取、收受财物。当然，行为人与国家工作人员交往时间长短、交往频繁程度都只是一个相对的概念，也都不是判断关系是否密切的决定性因素。有的行为人与国家工作人员交往时间较短，但在收受财物、利用国家工作人员职务行为为请托人谋利期间，与国家工作人员频繁交往、私交甚好；有的行为人虽然在为请托人谋利之前相当一段时间与国家工作人员没有保持频繁联系，但存在以往较好的感情基础。这些情况也不排除行为人属于与国家工作人员“关系密切的人”。因此，有的学者主张认定密切关系的时间节点应限定为行为时，即实施影响力并索取、收受财物时，与国家工作人员是否密切。[①] 这是不妥当的。比如，被告人刘某，原系 A 县 A 镇政府副镇长。2003 年时任普通公务员的刘某，因为工作关系与时任 A 县某局局长的李某甲相识，彼此性格“投缘”，来往较多，刘某经常与李某甲联系，并时常到李某甲家串门，因此与在 B 县工作的李某乙（李某甲之子）相识，并一度以兄弟相称，经常发短信、通电话闲聊。刘某与李某乙并无工作联系，但刘某周围朋友和同事都知道刘某与李某乙关系很好。2010 年 8 月，李某乙因为被调往西藏援藏，一直到李某乙于 2014 年 10 月回 B 县工作后双方联系都很少。2014 年年底，B 县某乡政府副乡长郭某（与刘某大学同学）找到时任 A 镇政府副镇长的刘某，请托刘某利用其与李某乙的关系，找李某乙帮忙调回县直机关或提拔任用，并给予刘某现金 5 万元。后刘某向李某甲索要了李某乙的电话，以短信和打电话的形式向李某乙提出郭某的请托事项，声称郭某是自己的患难朋友、曾经帮过不少忙，希望李某乙无论如何予以“关照”。2015 年 6 月，B 县人事调整时，郭某在李某乙的“关照”下如愿以偿被调回县政府工作。在这一案件中，刘某收取请托人郭某 5 万元贿赂后，找到曾经密切来往、彼此称兄道弟的李某

① 参见孙应征主编：《新型贿赂犯罪疑难问题研究与司法适用》，中国检察出版社 2013 年版，第 122 页。

乙，并通过李某乙的职务行为为郭某谋取职务调整，构成利用影响力受贿罪。虽然在郭某请托刘某时，刘某与李某乙在2010年～2014年10月之间基本没有往来，但是，行为人刘某与李某乙及其父亲李某甲曾经有过十分密切的来往、感情具有延续性，这种密切关系在刘某接受请托并将请托事项转达李某乙时，仍然具有相当的影响力，故不影响将刘某认定为与李某乙“关系密切的人”。

4. 考察行为人与国家工作人员“共同圈”人员对行为人与国家工作人员之间关系的认知状况，以及国家工作人员对是否愿意为请托人谋利的态度。人与人之间关系是否密切，并非纯客观的现象，而与相关人员的自我主观认知和内心感知也紧密相关。一个人认为自己与他人关系密切，但他人未必认为与其关系密切。行为人与国家工作人员之间关系是否密切，同样具有这样的主观认知和内心感知差异问题。司法实践中，经常遇到这样的问题：行为人供认自己与国家工作人员“关系密切”，但是，国家工作人员辩解其与行为人关系并不“密切”。那么，行为人索取、收受请托人财物，并要求国家工作人员通过职务便利为请托人谋取不正当利益的，是否成立利用影响力受贿罪？相反，国家工作人员认为自己与行为人关系密切，但行为人辩解与该国家工作人员关系并不密切，又该如何处理？笔者认为，如果行为人对其与国家工作人员之间关系存在“密切”的错误认识（不仅国家工作人员认为不密切，综合判断的结果也是不密切），那么，行为人不成立利用影响力受贿罪，因为客观上不存在“影响力”；如果行为人主观上并不是以利用国家工作人员的职务便利为请托人谋利，却对请托人谎称自己与国家工作人员关系密切，“索取或者收受”请托人财物，即便国家工作人员认为其与行为人关系密切，实际上也属于诈骗行为，达到诈骗罪成立条件的，以诈骗罪追究刑事责任。总之，在行为人与国家工作人员之间对双方关系是否密切存在认知差异，或者行为人对双方关系是否密切存在错误认识时，应当结合客观上双方关系是否密切以及行为人的主观认识状况，在主客观相一致的范围内评价行为的性质。

因此，必须强调，行为人与国家工作人员之间是否关系密切，除了当事人自己通常有比较清楚的认识外，他们共同认识的人、包括他们亲友、同事等人员，对他们之间的关系，都应该有一个比较客观的认知状况。这种认知状况有助于判断是否“关系密切”。因此，在个案中对行为人是否属于与国家工作人员“关系密切的人”的判断，除了考察行为人、特别是国家工作人员的认知状况外，对其“共同圈”人员的认知状况还应当予以关注。

另外，在有的案件中，行为人索取、收受请托人财物后，将请托事项转达给国家工作人员时，国家工作人员是否愿意为请托人谋利的态度，一定程度上可以判断行为人与国家工作人员之间是否关系密切：如果国家工作人员接受请托事项转达后，当即予以承诺、甚至实际利用职务上的便利或者自己职权或地位形成的便利条件，通过其他国家工作人员的职务行为为请托人谋取了不正当利益的，一般应当推定行为人是与该国家工作人员“关系密切的人”。[①] 但是，不能反过来说，一旦国家工作人员拒绝行为人为请托人谋利的，该国家工作人员与行为人之间就不具有密切的关系。因为即使关系密切，国家工作人员也可能出于公正履行职责、廉洁自律的要求或基于承担违纪违法责任的各种顾虑而拒绝为请托人谋取不正当利益。对此，仍然要综合行为人与国家工作人员之间在交往时间、频繁程度、有无感情基础、周边人员的认可度等各种因素，予以判断行为人与国家工作人员之间的关系是否“密切”。在国家工作人员拒绝为请托人谋取不正当利益时，索取、收受请托人财物并向国家工作人员转达请托事项的行为人，也完全可以成立利用影响力受贿罪，只要其与国家工作人员之间具有密切的关系。例如，李某为某市国土局局长刘某多年的司机。2008 年 9 月，该市花园酒店因违法用地被市国土局行政罚款 100 万元。酒店经理邓某为了减少罚款，经人介绍认识了李某，并送给李某 10 万元，请其帮忙，后被刘某拒绝。至案发时，李某未将所收 10 万元退还邓某或上交。对此，有两种意见。一种意见认为，李某能够收受邓某的贿赂并让邓某相信其能通过刘某谋取利益，李某属于与刘某“关系密切的人”，其收受邓某单位 10 万元的行为成立利用影响力受贿罪。另一种意见认为，李某无法对刘某施加影响，不属于刘某“关系密切的人”，因此，不构成利用影响力受贿罪。[②] 笔者认为，李某属不属于与刘某“关系密切的人”，显然不能以请托人邓某的认识为依据。否则，当行为人与国家工作人员关系一般甚至无任何关系的情况下，以欺骗的手段取得请托人所谓贿赂的诈骗行为，岂不因为请托人的错误认识也可以成立利用影响力受贿罪？当然，也不能以李某为请托人邓某谋利的请求被国家工作人员刘某拒绝，就得出李某并非与刘某“关系密切的人”。因为李某作为刘某的司机，与刘某具有紧密、频繁的工作接触，属于与刘某“关系密切的人”，这是客观事实。因此，在本案中，李某的行为当然成立利用影响力受贿罪。

① 如果国家工作人员是基于与转达请托事项的行为人共同受贿的意思而承诺、实行为请托人谋利的，则未必与行为人关系密切，对于事后共同占有贿赂的，应当以受贿罪的共同犯罪论处。此另当别论。

② 参见赵煜：《利用影响力受贿罪疑难问题研究》，载《法治研究》2015 年第 2 期。

综上所述，对于行为人是否与国家工作人员“关系密切”，应当针对个案的具体情况，从双方认识时间长短、结交程度，感情深浅程度，利益关联程度等多方面、多角度进行综合判断。

需要指出的是，作为利用影响力受贿罪主体的“与国家工作人员关系密切的人”，并不排除具有国家工作人员身份的人。因为一个在刑法规范意义上具有国家工作人员身份的人 A，也完全可以利用其与其他国家工作人员 B 之间的密切关系，通过该国家工作人员职务上的行为，或者利用该国家工作人员的职权或地位形成的便利条件，通过其他国家工作人员 C 职务上的行为，为请托人谋取不正当利益，从而成立利用影响力受贿罪。只不过，此时，A 并不是利用自己职权或者职权、地位形成的便利条件受贿。由于刑法上国家工作人员的界定在实质上以涉案行为性质作为判断标准，所以，在此种情形下，A 既然没有利用自我职权和便利为请托人谋利，只是形式上的国家工作人员，而实质上只是与国家工作人员 B 的关系密切的人。故在司法实践中，当行为人具有国家工作人员身份而通过其他国家工作人员为请托人谋利，本人索取或者收受请托人财物时，需要认真考察其究竟是利用自己与其他国家工作人员之间的密切关系，还是隶属、制约或职权、地位形成的便利条件，以准确区分受贿罪与利用影响力受贿罪。例如，甲（男）为某市市场监督管理局副局长，乙（女）为该市第一中学副校长，甲乙两人多年保持情人关系。请托人丙（乙的远房亲戚）知晓乙与甲的密切关系，因自己销售伪劣白酒面临被处罚而请托乙，希望通过乙给甲说情，减免部分罚款，丙事先送给乙 5 万元作为感谢费。后乙找到甲说明丙系自己亲戚、要求甲“手下留情”，甲利用职权干预，最终让丙免于罚款。在此案中，必须注意，甲在市场监督管理局从事组织、管理等市场监督管理公务时属于国家工作人员，乙在第一中学履行副校长职责时也属于国家工作人员，但在涉案行为中，乙并没有利用自己职权或者利用职权、地位形成的便利条件、通过甲为丙谋取减免罚款的不正当利益，其利用的是与甲为情人的关系，因此，立足于涉案行为，从实质上判断，乙只是与甲“关系密切的人”而非国家工作人员。当然，如果乙不仅是甲的情人，同时还是能够在职权上对甲施加影响的人，比如为该市副市长，则其行为形成受贿罪与利用影响力受贿罪的竞合，应以重罪即受贿罪定罪处罚。

二、利用影响力受贿罪的实行行为（兼及利用影响力受贿罪与受贿罪共犯的界限）

根据《刑法》第三百八十八条之一的规定，利用影响力受贿罪的客观行为通常表现为四种情形：（1）与国家工作人员“关系密切的人”（行为人）通过国家工作人员的职务上的行为，为请托人谋取不正当利益，索取或者收受请托人财物；（2）行为人利用与其关系密切的国家工作人员的职权或者地位形成的便利条件，通过其他国家工作人员职务上的行为，为请托人谋取不正当利益，索取或者收受请托人财物；（3）离职的国家工作人员，利用其原职权或者地位形成的便利条件，通过其他（在职）国家工作人员职务上的行为，为请托人谋取不正当利益，索取或者收受请托人财物；（4）离职国家工作人员的近亲属或者其他与其关系密切的人，利用离职国家工作人员原职权或者地位形成的便利条件，通过其他（在职）国家工作人员职务上的行为，为请托人谋取不正当利益，索取或者收受请托人财物。

由于《刑法》第三百八十八条之一第二款对离职国家工作人员或者其关系密切的人所实施的利用影响力受贿行为，采用了“利用该离职的国家工作人员原职权或者地位形成的便利条件实施前款行为”的表述，而离职国家工作人员利用“原职权或者地位形成的便利条件”为请托人谋利，本身需要借助在职的国家工作人员的职务行为，或者由该在职的国家工作人员利用职权或者地位形成的便利条件，再通过其他国家工作人员的职务行为得以为请托人谋利，因此，在逻辑上，离职国家工作人员及其关系密切的人所实施的利用影响力受贿罪的行为，也可能包括以下情形：（1）离职国家工作人员利用原职权或者地位形成的便利条件，通过在职的国家工作人员，由该在职的国家工作人员利用其职权或者地位形成的便利条件，再具体通过其他国家工作人员的职务上的行为，为请托人谋取不正当利益，而离职国家工作人员索取或者收受请托人财物。比如，甲原为某地级市副市长，退休后收受请托人A的财物，A请求甲帮忙找原来“部下”打个招呼将自己调入该地级市下辖的某县旅游局工作，甲因与县旅游局局长丙不认识，随后联系自己熟悉的、过去自己工作上联系较多的该县公安局局长乙，转达了A的请托事项，乙遂找到县旅游局局长丙，丙最终将A调入本单位工作。这种情况下，甲直接利用自己原担任地级市副市长形成的便利条件，间接利用乙的职权或地位形成的便利条件（甲能够间接利用乙，是因为甲的原职权或地位对乙能够形成便利条件、具有影响力)，最后通过丙的职务行为为请托人A谋取了职务调整的不正当利益。甲的行为同样侵害了国家工作人员职务的不可收买性，因而符合利用影响力受贿罪。(2) 与离职国家工作人员关系密切的人，利用离职国家工作人员原职权或者地位形成的便利条件，通过在职的国家工作人员，由该在职国家工作人员利用自己职权或者地位形成的便利条件，再具体通过其他国家工作人员的职务上的行为，为请托人谋取不正当利益，与离职国家工作人员关系密切的人索取或者收受请托人财物。

上述六种情形中，后两种情形的实行行为，在机理上与第（3）（4）种情形基本相同，只不过在利用影响力受贿的特征上，表现出进一步的间接性——行为人对具体为请托人谋利的国家工作人员没有直接的影响力，而只对利用职权或者地位形成便利条件（通过行使职务行为的国家工作人员）为请托人谋利的在职国家工作人员具有影响力。对此，不必专门加以讨论。下面着重就前四种情形的实行行为认定问题展开论述，并就这些情形下如何将“关系密切的人”构成的利用影响力受贿罪和受贿罪共犯（关系密切的人与国家工作人员成立受贿罪的共犯）加以区分，进行探讨。

（一）利用影响力受贿罪实行行为的基本特征

利用影响力受贿罪的罪状中没有出现“影响力”一词，但是，其实行行为可以高度概括为“利用影响力受贿”，这也正是最高人民法院、最高人民检察院于2009年10月16日颁布的《关于执行〈中华人民共和国刑法〉确定罪名的补充规定（四)》将《刑法》第三百八十八条之一的罪名确定为“利用影响力受贿罪”的原因所在。《刑法》第三百八十八条之一分别以两款对不同主体所实施的利用影响力受贿行为进行了规定，因为主体的差异，其实行行为的特征也有所不同。

1. “国家工作人员近亲属或者其他与该国家工作人员关系密切的人”实施的利用影响力受贿罪之实行行为

“国家工作人员近亲属或者其他与该国家工作人员关系密切的人”实施的利用影响力受贿罪，即上述第（1）（2）种情形：行为人通过国家工作人员的职务上的行为，或者利用国家工作人员的职权或者地位形成的便利条件，通过其他国家工作人员职务上的行为，为请托人谋取不正当利益，索取或者收受请托人财物。在这两种情形下，行为人本人均是利用自己与国家工作人员的密切关系，对国家工作人员施加影响，即利用自己与国家工作人员关系密切而形成的，对国家工作人员的影响力，将与自己关系密切的国家工作人员作为为请托人谋取利益的“中介”工具，由国家工作人员在自己的职权范围内为请托人谋取利益，或者由国家工作人员利用本人职权或地位形成的便利条件，通过其他国家工作人员间接地为请托人谋取不正当利益，而行为人以此作为向请托人“索取或者收受请托人财物”的交换条件。

显然，在上述两种情形下，行为人属于完全无身份人（相对于为请托人谋利的权力而言）利用有身份者（与自己关系密切的国家工作人员）实施犯罪的形态：索取、收受请托人财物的是行为人，而能够真正为请托人谋利并实际为请托人谋取不正当利益的则是国家工作人员，但行为人具有借助国家工作人员相关行为为请托人谋利的行为。由此决定，两种情形下的实行行为必须具备以下三个要素：一是行为人将请托人的请托事项转达给国家工作人员；二是行为人要求国家工作人员为请托人谋利，即行为人“通过该国家工作人员职务上的行为，或者利用该国家工作人员职权或者地位形成的便利条件，通过其他国家工作人员职务上的行为”为请托人谋利；三是行为人向请托人索取财物或者收受请托人财物。如果行为人未将请托人的请托事项向国家工作人员转达，则谈不上“利用”了自己对拥有职权或职权、地位形成的便利条件、可据以为请托人谋利的国家工作人员的“影响力”，也无法体现行为人通过国家工作人员为请托人谋利的主观故意；如果行为人仅仅转达请托人请托事项，而没有要求国家工作人员为请托人谋利，那么，行为人也就没有“通过”国家工作人员相关行为为请托人谋利的这一最明显体现法益侵害的核心行为；如果行为人未实行索取或者收受请托人财物的行为，当然也就谈不上“受贿”。因此，“转达请托事项”“提出谋利要求”和“索取、收受财物”，是上述两种情形下利用影响力受贿罪实行行为必不可少的三个要素。

司法实践中，在认定行为人是否具有实行利用影响力受贿的行为时，需要注意：(1) 只要有证据证明行为人向国家工作人员转达了请托人的请托事项，就应该同时推定其向国家工作人员提出了为请托人谋利的要求，如果行为人主张并无要求国家工作人员为请托人谋利的意思表示，由行为人承担举证责任。因为从社会经验法则判断，行为人告知国家工作人员请托事项却并不要求国家工作人员为请托人谋利，是难以理解的。除非行为人只是单纯地将请托人有求于自己的事实告知国家工作人员，并明确要求国家工作人员不得为请托人谋利。所以，对于有证据证明行为人已将请托事项告知国家工作人员的，如果行为人无法进行合理辩解，应当以推定的方式认定其向国家工作人员提出了谋利要求。（2）行为人只要将请托事项向国家工作人员予以转达，即应当视为实行行为已经开始实施，国家工作人员即使拒绝或者实际上没有为请托人实施谋利行为，不影响行为人已经实施了“利用影响力”的行为。这是由利用影响力受贿罪中谋利行为的间接性特征所决定的——行为人“利用影响力受贿”的实行借助于国家工作人员的“直接谋利”实行，国家工作人员“直接谋利”的实行，对于行为人来说就是间接行为。在此意义上，行为人的“利用”行为的成功取决于国家工作人员的“直接谋利”的实际实行，但行为人的“利用”行为的成立，却不以国家工作人员的实际实行为前提。（3）只要行为人主观上具有索取、收受财物的故意，在此故意支配下表达了索取、收受财物的意思，由于各种原因没有实际索取、收受到请托人财物的，仍具备实行行为，但有无实际获得财物成为区分犯罪既遂未遂的标志。

2.“离职的国家工作人员”“离职国家工作人员的近亲属或者其他与其关系密切的人”实施的利用影响力受贿罪的实行行为

《刑法》第三百八十八条之一第二款规定的利用影响力受贿罪，其主体是“离职的国家工作人员”及“离职国家工作人员的近亲属或者其他与其关系密切的人”。对于离职国家工作人员利用原职权或者地位形成的便利条件，通过其他国家工作人员（在职国家工作人员）为请托人谋取不正当利益，索取或者收受请托人财物的行为，在1997年《刑法》施行之前，按照1988年全国人大常委会《关于惩治贪污罪贿赂罪的补充规定》及1989年《最高人民法院、最高人民检察院关于执行〈关于惩治贪污罪贿赂罪的补充规定〉若干问题的解答》之规定，以受贿罪定罪处罚。① 由于离职国家工作人员已经离开原来岗位、没有原有的职权，其为请托人谋取不正当利益，必须通过其他国家工作人员、即在职的国家工作人员的职务行为。因此，对于这种行为成立的受贿罪类型，理论上通常称为“斡旋受贿”或者“间接受贿”。但是，理论上反对将离职国家工作人员作为受贿罪主体的声音一直不绝于耳。有鉴于此，1997年《刑法》在第三百八十八条规定间接受贿类型的受贿罪时，将主体变更为“国家工作人员”；《刑法修正案（七）》增设利用影响力受贿罪时，则把离职国家

① 1989年，《最高人民法院、最高人民检察院关于执行〈关于惩治贪污罪贿赂罪的补充规定〉若干问题的解答》在“三、关于贿赂罪的几个问题”中规定：“已离、退休的国家工作人员，利用本人原有职权或地位形成的便利条件，通过在职的国家工作人员职务上的行为，为请托人谋取利益，而本人从中向请托人索取或者非法收受财物的，以受贿论处。”

工作人员的斡旋受贿、间接受贿又作为利用影响力受贿罪的一类行为加以规定。因此，可以得出结论：在《关于惩治贪污罪贿赂罪的补充规定》施行之后，1997 年《刑法》施行之前，离职国家工作人员的间接受贿行为成立受贿罪；1997 年《刑法》施行之后，《刑法修正案（七）》施行之前，离职国家工作人员的间接受贿属于“法无明文不为罪”的行为；《刑法修正案（七）》施行之后，离职国家工作人员的间接受贿行为成立利用影响力受贿罪。在行为时法和裁判时法不一致时，对离职国家工作人员的间接受贿行为进行刑法评价，应注意遵循从旧兼从轻原则。如果行为实施至裁判时跨越数部法律，而仍在追诉期限内的，应当取最轻之法予以评判。比如，离职国家工作人员于 1996 年实施间接受贿，对应的法定最高刑为无期徒刑，至 2015 年才裁判的，应当按照 1997 年《刑法》施行之后、《刑法修正案（七）》施行之前的刑法立法状况予以评价，作出无罪处理。

“离职的国家工作人员”构成的利用影响力受贿罪的实行行为，包括以下要素：（1）行为人将请托人的请托事项告知其他在职的国家工作人员。（2）行为人要求在职国家工作人员为请托人谋利，至于该在职国家工作人员是利用自己职权范围的权力直接帮助行为人为请托人谋利，还是利用自己职权或者地位形成的便利条件，再通过其他国家工作人员职务上的行为帮助离职国家工作人员为请托人谋利，在所不问。（3）行为人向请托人索取财物或者收受请托人财物。

同上述与国家工作人员“关系密切的人”实施的利用影响力受贿罪不同的是，离职国家工作人员利用影响力受贿罪中的“影响力”，是指离职国家工作人员因为原有职权或地位而对被利用的在职国家工作人员具有影响力。需要注意的是，离职国家工作人员，并不限于其曾经对被利用的国家工作人员的职务之间具有隶属、制约关系的情形，无论离职国家工作人员曾经是否在职国家工作人员的领导、上级，只要该离职国家工作人员原职权或者地位与被利用的国家工作人员之间能够产生影响，就可以形成影响力，实施利用影响力受贿的实行行为。比如，离职国家工作人员与被利用的在职国家工作人员曾经是同一单位的同事（包括同一单位内部相同或不同部门的同事关系，如同一法院同一法庭的同事，或分别是刑事审判庭、民事审判庭的同事）、是上下级单位没有隶属、制约关系，但有一定工作联系的情形。甚至下属离职后，也可以利用其以前的上级领导、现在仍在职的国家工作人员为请托人谋利，从而成立利用影响力受贿罪。

同上述与国家工作人员“关系密切的人”实施的利用影响力受贿罪相同的是，离职国家工作人员利用影响力成立受贿罪，也不以在职国家工作人员接受或者实际没有为请托人实施谋利行为为条件，只要其向在职国家工作人员转达了请托人的请托事项，又具有索取、收受请托人财物的行为即可；索取、收受财物未得逞的，属于犯罪未遂。

“离职国家工作人员的近亲属或者其他与其关系密切的人”构成的利用影响力受贿罪，行为人所利用的是自己对离职国家工作人员的影响力，因为其只是与该离职国家工作人员之间“关系密切”，与直接为请托人谋利的在职国家工作人员并不属于“关系密切的人”。这一点，是和离职国家工作人员本人成立的利用影响力受贿罪明显不同之处。因此，这种情形下的实行行为包括以下因素：(1) 行为人将请托事项告知离职国家工作人员；(2) 行为人要求离职国家工作人员利用原职权或者地位形成的便利条件为请托人谋利（当然是由离职国家工作人员通过在职的其他国家工作人员）；(3) 行为人索取、收受请托人财物。

同国家工作人员的“关系密切的人”利用影响力受贿一样，离职国家工作人员的“关系密切的人”只要将请托人的请托事项告知离职国家工作人员，即可推定行为人向离职国家工作人员提出了谋利要求，除非行为人提出合理辩解，该推定才不成立；行为人的要求被离职国家工作人员拒绝，或者离职国家工作人员没有实际通过在职国家工作人员为请托人谋利，或者离职国家工作人员在试图通过在职国家工作人员为请托人谋利时遭到在职国家工作人员拒绝致使谋利未成功的，或者在职国家工作人员接受离职国家工作人员斡旋但最终未能为请托人谋利的，均不影响离职国家工作人员的“关系密切的人”成立利用影响力受贿罪。

（二）利用影响力受贿罪与受贿罪共犯的区分

“利用影响力受贿”是利用影响力受贿罪的核心行为（实行行为的概括）。《刑法》第三百八十八条之一的构成要件，自然是在行为人单独实施“利用影响力受贿”的实行行为基础上设置的。当然，不排除两人以上成立利用影响力受贿罪。例如，与国家工作人员均具有密切关系的两个以上的人，共同借助其对国家工作人员的影响力，为请托人谋取不正当利益，共同索取或者收受请托人财物的，成立利用影响力受贿罪的共同犯罪，这是没有疑问的。

司法实践中存在较大争议的是，如何区分与国家工作人员“关系密切的人”所实施的利用影响力受贿罪，和这些人与国家工作人员成立受贿罪共同犯罪（为论述之方便，下文一些场合，对“关系密切的人与国家工作人员成立的受贿罪共同犯罪”的现象，或者“关系密切的人作为国家工作人员受贿罪的共犯”现象，简称为“受贿罪共犯”）的情形？或者说，如何区分“关系密切的人”利用其对国家工作人员的影响力所成立的利用影响力受贿罪，和其与国家工作人员共同成立的受贿罪的共同犯罪？当然，离职国家工作人员的利用影响力受贿罪，和离职国家工作人员与在职国家工作人员的受贿罪的共犯之间，也同样存在区分的必要性。[①]

笔者认为，对利用影响力受贿罪与受贿罪共犯的区分，有关键两点必须把握：一要准确把握利用影响力受贿罪的立法宗旨，二要从国家工作人员与关系密切的人之间的特殊关系入手，按照共同犯罪原理合理地认定受贿罪共同犯罪。根据全国人大常委会《关于〈中华人民共和国刑法修正案（七）（草案）〉的说明》，之所以增设利用影响力受贿罪，是因为有的全国人大代表和有关部门提出，有些国家工作人员的配偶、子女等近亲属，以及其他与该国家工作人员关系密切的人，通过该国家工作人员职务上的行为，或者利用该国家工作人员职权或者地位形成的便利条件，通过其他国家工作人员职务上的行为，为请托人谋取不正当利益，自己从中索取或者收受财物；还有的离职国家工作人员及其关系密切的人，利用该离职国家工作人员原职权或者地位形成的便利条件，为请托人谋取不正当利益，自己从中索取或者收受财物，这类行为败坏党风、政风和社会风气，对情节严重的，也应作为犯罪追究刑事责任。[②]而对此立法理由进行分析，增设新罪名的重要立法现实依据是，根据利用影响力受贿罪设立之前的刑法，将关系密切的人认定为国家工作人员受贿罪的共同犯罪，存在障碍——即使关系密切的人利用影响力索取、收受请托人财物，而

---

① 本书第四章“受贿罪”之“十三”，侧重于无身份人与有身份人成立身份犯的角度，就受贿罪的共同犯罪进行了详细探讨，其中就“国家工作人员与近亲属或其他特定关系人”的受贿罪共犯问题的论述，涉及国家工作人员的特定关系人与国家工作人员成立受贿罪共犯的情形。由于“特定关系人”属于“关系密切的人”，因此，其中特定关系人与国家工作人员成立受贿罪共犯的部分情形，在区分利用影响力受贿罪与受贿罪共犯的实践中，仍然具有意义。例如，对于国家工作人员利用职务上的便利为请托人谋取利益后，告知特定关系人索取、收受请托人财物，或者让请托人给特定关系人送予财物，特定关系人收受了财物且明知财物可能来源于国家工作人员收受贿赂的，对国家工作人员和特定关系人以受贿罪的共同犯罪处理。即便是特定关系人之外的其他“关系密切的人”参与上述行为，同样与国家工作人员成立受贿罪的共犯，而不考虑利用影响力受贿罪。

② 《刑法修正案（七）草案全文及说明》，载 http：//www. npe. gov. cn/huiyi/lfzt/xfq/2008 –08/29/content_ 1447399. htm

国家工作人员也为请托人实施了谋利行为，但是，如果没有证据证明关系密切的人与国家工作人员存在受贿的通谋，国家工作人员未知关系密切的人索取、收受了财物，因而不成立受贿罪，而关系密切的人也无法认定为共犯。增设利用影响力受贿罪，正是为了弥补处罚上的漏洞，从法理上讲，受贿罪共犯与利用影响力受贿罪的规定是一种相互排斥关系。[①] 由此可见，当关系密切的人与国家工作人员具有相关共同参与行为时，结合他们之间的密切关系特征，按照共同犯罪原理，能够认定为受贿罪共犯的，就不应认定为利用影响力受贿罪。因此，立足于《刑法》第三百八十八条之一的规定，相关司法解释对受贿罪共同犯罪的规定和共同犯罪原理，以下几种情形，不得认定为利用影响力受贿罪，而应当认定为受贿罪的共同犯罪：

1. 关系密切的人在索取或者收受请托人财物后，不仅将请托事项转达国家工作人员，而且将自己索取、收受财物的事实告知国家工作人员，国家工作人员在明知关系密切的人已经索取、收受财物的情况下，仍按照关系密切的人的要求为请托人谋取利益的，应当认定国家工作人成立受贿罪，关系密切的人成立国家工作人员受贿罪的共犯。因为这种情况属于关系密切的人与国家工作人员客观上各有分工、主观上具有受贿共同故意或通谋，符合受贿罪的共同犯罪成立条件。而且，在这种情况下，如果国家工作人员系利用自己职务上的行为为请托人谋取利益，所谋取的利益正当与否，也不影响受贿罪及其共同犯罪的成立（但利用职权或者地位形成的便利条件为请托人谋利的，要求利益不正当才成立受贿罪）。

2. 关系密切的人索取、收受请托人财物后，只转达国家工作人员、要求国家工作人员为请托人谋利，但是，国家工作人员在为请托人谋利后，明知关系密切的人索取、收受请托人财物的事实，未要求关系密切的人将财物退还或上交的，对国家工作人员认定受贿罪，关系密切的人成立受贿罪的共犯。

这种情形涉及2016年《最高人民法院、最高人民检察院贪污贿赂刑事案件解释》第十六条第二款的规定。该规定的内容是："特定关系人索取、收受他人财物，国家工作人员知道后未退还或者上交的，应当认定国家工作人员具有受贿故意。"这一司法解释旨在强调在"特定关系人"索取、收受请托人财物之后国家工作人员知情的，如果不将财物退还或上交，国家工作人员主观上

① 参见王志祥、柯明：《受贿罪共犯与利用影响力受贿罪的界限新解》，载《江西社会科学》2018年第1期。

就“具有受贿故意”，应当认定成立犯罪。司法解释的精神完全适用于所有与国家工作人关系密切的人参与犯罪的情形。问题是，司法解释明确这种情形下，国家工作人员“具有受贿的故意”，究竟是指国家工作人员单独成立受贿罪？还是关系密切的人与之成立受贿罪的共同犯罪？抑或是对关系密切的人认定利用影响力受贿罪？有人认为，对于司法解释所规定的情况，只能对国家工作人员认定受贿罪，对关系密切的人不追究刑事责任，因为关系密切的人并没有实施利用影响力为他人谋取利益的行为。[①] 有人认为，国家工作人员在对关系密切的人索取或者收受请托人财物知情后，仍利用自己职权为请托人谋取利益，尽管没有自己占有财物，但实际上是帮助关系密切的人实施受贿犯罪，关系密切的人成立利用影响力受贿罪，国家工作人员成立利用影响力受贿罪的共犯（帮助犯）。[②] 还有学者主张分别定罪，认为受贿罪中国家工作人员的身份属于责任身份，在国家工作人员与关系密切人共同受贿时，应以受贿罪和利用影响力受贿罪对国家工作人员和关系密切的人分别定罪处罚。[③]

笔者认为，上述司法解释的内容肯定“国家工作人员具有受贿的故意”，言外之意，在这种情况下，国家工作人员不仅知道，认可关系密切的人索取、收受请托人财物，而且在此前提下还应关系密切的人的要求或者明知请托人通过关系密切的人请托具体事项后，还承诺或实行为请托人谋取利益，否则，仅有“受贿的故意”而没有客观行为，自然谈不上受贿犯罪的成立问题。在此前提下，笔者主张对国家工作人员与关系密切的人以受贿罪的共犯定罪处罚。理由是：（1）对于关系密切的人索取、收受请托人财物的行为，既然国家工作人员已经知情，还仍出卖自己的职权为请托人谋利，实际上已经和关系密切的人达成受贿的共同故意；在客观上，关系密切的人负责索取、收受财物，国家工作人员负责为请托人谋利，彼此存在实行的分工。因此，符合非国家工作人员与国家工作人员成立受贿罪共同犯罪的特征。（2）关系密切的人的特殊性在于其与其他非国家工作人员（和国家工作人员没有密切关系）不同，由于其与国家工作人员之间存在家庭生活、经济共享等特定关系、共同利益，关

① 徐海波：《〈关于办理贪污贿赂刑事案件适用法律瑞干问题的解释〉第十六条第二款之意涵诠释——兼论特定关系人与国家工作人员受贿共犯的限定》，载《法律适用》2019 年第 3 期。

② 参见陈国庆、卢宇蓉：《利用影响力受贿罪法律适用问题探讨》，载《中国刑事法杂志》2012 年第 8 期。

③ 参见陈洪兵：《共犯论的分则思考——以贪污贿赂罪及渎职罪为例》，载《法学家》2015 年第 2 期。

系密切的人占有贿赂，即应视为国家工作人员共同占有贿赂。而一般的非国家工作人员与国家工作人员成立受贿罪的共同实行犯，需要非国家工作人员收受财物后双方共同占有。[①]（3）利用影响力受贿罪的实行行为是关系密切的人排除与国家工作人员受贿共谋而实施的利用影响力索取、收受请托人财物的行为，而司法解释所规定的情形，恰恰是关系密切的人索取、收受财物后国家工作人员知情的情形，因而不符合利用影响力受贿罪的构成要件。正如有的学者所指出，在国家工作人员已经构成受贿罪的前提下，基于受贿罪名适用协调一致的考量，不能再以利用影响力受贿罪对关系密切的人的行为予以处断。[②] 由此可见，对关系密切的人认定利用影响力受贿罪并不妥当，对其与国家工作人员分别认定利用影响力受贿罪和受贿罪，也难以成立。

3. 离职国家工作人员在索取或者收受请托人财物后，将请托事项转达在职国家工作人员，并将自己索取、收受财物的事实告知在职国家工作人员，国家工作人员按照离职国家工作人员的要求为请托人谋取利益，而后与离职国家工作人员共同占有财物的，应当将离职国家工作人员和在职国家工作人员认定为受贿罪的共同犯罪。但是，如果在职国家工作人员未占有财物的，对离职国家工作人员认定为利用影响力受贿罪，对国家工作人员认定为利用影响力受贿罪的共犯，是比较妥当的。

三、对有影响力的人行贿罪，可否参照适用行贿罪的法定从宽处罚原则

《刑法》第三百九十条之一没有像《刑法》第三百九十条第二款那样规定量刑的法定从宽处罚情节。但是，在司法实践中，行为人对有影响力的人行贿，也有在被追诉前主动交待行贿行为等情形。对此，可否参照行贿的从宽处罚原则予以处理？

笔者认为，与行贿罪相比，对有影响力的人行贿罪，除了主要在行贿对象上存在区别，没有其他行为结构上的不同。从刑罚公平的角度出发，行贿罪的从宽处罚规定，理应参照适用于对有影响力的人行贿罪。

---

① 2003年11月13日，《最高人民法院全国法院审理经济犯罪案件座谈会工作纪要》指出："近亲属以外的其他人与国家工作人员通谋，由国家工作人员利用职务上的便利为请托人谋取利益，收受请托人财物后双方共同占有的，构成受贿罪共犯。"

② 阮齐林：《中国刑法各罪论》，中国政法大学出版社2016年版，第495页。

第七章

行贿罪和单位行贿罪

一、行为人或给予国家工作人员以财物的单位（行为单位）对利益正当与否的主观认识，是否对行贿罪或单位行贿罪的成立产生影响

“为谋取不正当利益”是行贿罪和单位行贿罪的主观要件。对于“不正当利益”的界定，本书在受贿罪的认定中已作论述，兹不赘言。在此需要探讨的问题是，当行为人或者给予国家工作人员以财物的单位（行为单位），为了谋取利益而给予国家工作人员以财物时，要认定其行为是否构成行贿罪或单位行贿罪，其中对“不正当利益”的考察，是仅从客观上评价，还是必须考虑行为人或行为单位的主观认识？具体而言，当行为人或行为单位主观上认为自己谋取的是不正当利益并在这种“谋取不正当利益”的故意支配下向国家工作人员送予财物，而事实上谋取到的是正当利益时，行为人是否构成行贿罪、行为单位是否构成单位行贿罪？相反，当行为人或行为单位以“谋取正当利益”的目的给予国家工作人员以财物，而实际上其谋取到的乃不正当利益时，行为人或行为单位又是否构成行贿罪、单位行贿罪？

笔者认为，以上两种情况都不宜以犯罪论处。具体而言，当行为人或行为单位事实上谋取的利益是正当利益时，即便其主观上是为了谋取不正当利益，

但毕竟谋取的利益在客观属性上是正当的，应当站在客观主义的立场，考量其所实施行为的性质。刑法既然将“为谋取不正当利益”作为行贿罪、单位行贿罪的构成要件，就应当认为从刑事政策的角度和犯罪的本质是法益侵害的立场考虑，既然谋取的利益客观上是正当利益，就不值得责难。当行为人主观上为了谋取正当利益、误认为谋取的不正当利益乃正当利益时，则是因为缺乏违法性认识进而阻却了行贿罪、单位行贿罪的犯罪故意，丧失了归责的主观基础，如果认定其行贿罪、单位行贿罪，显然有客观归责之嫌疑。

当然，行为人是否对于利益的不正当性缺乏认识，不能仅仅依据行为人的供述和辩解予以认定。当行为人谋取的利益在客观上是不正当的时候，原则上应当推定行为人主观上对利益的不正当性有正确的认识，对于行为人关于其主观认识错误的辩解，应当综合其他证据综合考察，对于辩解没有合理性的，不予采信。

二、行贿罪与单位行贿罪的区别何在、单位行贿罪是否仅限于为本单位谋取利益、单位行贿罪的对象是否仅限于国家工作人员

从刑法规范和理论上讲，行贿罪与单位行贿罪具有明显不同类型的构成要件：行贿罪是个人为谋取不正当利益，给予国家工作人员以财物，或者在经济往来中，违反国家规定，给予国家工作人员以财物，或者违反国家规定，给予国家工作人员以各种名义的回扣、手续费的行为；单位行贿罪是单位为谋取不正当利益而行贿，或者违反国家规定，给予国家工作人员以各种名义的回扣、手续费的行为。两罪在要件要素上具有相同之处，主要表现在“为谋取不正当利益”均为主观要件，且“不正当利益”的含义相同；都可以表现为“（在经济往来中）违反国家规定，给予国家工作人员以各种名义的回扣、手续费”的行为。[①] 两罪的主要区别则在于行贿行为系人还是单位实施，即犯罪主体的

① 《刑法》第三百九十三条关于单位行贿罪的罪状，在“违反国家规定，给予国家工作人员以回扣、手续费”之前并未像《刑法》第三百八十九条关于行贿罪的罪状那样具有“在经济往来中”的表述（“在经济往来中”同时修饰“给予国家工作人员以财物”和“给予国家工作人员以各种名义的回扣、手续费”），但是，仍然应当将单位行贿罪中的给予回扣、手续费行为理解为“在经济往来中”。因为：第一，无论是给予国家工作人员回扣、手续费还是国家工作人员收受回扣、手续费，本身就是在经济往来中；第二，《刑法》第三百八十五条第二款规定的、作为单位行贿罪的对合犯的受贿罪，也包含“在经济往来中，违反国家规定，收受各种名义的回扣、手续费，归个人所有”。

区别。由此决定，在司法实践中，对于一些行贿行为，判断其究竟体现的是某个自然人的犯罪意志还是与该自然人有关的某个单位的犯罪意志，至关重要，成为认定犯罪行为究竟是行贿罪还是单位行贿罪的实质标准。[①] 另外，行贿罪和单位行贿罪罪状表述上所存在的一些差异，以及单位犯罪存在单位和直接责任人员双层次主体结构的特点，也导致两罪在构成上的区别，实践中出现不少争议。下面一并予以论述：

1. 如何判断行贿罪与单位行贿罪相区别的标志性因素——行贿行为体现系个人的行贿意志还是单位的行贿意志

首先，笔者认为，按照区分个人犯罪与单位犯罪的一般原则，以下两种情况应当认定为行贿罪，而非单位行贿罪：（1）个人为了进行违法犯罪活动设立公司、企业、事业单位实施的行贿，或者公司、企业、事业单位设立后，以实施包括行贿犯罪在内的犯罪为主要活动的，其向国家工作人员行贿行为（包括违反国家规定给予国家工作人员以回扣、手续费，下同），均不得以单位行贿罪定罪处罚，而应当按照行贿罪定罪处罚。例如，有的犯罪团伙、犯罪集团，包括黑社会性质组织，在首要分子组织、领导、策划下，为了规避个人的“法律风险”，设立专门的公司、企业，进行包括向国家工作人员行贿的各种违法犯罪活动。这种情况下的行贿，名义上是单位实施的，但由于实施行贿行为的“单位”不具有合法性，且“单位”设立的目的或设立之后的主要活动就是违法犯罪，不具有单位犯罪的主体适格性，故应当按照个人的行贿罪定罪处罚。（2）单位内部人员盗用单位名义向国家工作人员行贿，行贿所获得的不正当利益全部或主要归个人所有的，也应当认定为个人的行贿罪。[②] 这是

---

① 分别按照2016年4月18日《最高人民法院、最高人民检察院关于办理贪污贿赂刑事案件适用法律若干问题的解释》和1999年9月16日《最高人民检察院关于人民检察院直接受理立案侦查案件立案标准的规定（试行）》的规定，两罪的定罪数额标准也存在差别。个人的行贿行为构成行贿罪的标准是：（1）行贿数额在1万元以上的；（2）行贿数额不满1万元，但具有下列情节之一：A. 为谋取非法利益而行贿的；B. 向3人以上行贿的；C. 向党政领导、司法工作人员、行政执法人员行贿的；D. 致使国家或者社会利益遭受重大损失的。而单位行贿行为构成单位行贿罪的标准是具备以下两种情形之一：（1）单位行贿数额在20万元以上的；（2）单位为谋取不正当利益而行贿，数额在10万元以上不满20万元，但具有下列情形之一的：A. 为谋取非法利益而行贿的；B. 向3人以上行贿的；C. 向党政领导、司法工作人员、行政执法人员行贿的；D. 致使国家或者社会利益遭受重大损失的。不过，确定这种差别的前提，是判断行贿行为究竟是个人犯罪意志还是单位犯罪意志、是个人行贿还是单位行贿行为。

② 1999年9月16日，《最高人民检察院关于人民检察院直接受理立案侦查案件立案标准的规定（试行）》在就单位行贿罪的立案标准作出规定时指出：“因行贿取得的违法所得归个人所有的，依照本规定关于个人行贿的规定立案，追究其刑事责任。”

因为，单位行贿罪的实质特征在于体现单位的行贿意志，这种意志原本系通过单位内部有关人员（代表）具体实施行贿行为而体现，但是，如果说单位内部有关人员以单位名义行贿的目的是为了自己和单位内部其他个人获取不正当利益，那么，实质上在利益归属上判断就没有体现单位的行贿意志，认定为单位行贿罪，不符合责任主义原则，令无辜被假借名义的单位不恰当地承担了刑事责任。当然，需要注意的是，如果在单位集体研究决定或者单位主要负责人代表单位实施行贿之时，确实出于为单位谋取不正当利益的目的，并无主要为个人谋取不正当利益的目的，仍应认定单位行贿罪；对于单位行贿之后，单位内部成员将单位行贿换取的财物或其他物质性利益予以侵吞，符合贪污罪、职务侵占罪或私分国有资产罪等其他犯罪构成要件的，依照各该犯罪定罪处罚。

其次，应当注意，与单位内部人员盗用单位名义行贿而为自己谋取不正当利益（这种情况成立个人的行贿罪）不同的情况是：单位向国家工作人员行贿，为其他单位外部人员、或者本单位中没有具体实施单位行贿的内部人员谋取不正当利益。亦即，“为谋取不正当利益”中的“利益”最终没有归属于行贿的单位或该单位具体实施行贿的责任人员。这种情况下，如何定性？是从形式上判断、因为实施者形式上是单位而成立单位行贿罪，还是从利益归属上判断、因为利益最终归属了个人（包括其他单位的人员和没有具体参与单位行贿的本单位内部人员）而成立个人的行贿罪呢？笔者认为，单位向国家工作人员实施行贿，目的究竟是为了本单位谋取利益还是为他人（其他单位或个人）谋取利益，原则上不影响单位行贿罪的成立，因为刑法关于单位行贿罪的规定并没有限定“为谋取不正当利益”只能为本单位谋取利益，行为性质的决定性因素是向国家工作人员行贿体现了个人还是单位的意志。[①] 之所以说以单位意志向国家工作人员行贿的行为，即使利益没有归属本单位，“原则上”仍应认定单位行贿罪，则是因为存在例外的情况，那就是上述“单位内部人员盗用单位名义向国家工作人员行贿，行贿所获得的不正当利益全部或主要归个人所有”的情形。由于利益归属了代表单位、具体实施单位行贿的单位内部人员个人，导致其具体实施行贿的目的乃为了自己的利益而不再是为了本单位的利益这一异化效果的出现，所以应当否定单位的责任而将责任归咎于

---

① 事实上，行贿罪中的“为谋取不正当利益”。也不限于行为人为本人谋取不正当利益。比如，个人为某单位（其在不代表该单位的情况下）或其他自然人（亲友）谋取不正当利益而给予国家工作人员以财物的，也成立行贿罪。这和受贿罪中请托人和获利人可能不一致是相协调的（受贿罪中，请托人送予财物，而国家工作人员为其他人谋取利益的现象并不罕见）。

形式上代表单位、实质上假借单位名义为自己谋利的单位内部个人。但是，除上述情形外，单位利益的归属性只能成为判断单位行贿意志的重要参考依据，而不能作为唯一依据——一方面，不排除特殊情况下，单位成员未经授权或单位同意而实施为单位谋取不正当利益的行贿，此时，由于犯罪意志出于个人，应以行贿罪定罪处罚；另一方面，如果单位名义行贿之目的不是为本单位谋取不正当利益，而是为其他单位或人员、包括本单位内部没有具体实施行贿的人员谋取不正当利益的，仍不能否认该行为成立单位行贿罪。

例如，被告人黎某甲系云南蒙自一矿冶公司的董事长，该公司原董事长黎某乙于2001年因犯非法经营罪、非法采矿罪数罪并罚被判处有期徒刑20年。黎某甲为协助黎某乙办理保外就医事宜，与公司其他高管人员商量，由黎某甲、公司的职员黎某中等人先后向监狱领导和监管人员行贿240余万元。后黎某乙在监狱服刑期间获得监狱领导、监管人员的关照和立功减刑、假释、保外就医等方面的待遇。此案中，黎某甲等人代表单位、基于单位犯罪的意志向国家工作人员行贿，谈不上是直接为本单位谋取不正当利益，而主要是为正在服刑的公司前董事长黎某乙个人谋取获得关照和保外就医等不正当利益，黎某甲等人所在的单位和黎某甲等人的行为成立单位行贿罪而非行贿罪。

需要强调，单位行贿所使用的贿赂款物是否由该单位所有，对于单位行贿罪是否成立也没有意义。完全可以想象，单位基于自己的意志，使用他人的财物（无论是否征得他人同意）向国家工作人员行贿，或者单位成员依照单位的意志，使用个人的财物向国家工作人员行贿，同样属于单位行贿罪的范畴。这些情况下，行贿行为体现的仍然是单位的意志。

2.《刑法》第三百九十三条第一款“单位为谋取不正当利益而行贿”中的“行贿”，对象是否仅限于国家工作人员

在所有的行贿犯罪中，刑法直接用“行贿”来表述罪状的，只有单位行贿罪和对有影响力的人行贿罪。比如，行贿罪的表述是“为谋取不正当利益，给予国家工作人员以财物的……”；对非国家工作人员行贿罪的表述是“为谋取不正当利益，给予公司、企业或者其他单位的工作人员以财物，数额较大的……”；对外国公职人员、国际公共组织官员行贿罪的表述是“为谋取不正当商业利益，给予外国公职人员或者国际公共组织官员以财物的……”；对单位行贿罪的表述是“为谋取不正当利益，给予国家机关、国有公司、企业、事业单位、人民团体以财物的……”与上述各罪不同的是，《刑法》第三百九十三条关于单位行贿罪的罪状表述为“单位为谋取不正当利益而行贿……”

如何理解这里的“行贿”？有观点甚至认为，单位行贿罪中的“行贿”对象包括非国有单位。[1] 笔者认为，《刑法》第三百九十三条虽然未指明该条中的“行贿”是指“向国家工作人员行贿”，但对此进行系统解释的结论是，这里“行贿”的含义，只能是指单位给予国家工作人员以财物的情形，而不包括给予国有单位以财物的情形，更不包括给予非国有单位以财物的情形。理由是：（1）单位给予国有单位以财物的行为，应当依照“对单位行贿罪”定罪处罚，与个人对国有单位行贿的行为属于同一种违法类型、相同性质的犯罪构成，只是实施的主体不同。对此，本书第五章关于“单位对单位行贿的，是单位行贿罪还是对单位行贿罪”问题中已作详细分析。如果将单位给予国有单位以财物的行为纳入单位行贿罪评价，必然造成规范评价混乱，造成刑法解释的冲突。（2）单位为谋取不正当利益而给予非国有单位以财物的行为，不应当认定有罪、包括成立单位行贿罪。这是因为：其一，非国有单位收受他人财物、包括收受个人或单位财物的行为，在目前我国刑法中都尚属于“法无明文”的无罪行为，而在刑事政策上我国对受贿犯罪的惩治力度要明显高于行贿犯罪，由此可见，连非国有单位“收受贿赂”都无罪可言，怎么可能把向非国有单位行贿的个人或单位解释到行贿犯罪之中呢？其二，行贿罪的对象也仅限于国家工作人员，不包括单位（无论国有单位或是非国有单位），举重以明轻，单位行贿罪的对象也不应该包括单位。（3）单位行贿罪罪状中的“行贿”，既然与“给予国家工作人员以回扣、手续费”相并列，在其对象上限制解释为国家工作人员最为妥当，可以与整个行贿犯罪的规范体系相互协调。

3. 单位行贿罪的客观行为是否包括“在经济往来中，违反国家规定，给予国家工作人员以财物”的类型

《刑法》第三百九十三条单位行贿罪和《刑法》第三百八十九条行贿罪都规定有“违反国家规定，给予国家工作人员以（各种名义的）回扣、手续费”的类型（行贿罪中在“回扣、手续费”之前有“各种名义的”修饰词）。但是，单位行贿罪的条文没有像行贿罪那样规定“在经济往来中，违反国家规定，给予国家工作人员以财物”这一行为类型。那么，如果单位实施“在经济往来中，违反国家规定，给予国家工作人员以财物”这种行为的，是否不成立犯罪？理论和实践中都存在争论。

---

① 参见周道鸾主编：《刑法罪名精解》，人民法院出版社2003年版，第731页。

例如，被告人陈某于1999年9月～2002年7月在担任深圳市振华通信设备有限公司（原中国振华电子工业公司程控交换机厂）北京经销维护中心主任期间，在代表中国振华（深圳）电子工业公司（2001年变更名称为振华集团深圳电子有限公司）与某通信部器材处签订并履行程控交换机订货合同过程中，先后给予该通信部器材处处长韩某、参谋边某好处费人民币22.17万元。被告人于2002年8月29日被抓获归案。2003年1月14日，检察机关以被告单位深圳市振华通信设备有限公司、被告人陈某的行为已构成单位行贿罪，向法院提起公诉。被告单位诉讼代表人吴某及被告人陈某对起诉书指控内容有异议。但是，被告人陈某的辩护人认为，《刑法》第三百九十三条只规定了单位“违反国家规定，给予国家工作人员以回扣、手续费”的构成单位行贿罪，没有规定“在经济往来中，违反国家规定，给予国家工作人员以财物”的行为也成立单位行贿罪，本案被告单位深圳市振华通信设备有限公司和被告人陈某给予受贿人的并非回扣或手续费，因此，根据罪刑法定原则，应当宣告被告单位和被告人无罪。法院经审理认为：被告单位深圳市振华通信设备有限公司在与某通信部器材处经济往来中，为谋取不正当利益，违反国家规定，给予国家工作人员好处费，且情节严重，其行为已构成单位行贿罪；被告人陈某是其单位行贿的直接经办人，系直接责任人员，应依单位行贿罪定罪处罚，因此，检察机关指控被告单位和被告人陈某犯有单位行贿罪的事实清楚、证据确实，指控罪名成立。鉴于被告人陈某之犯罪行为确系为单位之利益，主观恶性不深，犯罪情节较轻，且在被查获归案后，能坦白所有犯罪事实，认罪悔罪态度较好，对其宣告缓刑不致再危害社会，故法院对被告人陈某酌予从轻处罚，并宣告缓刑。根据本案的性质、情节及被告人陈某在单位犯罪中所起的作用，法院对被告单位深圳市振华通信设备有限公司以单位行贿罪判处罚金人民币2万元，以单位行贿罪判处被告人陈某有期徒刑一年，缓刑一年。一审宣判后，被告人未上诉，公诉机关亦未抗诉，一审判决已生效。①

笔者认为，法院以单位行贿罪对被告单位深圳市振华通信设备有限公司及被告人陈某定性是正确的，并不违反罪刑法定原则。具体理由是：（1）虽然《刑法》第三百九十三条没有像《刑法》第三百八十九条行贿罪那样规定三种行贿的行为类型，而只规定了两种，但是，没有明确规定的“在经济往来中，违反国家规定，给予国家工作人员以财物”的情形，完全可以解释到已经规

① 北京市海淀区人民法院（2003）海刑初字第185号刑事判决书。

定的“单位为谋取不正当利益而行贿”之中。实际上，在行贿罪中，无论是“在经济往来中，违反国家规定，给予国家工作人员以财物”，还是“违反国家规定，给予国家工作人员以各种名义的回扣、手续费”，都不过是“为谋取不正当利益，给予国家工作人员以财物”的特别情形而已，前两种情形原本就可以被包含到最后一种情形之中；刑法对前两种情形作出专门规定，旨在提示司法人员对在经济往来中的行贿现象予以注意，而并不改变行贿罪本身的构成。（2）一方面，同一刑法术语和文句具有基本含义的一致性。由此决定，单位行贿罪中的“行贿”一词，与《刑法》第三百八十九条、第三百九十条中的“行贿”一词，在行为方式和对象、性质上完全一致，区别无非是实施行贿行为的主体及其背后体现的意志有所不同。另一方面，刑法术语和文句的含义又具有相对性，同一术语和文句可能因为刑法条文表述的不同场合，在规范目的的指引下，会出现不同的意义。在《刑法》第三百九十三条没有规定“在经济往来中，违反国家规定，给予国家工作人员以财物”的背景下，我们就不能机械地以《刑法》第三百八十九条中“在经济往来中，违反国家规定，给予国家工作人员以财物”与“违反国家规定，给予国家工作人员以各种名义的回扣、手续费”相并列、分属不同的行为类型为由，把“在经济往来中，违反国家规定，给予国家工作人员以财物”排除在单位行贿罪的行为类型之外。恰恰应该作出的解释结论是，正是因为《刑法》第三百九十三条没有单独规定“在经济往来中，违反国家规定，给予国家工作人员以财物”这种情形，所以我们应当认为，在单位行贿罪中它不是一个独立的行为类型，因为具体的语境逻辑而内含于和“违反国家规定，给予国家工作人员以回扣、手续费”相并列的“为谋取不正当利益而行贿”之中。

三、私营企业主为本企业谋取不正当利益而向国家工作人员行贿的，是行贿罪还是单位行贿罪

司法实践中，许多私营企业主为了给本企业谋取不正当利益而向国家工作人员行贿。对于这种情况，究竟是应当以《刑法》第三百八十九条规定的行贿罪对私营企业主定罪处罚，还是以《刑法》第三百九十三条规定的单位行贿罪对私营企业判处罚金、将私营企业主作为单位犯罪的直接责任人员追究刑事责任？理论和实践上存在争议。

有人曾经认为，私营企业主向国家工作人员行贿的，应属于个人行贿性

质。其理由是：1988 年 7 月 1 日，国务院通过施行的《中华人民共和国私营企业暂行条例》明确规定，私营企业的性质是企业资产属于私人所有的营利性组织。同时，根据国务院发布的《中华人民共和国私营企业所得税暂行条例》规定，可以将私营企业所得的利益直接用于个人消费。由此可见，私营企业利益就等于私营企业主的利益。虽然私营企业在形式上也称之为企业，但其特点是个人发展、个人经营、个人收益、个人承担风险，私营企业主支配处分企业的财产具有支配处分自己个人财物的特性，故私营企业行贿体现了个人利益最本质的特征。[①] 这种观点在司法实践中影响颇大，以至于 1998 年 4 月 29 日《最高人民法院关于审理挪用公款案件具体应用法律若干问题的解释》第一条也把挪用公款给私有公司、私有企业使用的，解释为挪用公款“归个人使用”。

笔者认为，刑法对待私有、私营公司、企业的定位或评价，应该与时俱进，一是要在整体上与宪法精神和我国经济发展状况相适应、相衔接，二是要考虑私营企业在有无法人资格等方面的具体情况从不同刑法规范之间相协调的角度对其进行解释。我国 1982 年《宪法》第十一条规定了城乡个体经济是社会主义公有制经济的补充，实际上否定了私营经济的独立地位；1988 年《宪法修正案》第一条、第五条、第八条，1993 年《宪法修正案》第十条分别规定了私营经济和城乡个体经济是社会主义公有制经济的补充；1999 年、2004 年《宪法》将私营经济与个体经济统称为非公有制经济，赋予其“社会主义市场经济的重要组成部分”之地位。宪法在这五个阶段对私营经济态度的变化，正好体现了我国从计划经济向市场经济过渡的整个过程中人们对私营经济的认识所产生的飞跃。进入 21 世纪之后，随着社会主义市场经济的不断深入发展，我国私营企业在人员规模、产值、为国家创税、推动技术进步等各个方面更是突飞猛进。正是因为按“身份”立法的观念和做法不符合立法的基本发展趋势，上述论者所提到的 1988 年国务院法规《中华人民共和国私营企业暂行条例》，在 2018 年 3 月 19 日被第 698 号国务院令废止，《中华人民共和国私营企业所得税暂行条例》也早在 1993 年 12 月 13 日被国务院令第 137 号废止。目前，我国已经有了单独的《个人独资企业法》《合伙企业法》和《公司法》，这三部法律分别对私营企业的个人独资、合伙、有限责任公司等三种企

① 罗璐、倪子昊：《应尽快对私营企业主行贿属个人行贿还是单位行贿作出明确规定》，载《检察实践》2002 年第 3 期。

业形式作了专门的、比较全面的规范，也充分体现了平等保护私营企业的精神。根据法律规定的组织形式，我国目前的私营企业包含四种：私营独资企业、私营合伙企业、私营有限责任公司和私营股份有限公司。其中，私营有限责任公司是目前我国私营企业的主要组织形式；私营独资企业单位数和从业人数较大，但实收资本和营业收入所占的比重较小；私营合伙企业的数量较少，比重较小；私营股份有限公司的数量最少，比重最小。但是，由于股份有限公司在制度安排上的优越性，近几年来，我国私营股份有限公司的数量迅速增加，一些私营企业甚至成为上市公司。随着创新与转型升级得到关注，私营股份有限公司可望迅猛发展。据调查数据显示，从 2011 年～2016 年，我国规模以上工业私营企业研究与试验发展经费逐年递增，2016 年达到 2800.5 亿元，25% 的私营企业开展了产品或工艺创新活动，20.7% 的私营企业实现了产品或工艺创新，很多私营企业拥有自主知识产权，有的私营企业还拥有国家级研发平台。[①] 这说明，一些具有法人资格特别是规模较大的私营企业，不仅具有企业的形式，还具有现代企业的组织结构和规模结构，除了资本性质为私有外，与国有公司、企业以及具有国有成分的有限责任公司和股份有限公司，在“单位”属性上已没有区别。如果笼统地将私营企业主等同于个人、将私营企业财产等同于个人财产，将这样的私营企业主为本企业谋取不正当利益而行贿的行为视为个人行为而不认定为单位行为，实际上就等于把这些私营企业视为个人，显然是与事实不符的。而这样的立场，也显然与宪法将非公有制经济作为“社会主义市场经济的重要组成部分”的精神不符，亦与最高人民法院关于单位犯罪主体的司法解释内容冲突。

1999 年 6 月 25 日《最高人民法院关于审理单位犯罪案件具体应用法律有关问题的解释》第一条明确规定：“《刑法》第三十条规定的‘公司、企业、事业单位’，既包括国有、集体所有的公司、企业、事业单位，也包括依法设定的合资经营、合作经营企业和具有法人资格的独资、私营等公司、企业、事业单位。”上述司法解释意在表明，只要具有法人资格，即使是私营企业，也属于刑法上作为犯罪主体的“单位”；刑法上作为犯罪主体的“单位”，并无所有制性质的限制。结合《刑法》第三百九十三条的规定，作为单位行贿罪主体的单位，当然包括具有法人资格的私营企业在内。笔者认为，据此，对于

① 何晓斌：《私营企业创新与转型升级报告——基于第十三次中国私营企业调查数据》，载《统一战线学研究》2019 年第 2 期。

私营企业主为本企业谋取不正当利益而向国家工作人员行贿的行为，应当视该企业有无法人资格而分别作不同的定性：对于没有法人资格的私营企业，其私营企业主向国家工作人员的行贿行为应当认定为个人犯罪的行贿罪；对于具有法人资格的私营企业，其私营企业主向国家工作人员的行贿行为应当认定为单位行贿罪。理由是：行贿罪与单位行贿罪的区别，关键在于行贿的主体是个人还是单位，或者说行贿行为体现的是个人意志还是单位意志。

特别值得注意的是，根据《公司法》规定，一个自然人也可以成立一人有限责任公司，其作为具有法人资格的公司，其法律地位、公司意志当然不同于、独立于股东，因此。一人公司也可以成为单位犯罪的主体，其股东代表本公司而向国家工作人员行贿的，当然也是单位行贿罪。

四、行为人代表本单位联络受贿人，在代表单位行贿过程中截留贿赂款据为己有的，如何定性

单位行贿的行为必须通过单位中的有关人员具体实施。在具体实施单位行贿过程中，有的单位人员负责联络为自己单位谋利的国家工作人员，就贿赂内容进行意思沟通、联络，有的单位人员负责给国家工作人员送予财物的具体事项。在司法实践中，有的单位人员利用自己具体经办单位行贿的机会，将单位行贿的全部或部分财物据为己有。对此，涉及行为的定性问题，值得研究。

例如，2011 年 11 月，某市城市建设投资公司欲将 ·块 130 亩城市基础设施配置用地合作项目进行招商，招商工作由该城市建设投资公司经营科负责。时任经营科科长的向某将此信息通过朋友告诉开发商曾某，曾某随即找到向某了解有关情况。向某表示，合作项目由城市建设投资公司提供土地，开发商负责商品房建设，城市建设投资公司拥有一定比例的住房所有权，以往的分配比例是开发商占 70%，城市建设投资公司占 30%，但如果曾某能找到合作者开发，向某可以想办法将开发商的分配比例增加 5%，即开发商和城市建设投资公司的分配比例分别为 75% 和 25%。曾某表示，开发商若能增加这 5% 的分配比例，他可以从开发商那里弄点钱出来，和向某平分。2012 年 1 月，曾某邀约赵某、舒某、尹某、贺某、阳某，六人合伙成立信达房地产开发公司参与上述 130 亩土地的合作开发，曾某是信达公司的股东之一。曾某将向某可以想办法提高开发商分配比例的情况告诉了其他五名股东。信达公司六股东商定，从增加的 5% 住房分配比例所产生的 4400 万元利润中，提取 30% 即 1300 万元，

给曾某用于项目前期运作开支。其中，500 万元用于送礼，800 万元用于曾某的工资和奖励。另外，再单独给予曾某 160 万元的信息费。2012 年 3 月，信达公司取得上述合作项目的开发权，且确定此合作项目中开发商的住房分配比例为 75%。按照事先约定，信达公司付曾某 500 万元送礼。曾某将其中的 210 万元送给了向某，另 290 万元据为己有。在上述案件中，曾某作为信达公司的股东，在六名股东共谋的情况下，为了信达公司获得额外的 5% 的商品房分配比例，代表信达公司给予国家工作人员向某 210 万元贿赂，属于体现单位意志的行贿行为，信达公司和曾某成立单位行贿罪，这是没有疑问的。问题是，曾某在其他股东认为“送礼”款为 500 万元的情况下，只送出 210 万元，其余 290 万元在其他股东不知情的情况下，实际上违背单位的意志而据为己有的行为，是否另行成立犯罪？成立何罪？存在争议。有人认为，曾某一身兼二任，既是单位行贿一方的代表、直接责任人员，代表信达公司给付向某行贿财物，从而为信达公司谋取不正当利益，又与向某一起参与受贿，参与了与向某的共谋受贿行为，应当对曾某个人另行认定受贿罪（与向某成立共犯）。①

笔者认为，利用本人为单位行贿的便利条件，将本单位的贿赂款非法据为己有的行为，属于贪污罪或者职务侵占罪（具体应视行为人的身份而定）。就本案而言，曾某作为信达公司给国家工作人员向某行贿行为的代表和直接责任人员，将按照行贿公司意志本该用于行贿的部分款项 290 万元（尽管 500 万元未必全部对向某行贿）据为己有，应当认定为职务侵占罪，而不是向某的受贿罪共犯。理由是：（1）虽然曾某作为非国家工作人员，在通过向某的朋友获得土地开发信息之初，提议或者与向某共谋，让向某提高开发商的商品房分配比例，并从中获得好处费与向某平分，这一事实可以判断，当初曾某具有与向某受贿的共同故意，但是，在后期，曾某实际上自己成为开发商信达公司的股东，并作为信达公司的代表实施信达公司单位行贿的行为，而行贿的对象就是向某。此种情况下，将曾某既作为单位行贿实施者，又作为本单位行贿的对象（与向某作为共同对象），是不恰当的。（2）曾某较早时期具有与向某商议通过向某从将来开发商那里获得贿赂的故意，不代表受贿罪就成立。受贿罪的成立，还需要客观上具有共同受贿的行为。曾某将单位用于行贿的 500 万元中的 290 万元据为己有，并没有与向某共同占有。根据 2003 年 11 月 13 日《最高人民法院全国法院审理经济犯罪案件工作座谈会纪要》的规定，特定关系

① 案例及观点均参见杨新京：《受贿罪共同犯罪的认定问题》，载《中国检察官》2015 年第 5 期。

人之外的其他国家工作人员与国家工作人员通谋，由国家工作人员收受财物后，尚需“双方共同占有”，才构成受贿罪的共犯。(3) 曾某将本单位准备的贿赂款私自占有，属于“劫贿”，和数人共同行贿过程中某一行贿人私自截留行贿款属于侵占罪，这种行为由于是行为人利用职务上的便利将本单位的财物据为己有，则符合职务侵占罪的构成要件。

五、行贿罪和单位行贿罪是否存在未遂

行贿罪和单位行贿罪存在预备犯，在理论上是没有任何疑问的。只是因为在很多案件中，行贿的预备行为与日常生活、经济活动行为难以区分，难以有确实、充分的证据证明存在行为人或者单位为向国家工作人员实行行贿而进行的预备行为，因而在实践中处罚行贿罪或单位行贿罪的情况实属罕见。

行贿罪和单位行贿罪是否存在未遂？理论上和实务中存在争议，从司法实践的判例来看，认定行贿罪和单位行贿罪的也不多见。实践中大多数人认为，行贿罪或单位行贿罪，只有成立与否的问题，因此不必考虑既遂未遂问题。这主要是因为司法解释本身就把一定行贿数额作为行贿罪、单位行贿罪的成立标准予以规定，行贿行为没有达到定罪数额标准的，就不予定罪，达到数额标准的也就没有未遂。笔者认为，以司法解释的数额标准规定为由否认行贿罪、单位行贿罪的未遂，或者否认行贿罪、单位行贿罪未遂的可罚性，是错误的理解：(1) 我国刑法中的数额犯普遍存在未遂形态，如典型的数额犯盗窃罪(尽管除了“数额较大”外还有“多次盗窃、入户盗窃、携带凶器盗窃、扒窃”)、诈骗罪、抢夺罪（尽管除了“数额较大”外还有“多次抢夺”足以作为定罪标准）等，处罚未遂犯也极为正常。(2) 虽然司法解释规定行贿罪通常情况下需要数额在3万元以上才追究刑事责任，具有“向3人以上行贿的”“将违法所得用于行贿的”“通过行贿谋取职务提拔、调整的”“向负有食品、药品、安全生产、环境保护等监督管理职责的国家工作人员行贿，实施非法活动的”“向司法工作人员行贿，影响司法公正的”和“造成经济损失在50万元以上”等特殊情形的，也要求行贿数额在1万元以上，但是，这样的定罪数额要求，并不影响行为人以此等数额进行行贿而没有得逞现象的发生。在单位行贿罪中，道理也完全相同。(3) 刑法理论上承认受贿罪存在未遂是共识，司法实践处罚受贿罪的未遂犯也没有异议。既然受贿存在未遂，就意味着国家工作人员收受贿赂存在“未得逞”的情形，那么，与之对应的个人行贿或单

位行贿，自然也存在送予财物“未得逞”的情形。撇开是否值得处罚不谈，至少在承认受贿存在未遂的前提下，否认行贿犯罪存在未遂，是不合理、不协调的。(4) 无论是行贿罪还是单位行贿罪的未遂，从社会危害性程度方面考察，不可一概认为较小。1999 年 3 月 4 日，《最高人民法院、最高人民检察院关于在办理受贿犯罪大要案的同时要严肃查处严重行贿犯罪分子的通知》曾经强调要特别注意依法严肃惩处的行贿犯罪，除了数额巨大、多次行贿或者向多人行贿的外，也包括一些具有其他严重情节的行贿行为，如为进行走私、偷税、骗税、骗汇、逃汇、非法买卖外汇等违法犯罪活动，向海关、工商、税务、外汇管理等行政执法机关工作人员行贿的，为非法办理金融、证券业务，向银行等金融机构、证券管理机构工作人员行贿的，等等。这些具有严重情节的行贿行为，未必以既遂为前提。

笔者认为，无论从立法规定还是司法认定的角度，无论从规范和事实的角度，该两罪都存在犯罪未遂形态。行贿罪和对单位行贿罪均为故意犯罪，不论是个人行贿还是单位行贿，从着手到完成犯罪在事实上无疑都存在一个发展的进程，而在此进程中，行贿行为完全可能因为行为人意志以外的原因而未能完成。由于未遂犯在客观上已经具有实行行为，其法益侵害已现实化，因此，对于有证据证明行为人或单位实行行贿，因为意志以外未得逞的，应当追究行贿罪或单位行贿罪未遂的责任。至于在司法实践中行贿罪未遂的判例少见，原因不外乎两点：一是考虑到部分行贿未遂行为情节显著轻微，可以不认为是犯罪，这部分行为综合评判根本没有作为犯罪处理；二是因为有的司法机关不当地对应该认定为犯罪的行贿未遂行为作了无罪处理。

重要的问题是以什么标准来判断行贿罪和对单位行贿罪的既遂与未遂？是以行为人（包括对单位行贿罪的主体“单位”，下同）是否实现谋取不正当利益的目的为标准，还是以行为人是否完成给予财物的行为为标准？笔者认为，应当以行为人是否完成给予财物的行为为标准。理由是：(1) 虽然目的犯一般都应当以行为人目的的实现作为犯罪既遂的标志（如抢劫罪、盗窃罪、抢夺罪等），但是，在刑法理论上，目的的实现作为故意犯罪的既遂的标志，并不具有普遍性；是否所有的目的犯的既遂都以目的的实现为标志，也无定论。(2) 在大多数目的犯中，行为人目的的实现也就意味着刑法所保护的法益受到了完全的侵害。比如，盗窃财物到手就意味着他人财产所有权完全被行为人控制。但是，与其他目的犯不同，在行贿罪和对单位行贿罪中，衡量法益是否受到完全侵害，不能用“为谋取不正当利益”目的的实现为标志，因为即使不正当利益没有谋取到，但只要行为人已经完成对国家工作人员送予财物的行为，即意味着国家工作人员职务行为被收买了，行贿人通过收买国家工作人员职务行为对公职行为的亵渎也已经造成。（3）行贿罪、单位行贿罪与受贿罪对合，在对合关系中，虽然受贿方和行贿方各具目的，但这些犯罪既然都规定于刑法分则第八章“贪污贿赂罪”中，那么，犯罪行为均应以权力的出卖作为完成形态的基本依据。受贿罪的既遂以受贿者得到财物为标志，与之对应，行贿罪与单位行贿罪的既遂则应以财物的送出为标志。

顺便指出，对单位行贿罪、对有影响力的人行贿罪，同样具有未遂形态，其理同上，不予赘言。

六、如何理解和适用行贿罪的法定从宽处罚情节、单位行贿罪是否可以参照适用这些处罚原则

《刑法》第三百九十条第二款规定了行贿罪的从宽处罚原则：“行贿人在被追诉前主动交待行贿行为的，可以从轻或者减轻处罚。其中，犯罪较轻的，对侦破重大案件起关键作用的，或者有重大立功表现的，可以减轻或者免除处罚。”上述规定在适用过程中，涉及具体适用条件的理解、行为时法与裁判时法律发生变更时的法条选择（包括从宽处罚条件较以往更严格，与行贿数额标准提高之间的协调），以及单位行贿罪能否参照适用该款规定的问题。在此一一阐释、论述：

1. “行贿人在被追诉前”的“追诉”，时间起始点是监察机关或者检察机关的立案之时。对涉嫌行贿的人立案，即意味着对其进行刑事追诉的开始。根据2018年4月17日中央纪委监察委《国家监察委员会管辖规定（试行）》的规定，行贿案件由监察委员会管辖。《中华人民共和国监察法》第三十九条规定：“经过初步核实，对监察对象涉嫌职务违法犯罪，需要追究法律责任的，监察机关应当按照规定的权限和程序办理立案手续。监察机关主要负责人依法批准立案后，应当主持召开专题会议，研究确定调查方案，决定需要采取的调查措施。”行贿案件的监察程序适用上述规定。另外，根据2019年《最高人民检察院人民检察院刑事诉讼规则》第十七条的规定：“人民检察院办理直接受理侦查的案件，发现犯罪嫌疑人同时涉嫌监察机关管辖的职务犯罪线索的，应当及时与同级监察机关沟通。经沟通，认为全案由监察机关管辖更为适宜的，人民检察院应当将案件和相应职务犯罪线索一并移送监察机关；认为由监

察机关和人民检察院分别管辖更为适宜的，人民检察院应当将监察机关管辖的相应职务犯罪线索移送监察机关，对依法由人民检察院管辖的犯罪案件继续侦查。”因此，检察机关仍有可能对行贿案件行使直接侦查权。监察机关、检察机关对涉嫌行贿的人立案，在法律程序上标志着国家开始对被调查人、犯罪嫌疑人的有关犯罪事实进行查处、追究的法定程序，被调查人、犯罪嫌疑人在案件尚未被立案之前，可能是被询问、谈话对象，但不属于被调查人或犯罪嫌疑人。

2. 行贿罪“可以减轻或者免除处罚”的情节，即“犯罪较轻的，对侦破重大案件起关键作用的，或者有重大立功表现的”，应当理解为三种并列、可供选择的条件，而不需要同时具备其中两种或三种情形才能适用“可以减轻或者免除处罚”。因为刑法条文在每一种情形之后都用了“的”表述，文义解释的结论就是各自独立。但是，这三种独立情形，都是以“主动交待行贿行为”为前提的，因为在三种情形之前，刑法条文使用了“其中”一词，意指这三种情形都是与“在被追诉前主动交待行贿行为”有关的情形，或者是因为主动交待行贿行为而形成的。按照2016年4月18日《最高人民法院、最高人民检察院关于办理贪污贿赂案件适用法律若干问题的解释》（以下简称2016年《办理贪污贿赂刑事案件解释》）第十四条的规定，根据行贿犯罪的事实、情节，可能被判处三年有期徒刑以下刑罚的，可以认定为《刑法》第三百九十条第二款规定的“犯罪较轻”；根据犯罪的事实、情节，已经或者可能被判处十年有期徒刑以上刑罚的，或者案件在本省、自治区、直辖市或者全国范围内有较大影响的，可以认定为《刑法》第三百九十条第二款规定的“重大案件”；具有下列情形之一的，可以认定为《刑法》第三百九十条第二款规定的“对侦破重大案件起关键作用”：（1）主动交待办案机关未掌握的重大案件线索的；（2）主动交待的犯罪线索不属于重大案件的线索，但该线索对于重大案件侦破有重要作用的；（3）主动交待行贿事实，对于重大案件的证据收集有重要作用的；（4）主动交待行贿事实，对于重大案件的追逃、追赃有重要作用的。结合《刑法》第三百九十条第二款和2010年12月22日《最高人民法院关于处理自首和立功若干具体问题的意见》的规定，行贿人在追诉前主动交待行贿行为，有重大立功表现的情形主要包括：协助司法机关抓捕其他同案犯、包括与自己行贿有关的受贿犯罪分子，从而得以查处重大案件，以及其他有利于国家和社会的重大突出表现的。

3. 2012年12月26日，《最高人民法院、最高人民检察院关于办理行贿刑事案件具体应用法律若干问题的解释》（法释〔2012〕22号）第七条第一款规定："因行贿人在被追诉前主动交待行贿行为而破获相关受贿案件的，对行贿人不适用《刑法》第六十八条关于立功的规定，依照《刑法》第三百九十条第二款的规定，可以减轻或者免除处罚。"这一司法解释是针对2015年《刑法修正案（九）》之前的条文所作，但是，由于2016年《最高人民法院、最高人民检察院贪污贿赂刑事案件解释》没有作出新的解释内容，上述2012年《解释》有关"对行贿人不适用《刑法》第六十八条关于立功的规定"的内容，仍然具有法律效力，至于该《解释》对"因行贿人在被追诉前主动交待行贿行为而破获相关受贿案件""可以减轻或者免除处罚"的规定之适用，原则上应当在理解修正后的条文的基础上把握。亦即，对于在2015年《刑法修正案（九）》施行后所发生的行贿案件，如果行贿人在被追诉前主动交待行贿行为而使得监察机关、司法机关查处、破获相关受贿案件，仍然依照2012年《解释》的规定不认定为立功，而只作为《刑法》第三百九十条第二款的从宽处罚（只考虑分则性规定），但是，减轻或者免除处罚的具体条件，应当按照修正后的刑法规定予以掌握。当然，如果行贿人在主动交待行贿行为的同时，又揭发受贿人与自己行贿无关的其他犯罪行为，经查证属实的，应当另行依照刑法总则关于立功的规定从宽处罚。

4. 行贿罪虽然被规定在贪污贿赂罪一章，也属于《监察法》和《国家监察委员会管辖规定（试行）》确定由监察委员会管辖的罪种，但并非刑法规范意义上的"职务犯罪"，因此，行贿案件的自首、立功认定，并不适用成立条件相对严格的2009年3月12日《最高人民法院、最高人民检察院关于办理职务犯罪案件认定自首、立功等量刑情节若干问题的意见》（法发〔2009〕13号）之规定，而适用1998年4月17日《最高人民法院关于处理自首和立功具体应用法律若干问题的解释》（法释〔1998〕8号）之规定。据此，即使行贿人在接受监察机关、检察机关调查谈话之后主动交待行贿行为、如实供述罪行的，按照《刑法》第67条和1998年《解释》的规定，也成立自首，因为犯罪嫌疑人尚未受到讯问、也未被采取强制措施。但是，值得研究的是，因为在被追诉前主动交待行贿行为而同时又符合自首条件的，能否同时适用《刑法》第三百九十条第二款和《刑法》第六十七条，累加从宽处罚？笔者认为答案是否定的，对此应当只适用分则条文，对总则规定不予考虑。理由是：（1）分则性条文即《刑法》第三百九十条第二款对行贿罪的从宽处罚，与总则性条文即《刑法》第六十七条第一款自首的从宽处罚，在从宽处罚类型上均包括

“可以从轻或者减轻处罚”和“可以免除处罚”（《刑法》第三百九十条第二款中是“可以减轻或者免除处罚”），且“可以从轻或者减轻处罚”都是基于犯罪分子“主动交待”犯罪事实；自首“可以免除处罚”是基于自首的犯罪本身“较轻”，行贿罪“可以减轻或者免除处罚”是基于“犯罪较轻”同时“对侦破重大案件起关键作用的”，或者“有重大立功表现”的。这说明，无论是《刑法》第三百九十条第二款对行贿罪的从宽处罚，还是总则中自首的从宽处罚，事实依据基本相同，如果同时适用刑法总则与分则的规定，必然重复评价相同情节。较为妥当的立场是，应该把行贿罪从宽处罚的规定看作特别规定。（2）如前所述，司法解释明确规定“因行贿人在被追诉前主动交待行贿行为而破获相关受贿案件的”，对行贿人并不适用《刑法》第六十八条关于立功的规定，而只依照《刑法》第三百九十条第二款的规定。那么，参照这一规定精神，对于没有产生“破获相关受贿案件”法律后果的主动交待行为，也不应当适用刑法总则关于自首的情节。

5.《刑法》第三百九十条关于行贿罪的处罚规定，经过 2015 年《刑法修正案（九）》的修正，总体上是从刑种增加和从宽处罚条件严控方面加大了对行贿犯罪的惩治力度，具体体现在两个方面：（1）给包括行贿罪、单位行贿罪在内的各类行贿犯罪增设了“并处罚金”，以从经济上给予犯罪人制裁。（2）限制对主动交待行贿犯罪的从宽处罚幅度，要求比以前更加严格。即将原来《刑法》第三百九十条第二款规定的“行贿人在被追诉前主动交待行贿行为的，可以减轻处罚或者免除处罚”，修改为“行贿人在被追诉前主动交待行贿行为的，可以从轻或者减轻处罚。其中，犯罪较轻的，对侦破重大案件起关键作用的，或者有重大立功表现的，可以减轻或者免除处罚”。“在被追诉前主动交待”“对侦破重大案件起关键作用”“有重大立功表现”，都是与犯罪行为本身无关的、不是由犯罪本身的性质和情节所体现的罪后表现。此时便应当注意，如果行贿行为发生在《刑法修正案（九）》施行日 2015 年 11 月 1 日之前，由于“主动交待行贿行为”等罪后表现不是此前行贿犯罪行为本身的延续、连续或继续，因此，即便该等罪后表现发生在《刑法修正案（九）》施行之后，当《刑法修正案（九）》修正后的刑法规范评价较不利于被告人时，也不得以罪后表现在新法施行后发生而适用新法。因为依照修正后的新法规定，不仅有普遍增设的并处罚金刑，还存在将“可以减轻或者免除处罚”修改为“可以从轻或者减轻处罚”“可以减轻或者免除处罚”条件更加苛刻的问题，故新法为重法。而参照 2011 年 7 月 15 日最高人民法院研究室《关于假释时间效力法律适用问题的答复》“应当以行为实施时，而不是审判时，作为新旧法选择适用的判断基础”的规定，对于量刑情节或者行刑制度适用有变化的情形，也应当比较行为时法和裁判时法，选择行贿行为实施当时的法，即修正前的《刑法》第三百九十条第二款对犯罪人量刑。例如，行贿行为发生在2015年10月，监察机关在2016年1月立案调查涉嫌行贿的犯罪嫌疑人，但是，犯罪嫌疑人在2015年12月已主动向监察机关或其他有关组织交待行贿行为，即在被追诉前已主动交待行贿行为，只不过主动交待时，规定严格控制行贿罪从宽处罚条件的《刑法修正案（九）》已经施行。笔者认为，对此，应当认为行为人主动交待行贿行为的事实满足了“在追诉前主动交待”的条件，而“在追诉前主动交待”的情节在行贿行为实施时间在《刑法修正案（九）》施行前，《刑法修正案（九）》修订前的《刑法》第三百九十条第二款规定的从宽处罚幅度更大、处罚相应地更轻，就应当适用修正前的《刑法》三百九十条第二款，对行贿人“可以减轻或者免除处罚”——既不用考虑从轻处罚的问题，也不用考虑是否“对侦破重大案件起关键作用的，或者有重大立功表现”作为“可以减轻或者免除处罚”的事实依据。

值得专门指出的是，依照从旧兼从轻原则，在《刑法修正案（九）》施行后的裁判，如果在从宽处罚情节方面适用修正前的《刑法》第三百九十条第二款的规定，那么，对于与定罪量刑相关的行贿数额标准如何选择法律适用呢？笔者认为，当然是依照2016年《最高人民法院、最高人民检察院贪污贿赂刑事案件解释》所确定的数额标准（如果裁判在2016年4月18日之前，由于没有这一司法解释，则另当别论）。因为行为时和裁判时的法律在以“行贿数额作为行贿罪定罪处罚的重要依据”这一点上是没有根本区别的，裁判时虽然选择修正前的《刑法》第三百九十条第二款适用从宽处罚，并不影响依照2016年《最高人民法院、最高人民检察院贪污贿赂刑事案件解释》确定的数额标准对行贿罪定罪量刑。当然，由于行为时法（修正前的刑法）对行贿罪没有并处罚金的规定，因此，应当注意，在依照2016年《最高人民法院、最高人民检察院贪污贿赂刑事案件解释》对犯罪人定罪量刑时，秉着刑法溯及力从旧兼从轻之“从轻”的要求，对犯罪人不得并处罚金。

6. 单位行贿后在被追诉前主动交待行贿行为的，可否参照适用《刑法》第三百九十条第二款关于行贿罪从宽处罚的规定？实践中有人认为，在所有行贿犯罪中，刑法只专门针对行贿罪规定了从宽处罚原则，属于特别规定，这或许是考虑到个人实施的行贿罪在行贿犯罪中所占比例最大，刑法从宽严相济的刑事政策的角度出发作出规定，因而对于包括单位行贿罪、对有影响力的人行贿罪和对单位行贿罪在内的其他行贿犯罪，都不得参照适用行贿罪的从宽处罚原则，否则违反罪刑法定原则。

笔者认为，行贿罪中从宽处罚原则，固然是分则性条款所规定，分则性条款并不当然如总则性条款那样具有覆盖性和辐射性，但对于分则相同或类似罪刑规范进行解释时，并不排斥参照适用分则性明文规定。相反，如果从刑法的精神和刑事政策的要求判断，不作出相同或类似的解释可能导致刑罚有失公正时，则不是“可以参照”明文规定，而是“应当”参照适用或解释。[①] 具体而言，《刑法》第三百九十条第二款规定对个人行贿在追诉前主动交待行贿行为的可以从轻或者减轻处罚；犯罪较轻的，对侦破重大案件起关键作用的，或者有重大立功表现的，可以减轻或者免除处罚，主要是考虑到，行贿者主动交待行贿行为，不仅能够让司法机关及时依法追究其本人的行贿犯罪责任，还有利于司法机关查明危害更为严重的国家工作人员的受贿行为。另外，行贿人予以适当的从宽处罚，也是符合宽严相济的刑事政策要求的。而在单位行贿罪中，接受单位行贿的也同样是国家工作人员；如果单位行贿后在追诉前主动交待行贿行为，也同样可以为司法机关查明国家工作人员的受贿行为提供便利，节省成本。因此，唯有对于单位行贿后主动交待行为的情况减免刑罚，才能体现刑罚的公平与公正。据此，《刑法》第三百九十条第二款关于行贿罪的从宽处罚规定，完全应当参照适用于单位行贿罪。当然，在对有影响力的人行贿罪和对单位行贿罪的处罚中，参照适用行贿罪的从宽处罚，同样能够达到查处“有影响力的人”和国有单位的受贿犯罪事实。2012 年 12 月 26 日，《最高人民法院、最高人民检察院关于在办理行贿刑事案件具体应用法律若干问题的解释》第七条第二款明确规定：“单位行贿的，在被追诉前，单位集体决定或者单位负责人决定主动交待单位行贿行为的，依照《刑法》第三百九十条第二款的规定，对单位及相关责任人员可以减轻处罚或者免除处罚；受委托直接办理单位行贿事项的直接责任人员在被追诉前主动交待自己知道的单位行贿行为的，对该直接责任人员可以《刑法》第三百九十条第二款的规定减轻处罚或者免除处罚”。这一司法解释施行后，《刑法》第三百九十条第二款关于行贿罪从宽处罚的条件已经发生变化，但是，其内容仍应在修订后的刑法规定基础上予以适用。

---

① 不利于被告人的类推定罪，当然不允许，因为这种做法有违现代刑法法治精神。

第八章

介绍贿赂罪

一、介绍贿赂罪的成立是否以受贿罪和行贿犯罪的成立为前提

《刑法》第三百九十二条规定的介绍贿赂罪，是指介绍个人或者单位向国家工作人员行贿，情节严重的行为。所谓“介绍”，就是在送予财物者与国家工作人员之间进行引见、沟通、撮合，使送予财物行为与受贿行为的内容得以实现的行为。可见，该罪在介绍接受贿赂的对象上，仅限于国家工作人员，因而向不具有国家工作人员身份的一般公司、企业工作人员介绍贿赂及向国家机关等国有单位介绍贿赂的，并不成立该罪。介绍贿赂罪的主体仅限于自然人，因而单位（包括国有单位）向国家工作人员介绍贿赂的，也不成立该罪。综而论之，介绍贿赂罪所包括的情形，一是介绍个人向国家工作人员行贿，二是介绍单位向国家工作人员行贿。

问题是，介绍贿赂罪的成立，是否以国家工作人员的受贿罪和个人的行贿罪、单位行贿罪的成立为前提？有的学者对此区分为三种情形予以论述：(1) 当行贿罪与受贿罪均不成立时，介绍贿赂罪也不应成立。因为与行贿行为、受贿行为相比，介绍贿赂行为的社会危害性最小，既然行贿行为、受贿行为没有达到犯罪程度，介绍贿赂行为更不可能达到犯罪程度。(2) 当行贿、

受贿两方有一方罪名成立，而介绍贿赂行为人主要帮助的是未成立一方，也应认定介绍贿赂罪不成立。因为这种情况下介绍贿赂行为人与未成立罪名一方的关系更密切。（3）当“行贿人”被勒索而又没有谋取到不正当利益时，帮助“行贿人”介绍“贿赂”的行为不构成介绍贿赂罪。[①] 笔者认为，尽管介绍贿赂行为与行贿、受贿行为密不可分，介绍贿赂行为的危害性往往也要结合被介绍的行贿、受贿行为的严重程度予以考量，但是，既然刑法将介绍贿赂罪作为独立罪名予以规定，就应当认为其行为的危害性和违法类型都具有独立性。在认定介绍贿赂行为是否成立犯罪、考察行为的社会危害性程度时，不能片面地强调其与行贿、受贿犯罪的关联性而忽视其独立性，也不能片面地强调其独立性而忽视其与行贿、受贿犯罪的关联性。从介绍贿赂罪社会危害性评价的关联性特征来看，上述第（3）种情况下，是不能认定介绍贿赂罪成立的。被勒索送予财物的人或单位本身因为不是为谋取不正当利益而不成立行贿罪或单位行贿罪，而如果将主要为送予财物者撮合、帮助的行为人认定为介绍贿赂罪，法律解释的结论会产生冲突。我们可以设想，假如刑法没有规定介绍贿赂罪的独立罪名，在此情况下，为送予财物者介绍贿赂的行为，也只有当送予财物者成立行贿罪时，才能成立行贿罪的共犯（由于单位行贿罪是纯正的单位犯罪，因此，单位行贿时，个人介绍单位行贿者难以成立单位行贿罪的共犯）。但是，从介绍贿赂罪社会危害性评价的独立性特征出发，则不能武断地认为，只要被介绍的双方不成立犯罪（行贿罪、单位行贿罪或者受贿罪），甚至只要行为人主要帮助的一方不成立犯罪，就不能认定行为人成立介绍贿赂罪。介绍贿赂行为的社会危害性，除了关联性地通过行贿、受贿行为的危害性表现出来外，还相对独立地包括其他情节。比如，介绍贿赂的次数、介绍财物的数额，介绍接受财物的人员性质，等等。这种特征意味着，在相当的场合，即便受贿罪因为各种原因无法认定（比如，介绍贿赂行为人将送予财物者愿意送予财物的意图告知国家工作人员时遭到拒绝，或者国家工作人员接受财物，但数额达不到犯罪标准），行贿罪也因为各种原因无法认定（比如，介绍贿赂行为人不但为送予财物者引见国家工作人员，而且积极鼓动国家工作人员收受财物，但最终国家工作人员拒绝收受，而送予财物者谋取的又是正当利益），但行为人的介绍贿赂行为也可能具有相当严重的社会危害性。比如，行为人某甲，为某地“名托”，专事介绍贿赂、转送贿赂款之事，长期周旋于政法领导干部与

① 田凯：《介绍贿赂罪司法疑难问题探究》，载《河南社会科学》2004 年第 1 期。

请托人之间。尽管经甲转送的贿赂款总额高达 30 万元，但甲“办事”有两个原则：一是只为请托人谋取正当利益，二是给国家工作人员转送的财物价值不超过 9000 元。因此，托某甲“办事”而送予财物者不存在成立行贿罪的问题，而通过甲收受财物的国家工作人员，因为受贿数额达不到犯罪标准，也没有一起案件可以作为受贿刑事案件立案侦查。但是，检察机关以介绍贿赂罪对某甲立案侦查，并依法起诉，法院以介绍贿赂罪判处某甲有期徒刑二年。笔者认为，法院的判决是正确的，准确地理解和把握了介绍贿赂行为的社会危害性。

需要指出的是，根据 1999 年 9 月 16 日《最高人民检察院关于人民检察院直接受理立案侦查案件立案标准的规定（试行）》，涉嫌介绍贿赂，有下列情形之一的，应予立案：（1）介绍个人向国家工作人员行贿，数额在 2 万元以上的;[①] 介绍单位向国家工作人员行贿，数额在 20 万元以上的；（2）介绍贿赂数额不满上述标准，但具有下列情形之一的：①为使行贿人获取非法利益而介绍贿赂的；②三次以上或者为三人以上介绍贿赂的；③向党政领导、司法工作人员、行政执法人员介绍贿赂的；④致使国家或者社会利益遭受重大损失的。[②] 上述规定也表明，介绍贿赂行为成立介绍贿赂罪，并不以受贿者或送予财物者一方或双方成立犯罪为必要前提。

固然，根据该《立案标准的规定》，当行为人介绍个人向国家工作人员行贿，数额在 2 万元以上，或者介绍单位向国家工作人员行贿，数额在 20 万元以上而成立介绍贿赂罪时，行贿者一般也成立行贿罪或单位行贿罪，因为该《立案标准的规定》也同时规定单位行贿行为构成单位行贿罪一般要求行贿数额在 20 万元以上；如果为谋取非法利益，或者向 3 人以上行贿，或者向党政领导、司法工作人员、行政执法人员行贿，或者致使国家或社会利益遭受重大损失的，只要求行贿数额在 10 万元以上不满 20 万元。另外，对于个人向国家

---

① 笔者认为，考虑到 2016 年 4 月 18 日《最高人民法院、最高人民检察院关于办理贪污贿赂刑事案件适用法律若干问题的解释》对行贿罪规定的定罪量刑数额标准提高了（一般情况下要求数额 3 万元以上），该《立案标准的规定》针对介绍个人向国家工作人员行贿所规定的成立犯罪的一般标准为“数额在 2 万元以上”，明显太低。实践中宜掌握在至少不低于行贿罪的最低标准即 3 万元以上。

② 该《立案标准规定》关于介绍贿赂罪立案标准规定“介绍个人向国家工作人员行贿，数额在 2 万元以上的；介绍单位向国家工作人员行贿，数额在 20 万元以上的”，其中的“行贿”一词，不应理解为规范用语，而应理解为日常用语。也就是说，这里的“行贿”，不一定要求是“为谋取不正当利益”的送予财物行为（刑法意义的“行贿”），为谋取正当利益的送予财物行为也是这里“行贿”一词所包括的。

工作人员行贿的，2016年4月18日，《最高人民法院、最高人民检察院关于办理贪污贿赂刑事案件适用法律若干问题的解释》规定，一般情况下数额在3万元以上的就成立行贿罪；当行为人向3人以上行贿，或者将违法所得用于行贿，或者通过行贿谋取职务提拔、调整，或者向负有食品、药品、安全生产、环境保护等监督管理职责的国家工作人员行贿，实施非法活动，或者向司法工作人员行贿、影响司法公正，或者造成经济损失数额在50万元以上的，只要求行贿数额在1万元以上（100万以上的提高一个量刑档次）。

但是，由于在个案中，行为人介绍贿赂的对象可能是多个行贿人、多个受贿人，当行为人因为三次以上或者为三人以上介绍贿赂，而受贿人、行贿人各自收受或者送予的财物未必都能达到成立犯罪的标准，这种情况并不影响介绍贿赂者成立介绍贿赂罪。另外，因向党政领导、司法工作人员、行政执法人员介绍贿赂而成立介绍贿赂罪时，显然也不要求被介绍者都一定成立行贿、受贿犯罪。

二、介绍贿赂罪的成立是否要求以谋取非法利益为目的

1985年，《最高人民法院、最高人民检察院关于办理经济犯罪案件具体应用法律的若干问题的解答（试行）》第二条第（四）项规定：“个人为谋取非法利益，向国家工作人员行贿或者介绍贿赂的……”，从而将“谋取非法利益”作为介绍贿赂罪的主观要件。但是，修订后的《刑法》第三百九十二条并没有将介绍贿赂罪明确规定为目的犯。那么，介绍贿赂罪是否属于像抢劫罪、盗窃罪、诈骗罪、抢夺罪等一样的隐性目的犯，即刑法条文虽然没有明确目的要件，但根据刑法解释的结论当然是具有特定目的的犯罪？理论和实务中均存在一定的争议。大多数学者对此持否定态度，认为刑法没有限定介绍贿赂罪以“谋取非法利益”为主观目的要件。但也有学者认为，介绍贿赂罪为目的犯，其应以“获取经济利益”为犯罪目的，主要理由是：（1）刑法中存在相当多的犯罪，条文没有明文规定其犯罪目的，但多数学者都认为其也是目的犯，如伪造货币罪等。不能以刑法没有明文规定就否定介绍贿赂罪是目的犯。（2）犯罪目的具有体现社会危害性和限制犯罪成立范围的双机能。介绍贿赂罪与受贿罪、行贿罪相比，社会危害性最小，受贿罪、行贿罪皆具有犯罪目的，介绍贿赂罪就更应当具有犯罪目的，以限制犯罪成立的范围。（3）在罪

刑法定原则的框架下，应当认为，介绍贿赂罪以“谋取经济利益”为要件，隐含在《刑法》第三百九十二条规定的“情节严重”之中。1999 年 9 月 16 日，《最高人民检察院关于人民检察院直接受理立案侦查案件立案标准的规定（试行）》关于介绍贿赂罪立案标准的规定，只是认定介绍贿赂“情节严重”的标准之一，该《立案标准规定》中没有穷尽的情形也有成为“情节严重”的可能性。①

笔者认为，介绍贿赂罪不应被解释为目的犯，司法实践中认定介绍贿赂罪，不要求行为人具有“谋取经济利益”的目的。针对上述少数学者的观点，有必要作出如下回应：

第一，相当多的目的犯，其目的要件在刑法条文中的确没有被明确规定，如抢劫罪、盗窃罪、诈骗罪、抢夺罪、票据诈骗罪、金融凭证诈骗罪、信用证诈骗罪、信用卡诈骗罪等，都是以非法占有目的为要件的犯罪，但刑法条文根本未明确规定这些犯罪的目的。然而，这种隐性目的犯的特征在于，其客观行为本身就明显地表明行为人具有非法占有的目的，如当行为人以暴力、胁迫等方法将他人财物劫取时，当行为人使用伪造的支票支付货款时，怎么能否定行为人主观上非法占有的目的呢？换言之，在这些犯罪中，即使刑法未规定目的要件，从其客观要件的角度也只能将它们解释为目的犯，否则必然在根本上否定其犯罪构成。因此，我们可以说，在刑法没有明确规定某种犯罪为目的犯、而根据该罪的客观要件应当认为其成立必须以某种特定的目的为要件时，该罪就是隐性的目的犯。但是，我们不能反过来说，对于刑法没有明确规定目的要件的犯罪，原则上都应预想为目的犯，并据此批判否定介绍贿赂罪是目的犯的观点。重要的是，从介绍贿赂罪的客观要件，可否断定介绍贿赂就是以“谋取经济利益”为目的？或者说，事实上存不存在非以“谋取经济利益”为目的介绍贿赂行为？显然，“介绍贿赂”一词不能排除不谋取经济利益的介绍贿赂行为，甚至不排除不谋取任何利益的介绍贿赂行为，事实上出于情面的介绍贿赂也是存在的。因此，结合《刑法》第三百九十二条对介绍贿赂罪的罪状规定，从隐性目的犯的特征分析，介绍贿赂罪并不是目的犯。

第二，犯罪目的当然具有限制犯罪成立范围的要件机能。但是，任何构成要件事实上都具有限制犯罪成立的机能，犯罪构成本身就是限制、选择行为成

---

① 赵香如：《介绍贿赂罪应为目的犯——兼谈受贿罪的犯罪目的》，载《湖南第一师范学院学报》2004 年第 3 期。

立犯罪的具体规格。因此，当需要论证某个罪属于目的犯时，以犯罪目的具有限制犯罪成立机能为论据，就没有逻辑合理性。即使对于存在关联性的犯罪而言，也不能由于严重的犯罪是目的犯而断定较轻的犯罪也应当是目的犯，因为所有的要件都可以限制犯罪的成立范围，有可能严重的犯罪侧重用目的要件限制犯罪成立的范围，而较轻的犯罪并不侧重目的要件的限制机能。比如，制作淫秽物品罪（《刑法》第三百六十三条）是“以牟利为目的”的目的犯，目的要件的设置是将非牟利的制作淫秽物品行为（如制作自用）排除在该罪之外；但较轻的组织播放淫秽音像制品罪（《刑法》第三百六十四条第二款）则不能解释为以牟利为目的的目的犯（虽然事实上很多行为人是为了牟利，但刑法既然没有限定，而事实上也存在不以牟利为目的的组织播放行为），但这并不意味着组织播放淫秽音像制品行为成立犯罪就过于宽泛，[①] 即使存在宽泛的问题，由于刑法对之规定了较轻的刑罚，在刑罚本身较重罪要低的情况下，轻罪成立的条件宽泛，也不会产生与具有目的要件限制成立范围的重罪之间的失衡。具体到介绍贿赂罪与受贿罪、行贿罪中，受贿罪、行贿罪皆具有特定的犯罪目的，社会危害性最小的介绍贿赂罪未必就应当具有“谋取经济利益”目的；介绍贿赂行为成立犯罪，也未必要由目的要件来限定，因为除了可以用“谋取经济利益”目的外，还有 1999 年 9 月 16 日《最高人民检察院关于人民检察院直接受理立案侦查案件立案标准的规定（试行）》中明确提到的介绍数额、介绍的次数、接受介绍的人数和人员的性质等因素，均可以限制犯罪成立范围。

第三，是否需要某种目的作为要件，无论在立法还是司法的角度，都必须考虑法益的侵害问题。受贿罪之所以要求行为人具有索取、非法收受他人财物的目的，是因为无此不足以说明行为人有出卖职务行为的故意，当然不可能侵犯到职务行为的不可收买性；行贿罪之所以要求行为人有谋取不正当利益的目的，是因为无谋取利益目的不足以说明行为人有收买国家工作人员职务行为的故意，当然也不可能侵犯到国家工作人员职务行为的不可收买性，将谋取的利益限定为“不正当”，则是出于进一步缩小行贿罪范围的刑事政策之考虑。然而，正如前述，无法否认的事实是介绍贿赂行为存在不以谋取非法经济利益为

① 根据 1998 年 12 月 17 日《最高人民检察院关于审理非法出版物刑事案件具体应用法律若干问题的解释》第十条和 2008 年 6 月 25 日最高人民检察院、公安部《关于公安机关管辖的刑事案件立案追诉标准的规定（一）》第八十五条的规定，组织播放淫秽的电影、录像等音像制品，组织播放 15 至 30 场次以上的或者造成恶劣社会影响的，应予立案追诉。

目的的情形。如果认为介绍贿赂罪的成立须以“谋取经济利益”为目的要件，那么，就要说明不以谋取非法经济利益为目的的介绍贿赂行为不成立犯罪的“实质”根据，拷问这种行为为什么没有侵犯到介绍贿赂罪的法益。但事实上，不论行为人是否具有“谋取经济利益”的目的，只要客观上实施介绍贿赂的行为、在受贿者与送予财物者之间沟通、撮合，就侵犯了职务行为的不可交易性。换言之，行为人介绍贿赂时是否谋取非法经济利益，不影响在其介绍贿赂行为的作用下权钱交易双方买卖职务行为。

第四，1999 年 9 月 16 日，《最高人民检察院关于人民检察院直接受理立案侦查案件立案标准的规定（试行）》关于介绍贿赂罪立案标准的规定，没有涉及介绍贿赂的目的问题。如果认为在该司法解释之外，也可以把行为人“谋取经济利益”的主观目的作为情节严重的情形之一看待，本身没有问题，但这正说明，“谋取经济利益”的目的不应成为介绍贿赂罪的构成要件。

三、介绍贿赂罪与受贿、行贿帮助行为的关系

一般认为，介绍贿赂罪是指在行贿者与受贿者之间进行引见、沟通、撮合，促使行贿、受贿行为内容成功实现的行为。而受贿罪的共犯是指教唆、帮助国家工作人员受贿的教唆犯、帮助犯，行贿罪的共犯是指教唆、帮助行贿人向国家工作人员行贿的教唆犯、帮助犯。从理论上讲，组织犯也属于狭义的共犯，但由于受贿罪和行贿罪的组织犯在现实中十分罕见（甚至不可能发生），没有予以研究的价值。

由于介绍贿赂行为的作用本身就在于促成行贿、受贿的实现，因而无论是行为人介绍个人或单位向国家工作人员行贿，还是介绍国家工作人员向他人或者单位索取或非法收受贿赂，抑或是没有倾向性地在双方之间撮合、沟通，其行为在客观上都对行贿、受贿行为的实施和完成起到了一定的帮助作用。这就产生了一个在理论和实务中极具争议的问题：介绍贿赂罪与受贿罪的教唆犯、帮助犯及行贿罪的教唆犯、帮助犯具有什么关系？是不是可以作这样的理解：介绍贿赂罪中作为实行行为的“介绍贿赂”，原本就是受贿罪或者行贿罪中的一种教唆、帮助行为，刑法设立介绍贿赂罪的独立罪名，无非是把共犯行为独立为实行行为？

有学者认为，介绍贿赂罪与贿赂罪的帮助犯有着本质的不同：（1）贿赂行为的帮助行为是刑法总则所规定的非实行行为，而介绍贿赂行为是刑法分则

规定的实行行为。（2）主观上，贿赂罪的帮助犯仅有单纯帮助贿赂实行犯的意思，而介绍贿赂行为人并不仅有单纯帮助贿赂实行犯的意思，而且有出于介绍贿赂的故意。区分两者的关键是看行为人有没有介绍贿赂的故意。[①] 这种见解姑且称为“本质区别”说。而有的学者认为，介绍贿赂罪与行贿、受贿的帮助行为极为相似，其关键区别在于：行贿罪、受贿罪的帮助犯认识到自己是在帮助行贿一方或者受贿一方，因而其行为主要是为一方服务，而介绍贿赂的行为人认识到自己是处于第三者的地位介绍贿赂，因而其行为主要是促成双方的行为内容得以实现。[②] 这种主张可以称为“近似有别”说。

与上述学者观点不同，介绍贿赂行为实质上就是行贿、受贿帮助行为的一种，没有必要、也不可能将介绍贿赂行为同行贿、受贿帮助行为进行区分。[③] 这种观点可以称为“共犯独立”说。

笔者认为，后一种观点即“共犯独立”说在解释论上是可取的。在犯罪者之间进行“介绍”，不论其表现形式如何，毫无疑问，其本身就是一种犯罪的帮助行为。比如，在伪造货币者与购买伪造的货币者之间进行介绍，属于伪造货币罪或购买假币罪的帮助犯；在伪造支票者与使用伪造的支票者之间进行介绍，属于伪造金融票证罪或者票据诈骗罪的帮助犯。在行贿者与受贿者之间进行介绍贿赂行为也是如此，这种行为原本就属于行贿与受贿的帮助行为。但是，刑法既然已经基于刑事政策的考虑将个人向国家工作人员介绍贿赂的行为独立为罪名，就意味着在解释论上应当将这部分行为从受贿罪和行贿罪的共犯中予以刨除。正如《刑法》第一百零七条将资助背叛国家罪等危害国家安全犯罪活动的行为独立为罪后，对于这些行为就不能再以背叛国家罪等罪的帮助犯定罪处罚，而只能以资助危害国家安全犯罪活动罪定罪处罚。申言之，只要行为人的行为符合“介绍贿赂”的特征，可以解释到“介绍贿赂”之中，就不应对其认定为受贿罪和行贿罪的共犯。

上述“本质区别”说提出的所谓区分介绍贿赂罪与贿赂罪的帮助犯的标准，是形式主义的立场，根本无法解决实际问题。因为如果不考虑刑法分则独立罪名的规定，介绍贿赂行为就可以解释为贿赂罪的非实行行为，而当分则有介绍贿赂罪规定时，作为贿赂罪的非实行行为就成了介绍贿赂罪的实行行为

① 田凯：《介绍贿赂罪司法疑难问题探究》，载《河南社会科学》2004 年第 1 期。

② 张明楷：《刑法学》（下），法律出版社 1997 年版，第 930 页。

③ 参见朱铁军：《介绍贿赂罪与行贿、受贿共犯界限之分析——由浙江腐败“名托”被判刑所引发的思考》，载《中国刑事法杂志》2003 年第 1 期。

了。至于介绍贿赂的故意，与帮助行贿、受贿的故意存在何种区别，一旦将介绍贿赂理解为帮助贿赂的一种，就变成无法厘清也无必要厘清的问题。

“近似有别”说认为，介绍贿赂罪与行贿、受贿的帮助行为的关键区别在于行为人对自己行为的认识，是主要在为一方服务还是居中介绍贿赂。这样的见解在形式上也是合理的。但问题是，在实践中，行为人促成行贿受贿内容的行为，到底主要是为一方服务还是为双方服务？是否作为第三者的地位在介绍贿赂？很难界定。可以说，不同的人有不同的认识，行为人与受贿者、行贿者三方的认识有时均不相同。比如，甲在高速公路上违章驾驶汽车，冲撞公路中间隔离带护栏后，未报案逃逸，行至出口收费站被路政管理人员扣押车辆。甲欲向路政管理支队队长乙行贿，以便将被扣押车辆领出、销除事故记录，遂找到同学丙（与乙关系较好），要求丙帮忙引见乙，并事先给丙 1 万元现金作为“通融费”，丙带着 1 万元找到乙说明请求事项，乙便对丙说：“肇事后逃逸最高可处以罚款 3 万元，甲既然是兄弟你的同学，这样，你回去跟他说，让他再加 1 万元，我家装修房子正等着钱用呢。不过你不要让他知道，这当中我给你 5000 元跑腿费，你也不用客气，就算是你也帮我一个忙。”丙尔后又找到甲说“事情很难办，需要打通的关节太多，要加 1 万元”。甲勉强再凑了 8000 元，交给丙，丙带着 1.8 万元再次前往乙的办公室说情，乙收受 1.8 万元后，销除了事故记录，开具了被扣押车辆放行证，同时给了丙 4000 元的跑腿费。在此案中，丙在促成甲乙二人的行贿受贿内容（包括收送贿赂款的具体数额）方面起了很大作用，起初是受甲之托为乙介绍由甲行贿，但当乙向其提出增加贿赂款时，丙实际上又积极向甲为乙索取贿赂款，很难说丙主要是为谁服务。或许在甲看来，丙主要在为甲自己解决扣车事宜，虽然支出了 1.8 万元，但没有丙的帮助是无法实现行贿并获得放行的；或许在乙看来，丙主要是为乙索取、收受 1.4 万元贿赂款，以解决装修房屋之急需；或许在丙自己看来，甲、乙都是自己的同学朋友，不存在主要为谁服务，大家只是互相“关照”——有权的出权、有钱的给钱，或者说，丙认为自己不过是为了获得 4000 元的跑腿费才努力促成甲乙二人行贿受贿内容。因此，“近似有别”说主张从行为人的主观认识状况来区分介绍贿赂罪与行贿、受贿的帮助行为，也是不具有操作性的。

以“共犯独立”说为依据，凡是行为人的行为，属于具有撮合、沟通性质的行贿、受贿帮助行为，原则上都应认定为介绍贿赂罪。但是，如果“介绍”当中，行为人故意实施引起他人受贿或行贿的犯罪决意的行为，就不能解释到或者不能完全解释到“介绍”之中了。具体而言，如果行为人以劝说、引诱、提示等手段，唆使国家工作人员产生受贿罪的犯罪故意，并为其联系行贿人，从中积极撮合，或者积极代为向行贿人收受财物的，其行为已超越一般的介绍，应成立受贿罪的教唆犯；如果介绍人以劝说、引诱、提示等手段，唆使行贿人产生行贿的犯罪故意，并为其联系受贿人，从中积极撮合，或者积极代为向受贿人送予财物的，其行为已超越一般的介绍行为，应成立行贿罪的教唆犯；如果行为人没有劝说、引诱、提示等手段，促使行贿人、受贿人产生犯罪的故意，只是在行贿人和受贿人之间起联系、沟通、撮合作用，促成行贿受贿犯罪的实现，就不能视为行贿罪或受贿罪的共犯，而应以介绍贿赂罪来定罪处罚。当然，从罪数理论看，在介绍贿赂中又教唆行贿、受贿的，符合吸收犯之特征，所以，其定性结论，亦可认为是由教唆行贿、受贿行为而成立的行贿罪或受贿罪的共犯吸收介绍贿赂罪。

有的学者指出，凡是介绍贿赂中，实施行贿罪、受贿罪实行行为（给予或者收受财物）的，应当分别成立行贿罪、受贿罪的实行犯，自无介绍贿赂罪存在之余地。论者举例：假如，A因一批假冒伪劣产品被查处，欲向稽查大队的队长B行贿，故请C（B的朋友）代为引见，在C的安排下，A与B会面，A给B现金2万元，则C成立介绍贿赂罪。如果其他案件事实不变，只是现金由A先给C、再由C给B（甚至A先给C、C给B在同一场合发生），则C成立行贿罪的共犯而非介绍贿赂罪。① 笔者认为，无论是贿赂款由A给B还是由C给B，C在案件中的行为在本质上同样属于行贿罪、受贿罪的帮助行为，仍应解释到介绍贿赂罪之中。

同样，以“共犯独立”说为依据，凡是行为人的行为，不属于具有撮合、沟通性质的行贿、受贿帮助、配合行为，都应认定为行贿罪、受贿罪的共犯。比如，行为人与国家工作人员通谋，由国家工作人员利用职务上的便利为请托人谋取利益，而由自己向请托人收受财物的，就属于受贿罪的共犯。又如，行为人受行贿人之托，在行贿人前往国家工作人员办公室提出请托事项、送予财物时，为行贿人在办公室门口望风把门，属于行贿罪的帮助犯。

① 参见胡祥福、何学忠：《论介绍贿赂罪》，载《南昌大学学报》2002年第4期。

四、介绍贿赂罪的既遂未遂形态

介绍贿赂罪既遂与未遂的区分标准是什么？对此存在不同的见解。有的认为，介绍贿赂的既遂应以行贿与受贿两方之间建立了贿赂的联系为标准，而不论行贿或受贿行为所追求的结果是否达到。① 有的学者则认为，介绍贿赂的既遂，应当以行贿者送出财物、受贿者得到财物为标准。②

笔者赞同后一观点。理由是：（1）介绍贿赂罪的客观行为不仅仅限于使行贿者、受贿者双方建立联系，更是要促成双方的贿赂内容实现，即让行贿者将财物送出，而受贿者索取或者收受到财物。如果说只要通过行为人的介绍行为行贿者、受贿者双方取得了联络、建立了联系，行为人的介绍贿赂罪就告既遂，那么，实践中通常发生的、行为人在贿赂双方建立联系之后实施的撮合、沟通行为，就没有实行行为的意义了，这样的解释结论不符合刑法理论确立犯罪既遂标准的价值取向，而且使得实行行为无法得到恰当的评价。（2）介绍贿赂罪与行贿罪、单位行贿罪、受贿罪存在事实上的关联，侵害的法益具有一致性。行贿罪和单位行贿罪的既遂以财物的送出为标志，受贿罪的既遂以行为人得到财物为标志，与之对应，介绍贿赂罪的既遂应当以行贿者送出财物、受贿者得到财物为标志。

五、介绍贿赂人劫贿如何定性

所谓介绍贿赂人“劫贿”，是指介绍贿赂人在介绍贿赂过程中侵吞部分贿赂财物的情形。对于介绍贿赂人“劫贿”行为如何定性，实践中有不同的主张：有的认为，应当认定为侵占罪，与介绍贿赂罪实行数罪并罚；有的认为，“劫贿”行为不构成侵占罪，因为贿赂财物本身不是合法财物而是赃物，“劫贿”行为不符合侵占罪变合法持有为非法占有的特征。

笔者认为，介绍贿赂人“劫贿”的具体情况比较复杂，不能一概将其归入某个类型的犯罪行为之中：（1）有的行为人是故意向受贿者低报行贿者给予的财物数额，或向行贿者高报受贿者索要的财物数额，而从中占有差额部

---

① 刘光显、张泗汉主编：《贪污贿赂罪的认定与处理》，人民法院出版社 1996 年版，第 410 页。

② 赵秉志主编：《疑难刑事问题司法对策（第二集）》（下），吉林人民出版社 1999 年版，第 345 页；田凯：《介绍贿赂罪司法疑难问题探究》，载《河南社会科学》2004 年第 1 期。

分。比如，甲向国家工作人员乙介绍丙行贿，乙告知甲要求丙送予3万元人民币，甲揣摩乙丙二人不会见面，遂对丙谎称乙要求给予5万元。丙信以为真，将5万元交给了甲，甲将其中的3万元给了乙，2万元占为己有，后为丙谋取了不正当利益。这种情况下，行为人应当成立诈骗罪。因为行为人获得财物的手段。属于虚构事实的诈骗手段，行贿者因为行为人的诈骗而多支出“贿赂”，遭受了财产损失，受贿者因为行为人的诈骗而少收受“贿赂”，同样遭受了财产损失。尽管贿赂的财物属于赃物，但不表明赃物在被追缴前其事实占有状态或所有权不受法律保护。（2）有些情况下，行贿者、受贿者双方对于贿赂没有具体的数额约定，而有的介绍贿赂人在转送贿赂时，乘机将其中部分财物占为己有。这种情况下，行为人成立侵占罪。需要阐明的是，侵占罪与盗窃罪、诈骗罪的显著区别之一是财物被侵占之前行为人已经合法持有，如果行为人通过非法手段从他处（自己控制范围之外）取得财物，不可能成立侵占罪。侵占罪的“合法持有”，仅仅是指手段上排除非法取得，而不包括对财物性质的评价、要求财物本身也要排除非法性。显然，介绍贿赂人在转送贿赂过程中经手的贿赂财物，应视为行贿者合法委托保管的财物，介绍贿赂人将之据为己有，应成立侵占罪。（3）在行贿者、受贿者双方达成送收贿赂默契后，介绍贿赂人将贿赂财物转送给受贿者时，受贿者反悔予以拒绝收受，介绍贿赂人将之据为己有的，亦成立侵占罪。（4）有的行为人根本没有为他人介绍贿赂的真实意图，以为他人物色可以谋取利益的国家工作人员为诱饵，收取他人的“贿赂”款物后，也根本没有为行贿人介绍贿赂的实际行动。这种情况严格说来不是“劫贿”，而是典型的诈骗罪，因为行为人主观上根本没有介绍贿赂的故意，而是以介绍贿赂之名行诈骗之实。

第九章

巨额财产来源不明罪

一、司法机关无法查清巨额财产的真实来源是否为巨额财产来源不明罪的客观要件要素

在有关巨额财产来源不明罪构成要件的阐述中，相当多的学者都将“司法机关无法查清巨额财产的真实来源”作为巨额财产来源不明罪的客观要件。如有的学者认为，巨额财产来源不明罪“在客观方面应具备以下三个内容：……（3）司法机关无法查清巨额财产的真实来源”“这也是构成本罪的不可缺少的客观方面的条件”。[①] 受这种观点的影响，一些司法机关在处理巨额财产来源不明案件时，往往存在一种倾向，即想方设法调查行为人巨额财产的合法来源，只有当司法机关通过各种途径、各种努力都无法确认这些巨额财产来源合法或者不能证实这些巨额财产来源的合法来源后，才认定行为人成立巨额财产来源不明罪，致使案件侦查、起诉和审判时间一再延长，影响案件处

① 参见高西江主编：《中华人民共和国刑法的修订与适用》，中国方正出版社 1997 年版，第 849～850 页；赵长青主编：《中国刑法教程》，中国政法大学出版社 1997 年版，第 630 页；陈兴良：《刑法疏议》，中国人民公安大学出版社 1997 年版，第 645～646 页；李文燕主编：《中国刑法学》，中国人民公安大学出版社 1998 年版，第 679 页；苏惠渔主编：《刑法学》，中国政法大学出版社 1999 年版，第 865 页；贾平：《论巨额财产来源不明罪》，载《中央政法管理干部学院学报》2000 年第 5 期。

理效率和质量。

笔者认为，“司法机关无法查清巨额财产的真实来源”并非巨额财产来源不明罪的客观要件要素。换言之，巨额财产来源不明罪的成立，不以“司法机关无法查清巨额财产的真实来源”为前提。理由是：（1）从《刑法》第三百九十五条第一款的规定看，无论是2009年《刑法修正案（七）》修正之前的条文，还是修正之后的条文，巨额财产来源不明罪的罪状所揭示的犯罪构成，都不包括“司法机关无法查清巨额财产的真实来源”这一要素。该罪状强调“不能说明来源的”（《刑法修正案（七）》修正前系“本人不能说明其来源是合法的”），既可以是行为人拒不说明财产的来源，也可以是行为人无法说明财产的具体来源，还可以是行为人所说的财产来源经司法机关查证并不属实，但并不是必须要求司法机关无法查清巨额财产的真实来源。如果将“司法机关无法查清巨额财产的真实来源”作为巨额财产来源不明罪的客观要件，实际上要求司法机关承担查明行为人巨额财产真实来源的义务，这与刑法设立巨额财产来源不明罪的宗旨是相悖的。因为刑法设立巨额财产来源不明罪，主要是鉴于国家工作人员财产或支出明显超过合法收入的差额部分往往难以查清合法来源，所以赋予司法机关责令国家工作人员说明来源的权力，在这种情况下，只要行为人不能说明其来源合法，就可以对其以巨额财产来源不明罪定罪处罚；从客观事实（非法律事实）来说，明显超过国家工作人员合法收入的巨额财产可能来自于国家工作人员的贪污受贿，也可能来自于国家工作人员的其他违法犯罪行为，但既然国家工作人员在被责令后不能说明来源，在无法认定贪污受贿等犯罪的情况下，以替补性的罪名——巨额财产来源不明罪予以惩处，可以严密法网。由此宗旨可见，司法机关在责令国家工作人员说明巨额财产的来源后，国家工作人员有说明巨额财产真实来源的责任（这是一种证明责任，而非不作为犯罪的义务），但司法机关本身却不存在查清巨额财产真实来源的义务。（2）既然“司法机关无法查清巨额财产的真实来源”并非巨额财产来源不明罪的一个客观要素，那么能否作为犯罪客观要件的行为看待呢？笔者认为，如果作出肯定的回答，结论就显得更加荒谬。因为假若司法机关查证巨额财产的真实来源、无法查清巨额财产的真实来源属于本罪的客观行为，则意味着司法机关及司法人员的职务行为成为犯罪行为的一部分，而本罪作为国家工作人员的渎职犯罪，犯罪客观要件的行为自应与司法机关查证巨额财产来源的职务行为无关。否则，与有关犯罪构成要件的刑法理论根本违背。

可能有人反驳，当国家工作人员的财产或者支出明显超过合法收入，差额巨大的时候，如果司法机关查清了差额部分的来源是贪污受贿，就成立贪污罪、受贿罪等犯罪，如果司法机关无法查清或无法查清全部差额部分财产的真实来源，那么对于无法查清的部分，不正是以“司法机关无法查清”作为构成要件吗？笔者认为，当国家工作人员涉嫌贪污受贿犯罪或者被检举揭发拥有巨额财产、可能存在非法所得时，司法机关有职责追查违法犯罪事实，但是，就巨额财产来源不明罪而言，由于行为人不能说明合法来源就推定差额部分属于非法所得，司法机关则不具有查证巨额财产的真实来源的职责。只不过，当行为人能够说明巨额财产的真实来源、差额部分性质或者司法机关能够查明巨额财产的真实来源、差额部分的性质的时候，阻却巨额财产来源不明罪的成立；根据其真实来源，构成犯罪的认定为贪污罪、受贿罪、私分国有资产罪等罪，不构成犯罪的以其他违法违纪行为处理。总之，当司法机关通过查证、查明巨额财产的差额部分性质明确时，阻却巨额财产来源不明罪的成立（查明差额部分性质成为不认定巨额财产来源不明罪的充分条件），但不能反过来说，“司法机关无法查清巨额财产的真实来源”就成为巨额财产来源不明罪成立的不可缺少的客观要素（无法查明差额部分性质不是认定巨额财产来源不明罪的必要条件）。

否定“司法机关无法查清巨额财产的真实来源”作为巨额财产来源不明罪的要件要素，不仅有刑法文本的依据，也有法益性质的依据。巨额财产来源不明罪作为贪污贿赂罪的具体犯罪，其侵害的是国家工作人员公务行为的廉洁性，而不是司法机关的正常活动。立法的意图在于：国家工作人员拥有明显超出其合法收入的财产、支出，在不能说明来源的情形下，则推定其巨大的差额部分属于非法所得，国家工作人员拥有来源不明的巨额财产损害了职务的廉洁性，也影响了公众对国家工作人员职务的信赖。因此，巨额财产来源不明罪的实行行为，实际上就是行为人拥有“不能说明”的，“以非法所得论”的巨额财产。这也是《刑法修正案（七）》在文字上修改该罪罪状的原因所在。[①]

① 修正前的条文是：“国家工作人员的财产或者支出明显超过合法收入，差额巨大的，可以责令说明来源。本人不能说明来源是合法的，差额部分以非法所得论，处五年以下有期徒刑……”修正后的条文将两句变为一句，以减少歧义。

二、如何理解不能说明的构成要件地位和含义

《刑法》第三百九十五条对巨额财产来源不明罪的罪状规定为："国家工作人员的财产、支出明显超过合法收入，差额巨大的，可以责令该国家工作人员说明来源，不能说明来源的，差额部分以非法所得论，处五年以下有期徒刑……"显然，刑法赋予监察、检察等执法办案责令国家工作人员说明其"差额巨大"的财产（包括支出）的来源的权力，那么，行为人"不能说明"财产来源（当然指的是合法来源或来源的合法性）这一要素，究竟在犯罪构成中处于什么地位？这是一个值得研究的问题。在这个问题上存在的分歧，往往与对本罪属于作为犯罪、不作为犯罪或是其他形态犯罪的立场有关。

有的学者认为，巨额财产来源不明罪是纯正的不作为犯罪，"不能说明"就是本罪的客观行为，指行为人拒不说明其财产的合法来源；行为人负有说明自己财产来源的义务，如果不履行这种义务，不论是拒不说明还是虚假说明，都是一种不作为犯罪。①

有的学者认为，巨额财产来源不明罪既可以说是作为犯罪，也可以说是不作为犯罪，因为拒不说明来源，既可以是采取捏造事实、制造伪证掩盖财产的真实来源，也可以是不作为的方式对财产的来源缄口不语。②

亦有学者认为，巨额财产来源不明罪在客观方面表现为复合行为模式——由非法获取巨额财产的作为形式与拒绝说明巨额财产来源的不作为形式共同组成。非法获取巨额财产行为是拒绝说明巨额财产来源行为产生的原因，而拒绝说明巨额财产来源行为则是非法获取巨额财产行为发展的自然结果。③

有的学者则认为，巨额财产来源不明罪的本质特征是持有。换言之，本罪的实行行为是持有超过合法收入且来源不明的财产，而不是行为人不能说明巨额财产的合法来源。行为人不能说明巨额财产来源合法应视为程序性条件。④

还有人认为，巨额财产来源不明罪包含了三种行为状态：一是持有，即行

---

① 参见刘家琛主编：《新刑法案例释解》，人民法院出版社 1997 年版，第 1275 页；侯国云：《有关巨额财产来源不明罪的几个问题》，载《政法论坛》2003 年第 1 期。

② 参见王作富主编：《中国刑法的修改与补充》，中国检察出版社 1997 年版，第 319 页。

③ 孟庆华：《巨额财产来源不明罪研究新动向》，北京大学出版社 2002 年版，第 92 ~ 93 页。

④ 参见李宝岳、吴光升：《巨额财产来源不明罪及其证明责任研究》，载《政法论坛》1999 年第 6 期。

为人拥有明显超过合法收入的巨额财产行为方式；二是作为，即行为人以“支出”明显超过合法收入的巨额财产行为方式；三是不作为，即“不能说明”所拥有或所支出的巨额财产的合法来源（“不能说明”是指行为人拒不说明或者不能圆满说明）。①

笔者认为，巨额财产来源不明罪并非纯正的不作为犯罪，也不可能由不作为构成，更不可能由所谓作为与不作为组合形式构成。具体理由是：

第一，不作为犯罪的核心特征是行为人违反特定的作为义务，有能力履行这种法的义务而不履行，致使某种合法权益遭受侵害。一个行为之所以成立不作为犯罪或者只能构成纯正不作为犯，内在的依据在于不履行特定作为义务必然使国家、社会、他人的权益受到损害。也就是说，不作为的行为对法益侵害具有支配力和影响力。比如，行为人对人民法院的判决、裁定拒不执行必然使判决、裁定确定的内容无法兑现从而损害司法权威，因而有必要设立拒不执行判决、裁定罪。而在巨额财产来源不明罪中，“不能说明”行为本身不是行为人应当被处以刑罚处罚的合理依据，行为人拥有巨额财产、这种财产可能来源于非法，才是成立犯罪的内在根据。换言之，法院认定行为人成立巨额财产来源不明罪的内在根据并不在于行为人“不能说明”的行为，或者不履行所谓说明的作为义务，而在于巨额财产存在非法性质的可能性（或者说，在行为人不能说明的情况下，刑法推定这些巨额财产的差额部分是非法所得）。巨额财产来源不明罪惩罚的行为是行为人拥有来源不明的巨额财产，但当行为人拥有巨额财产时，其能否说明、是否说明，本身没有使国家、社会、他人的权益受到进一步损害的危险，只是“不能说明”事由的存在可以启动巨额财产来源不明罪的定罪，而阻却其他犯罪（贪污罪、受贿罪等）的成立。

第二，将巨额财产来源不明罪视为纯正不作为犯，本身存在结构性的逻辑错误。首先，不作为犯罪的义务根据何在，不无疑问。在主张本罪为不作为犯罪的观点中，关于本罪的作为义务有不同的见解，有的认为是1995年中共中央、国务院发布的《关于党政机关县（处）级以上领导干部收入申报的规定》等规定的国家工作人员如实申报财产的义务；② 有的认为是司法人员责令说明之后产生的义务，“对于巨额财产来源不明罪的犯罪嫌疑人来说，如果违抗责令，拒不说明巨额财产的真实来源，就可以构成犯罪。但是对于其他案件来

① 参见刘生荣等：《贪污贿赂罪》，中国人民公安大学出版社1999年版，第259页。

② 参见周光权：《刑法各论讲义》，清华大学出版社2003年版，第525页。

说，犯罪嫌疑人如果不如实回答侦查人员的提问，并不会因此而成立一个新的犯罪”“本罪的特定义务的来源只有一个，这就是司法人员的责令……如果司法人员不发出责令，行为人就不必说明”。[①] 还有的认为，本罪不作为特定义务的基本内容既包括《刑法》第三百九十五条第一款“可以责令说明”的规定和《刑事诉讼法》第九十三条“犯罪嫌疑人对侦查人员的提问，应当如实回答”的规定（此处指的是1996年修正后的《刑事诉讼法》第93条，2018年修正后的《刑事诉讼法》第一百二十条规定的相应内容——作者注），也包括先行行为引起的特定义务——行为人由于非法获取巨额财产先行行为的存在，使刑法所保护的社会关系受到侵害，行为人也就相应地负有对其行为性质予以解释说明的义务。[②] 然而，在笔者看来，上述关于作为义务根据的立论都难以成立。因为：其一，我国并无国家工作人员财产申报制度，现在仍在具有效力的1995年中共中央、国务院发布的《关于党政机关县（处）级以上领导干部收入申报的规定》一则不是“法律”，二则规范的对象也十分有限，不能全面涵盖所有的国家工作人员。其二，《刑法》第三百九十五条第一款关于“可以责令该国家工作人员说明来源”的规定亦不能成为所谓的作为义务根据。因为当法律的规定作为义务根据时，具有义务规范的性质，既然是“可以”，便不可能是义务规范。何况作为法律规定的义务之履行，总是和法律追求保护某种权益的宗旨紧密联系在一起，而如前所述，当行为人受到责令说明巨额财产来源（合法性）时，在一般意义上无疑可以说行为人具有说明巨额财产来源的“义务”，但由于这种义务的不履行并不是导致行为人获得巨额财产的原因，也不是侵犯国家工作人员职务廉洁性的原因，因而不具有成为不作为犯罪的义务根据的功能。正如有的学者所指出，即便存在公务员财产申报制度，该制度也不能成为本罪的作为义务；如果说其他法律（尤其是下位阶的规范性文件）都能成为作为义务的来源，那么根据当然解释，刑法文本更可以成为作为义务的来源，在司法机关依据刑法授权责令行为人说明来源后，行为人便负有说明的作为义务，如果按照这种观点，刑法的各项规定都可视为公民设置了一定的保护法益之义务，则任何一种犯罪都可以被解释为“不作为犯罪”。[③] 其次，不作为犯的成立以履行义务的可能性为前提，否则乃“不能为”而非“不作为”。刑法规定的行为人“不能说明”，从字面意义上解释就

① 侯国云：《有关巨额财产来源不明罪的几个问题》，载《政法论坛》2003年第1期。
② 孟庆华：《巨额财产来源不明罪研究新动向》，北京大学出版社2002年版，第96～97页。
③ 参见张明楷：《论巨额财产来源不明罪的实行行为》，载《人民检察》2016年第7期。

是“没有能力说明”，当行为人拥有巨额财产，因为种种原因确实无能力说明其来源合法性时，按照刑法的规定无疑应认定为犯罪，但这种情况下，如果将犯罪认为是不作为犯罪，在“履行义务的可能性”方面就产生了无法解决的疑问。

再次，主张巨额财产来源不明罪由作为和不作为两种形式共同组合构成，其中“不能说明”就是不作为的观点，显然没有正确地理解刑法中危害行为基本形式的分类。因为从逻辑上讲，作为与不作为、作为犯罪与不作为犯罪是相互对立的概念。任何实现已然的犯罪行为，要么由作为构成，要么由不作为构成，正如有的学者所指出：“在实质基础上，作为与不作为两者的关系，则有如A与非A，相互对立排斥。一个行为经刑法评价，如被认定为作为，则不可能同时又是不作为；反之，亦同。”① 另外，这种观点将“非法获取巨额财产”行为与“拒绝说明巨额财产来源”行为的关系界定为原因和结果的关系，更是不符合事实。撇开“非法获取巨额财产”行为是否本罪的客观行为不说，即便“非法获取巨额财产”行为是本罪的客观行为，又有什么理由认为行为人在“非法获取巨额财产”之后就会有“拒绝说明巨额财产来源”的结果呢?

综上所述，巨额财产来源不明罪以行为人拥有巨额财产为基本特征，而“不能说明”不能理解为不作为形式的危害行为，否则，便以不作为犯罪的属性限制了巨额财产来源不明罪的成立范围。因此，巨额财产来源不明罪属于持有型犯罪，在其犯罪构成中，“不能说明”应当理解为本罪的一个消极构成要件要素，即这样一个事实要素不是从积极方面该当（符合）犯罪构成，而是从消极方面该当（符合）犯罪构成——不论司法机关有没有责令行为，行为人只要说明了巨额财产的来源、且该来源合法性得到确认，便阻却巨额财产来源不明罪的构成。从刑法设立本罪所追求的严密贪利性职务犯罪法网推定国家工作人员巨额财产差额部分属于非法所得的这一立法宗旨出发，结合2003年11月13日《最高人民法院全国法院审理经济犯罪案件工作座谈会纪要》的规定，“不能说明”应当包括以下几种：(1) 行为人因为记忆、线索等原因无法说明巨额财产的具体来源。(2) 行为人说明了巨额财产的“合法来源”，但司法机关查证并不属实。(3) 行为人拒绝说明巨额财产的来源。(4) 行为人说明的巨额财产的“合法来源”因线索、证据等原因，司法机关无法核实，但能排除存在来源合法的可能性和合理性的。

① 参见林山田：《刑法通论》，我国台湾地区三民书局1989年版，第77页。

三、非法获取巨额财产是否为巨额财产来源不明罪的客观要件

我国有学者指出，非法获取巨额财产行为是巨额财产来源不明罪的客观要件，这种行为与拒不说明巨额财产真实来源的行为共同组成该罪的客观行为内容。刑法条文中“非法所得”与“不能说明来源”分别为非法获取巨额财产与拒绝说明巨额财产来源两个行为的法源根据。①

笔者认为，不能将“非法获取巨额财产”作为巨额财产来源不明罪的客观要件，否则，容易误导司法实践。因为从《刑法》第三百九十五条第一款的规定进行分析，行为人差额巨额的财产之来源“非法”，差额部分属于“非法所得”，只是推定的结论，即当行为人不能说明其来源合法时司法机关径直推定其为“非法所得”，而不要求司法机关证明这些差额部分确实是通过非法途径获取的，是通过什么途径获取的。换言之，刑法条文中所讲的“以非法所得论”，并不以行为人实施“非法获取巨额财产”的行为为前提，而是以行为人拥有差额巨大的财产而又“不能说明其合法来源”为前提。如果肯定“非法获取巨额财产”属于巨额财产来源不明罪的客观要件，就必然脱离刑法的本意，过分加大了司法机关的证明责任——要求司法机关证明这些巨额财产是通过非法手段获取的，而在事实上，既然司法机关查明了这些巨额财产来源的非法途径，也意味着无法成立巨额财产来源不明罪。总而言之，按照《刑法》第三百九十五条的规定，不论行为人获取巨额财产事实上是非法的还是合法的，只要其不能说明巨额财产的来源合法，司法机关就应认定其成立巨额财产来源不明罪，而无须证明其有“非法获取巨额财产”的行为。

四、巨额财产来源不明罪是否存在自首

对于巨额财产来源不明罪是否存在自首，学界有截然对立的两种立场：

一是否定说。该观点否认巨额财产来源不明罪存在自首的情形。主要理由是：巨额财产来源不明罪的成立是以被告人拥有本人拒绝说明、不能说明、无法说明的巨额财产为前提的，这种犯罪的特殊性使得巨额财产来源不明罪本身不可

① 孟庆华：《巨额财产来源不明罪研究新动向》，北京大学出版社2002年版，第92～93页。

能成立自首（但行为人可以因为“说明”巨额财产来源于贪污受贿等而成立其他犯罪的自首）。具体而言，不少学者提出了以下一些理由：（1）有的学者认为，当行为人主动向有关机关报告自己拥有巨额财产的事实时，其讲清财产来源的义务还未形成，因此不符合自首系发生在犯罪以后的逻辑。[①]（2）有人认为，如果行为人拒不说明财产的合法来源，应以巨额财产来源不明罪论处，无所谓自首；如果行为人说明了巨额财产的合法来源或一般违法来源，则根本不构成巨额财产来源不明罪和其他犯罪，也无所谓自首；构成自首要求行为人如实供述自己的主要犯罪事实，如果仅仅只是交待持有的巨额财产的数额，而未交待清楚该财产的具体来源，或者交待了财产来源但无证据证实，都不符合自首制度所要求的如实供述要求，自首也就不能成立。[②]（3）如果行为人说明巨额财产是通过其他犯罪行为取得时，则不能认定为巨额财产来源不明罪，而应按照该行为构成的犯罪定性处罚。这种情况下行为人成立自首也不是巨额财产来源不明罪的自首。[③]

二是肯定说。该说认为，巨额财产来源不明罪存在自首。理由是，刑法总则有关于自首的规定，而分则又没有关于巨额财产来源不明罪不存在自首的特别规定。[④]

笔者认为，毫无疑问，巨额财产来源不明罪在构造上具有特殊性，即当行为人就巨额财产的来源不能说明或拒不如实说明时成立的是巨额财产来源不明罪，而当行为人如实说明巨额财产来源于贪污受贿时，则无法成立巨额财产来源不明罪，自然也谈不上该罪的自首。但是，从立法、理论和实践看，巨额财产来源不明罪本身也是存在自首的。

从《刑法》第六十七条关于自首的规定看，自首包括两种自首，即一般自首和以自首论的特别自首。一般自首是指犯罪分子犯罪以后自动投案，如实供述自己的罪行的行为；特别自首是指被采取强制措施的犯罪嫌疑人、被告人和正在服刑的罪犯，如实供述司法机关还未掌握的本人其他罪行的行为。结合

---

① 时延安、刘伟：《巨额财产来源不明罪适用若干问题研究》，载《国家检察官学院学报》2002年第3期。

② 聂慧苹、陈芳：《论准自首中如实供述司法机关还未掌握的本人其他罪行——兼论巨额财产来源不明罪的自首问题》，载《人民司法》2011年第21期。

③ 转引自孟庆华：《巨额财产来源不明罪研究新动向》，北京大学出版社2002年版，第153~155页。

④ 转引自孟庆华：《巨额财产来源不明罪研究新动向》，北京大学出版社2002年版，第153~155页。

巨额财产来源不明罪的犯罪构成特征，巨额财产来源不明罪的行为人既可能成立一般自首，也可能成立特别自首。就一般自首而言，行为人成立巨额财产来源不明罪的自首，其自首成立的条件除了“自动投案”外，“如实供述自己的罪行”这一条件的内容是：行为人在投案之后如实供述自己拥有来源不明的巨额财产。由于巨额财产来源不明罪构造上的特殊性，其自首的成立不应要求行为人在如实供述拥有巨额财产的同时还供述巨额财产的真实来源。正如有的学者所指出的：“如实交待罪行，是指本罪的行为人如实交待自己不能说明合法来源的巨额财产的金额及其财产所在处。如果要求行为人进一步说明该‘巨额财产’的具体来源才算他‘如实交待自己的罪行’，这样要求，连‘巨额财产来源不明罪’都不存在，何谈该罪的自首？”① 就特别自首而言，行为人成立巨额财产来源不明罪的自首，其自首成立的条件是因为其他犯罪（包括贪污受贿犯罪）被采取强制措施或者被判处刑罚、正在服刑，如实供述了司法机关尚未掌握的自己拥有来源不明的巨额财产的罪行。

五、行为人如实说明来源于贪污受贿等犯罪，可否成立贪污受贿犯罪的自首

在司法实践中，往往存在这样一种现象：涉嫌巨额财产来源不明的犯罪嫌疑人，或者被控告巨额财产来源不明的被告人，在被责令说明巨额财产合法来源之后，如实说明巨额财产来源于贪污、受贿等犯罪，而经查证属实且贪污、受贿的数额又达到了定罪量刑标准。这种情况下，行为人如实说明了非法来源的巨额财产部分，成立贪污罪、受贿罪等犯罪是没有疑问的。问题是——对于贪污罪、受贿罪等犯罪是否应当认定为自首？理论上和实务中不无争议。有的学者对此持肯定立场，认为既然行为人如实说明了以犯罪手段取得巨额财产，如实说明的行为应视为贪污、受贿、诈骗等犯罪的自首，可依法从轻、减轻或者免除处罚。② 有的学者则认为，行为人在被责令说明巨额财产合法来源之后如实说明巨额财产来源于贪污、受贿等犯罪的行为，与《刑法》第六十七条第二款规定的特别自首存在重大区别，不符合自首成立的条件。因为：第一，前者是基于司法机关的责令或者说是基于特定的义务而加以说明的，而后者则

① 鲜铁可：《巨额财产来源不明罪的司法认定》，载《检察日报》2001 年 9 月 20 日。

② 参见钱大群、孙国祥主编：《职务犯罪研究》，南京大学出版社 1996 年版，第 238 页。

是完全自愿地、主动地加以说明的。第二，前者如果不如实加以说明，该“不说明”（即不作为）本身就要构成犯罪，而后者如果不加以说明，“不说明”本身不构成犯罪。①

笔者认为，应当肯定上述情况下行为人就贪污、受贿等犯罪成立自首。理由是：（1）从自首成立的条件进行分析，行为人如实说明巨额财产来源于贪污、受贿等犯罪的，符合自首成立的条件。被责令说明巨额财产合法来源行为人，虽然涉嫌或被控巨额财产来源不明，但这只是表明司法机关已经掌握了行为人巨额财产来源不明的事实和证据（当行为人不能说明、拒不说明、无法说明来源合法时，这些事实和证据就是成立巨额财产来源不明罪的事实和证据），对于巨额财产是否真正来源于非法、来源于贪污、受贿等犯罪，司法机关并没有掌握事实和证据，所以，无论行为人是否被采取强制措施，其如实说明巨额财产来源于贪污、受贿等犯罪，在查证属实、成立贪污罪、受贿罪等犯罪的情况下，都符合《刑法》第67条的规定，属于自首。（2）如前所述，当司法机关责令行为人说明巨额财产合法来源之后，行为人并不具有作为的义务，拒不说明的行为也不是成立犯罪（所谓不纯正不作为犯罪）的关键因素，行为人不能说明、拒不说明、无法说明巨额财产的来源（合法性），只是符合巨额财产来源不明罪的一个事实前提。所以，在被责令说明巨额财产合法来源之后，行为人是否如实说明其来源乃贪污、受贿等犯罪，也完全是自愿、主动的，不存在行为人的如实说明行为因为缺乏“自动性”而不成立自首。（3）从刑事政策的角度考虑，承认上述行为成立自首，有利于鼓励犯罪分子主动交待更为严重的犯罪事实，为司法机关查明更为严重的犯罪事实提供条件。巨额财产来源不明罪作为贪污罪、受贿罪等犯罪的替补性罪名，其犯罪数额起点明显高于贪污罪、受贿罪等，在犯罪数额相同的情况下，其法定刑也明显高于贪污罪、受贿罪等，因此，可以说，行为人在被责令说明巨额财产合法来源之后如实说明巨额财产的来源是贪污、受贿等犯罪，乃自愿、自觉地接受更为严重的犯罪的定罪处罚。如果对于这种情况不认定为自首，是极不公正的，也容易诱导行为人在被查获巨额财产时避重就轻。

① 侯国云：《有关巨额财产来源不明罪的几个问题》，载《政法论坛》2003年第1期。

六、对行为人以巨额财产来源不明罪定罪处罚后，又查明行为人全部或者部分巨额财产来源于贪污、受贿的，如何处理

巨额财产来源不明罪本来就是一种推定型犯罪，当司法机关无法查明行为人巨额财产真实来源时，便推定行为人成立巨额财产来源不明罪。然而，有的行为人起初以巨额财产来源不明罪被判处刑罚，但在刑罚执行过程中，司法机关又因为获得证据而查明行为人全部或部分巨额财产来源于贪污、受贿。对于这种情况如何处理？实践中争议不小。笔者认为，应当根据查明的贪污、受贿行为是否构成犯罪，以及巨额财产在扣除查明的贪污、受贿数额后所剩数额是否仍达到巨额财产来源不明罪定罪条件之情况，具体分析以作出恰当的处理：

第一，如果查明的贪污、受贿行为达到贪污罪、受贿罪的定罪数额标准，而巨额财产扣除查明的贪污、受贿数额后所剩数额仍达到巨额财产来源不明罪数额标准，应当撤销原判，对新查明的贪污罪、受贿罪作出判决，对巨额财产来源不明罪的事实进行重新认定，将贪污罪、受贿罪与巨额财产来源不明罪按照《刑法》第七十条的规定实行数罪并罚，已经执行的刑期计算在内。至于是否应当调整原判决对巨额财产来源不明罪的量刑部分，应当根据从巨额财产来源不明罪中扣除的巨额财产（即查明属于贪污、受贿的部分）是否达到足以影响量刑而决定。比如，原判决中巨额财产来源不明罪的非法所得是100万元，行为人被判处了5年有期徒刑，后查明其中20万元系贪污所得，10万元为受贿所得，则在新的判决中，巨额财产来源不明罪的非法所得是70万元，宜考虑对巨额财产来源不明罪下调刑罚。

第二，如果查明的贪污、受贿行为达到贪污罪、受贿罪的定罪数额标准，而巨额财产扣除查明的贪污、受贿数额后所剩数额仍达到巨额财产来源不明罪数额标准，应当撤销原判中巨额财产来源不明罪的定罪量刑部分（不再认定巨额财产来源不明罪），仅对新查明的贪污罪、受贿罪作出判决。因巨额财产来源不明罪被执行的刑期抵扣新判决的刑期。

第三，如果查明的贪污、受贿行为未达到贪污罪、受贿罪的定罪数额标准，则不撤销原判决关于巨额财产来源不明罪的认定，也不将贪污、受贿的数额从巨额财产来源不明罪中扣除。之所以作这样的处理，是因为将贪污、受贿的所得作为巨额财产来源不明罪的非法所得论处，本来就是有利于行为人的；

鉴于查明的贪污、受贿数额达不到定罪数额标准，不能将这部分数额认定为贪污罪、受贿罪的犯罪数额，但是，我们不应再将这部分数额从巨额财产来源不明罪中剔除出去。

七、国家工作人员的亲属是否可以成立巨额财产来源不明罪的共犯

国家工作人员的财产或者支出，一般都与亲属的财产或者支出混同一起。当国家工作人员被责令说明巨额财产的真实来源时，国家工作人员往往声称巨额财产的全部或者部分属于其亲属的收入，而其亲属在明知这些财产不属于自己的情况下，为了减轻国家工作人员的罪责，也往往作假证明帮助国家工作人员掩饰。这就引发新的问题：国家工作人员亲属的行为如何定性？国家工作人员的亲属可否与国家工作人员成立巨额财产来源不明罪的共犯？

有学者认为，非国家工作人员帮助国家工作人员隐瞒巨额财产的真实来源的行为，如果双方具有共同故意，则应当以拒不说明巨额财产真实来源罪（巨额财产来源不明罪）的共犯论处；如果没有共同故意，对非国家工作人员应当视其行为的性质和情节，分别以窝藏赃物罪（现修改为掩饰、隐瞒犯罪所得、犯罪所得收益罪——作者注）、包庇罪或者伪证罪论处。[①] 有的学者则认为，非国家工作人员不负有说明巨额财产来源的义务，所以既不能单独构成非法所得罪（巨额财产来源不明罪），也不能构成共犯。[②] 在家庭成员中，国家工作人员的亲属与国家工作人员不可能具有巨额财产来源不明罪的共同故意和共同行为，巨额财产来源不明罪只能是单独犯罪，而不可能属于共同犯罪。[③]

还有人指出，由于巨额财产来源不明罪属于推定犯罪，在国家工作人员亲属不属于国家工作人员时，不应认定其共犯；只有亲属本身也属于国家工作人员时，对于无法说明的巨额财产，才能以共犯论处。[④]

笔者认为，无论从立法、理论还是事实的角度分析，都不能否认巨额财产来源不明罪的共同犯罪现象的存在，也不能否认国家工作人员的亲属与国家工

① 参见鲍遂献：《论拒不说明巨额财产真实来源罪》，载《中国法学》1990年第6期。

② 参见陈磊：《关于非法所得罪的几个问题》，载《检察理论研究》1993年第2期。

③ 参见李林、杨悦：《巨额财产来源不明罪中的几个问题》，载《贵州法学》2000年第2期。

④ 谭明权：《巨额财产来源不明罪共犯问题研究》，载《法制与社会》2018年2月。

作人员成立巨额财产来源不明罪的共同犯罪的可能性。首先，当数个国家工作人员因为共同拥有巨额财产而均不说明巨额财产来源时，成立巨额财产来源不明罪的共同犯罪无疑。其次，国家工作人员的亲属在明知国家工作人员的巨额财产的部分来源于非法途径（不要求具体非法途径的性质），而通过一系列积极行为，与国家工作人员一起掩饰、转移、保管、隐匿这些巨额财产的，也毫无疑问符合共同犯罪的特征，成立巨额财产来源不明罪的共同犯罪。需要指出，对于巨额财产来源不明罪的共同犯罪来说，并不要求国家工作人员取得巨额财产时其亲属与其必须有共同的取得故意和取得行为，只要在拥有巨额财产的过程中，国家工作人员的亲属对于国家工作人员拥有巨额财产的事实明知而又实施了掩饰、转移、保管、隐匿巨额财产的帮助行为即可。当然，如果国家工作人员的亲属对于国家工作人员取得巨额财产的过程根本就没有察觉，只是事后提供帮助的，则应当根据事实和情节轻重，对于符合相应的连累犯的（掩饰、隐瞒犯罪所得、犯罪所得收益罪，包庇罪，伪证罪），以这些犯罪定罪处罚。

第十章

隐瞒境外存款罪

一、隐瞒境外存款罪的主体是否仅限于一定级别以上的国家工作人员

《刑法》第三百九十五条第二款对隐瞒境外存款罪的主体规定的是“国家工作人员”，没有对国家工作人员的类别或职级作出限制性规定。但是，有学者认为，本罪的主体应作限制解释，不是所有国家工作人员都可以成为本罪的主体。其理由是：根据2010年中共中央办公厅、国务院办公厅发布的《关于领导干部报告个人事项的规定》（以下简称《报告个人事项规定》，申报收入的主体为：“各级党的机关、人大机关、行政机关、政协机关、审判机关、检察机关民主党派中中的县处级副职以上（含县处级副职）的干部，以及国有大、中型企业的领导班子成员。”①

笔者认为，不应对隐瞒境外存款罪的主体“国家工作人员”进行限制，任何国家工作人员隐瞒不报境外存款，数额较大的，都应当以隐瞒境外存款罪定罪处罚。按照1999年9月16日《最高人民检察院关于人民检察院直接受理立案侦查案件立案标准的规定（试行）》的规定，隐瞒境外存款，折合人民币

① 裴广川主编：《经济犯罪的认定与处罚》，吉林人民出版社2002年版，第738页。

数额在30万元以上的，就应当追究刑事责任。主张限制解释的立场以《关于领导干部报告个人事项的规定》关于申报收入主体的规定为依据展开论述，在笔者看来是不贴切的。理由是：（1）尽管国家工作人员的境外存款也属于“收入”，但该《报告个人事项规定》的内容是一般的财产申报制度，并非针对国家工作人员境外存款申报而作，故不能片面地以该《报告个人事项规定》所规定的申报主体为限来理解隐瞒境外存款罪的主体。（2）《刑法》第三百九十五条第二款前段明文规定：“国家工作人员在境外的存款，应当依照国家规定申报”，这意味着只要行为人是国家工作人员，而同时未按照国家规定申报在境外的存款，就违背了法律义务。国家工作人员申报境外存款，属于一项法定义务，无论存款的来源是在境内还是境外的工作报酬、继承遗产或接受赠予，只要存于境外，就应当如实申报。事实上，上述《报告个人事项规定》其实也并不属于“国家规定”，不符合《刑法》第九十六关于“国家规定”所阐释的范围，故以其作为限制犯罪主体范围的依据法理不足。

二、“存款”是否仅限于外汇、合法收入

隐瞒境外存款罪中的“存款”，包括外汇是无疑的。但是，是否同时包括人民币，不无疑问。有学者认为，本罪中的“存款”只能是指外汇，而不包括人民币，因为人民币不能在外国自由兑换。① 笔者认为，上述观点是错误的。应当认为，存款的货币种类没有限制，只要在境外能够存储的款项、币种，都应当解释到“存款”之中，这些被隐瞒的存款都在国家工作人员的申报义务之内，否则便不当地限制了隐瞒境外存款罪的成立范围。具体而言：（1）隐瞒境外存款罪的法益是国家工作人员境外存款的申报制度，而非外汇管理制度；国家工作人员境外存储人民币隐瞒不报，同样侵犯到国家工作人员境外存款的申报制度。（2）《刑法》第三百九十五条第二款对于存款的性质并无限制，“存款”一词完全可以包括外汇和人民币。（3）事实上，人民币可以在境外存储，即使人民币在境外不能自由兑换，也不能用“事实”限制“规范”的解释。否则，当人民币可以在境外自由兑换时，国家工作人员将人民

① 陈兴良主编：《职务犯罪认定处理实务全书》，中国方正出版社1996年版，第715页。

币存储于境外隐瞒不报的行为，也无法按照隐瞒境外存款罪予以惩治。[①]

或许有人反驳说，1999 年 9 月 16 日，《最高人民检察院关于人民检察院直接受理立案侦查案件立案标准的规定（试行）》就规定，隐瞒境外存款罪的立案标准是涉嫌隐瞒境外存款“折合”人民币数额在 30 万元以上，这也说明“境外存款”限于外汇，否则不存在什么“折合”问题。笔者认为，《立案标准的规定》之表述，并不排除境外存款包括人民币，而只是因为“境外存款”其中包含外汇，所以才规定“折合”的问题。

隐瞒境外存款罪中的“存款”是否包括国家工作人员的合法收入？有学者持肯定态度，[②] 有学者则认为，如果境外存款来源是合法的，则不应作为犯罪对待。[③] 笔者认为，从隐瞒境外存款罪的法益进行分析，国家工作人员境外存款的合法性问题，不应属于隐瞒境外存款罪构成要件所评价的内容。无论存款的来源非法还是合法，只要国家工作人员对境外存款隐瞒不报，都侵犯到国家工作人员境外存款的申报制度，影响到国家对国家工作人员境外存款的监管。因此，“存款”既包括非法收入，也包括合法收入。附带指出，对于存款来自于贪污、受贿等犯罪的，对国家工作人员应认定为贪污罪、受贿罪等犯罪，隐瞒存款不报的行为属于事后不可罚行为，对其不宜另行追究隐瞒境外存款罪的责任。

当然，有必要指出，隐瞒境外存款罪的对象，仅仅限于存款，而不包括其他财产。有人认为，2001 年 6 月，中纪委、中组部联合发布的《关于省部级现职领导干部报告家庭财产的规定（试行）》中，已经将“申报个人收入”改为“报告现金、存款、有价证券、房产、1 万元以上的债权债务、贵重物品等主要家庭财产”，说明国家工作人员申报的范围扩大到“财产”，而不限于“存款”。因此，对于国家工作人员隐瞒不报境外的房产、汽车及其他非存款

---

① 截至 2019 年，世界上已有 30 个左右的国家和地区可使用人民币作为结算货币。例如，土耳其、巴基斯坦、俄罗斯、尼日利亚、伊朗、阿尔及利亚、越南、委内瑞拉等，此外，中国还与日本、韩国、阿根廷、英国、瑞士、巴西、韩国等多个国家和地区签署了双边本币互换协议。国际货币基金组织（IMF）总裁拉加德宣布人民币正式加入特别提款权（SDR）货币篮子，权重为 10.92%。人民币成为继美元、欧元、日元和英镑之后第五种“入篮”货币，并且是新 SDR 篮子中唯一的新兴经济体货币。它标志着人民币跻身于国际储备货币行列。境外将人民币作为汇、钞存储将不断推广。

② 参见杨兴国：《贪污贿赂罪法律与司法解释应用问题解疑》，中国检察出版社 2002 年版，第 304 页。

③ 宣炳昭主编：《刑法各罪的法理与实用》，中国政法大学出版社 2002 年版，第 415 页。

性财物的，也应当扩大解释为隐瞒境外存款罪。[①] 这种见解，显然突破了刑法规范所可能具有的含义，解释结论有违罪刑法定原则。值得研究的是，随着银行业务的不断拓展，其储蓄性业务范围越来越广。比如，客户除了在银行账户中有活期、定期存款、结构性存款等狭义的“存款”外，还可以在银行账户中购买基金、保险、信托产品及“不离柜”的贵金属，这些产品名义上都不是“存款”，但实质上仍属于由银行为客户储蓄的、在账户中以资金金额数量体现的资产。笔者认为，应当将这些资产解释为“存款”，国家工作人员隐瞒在境外金融机构的这些产品、资产，应当认定为符合隐瞒境外存款罪的构成要件。

三、隐瞒境外存款罪与逃汇罪的区别

根据《刑法》第一百九十条的规定，公司、企业或者其他单位，违反国家规定，擅自将外汇存放于境外，或者将境内的外汇非法转移到境外，数额较大的，构成逃汇罪。可见，逃汇罪与隐瞒境外存款罪在客观上有共同或近似之处，即均可以表现为将外汇存放于境外。当然，隐瞒境外存款罪中，行为人隐瞒的存款，只能是存储于境外金融机构，而不是任何形式的存放。

当将外汇存储于境外金融机构时，判断隐瞒境外存款罪与逃汇罪的关键，在于存款的主体是什么。隐瞒境外存款罪中存款的主体是国家工作人员，而逃汇罪中存款的主体是公司、企业或者其他单位，包括国有公司、企业和其他国有单位。在实务中，应当从实质上判断存款的主体是个人还是单位。比如，国有单位的工作人员以单位名义在境外存款，但存款的真实来源是个人收入，应认定为隐瞒境外存款罪。相反，一些国有单位集体研究决定，将境外收入以国有单位负责人个人名义存储于境外，体现的是单位意志，则应认定为逃汇罪（根据2010年5月7日，最高人民检察院、公安部《关于公安机关管辖的刑事案件立案追诉标准的规定（二）》第四十六条的规定，擅自将外汇存放境外，或者将境内的外汇非法转移到境外，单笔在200万美元或者累计在500万美元以上的，应予立案追诉）。

---

① 张苏：《对隐瞒境外存款罪构成要件要素的新论证》，载《重庆电力高等专科学校学报》2013年第1期。

第十一章

私分国有资产罪与私分罚没财物罪

一、私分国有资产罪的主体是单位还是自然人

私分国有资产罪究竟是单位犯罪还是自然人犯罪，不仅仅是一个理论问题，还是一个重要的司法实践问题。因为从司法认定的角度来看，如果肯定其为单位犯罪，则意味着一个国有单位中数个直接责任人员决定集体私分国有资产的行为，是一个单位单独犯罪前提下的数个直接责任人员实现单位犯罪意志的行为。而如果肯定其为自然人犯罪，则意味着一个国有单位中数个直接责任人员决定集体私分国有资产的行为，属于数人共同犯罪的情形，法官必须对数人进行主、从犯的区分。

由于《刑法》第三百九十六条第一款对私分国有资产罪的罪状明确规定为“国家机关、国有公司、企业、事业单位、人民团体，违反国家规定……”，因而绝大多数学者和司法人员都认为本罪的主体是单位——“国家机关、国有公司、企业、事业单位、人民团体”。但是，也有少数学者认为，本罪的主体是自然人，其主要理由是：（1）单位犯罪要求有为本单位谋取利益的目的，而私分国有资产行为并非是单位为追求自身经济利益而实施的；（2）如果说是单位私分自己经营、管理的财物，虽然可以说侵犯了国家财产权，但也同时意味着单位损害自身利益，犹如自然人自伤或自杀行为。（3）在私分国有资

产罪中，刑法只处罚自然人，而不处罚单位，没有贯彻单位犯罪的双罚制，因此，只能将其归入自然人犯罪，是特殊主体的自然人犯罪。①

笔者认为，私分国有资产罪的主体是“国家机关、国有公司、企业、事业单位、人民团体”这些单位而非这些单位中的“直接主管的责任人员和其他直接责任人员”个人。理由是：(1)《刑法》第三百九十六条第一款在对本罪的罪状中明文规定实施集体私分国有资产行为的是国家机关等四类单位，而同时在法定刑中也表述“对其直接负责的主管人员和其他直接责任人员，处……”，这样的规定在将单位作为主体和将单位的“直接负责的主管人员和其他直接责任人员”作为接受处罚的对象上相互衔接，表明立法的精神在于将国家机关等四类单位作为犯罪主体予以确定。(2) 单位犯罪的成立，并不以单位为自身谋取利益为要件。首先，《刑法》第三十条没有“为自身谋取利益”这样的限定，事实上分则中也存在许多不可能具有牟利动机的单位过失犯罪，所以将为本单位谋取利益为要件可能缩小单位犯罪的成立范围。其次，将为本单位谋取利益作为单位犯罪成立要件，并不符合刑事责任归责理论。尽管在对某些犯罪的构成要件的设置上，出于刑事政策的考虑需要设置一些目的要件，但刑事责任的根本基础在于行为侵犯了他人的利益，而且是体现了行为人意志的行为侵犯了他人的利益，而并不在于行为人得到利益或者为了得到利益。换言之，犯罪的本质在于体现行为人意志的行为侵犯了他人利益，而不在于行为人通过犯罪获得了什么利益（有些人因为某种犯罪行为得到了利益，但行为却没有体现他的意志，这便不能对他进行刑事归责）。这一点，对于自然人犯罪和单位犯罪来说没有任何区别。由此可见，在立法上之所以要将某些单位的行为规定为单位犯罪，在司法上之所以要将单位的某些行为认定为单位犯罪，关键的原因或条件在于这种行为侵犯了他人的利益、体现了单位的意志。所以，体现单位意志但并没有为本单位谋取利益的行为，仍然是单位行为，在刑法分则存在单位犯罪的规定下，便成立单位犯罪。国有单位私分国有资产行为尽管不存在为本单位谋取利益的因素，但其体现的是国有单位的意志，当然应当属于单位犯罪。(3) 毫无疑问，任何犯罪都不会是因为侵犯自身利益而成为犯罪。那么，国有单位私分国有资产行为侵害的对象是否是国有单位自身呢？答案是否定的。在私分国有资产罪中，受到侵害的实际上是国家

① 孟庆华：《私分国有资产罪主体构成若干问题的探讨》，载《中南大学学报》（社会科学版）2004年第5期。

利益，而非国有单位——国有单位本来的职责是保护国有资产并在多数情况下具有使国有资产增值的职责，但有些国有单位却通过集体私分国有资产行为反而使国家的国有资产受到损害。也正是因为如此，刑法才有必要设立私分国有资产罪。这一点，也是作为单位犯罪的私分国有资产罪与作为自然人犯罪的贪污罪的特征不同所在。在贪污罪中，国家工作人员等具有职权的人员利用自己职务上的便利将自己经营管理的公共财产据为己有，最终损害了国家利益，但也直接损害了本单位的财产权利。因此，以“承认私分国有资产罪是单位犯罪就是承认自害性行为也是犯罪”为由，立论存在疑问。（4）以“私分国有资产罪只处罚自然人而不处罚单位”为由来否定该罪属于单位犯罪，也是不能成立的。因为我国《刑法》第三十一条明确确立了对单位犯罪实行以双罚制为基础（“对单位判处罚金，并对其直接负责的主管人员和其他直接责任人员判处刑罚”），以单罚制为例外（“本法分则和其他法律另有规定的，依照规定”）的处罚原则。《刑法》第三百九十六条第一款只规定“对其直接负责的主管人员和其他直接责任人员，处……”，正是作为例外的单位犯罪的单罚制规定，与刑法总则规定相互对应，是刑法总则第三十一条的具体化。如果否定这一点，必然的结论便是任何与《刑法》第三十一条单罚制规定相对应的分则性规定都应解释为自然人犯罪，那么也将可能得出《刑法》第三十一条单罚制规定形同虚设、没有适用价值的荒谬结论。

二、国家机关、国有公司、企业、事业单位、人民团体的下属部门（内部职能部门）或者分支机构以及政府设立的临时性机构，可否成立私分国有资产罪

国家机关、国有公司、企业、事业单位、人民团体一般都设立有内部职能部门，如厅、局、委内部设立有处、科、股、室、中心等，大学和科研机构内部设立有院、所、系、室，国有公司、企业内部设立有营业部、科、室。实践中，国家机关、国有公司、企业、事业单位、人民团体为了开展工作、拓展业务，往往设立一些下属部门或者分支机构，如政府在辖区外设立有办事处、联络处，公司在注册地外设立有分公司、营业部，报社设立有记者站，等等。这些下属部门（内部职能部门）或者分支机构，往往也存在以本部门、机构名义集体私分国有资产而上级领导并知情的情形，对此可否以私分国有资产罪定罪处罚？这一问题，根据有关单位犯罪主体“单位”的司法解释，无法直接

找到答案。2001年1月21日，《最高人民法院全国法院审理金融犯罪案件工作座谈会纪要》明确了“以单位的分支机构或者内设机构、部门的名义实施犯罪，违法所得亦归分支机构或者内设机构、部门所有的，应认定为单位犯罪”。显然，这一司法解释内容是就利益归属单位的分支机构或者内设机构、部门的情形而言的。但是，私分国有资产罪，单位不仅没有利益可言，恰恰相反是损害国有资产的利益。

实践中有人认为，既然是国有单位的下属部门（内部职能部门）或者分支机构的责任人员集体私分，那就不是国有单位本身实施的集体私分国有资产行为，而是形式上的集体私分、实质上的少数人的共同贪污行为，应当按照贪污罪对各责任人员定罪处罚。一些国有单位内部职工私设小金库，私分国有资产的现象比较严重。这种行为往往是背着单位领导进行的。承认国有单位下设的工作部门可以成为本罪的主体，易为某些部门成员共同侵吞国有资产、逃避减轻刑事制裁提供便利。”[①] 有人认为，国有单位的下属部门（内部职能部门）或者分支机构不具有对外开展工作、经营、承担法律责任的条件和资格，不是刑法意义上的单位，自然不成立作为单位犯罪的私分国有资产罪，由于毕竟是集体私分，当然也不构成贪污罪。有人则认为，国有单位的下属部门（内部职能部门）或者分支机构因其行使对国有资产的管理权，是国有单位管理部门的组成部分，可以成为私分国有资产罪的主体。还有人认为，应当具体情况具体分析，只有当国有单位的内设部门具备一定组织机构和人员，享有一定的经济利益和财产支配权，可以展开一定业务活动等特征时，才能成为私分国有资产罪的主体。[②]

笔者认为，即使就谋利型行为而言，根据《刑法》和2001年1月21日《最高人民法院全国法院审理金融犯罪案件工作座谈会纪要》的规定，也不能因为单位的下属部门（内部职能部门）或者分支机构没有可供执行罚金的财产，就不将其认定为单位犯罪而按照个人犯罪处理。否则，就陷入了注重刑事责任承担能力而不是根据犯罪意志判断犯罪主体的错误立场。因此，对于国有单位的下属部门（内部职能部门）或者分支机构的责任人员集体私分国有资产的行为，不论该部门、机构能否独立地对外进行活动、有无独立的财产支配权，均应认定为私分国有财产罪。何况，在私分国有财产罪中，国有单位本身

① 张兆松、刘鑫：《论集体私分国有资产罪》，载《检察理论研究》1997年第6期。

② 刘栋涛、钱松：《私分国有资产罪犯罪构成研究》，载《云南大学学报（法学版）》2013年第3期。

无需承担罚金刑，不可能产生单位构成犯罪而无法执行刑罚的问题。否定下属部门（内部职能部门）或者分支机构可以实施私分国有资产罪，在实践中必然造成对这些行为无法制裁、国有资产保护不力的局面。比如，某国有高校某学院的几位主要领导，集体决定将学校返还学院用于改善教学设施的100万元专项经费予以私分给学院内50名教职工，学校领导和作为职能部门的财务处对此一无所知。如果对于这种行为不以私分国有资产罪定罪处罚，显然难以为人所接受。

有观点认为，国有单位的下属部门（内部职能部门）或者分支机构的责任人员集体私分国有资产，在实质上属于这些部门、机构内部人员实施的共同贪污犯罪行为。因此，虽然对这种行为不宜认定为私分国有资产罪，但是，应当认定为贪污罪的共同犯罪。笔者认为，这种观点是错误的。因为私分国有财产罪和贪污罪的区别，不应以集体私分行为是在国有单位所有部门、所有人的范围内进行，还是在某个、某几个下属部门（内部职能部门）或者分支机构内部的范围内进行为依据，也不在于是否单位内人人均分得国有资产，而是在于是否以单位名义集体私分、参与国有资产私分的人除了决策者和直接经手、管理国有资产者之外是否还包括其他人等方面。对此下文将作详述。不可否认，司法实践中，有些国有单位的下属部门（内部职能部门）或者分支机构的责任人员以发放奖金、福利之名义在决策者内部行共同贪污之实，形式上可能与私分国有资产罪具有相似性，但这种现象并不能否认国有单位下属部门（内部职能部门）或者分支机构集体私分国有资产可以成立私分国有资产罪的结论，因为即使不是国有单位的二级部门，在国有单位的一级决策层也可能存在同样的情况。如果担心在承认内部职能部门可以成为私分国有资产罪主体的前提下会轻纵这些内部职能部门成员的共同贪污，那么实际上在单位整体层面上也存在同样问题。因此，问题的关键，是要区分行为人的行为是真正的私分国有资产行为还是形式上的私分国有资产、实质的贪污，严格把握私分国有财产罪与贪污罪的界限，而不在于决策集体私分国有资产的是国有单位还是其下属部门（内部职能部门）或者分支机构。如上例中某高校某学院的集体私分国有资产行为，明显不符合贪污罪的特征，无论在形式上还是实质上都是私分国有资产行为。当然，有一个问题值得特别研究，那就是，既然是下属部门（内部职能部门）或者分支机构的责任人员具体实施的私分国有资产行为，那么作为被告的单位究竟是下属部门（内部职能部门）或者分支机构还是国有单位本身呢？笔者认为，应当是下属部门（内部职能部门）或者分支机构，而非作为上一级的国有单位。否则，将造成名实不符的后果。尽管从整体和部分的关系来说，这些下属部门（内部职能部门）或者分支机构是国有单位的一部分，但本身也属于“单位”。

政府设立的临时性机构是否可以作为私分国有资产罪的主体？这是目前实践中面临的一个比较新的难题。在我国各级政府，都设立有一些为了解决处理专门、临时性事务的临时性机构，如“××市动拆迁工程指挥部”“××市申办××运动会办公室”等。这些临时性机构的工作人员有的是从政府各相关部门抽调而来，有的是从社会聘用而来，但所需经费都由政府全额拨付。在这些临时性机构中，也出现违反国家规定集体私分款物的情况。对此，能否以私分国有资产罪定罪处罚，不无争议。从目前各地司法机关的做法来看，一般持否定态度，其主要原因是这些临时性机构，在政府和司法人员看来，既不属于国家机关，又不属于国有事业单位、人民团体，更不是国有公司、企业，以私分国有资产罪定罪处罚于法无据。但笔者认为，对于这些临时性机构以单位名义集体私分经费的行为，应当论以私分国有资产罪。理由是：第一，这些机构由政府设立，依照法律履行相关的公共管理职责，具有国家代表性和职权的公共性，是具有行政性质的机构，即使不具有机关法人资格，在刑法意义上也应当根据其履行的职责纳入“国家机关”之范畴。在这些机构中从事公务的人员，不论其之前是否从事公务，亦均属于国家机关工作人员。第二，这些机构的所需经费均由国家财政拨付，如果这些经费及其形成的其他资产被集体私分，同样使国有资产遭受损失。将私分这些机构款物的行为解释为私分国有资产罪，符合刑法目的解释的要求。

三、如何准确认定私分国有资产罪中的直接负责的主管人员和直接责任人员

根据刑法的规定，在私分国有资产罪中，只处罚对集体私分行为直接负责的主管人员和其他直接责任人员，因而准确认定直接负责的主管人员和其他直接责任人员，直接影响确定承担刑事责任者的范围。

参照最高人民法院于2001年1月21日印发的《全国法院审理金融犯罪案件工作座谈会纪要》的精神，单位犯罪中“直接负责的主管人员”，是在单位实施的犯罪中起决定、批准、授意、纵容、指挥等作用的人员，一般是单位的主管负责人，包括法定代表人。“其他直接责任人员”，是指在单位犯罪中具

体实施犯罪并起较大作用的人员，既可以是单位的经营管理人员，也可以是单位的职工，包括聘任、雇佣的人员。应当注意的是，在单位犯罪中，对于受单位领导指派或者奉命参与实施了一定犯罪行为的人员，一般不宜作为直接责任人员追究刑事责任。具体到私分国有资产罪中，国有单位中对集体私分国有资产起组织、决定、批准、授意、纵容、指挥等作用的人员，就是“直接负责的主管人员”；具体将国有资产集体私分并起较大作用的人员，就是“其他直接责任人员”。

在司法实践中，认定私分国有资产罪中直接负责的主管人员和其他直接责任人员，应当特别注意以下几个问题：

第一，由于参与集体私分、分得国有资产的人员众多，因此，对于哪些人员属于直接责任人员，是属于其中的“直接负责的主管人员”还是“其他直接责任人员”，务必根据行为人在单位犯罪中的实际的地位和作用进行判断，而不能片面地根据其在单位中职务、地位的高低，不能唯身份、唯头衔论。比如，一些国有公司的法定代表人徒挂虚名而无实权，对于公司的任何事项本身没有决策权，对于公司其他人员决定私分国有资产的活动仅仅是明知，虽然从法定职责来说，对于有关人员的失职行为具有制止的义务，但在处理私分国有资产案件时，我们不能因为其失职而认为其起了“纵容”作用，从而错误地以其为“直接负责的主管人员”而追究其刑事责任，因为在单位犯罪中起“纵容”作用的前提和其“决定、批准、授意、指挥”作用的前提一样，都需要行为人有决策权、有相对人认可其职权，否则就成其为“纵容”。

第二，无论是“直接负责的主管人员”还是“其他直接责任人员”，其主观上一定要对“国有资产”且对私分行为具有主观认识。如果国有单位中某个领导人主观上不明知职工分取的国有资产的性质，错误地认为自己只是在参与决策奖金、津贴等的合理发放，或者客观上具体实施私分国有资产的人员误以为自己是在执行上层领导合理发放奖金、津贴等的决策，就不应认定为“直接负责的主管人员”或“其他直接责任人员”。

第三，不能认为在国有单位中凡是具有组织、管理、监督职责的人员都是犯罪的直接责任人员，必须将单位业务、事务的组织、管理、监督行为同犯罪的组织、管理、监督行为区分开来。在国有单位中，一些对国有资产具有管理、监督的人员，在集体私分国有资产行为中未必实施了组织、管理行为，单位的经营管理人员未必就是单位犯罪中起组织、指挥、策划等作用的人员。司法实践中，私分国有资产的决定、指挥过程多种多样。有的如前文所述，是内部职能部门集体私分，决定、指挥机制相对简单，“直接负责的主管人员”和“其他直接责任人员”的确定及其之间的区分较为容易；有的则是主管负责人与内部职能部门负责人一起商议或者一起决定，决定、指挥机制往往具有层次性。对于后一种情况，一定要细致分析、比较参与商议、决定过程的人员的作用大小，以准确界定“直接负责的主管人员”和“其他直接责任人员”的范围并对两者进行区分。比如，某国有金融机构于2003年经批准成立，主要从事资产信托、委托理财等业务，自2003～2013年，该金融机构按比例将盈利中的一部分设立“小金库”，由内部的业务职能部门“信托营销部”负责保管这笔账外账，用于业务人员津贴、奖励发放和招徕客户的“公关费用”支出，至2014年1月，该“小金库”有1500余万元剩余资金。2014年5月，该金融机构依据上级主管部门的文件增资扩股，吸纳民营企业参股经营，总经理秦某、副总经理陆某、许某便趁机决定将“小金库”中的1500余万元剩余资金以发放“住房增量费”的名义分发给95名员工（包括机构的高级管理人员、部门经理和营销业务骨干），于6月底全部分发完毕。在私分过程中，该金融机构在总经理秦某、副总经理陆某、许某的召集下召开过十余次“公司执行委员会”，每次会议都讨论分配方案，参会人员都在会议记录上签名。参会人员除秦某、陆某、许某外，公司总经理助理、总经济师、各部门的经理，都或多或少地参加过会议。由于“小金库”的账外账由“信托营销部”负责保管，因此，该部经理黄某和会计员文某、出纳陈某每次“公司执行委员会”都参加。在该案的处理过程中，公诉机关指控总经理秦某、副总经理陆某和许某、“信托营销部”经理黄某为私分国有资产罪中“直接负责的主管人员”，该金融机构总经理助理、总经济师、各部门的经理等所有参与“公司执行委员会”的人员（包括“信托营销部”会计员文某、出纳陈某）均为私分国有资产罪中“其他直接责任人员”。公诉机关上述指控的理由是，总经理秦某、副总经理陆某和许某商议并在公司管理上层决定集体私分国有资产，“信托营销部”经理黄某长期在公司主管融资业务，“小金库”的来源都与黄某的主管业务有关，且“小金库”长期由黄某负责保管，作为国有资产的主管人员在集体私分国有资产中亦起组织、指挥、决定作用，其他参会人员通过参与会议具体实施了私分国有资产行为并在其中起了较大作用。笔者认为，在该案中，总经理秦某、副总经理陆某和许某起意集体私分国有资产，当属“直接负责的主管人员”无疑，而“信托营销部”经理黄某虽然长期主管融资业务，在积累“小金库”国有资产的过程中行使了组织、管理的作用，但在集体私分国有资产过程中并不是决策人员，其参加“公司执行委员会”和总经理助理、总经济师、其他各部门的经理一样，不过是根据公司上层决策命令，接受上层领导的任务、执行公司职务行为，并没有对单位犯罪行为行使决策权，其对“小金库”国有资产的组织、管理行为不能被认为是单位集体私分国有资产的组织、指挥、策划行为，所以，将黄某指控为“直接负责的主管人员”，不当地夸大了黄某在单位犯罪中的地位和作用。黄某作为“小金库”账外账的负责人，在上层主管领导决定集体私分国有资产后，将自己管理的国有资产予以私分，属于具体实施单位犯罪的行为，在该犯罪行为中起较大作用，应和总经理助理、总经济师、其他各部门的经理一样归属于“其他直接责任人员”。至于“信托营销部”会计员文某、出纳陈某，在笔者看来，他们只是在单位犯罪中受单位上层领导和直接领导黄某指派而参与了一定犯罪行为的人员，不宜作为直接责任人员追究刑事责任，应被认定无罪。

第四，对私分国有资产罪中的直接负责的主管人员和其他直接责任人员，应当根据其在单位犯罪中的地位、作用和犯罪情节，分别处以相应的刑罚。由于私分国有资产罪是单位犯罪，在个案中，私分国有资产的直接负责的主管人员和其他直接责任人员之间不是当然的主、从犯关系。有的案件中，直接负责的主管人员和其他直接责任人员在实施犯罪行为时主从关系不明显，根据2000年9月30日《最高人民法院关于审理单位犯罪案件对其直接负责的主管人员和其他直接责任人员是否区分主犯、从犯问题的批复》，对单位犯罪中直接负责的主管人员和其他直接责任人员，可以不分主犯、从犯，按照其在单位犯罪中所起的作用判处刑罚。但是，参照最高人民法院2001年1月21日印发的《全国法院审理金融犯罪案件工作座谈会纪要》的精神，在具体案件中，可以区分主、从犯，且不分清主、从犯，在同一法定刑档次、幅度内量刑无法做到罪刑相适应的，应当分清主、从犯，依法处罚。

四、本罪中的违反国家规定是否包括违反地方性法规等规范性文件的规定

“违反国家规定”是本罪成立的重要前提。换言之，如果国家机关、国有公司、企业、事业单位、人民团体以单位名义将资产集体私分给个人，并没有“违反国家规定”，则不能构成本罪。那么，“违反国家规定”除了违反全国人大及其常委会制定的法律和决定、国务院制定的行政法规、规定的行政措施、

发布的决定和命令中有关国有资产管理、保护、使用、处理等方面的规定外，是否还包括违反地方性法规的规定？有的学者认为，违反国家规定“包括违反地方性法规的规定”,[①] 有人则认为，“法律上规定的‘国家规定’不能简单地作狭义理解，应具体问题具体分析，广义理解‘国家规定’。如果是省级国家机关、国有公司、企业、事业单位仅仅是根据本省的实际情况所制定的有关规定，就不属于‘国家规定’的范围；如果是省级国家机关、国有公司、企业、事业单位，根据国家的政策、有关会议、通知精神等，结合本省的实际情况，更具体地制定了一些规定，它只是以省的名义出台的规定，那么这些规定就应属‘国家规定’的范围。”[②] 还有人认为，国务院各部、委、局，特别是国有资产管理局为了加强对国有资产的保护而制订的一系列行政规章，也属于“国家规定”。[③] 实务中有人认为，就地方性规范而言，除了地方性法规、自治条例、单行条例以外，其他文件不能纳入“国家规定”的范围。[④]

笔者认为，对于“违反国家规定”的理解，应当严格按照《刑法》第九十六条的规定进行理解。《刑法》第九十六条明文规定：“本法所称违反国家规定，是指违反全国人民代表大会及其常务委员会制定的法律和决定，国务院制定的行政法规、规定的行政措施、发布的决定和命令。”按照刑法总则指导分则的一般原理，上述关于“违反国家规定”的定义，应当适用于刑法分则中所有“违反国家规定”的规范，包括私分国有资产罪的规范。

为了防止司法实践不当扩大“违反国家规定”的范围，2011 年 4 月 8 日，《最高人民法院关于准确理解和适用刑法中“国家规定”的有关问题的通知》（法发〔2011〕155 号）指出：“刑法中的‘国家规定’是指全国人民代表大会及其常务委员会制定的法律和决定，国务院制定的行政法规、规定的行政措施、发布的决定和命令。其中，‘国务院规定的行政措施’应当由国务院决定，通常以行政法规或者国务院制发文件的形式加以规定。以国务院办公厅名义制发的文件，符合以下条件的，亦应视为刑法中的‘国家规定’：（1）有明确的法律依据或者同相关行政法规不相抵触；（2）经国务院常务会议讨论通

---

① 参见邓又天主编：《中华人民共和国刑法释义与司法适用》，中国人民公安大学出版社 1997 年版，第 785 页。

② 肖万明：《私分国有资产罪疑难探析》，载《检察实践》2002 年第 2 期。

③ 徐茜：《关于私分国有资产罪的定罪根据问题的思考》，载《铜陵财经专科学校学报》2001 年第 4 期。

④ 沈维嘉、金泽刚：《试论私分国有资产罪的司法认定》，载《政治与法律》2004 年第 1 期。

过或者经国务院批准；（3）在国务院公报上公开发布。”“各级人民法院在刑事审判工作中，对有关案件所涉及的‘违反国家规定’的认定，要依照相关法律、行政法规及司法解释的规定准确把握。对于规定不明确的，要按照本通知的要求审慎认定。对于违反地方性法规、部门规章的行为，不得认定为‘违反国家规定’。对被告人的行为是否‘违反国家规定’存在争议的，应当作为法律适用问题，逐级向最高人民法院请示。”

按照最高人民法院上述《通知》的精神，有必要强调，虽然依照《立法法》的规定，我国立法机关依照法定程序制定的规范性法律文件包括法律、行政法规、地方性法规、部门规章、自治条例、单行条例和地方政府规章。但是，《刑法》第九十六条对“违反国家规定”所作出的规定，并不包括地方性法规、部门规章，这些在《立法法》中属于规范性法律文件的文本，也不能成为“国家规定”的载体；至于省级国有公司、企业、事业单位文件的规定，不论是否有国家政策、有关会议、通知的精神等“依据”，都不能作为“国家规定”。所谓省级国家机关“根据国家的政策、有关会议、通知精神等，结合本省的实际情况，更具体地制定”的一些规定，更不得被理解为“国家规定”，它们只不过是以“国家规定”为依据的“省级国家机关规定”。包括国有资产管理局在内的国务院各部、委、局制定的一系列行政规章，同样也不是“国家规定”的载体，即使这些行政规章是在国务院授权下或者根据国务院决定及颁布的行政法规制定的，即使其由国务院批准转发，但毕竟不是国务院本身所制定的行政法规、规定的行政措施、发布的决定和命令。

五、私分国有资产的数额计算

根据《刑法》第三百九十六条第一款的规定，私分国有资产罪是数额犯，以私分国有资产“数额较大”作为成立犯罪的要件要素。根据1999年9月16日《最高人民检察院关于人民检察院直接受理立案侦查案件立案标准的规定（试行）》的规定，涉嫌私分国有资产，累计数额在10万元以上的，应予立案。在未有新的司法解释对私分国有资产“数额较大”进行明确阐释之前，最高人民检察院的这个立案标准，应当作为区分本罪罪与非罪的标准。

实践中存在的两个值得研究的问题是：

第一，私分国有资产“数额较大”是否属于纯粹客观评价要素？对于国有单位主观上意图私分数额较大甚至巨大的国有资产，但因各种原因实际私分国有资产没有达到“数额较大”标准的，可否以私分国有资产罪（未遂）定罪处罚？实践中有人认为，既然“数额较大”是私分国有资产罪构成的必备要件，那么，只有国有单位实际私分的国有资产已经达到数额较大的才能构成犯罪，如果实际未达数额较大或根本没有私分成功，不管国有单位意图私分的国有资产数额是较大还是巨大，都不构成犯罪，私分国有资产罪不存在未遂问题。有人则认为，犯罪是主观恶性与客观危害的统一，私分国有资产罪里的数额要求也应包括这两个方面的含义，而不能理解为仅指国有单位私分国有资产的数额、纯粹的客观评价要素。因此，如果国有单位主观上企图私分国有资产数额较大的财物，客观上实施了私分国有资产的行为，而因意志以外的原因未能实际私分数额较大的国有资产，综合全案又不属于“情节显著轻微、危害不大的”，应认定为私分国有资产罪未遂，而不是不构成犯罪。在国有公司、企业改制中，对隐瞒国有资产的虚假报表已经骗取资产评估机构确认与错误评估的，可能成立私分国有资产罪。①

笔者认为，从理论上讲，私分国有资产罪作为数额犯，与盗窃罪、贪污罪一样，无疑是存在犯罪未遂形态的。但是，从刑法保护国有资产及维护公务活动廉洁性的立法宗旨和私分国有资产行为的具体性质进行分析，原则上宜将私分国有资产罪中的“数额较大”作纯粹客观评价要素看待，即判断私分国有资产行为是否构成犯罪，应当以实际私分的国有资产是否达到数额较大为依据，而不论国有单位主观上是否以私分“数额较大”的国有资产为目的。因为与贪污罪、盗窃罪显著不同的是，私分国有资产是“以单位名义集体私分”的单位行为，“以单位名义”便表明其公开或半公开性，这种客观行为的性质，在很大程度上决定了国有单位有关责任人员主观上对于私分的国有资产数额大小具有概括的故意——一般来说，实际私分的国有资产数额都在国有单位有关责任人员主观明知的范围之内，即使有时国有单位有关责任人员主观上意图私分的国有资产没有确切的数额，但国有单位实际私分的国有资产不论多少都与其主观故意一致。可以说，由私分国有资产罪的行为性质决定，将“数额较大”作为纯粹客观评价要素是体现主客观相统一的定罪原则的，是恰当的。

在实践中，不排除在特殊情况下，国有单位有关责任人员意图私分的国有资产数额与实际私分数额存在差异。笔者认为，这些情形下，行为是否构成私

① 参见朱孝清：《隐瞒国有资产案件定性研究》，载《人民检察》2005 年第 1 期。

分国有资产罪、如何定罪量刑，其数额依据都应当是指国有资产的实际数额，而不能是指其主观上意图私分的数额。即使主观上意图私分的国有资产数额与私分的国有资产的实际数额相差巨大甚至特别巨大，也应如此处理。这些情形大致可以分为：（1）对于国有资产价值本身没有主观认识错误，而主观上意图集体私分数额较大甚至数额巨大的国有资产这一目的没有实现，最后集体私分的国有资产数额没有达到“较大”标准。此种情况下应作无罪处理，不能按照犯罪未遂处理。（2）对于国有资产价值本身没有主观认识错误，而主观上意图集体私分和最后实际集体私分的国有资产都达到了定罪量刑标准，只不过前者数额大于后者数额。此种情况下，定罪量刑的数额同样以实际集体私分的数额为标准。（3）对于国有资产价值本身没有主观认识错误，而主观上意图集体私分和最后实际集体私分的国有资产也都达到了定罪量刑标准，只不过前者数额小于后者数额。此种情况下，不能以“国有单位有关责任人员主观上并不想集体私分如此之多”为由，从而否定将实际私分的国有资产数额作为定罪量刑的依据。（4）对于国有资产价值本身主观认识上发生错误，定罪量刑的数额同样应以集体私分的国有资产的实际数额作为定罪量刑标准。比如，某国外慈善机构于 2012 年 5 月向某国有企业捐赠了一批先进精密仪器 N04、N06－2“钛合金角转子”，共 36 件，每件的市场价格合 38600 元人民币。国有企业接受该批仪器后，一直未使用过，原封不动地存放于实验室。由于管理人员疏忽大意，在企业资产登记时将“钛合金角转子”的价格由每件市场价格 38600 元错误地登记为 3860 元，2013 年 7 月，该管理人员和知情的企业领导相继调离单位。2014 年 8 月，按照上级主管部门要求，该国有企业实行股份制改造，该国有企业的总经理、副总经理等人召开中层领导干部会议，商议将外国赠送的 36 件仪器隐瞒不报，后私分给了 36 位在职人员、每人一件（企业全部在职人员 45 名）。经查，企业总经理、副总经理和所有参会人员均认为“钛合金角转子”每件市场价格在 3800 元左右。法院审理过程中，对于该国有企业私分国有资产的数额认定产生了分歧，最后裁判采取了客观主义的立场，认定私分国有资产的数额为 38600 × 36 = 1389600 元。笔者认为，裁判的意见是正确的。

第二，私分国有资产的数额是指集体私分的总额还是指参与私分者个人所得的平均数额？私分国有资产罪的罪状中使用了“集体私分给个人”这样的词语，因此，从文义解释的角度理解，就很容易得出结论：私分国有资产的数额只能指集体私分的总额。但是，在司法实践中有人却认为，以集体私分的总额作为私分国有资产罪的定罪量刑数额标准，容易导致法律适用的不平等。理由是：私分国有资产的国有单位有大小、参与私分的人数有多少，如果以集体私分的总额作为数额标准，就会造成单位人数多、个人分得很少便要承担刑事责任，而单位人数少、个人分得较多但因总的数额未达到“数额较大”标准反而不构成犯罪的局面。笔者认为，“私分国有资产的数额只能指集体私分的总额”这一结论的正确性，不仅有文义解释的依据，而且具有目的解释的依据。由于私分国有资产罪侵犯的法益是国家单位财经管理制度和国有资产的所有权，因此，集体私分的国有资产数额总额的多少决定了私分国有资产行为的社会危害、侵犯法益的程度，以集体私分的国有资产总额作为定罪量刑的标准，能全面、实质地反映行为的本质。那么，上述认为以集体私分的总额作为定罪量刑数额标准可能导致法律适用不平等的观点及其理由，是否成立呢？笔者认为，答案是否定的。毋庸讳言，在集体私分国有资产数额不变的前提下，参与私分的人数越多，个人分得的数额就越小。比如，一个50人的单位每人平均分得2000元即已达到1999年9月16日《最高人民检察院关于人民检察院直接受理立案侦查案件立案标准的规定（试行）》规定的“数额较大”的标准——10万元，责任人员就应被追究刑事责任；而一个10人的单位，即使每人平均分得9000余元，私分总额也达不到上述《立案标准的规定（试行）》规定的“数额较大”的标准，从而责任人员不会被追究刑事责任。但是，我们必须注意的是，私分国有资产罪是否成立、其危害性大小，实质依据在于总共有多少国有资产被集体私分，每个人所得的数额不过是集体私分的结果而已，或者说，每个人所得的数额都是从个体上部分反映集体私分的形式，因此，即使个人所得数额很少，甚至只有几百元，但只要其累计总数额达到“数额较大”标准，集体私分的行为同样应被认为是严重地侵犯了刑法设立私分国有资产罪所要保护的法益。相反，在个人所得数额较大（就个人所得而言，如达到特殊情节下的贪污起刑数额1万元）而集体私分数额未达到《立案标准的规定（试行）》规定的“数额较大”的标准时，我们不能因为没有追究责任人员的刑事责任就认为应当以个人所得数额作为定罪量刑更合理、更公正，而以集体私分的总额作为定罪量刑数额标准就造成法律适用不平等。因为这种情况下，尽管个人分得数额不菲，但毕竟国有资产所有权被侵犯的程度相对较小。另外，私分国有资产罪是单位犯罪、客观行为一般具有公开性，与贪污罪在主体、客观行为等方面存在很大差异，我们不能以贪污罪的数额标准去衡量私分国有资产罪，不能简单地将贪污罪中个人所得数额与个人贪污数额的关系等同于私分国有资产罪中个人私分所得数额与集体私分总额的关系。在贪污罪的单独犯罪中，一般来说，个人所得数额与个人的贪污数额是一致的；在共同贪污中，个人所得数额可能小于作为定罪量刑依据的“贪污数额”，个人所得数额如果达到起刑标准，那么贪污数额无疑也达到了起刑标准，而不存在某个共同犯罪人个人所得数额达到起刑标准还不成立贪污罪的情形。然而，在作为单位犯罪的私分国有资产罪中，由于承担刑事责任的是“直接负责的主管人员和其他直接责任人员”而不是所有参与私分的人，尽管有时某个参与私分的人（包括责任人员）个人私分所得数额达到一定标准（如达到特殊情况下贪污罪的起刑数额标准1万元），但私分国有资产的总额未达到《立案标准的规定（试行）》规定的“数额较大”的标准，对单位而言不能认为构成私分国有资产罪，对私分所得数额达到一定标准的也不能认为构成私分国有资产罪，甚至认为构成贪污罪，因为私分国有资产罪毕竟是单位犯罪，而非参与集体私分者的共同犯罪，参与私分的人个人私分所得数额仅仅是集体私分的结果。

六、“国有资产”与“国有财产”的关系；“国有资产”是否包括国家投入参股、控股公司中的国有资产、非法资产

在我国刑法条文中，共有两处出现“国有资产”一词，一是《刑法》第一百六十九条的徇私舞弊低价折股、出售国有资产罪的罪状中，二是本罪的罪状中。在刑法分则“贪污贿赂罪”一章，第三百八十二条第二款特别规定了一类贪污罪的主体——“受国家机关、国有公司、企业、事业单位、人民团体委托管理、经营国有财产的人员”，使用的是“国有财产”而非“国有资产”。那么，本罪的对象“国有资产”应当如何理解呢？最高人民检察院于1999年9月16日《关于人民检察院直接受理立案侦查案件立案标准的规定（试行）》规定作了这样的定义：“私分国有资产罪案中的‘国有资产’，是指国家依法取得和认定的，或者国家以各种形式对企业投资和投资收益，国家向行政事业单位拨款等形成的资产。”上述定义为司法实践界定本罪中的“国有资产”提供了一个基本准则，但是，在理论上和实务中，对于“国有资产”的内涵外延，仍是争议较大。

关于“国有资产”和“国有财产”的关系，有的学者认为，从字面上来

看，资产的意思就是财产，但是，严格根据经济学理论，二者并非同一概念，只有作为生产要素投入生产经营的财产和财产权利，才称得上资产；但从有关法律法规的规定，我国目前的实际情况和实践中的习惯做法来看，国有资产在法律意义上一般可以包括国有财产及财产性利益，只要行为人私分的是国家所有的财产或者财产性利益，并符合其他构成要件的，就构成私分国有资产罪。[①] 有人则在同一概念上使用“国有资产”和“国有财产”，认为根据法律规定和有关理论，本罪的对象包括以下几类：（1）纯正的国有资产。即国家依法取得或确认的，或国家以各种形式对企业的投资收益、国家的行政拨款等资产。（2）准国有资产或拟制的国有资产。即在国家机关、国有公司、企业、人民团体管理、使用或运输中的集体所有财产或私人财产。譬如，铁路运输部门在承运委托人的行李等私人财产时，如果被该单位工作人员侵吞、损害，受害人可以要求该单位承担国家赔偿责任。这些私人财产看似属于私人，实际上相当于国有资产，应视为拟制国有资产。（3）用于扶贫或者其他公益事业的社会捐助或者专项基金。此项财产，《刑法》第91条第（三）项虽未明确列为国有资产，但其最初接受单位是国有单位，如民政部门，故应视为国有财产。（4）国有单位的不合法或非法收入，如违法“创收”、公款私存所得的利益、乱收费、乱罚款、乱摊派、乱拉赞助等，这些财产虽然本质上不属于国家所有，但根据法律规定，国有单位的非法所得应按非法所得的性质及情况或上缴国库或退回所有人。因此，国有单位的非法收入，最终应由国家或国有单位负责返还，应视为国有资产，也可成为私分国有资产罪的对象。[②] 理论上也有人认为，集体私分的国有资产不包括单位“小金库”中的财物。[③]

关于“国有资产”是否包括国家投入参股、控股公司或者合资、合作经营企业的国有资本，有的学者坚持肯定的立场，认为虽然国家控股公司并非纯正的国有公司，其所经营管理的财产并非全部是国有资产，但国家控股公司的资产中，国家所投资的股份或者国有资产所占的股份，按照《公司法》的规定均占公司50%以上，这样国家凭借其对公司的控股地位而享有对公司生产经营重大决策及其资产的决定、支配权，从而引导国家控股公司生产、经营方向符合国家宏观经济调控决策；国家控股公司违反国家规定，以单位名义集体

① 参见沈维嘉、金泽刚：《试论私分国有资产罪的司法认定》，载《政治与法律》2004年第1期。

② 徐茜：《关于私分国有资产罪的定罪根据问题的思考》，载《铜陵财经专科学校学报》2001年第4期。

③ 参见陈兴良：《刑法疏议》，中国人民公安大学出版社1997年版，第647页。

私分国家控股公司的资产给职工个人，不仅侵犯国家资产的所有权，而且危害到国家宏观经济调控法规、政策的实施，因此，私分国有资产罪中的“国有资产”包括国家控股公司的资产。① 但也有学者认为，虽然从投资者的角度来讲，投入公司、企业的国有资本的最终所有权属于国家，但根据所有权和经营权相分离的原则，国有资本一旦投入公司、企业，便成为公司、企业的财产；这种经济成分多元的公司、企业不属于国有公司、企业，其财产中尽管有国有资本存在，但公司、企业的财产不能认定为国有资产。②

笔者认为，从司法认定的角度（不考虑立法本身的合理性），对于本罪中“国有资产”的理解，应当依次把握这样几个原则：第一，最大限度地保护国家利益原则，凡是能够解释到“国有资产”范围内的国家利益，尽可能纳入其中。第二，要考虑刑法体系解释的要求和有关法律法规对“国有资产”“资产”概念的规定及经济学理论中“国有资产”“资产”的特定意义。第三，考虑最大限度地适用1999年9月16日《最高人民检察院关于人民检察院直接受理立案侦查案件立案标准的规定（试行）》的规定。第四，与本罪主体的性质相协调。

按照上述第一个原则，“国有资产”在外延上不应仅限于财产，除财产之外的财产性利益，如债权和其他利益，只要在实际上可以被集体私分，均可成为私分国有资产罪的对象。比如，国有单位有关责任人员将国有单位的债权集体转让给个人，尽管没有私分国有财产，但实际上通过债权的“化公为私”集体私分了国有资产。

按照上述第二个原则，对“国有资产”的界定，应当考察财产及其他财产性利益是否具有区别于一般财产的特殊性。毫无疑问，无论是从刑法体系解释的角度还是有关法律法规的规定、经济学理论的角度来看，国有资产与国有财产都应当是有所区别的。

首先，从体系解释的角度来看，如果国有资产与国有财产属于同一含义，则没有必要唯独在徇私舞弊低价折股、出售国有资产罪和私分国有资产罪中将“国有资产”作为犯罪对象予以规定。

其次，从有关法律法规的规定来看，有关法律法规对“国有资产”“资产”的界定显然有别于“国有财产”和“财产”。如1993年国家国有资产管

---

① 徐茜：《关于私分国有资产罪的定罪根据问题的思考》，载《铜陵财经专科学校学报》2001年第4期。

② 王新平：《私分国有资产罪若干问题研究》，载《前沿》2003年第9期。

理局《国有资产产权界定和产权纠纷处理暂行办法》第二条规定："国有资产，系指国家依法取得和认定的，或者国家以各种形式对企业投资和投资收益，国家向行政事业单位拨款等形成的资产。产权，系指财产所有权以及与财产所有权有关的经营权、使用权等财产权，不包括债权。"国务院于2003年5月13日通过的《企业国有资产监督管理暂行条例》第三条规定："本条例所称企业国有资产，是指国家对企业各种形式的投资和投资所形成的权益，以及依法认定为国家所有的其他权益。"

再次，在经济学上，资产（Asset）和财产（Property）有着不同的意义。并非所有的资产存在的形态都是财产，也并非所有的财产都表现为资产。具体而言，第一，资产的存在形态包括各种财产、债权和其他权利。我国《民法通则》将"财产所有权和与财产所有权有关的财产权、债权、知识产权"规定为财产关系中的权利。应该说，《民法通则》所讲的财产、债权和知识产权，与《企业会计准则》所讲的各种财产、债权和其他权利是相对应的。因此，资产以各种财产形态、债权形态、权利形态存在是有法律依据的。但是应该说明《企业会计准则》和《民法通则》所讲的财产是指有形财产和无形财产，不包括权利。可见，资产概念的外延要比财产概念的外延大。第二，财产，是指以物质财富及与物质财富有直接关系的其他权益的总和，具有相对静态的意义；而资产具有鲜明的商品交换特征，是相对动态的概念。财产只有被作为生产要素进入商品生产领域、为主体拥有或者控制并发挥增值机能时才能称为资产。拥有是享有财产使用权和财产所有权的标志；控制是享有财产使用权的标志。既不拥有也不控制生产领域的各种财产、债权和其他权利，不能作为资产。

可见，从上述第二个原则出发，国有资产与国有财产是存在区别的，区分两者的关键标准在于该项财产是否是国有公司、企业在生产经营中使用的资产，或者是使用生产经营资产时形成的收益。对于不具有这种性质的国有财产，不能认为是"国有资产"。实践中有人认为"集体所有以外的其他国有财产"就是本罪的对象"国有资产"，是不正确的。值得注意的是，使用生产经营资产时形成的收益，包括变卖报废或者废旧物品的收益，以及折旧完毕的财产。实践中，国有公司、企业的一些物品由于严重耗损而无法继续在生产经营中直接使用，但可以通过变卖、转让等方式实现一定的财产价值，这些物品报废折旧变卖后的收益仍然属于国有资产。

从上述第三个原则出发，分析《最高人民检察院关于人民检察院直接受理立案侦查案件立案标准的规定（试行)》的规定，其将“国家依法取得和认定的，或者国家以各种形式对企业投资和投资收益”形成的资产纳入“国有资产”的范围，正是依据《企业国有资产所有权界定的暂行规定》和《企业国有资产监督管理暂行条例》等法规和经济学理论而作出的结论。但是，其同时规定“国家向行政事业单位拨款等形成的资产”也属于“国有资产”，则显然不具有上述法律法规的依据和经济学理论的支撑，因为行政事业单位不具有生产经营的功能，自然也不可能存在所谓作为生产要素进入商品生产领域、为主体拥有或者控制并发挥增值机能的“资产”。因此，我们在界定本罪的对象时必须注意，对于国家向国家机关、事业单位、人民团体拨款所形成的“资产”，就不能拘泥于国家有关企业资产的有关法律法规的规定和经济学理论的立场。换言之，对于国家机关、事业单位、人民团体而言，只要是权益归国家所有的财产，均属于本罪的犯罪对象，而不要求投入生产经营。比如，国家给机关拨款购置的办公设备设施，国家给事业单位拨款在银行的利息等，虽然不用于生产经营、不用于增值，但按照《最高人民检察院关于人民检察院直接受理立案侦查案件立案标准的规定（试行)》的规定，应认定为“国有资产”。有关责任人员以单位名义集体私分给个人数额较大的，应当认定私分国有资产罪。

依据上述第四个原则，本罪对象“国有资产”在事实上不可能包括国家投入参股、控股公司或者合资、合作经营企业的国有资本。毋庸讳言，投入公司、企业的国有资本的所有权属于国家，国家控股公司甚至享有对公司生产经营重大决策及其资产的决定、支配权，如果上述公司的责任人员集体私分公司的资产，也必然会侵犯国有资产的所有权，但是，由私分国有资产罪的主体——“国有公司、企业”的性质决定，国家投入参股、控股公司或者合资、合作经营企业不可能成为本罪主体，所以，上述公司资产中的国有资本不可能成为本罪的对象。有人提出，既然贪污罪的对象可以包括国家参股的非国有公司、企业的财产，那么国家投入参股、控股公司或者合资、合作经营企业中受国有公司、企业委派从事公务的人员作为责任人员集体私分这些公司的资产，是否同样可以作为特殊情况对待、予以认定私分国有资产罪呢？笔者认为，这种做法是完全错误的。因为本罪的主体是单位，而不像贪污罪的主体为个人，本罪中责任人员承担刑事责任是以单位成立本罪为前提的，如果集体私分的单位本身不是国有单位、不可能构成犯罪，追究作为责任人员的个人刑事责任岂有合理依据？

综上所述，依据四个原则，本罪的对象“国有资产”在形态上包括国有财产、债权和其他财产性利益；对于国有公司、企业而言，只有投入或为了投入生产经营的财产和其他财产性利益，或者生产经营所形成的财产和其他财产性利益，才能作为“国有资产”；对于国家机关、国有事业单位、人民团体而言，则无此限制。国有资产衍生的利息、孳息、通过折旧变卖等形式形成的权益，也属于“国有资产”。

国有单位的非法资产，是否属于“国有资产”？笔者认为，应当根据非法资产的来源及国有单位的具体性质予以具体分析。对于国有公司、企业而言，由于国有资产的认定应当考虑财产与资产的区别，所以，为了生产经营获取的收益，或者将国有资产用于非法生产经营所获取的收益，均应认定为国有资产；反之，不是为了生产经营或者不是因为生产经营所得的非法收益，则不能认定为国有资产。比如，国有公司、企业为了走私而接受其他单位或者个人的捐赠或赞助所形成的资产；国有公司、企业将国有资产非法拆借、非法融资后所得的收益；国有公司、企业生产、销售伪劣商品所得的收益，等等，均应认定为国有资产。上述资产尽管来源非法，但非法收益在国家依法收缴前，其所有权仍然属于原国有公司、企业，因而这部分收益应当视为国有资产。反之，国有公司、企业为了“发放福利”等非经营目的通过非法手段获取的财产，则不应认定为国有资产。对于国家机关、国有事业单位、人民团体而言，所有非法获取的资产，包括各种违法创收、乱收费、乱摊派所得，均应认定为国有资产。例如，某些高校非法收受学生及家长的“赞助费”，让某些不符合录取资格的学生入学就读，之后又将这些“赞助费”以各种名义发放给单位中的工作人员。对于此类非法受贿所得，如果所得数额达到法律、司法解释的规定标准，则单位一方面构成单位受贿罪，另一方面也成立私分国有资产罪。有人认为该国有财产没有投入到国有单位的生产经营中，也不属于国有资产在生产经营中形成的收益，因而不宜认定为国有资产，但如前所述，根据《最高人民检察院关于人民检察院直接受理立案侦查案件立案标准的规定（试行）》的规定精神，在国家机关、国有事业单位、人民团体中，国有资产的界定不应考虑是否与生产经营有关的问题。

私分国有单位“小金库”的财物是否构成私分国有资产罪？笔者认为，“小金库”不是一个法律概念，“小金库”的财物在刑法意义上性质也是不确定的。由于国有单位“小金库”的财物属性在不同的案件中具有不同性质，因此，全盘否定或一概肯定这类财物是国有资产，都是不妥的。正确的立场是，应当根据国有单位的性质（是国有公司、企业还是国家机关、国有事业单位、人民团体）和“小金库”财物的来源及用途进行具体分析：如果“小金库”的财物属于国有资产，而后单位集体私分的，应认定为私分国有资产罪；如果“小金库”的财物属于国有资产之外的其他公共财产，那么集体私分的行为不构成犯罪，可以按照违反规定设立“小金库”的行为作相应处理。当然，如果“小金库”的财物属于应当上缴国家的罚没财物，司法机关、行政执法机关违反国家规定，以单位名义集体私分的，应当认定为私分罚没财物罪。

七、国有单位通过欺骗手段套取上级主管部门国有资金发放职工福利、奖金、津贴的，是否构成私分国有资产罪

国家机关、国有公司、企业、事业单位、人民团体在国家法律、法规的规定范围内以单位名义发放各种福利、奖金、津贴，不存在违法违纪问题。如果这些国有单位违反国家规定，将单位用于经营生产的国有资产以福利、奖金、津贴等形式发放给职工，数额较大的，认定为私分国有资产罪也没有疑问。

实践中存在疑问的是，由于国家实行市场经济，国有公司、企业职工的待遇，包括工资、福利、奖金、津贴，往往与公司、企业的经济效益挂钩，虽然按照国家政策，国有公司、企业职工都应享有一些待遇（如国家规定的“菜篮子”和燃气补贴等），但是，一些国有单位经济效益不好，上级主管部门往往也就按照规定不予下拨这些资金，在这种情况下，如果这些国有单位虚报数据、掩盖效益不好的真相，通过各种欺骗手段，欺骗上级主管部门下拨资金，将套取的资金用来发放职工福利、奖金、津贴的，数额较大，是否应当按照私分国有资产罪定罪处罚？实务中存在两种截然相反的观点和做法：一种观点认为，对于发放职工福利、奖金、津贴而构成的私分国有资产罪，必须同时要求资金的来源和去向均违反国家规定，上述情况下尽管资金的来源因为国有单位的欺骗而违反国家规定，但职工获得所发放的福利、奖金、津贴，本身有国家政策法律依据，因而只属于违反财经纪律的行为，不应以犯罪论处。另一种观点认为，只要资金来源不合法，同时又属于国有资金，以单位名义予以私分，数额达到法定标准，就应当以私分国有资产罪定罪处罚。

笔者赞同前一观点。因为在这种情况下，既然国有单位职工因为公司、企业的经济效益不好，按照国家政策规定不应享有相关待遇，那么国有单位通过

欺骗手段获取这些资金不合法，予以发放也就谈不上去向“合法”的问题。正如行为人用贪污受贿所得用于捐献“希望工程”，不能因为捐献“希望工程”行为本身在形式上合法甚至应当予以鼓励而阻却贪污受贿的犯罪性一样，我们不能因为给职工发放福利、奖金、津贴在形式上符合国家政策法律规定而认为国有单位骗取所用资金就正当。有人提出反驳，指出按照国家国有资产管理局、财政部和国家工商行政管理局1991年3月26日《企业国有资产所有权界定的暂行规定》的规定，国有企业依照国家规定提取用于职工工资、奖励、福利等分配给个人消费的基金并不属于国有资产，所以上述情况下不存在侵犯国有资产所有权的问题。但在笔者看来，在上述情况下，最终作为职工福利、奖金、津贴被发放的国有资金，并不是国有公司、企业从自己经营收入中提取的用于职工工资、奖励、福利等分配给个人消费的基金，本来按照国家政策法律规定就不应作为福利、奖金、津贴资金由上级主管部门下拨，而国有单位通过欺骗手段获取后分发给职工，实际上是通过集体私分的形式损害了国有资产的产权，在实质上符合私分国有资产罪的构成要件。

八、如何区分私分国有资产罪与共同贪污罪、私分国有资产罪是否要求单位“人人有份”，隐匿国有财产可否构成私分国有资产罪

1997年《刑法》施行之前，一些私分国有资产行为是按照贪污罪的共同犯罪定罪处罚的，一部分私分国有资产行为则作了无罪处理，仅仅是作为违反财经纪律的行为进行了处理。可以认为，1997年《刑法》增设私分国有资产罪，将原来勉强按照共同贪污罪处理，但从犯罪构成的角度以贪污罪处理又并不十分恰当的行为，纳入了私分国有资产罪。

在现行刑法的背景下，私分国有资产罪与贪污罪存在如下显著不同的特征：一是犯罪对象不完全相同。私分国有资产罪的对象是国有资产，不包括国有资产之外的公共财产，但也不限于财产这一类资产，而是同时包括财产性利益。二是私分国有资产罪是以单位名义实施，犯罪主体与犯罪所得利益相分离，而贪污罪是国家工作人员及受国有单位委托经营管理国有财产的人员，利用职务上的便利将公共财物非法占为己有的个人犯罪，犯罪主体与犯罪所得利益具有一致性。但是，存在疑问的是，一些共同贪污行为也往往打着单位名义实施，以单位私分的名义为共同贪污行为人个人谋取利益，此时区分私分国有

资产罪与共同贪污罪尤其重要。

理论上有人认为，区分私分国有资产罪与共同贪污，应当从两个方面入手：一是考察行为人的主观故意，共同贪污的每一个成员均具有贪污的故意并共同实施或参与了共同贪污的行为；而私分国有资产一般都是领导集体研究决定，大多数情况下，存在有些成员虽然分到了钱物但并未直接参与私分行为，有些成员只是被动地分得钱物。二是考察行为方式。共同贪污的行为方式具有秘密性、欺骗性和隐蔽性；私分国有资产罪是"以单位名义""集体私分"，涉案国有资产被分配给本单位的全体人员或者绝大多数成员。[①] 有的学者认为，私分国有资产罪中分取国有资产是公开进行，而贪污罪多为秘密通过伪造单据、涂改账目、销毁凭证等手段进行。[②] 还有人认为，应从发放资金手段的合理性、行为人的主观故意和款项的违规程度来区分私分国有资产罪与共同贪污，如果单位有发放工资、奖金、福利等资金的资格，且参与分配人不知晓私分资金的性质、来源，发放款项主要违反财务制度和纪律的，一般应认定为私分国有资产罪，否则，可考虑构成贪污罪的共犯。[③]

笔者认为，上述观点和立场多为形式主义的，有的还在标准上模棱两可，并不利于准确区分两罪的界限。因为集体私分国有资产的行为与利用职务上的便利、通过侵吞、窃取、骗取等非法手段实施的贪污行为，根本区别在于两种行为的性质不同，而不在于是否国有单位内部人员人人均分得了财产、是否公开地侵吞国有财产（即使"公开性"是就单位内部而言）。试想：单位（包括单位的分支机构或者内设机构、部门）如果集体研究决定将国有资产分给少部分人，而其中这分得国有资产的少部分人中又有相当一部分人并没有参与私分决策，难道对此应以贪污罪的共同犯罪论处？另外，当国有单位数位人员利用职务上的便利公然将经营管理的国有财产共同瓜分私分时，难道可以因为他们侵吞行为在单位内部是公开的就认定为私分国有资产罪而不是共同贪污吗？实际上，秘密性或者采取涂改账目、销毁凭证等手段，只是贪污犯罪通常表现出来的一个外在特征而不是贪污罪的构成要件要素，贪污完全可以公开进行，只能说公开实施的贪污罪要比秘密实施的贪污罪所反映的人身危险性更大。至于有人主张从单位有无发放资金的资格等角度区分两罪，也是没有意义的。因为单位有发放资金的资格，内部人员既可以构成贪污罪，在违反国家规定发放

① 参见杨兴国：《贪污贿赂犯罪认定精解精析》，中国检察出版社2011年版，第337~338页。

② 参见祝丽波：《论私分国有资产罪》，载《政法学刊》2000年第3期。

③ 宗雨：《私分国有资产罪与贪污共犯辨析》，载《中国检察官（经典案例）》2014年第8期。

时也可以成立私分国有资产罪。而单位没有发放资格的，未必就是贪污，也可以成立私分国有资产罪。

笔者认为，区分两罪的关键要从犯罪构成的实质要求入手。前者体现的是单位损公肥私的犯罪的整体意志，后者体现的则是有职有权者个人的损公肥私的意志。即使是共同犯罪，贪污犯罪的故意也体现的是主观上相互联络的个人贪污意志的合意，而非单一的单位犯罪意志。因此，区分私分国有资产罪与共同贪污罪应当从以下几个方面入手：

第一，分取国有财产是否经过单位集体研究或者主要负责人决定，研究或决定将国有财产分取，其范围是限于决策者和具体经手、管理财产的人员之内，还是同时包括对国有财产没有任何支配管理权的普通职工？只有同时具备“单位集体研究或者主要负责人决定”和“分取国有财产者除了决策者和具体经手、管理财产的人员之外还有普通职工”两个条件，私分国有资产罪才能成立，因为只有这样才能体现单位犯罪的整体意志，同时又符合私分国有资产罪的“集体私分”的客观构成要件。具体而言，“单位集体研究或者主要负责人决定”这一特征反映私分国有资产罪的单位犯罪意志，“分取国有财产者除了决策者和具体经手、管理财产的人员之外还有普通职工”这一特征反映私分国有资产罪区别于贪污罪之少数人个人非法占有公共财物的“集体性”。但是，私分国有资产罪区别于贪污罪的单位犯罪意志并不反证贪污罪就一定是秘密性犯罪，私分国有资产的“集体性”也不等于“人人有份”。尽管私分国有资产罪中集体私分行为对所有分取国有资产者甚至单位所有人员来说，均是公开的，但共同贪污者实施贪污行为，不仅在共犯之间是公开的，而且对于单位其他人来说也可能通过公开的“侵吞”形式进行。所以，如果国有单位多个负责人没有经过单位集体研究或者没有经过主要领导的批准，或者主要领导人擅自决定，将国有财产在决策者和具体经手、管理国有财产的人员之间予以分取、甚至公开分取，就没有体现单位私分国有资产的意志，也没有反映私分的集体性，无疑应以共同贪污罪定罪处罚。值得研究的是，如果国有单位多个负责人没有经过单位集体研究或者没有经过主要领导的批准，或者主要领导人擅自决定，但是，在将部分国有财产分给决策者和具体经手、管理国有财产的人员之外，出于种种动机还向其他对国有财产无支配管理职权的普通职工予以分取的，如何定性？笔者认为，由于这种行为只具备私分国有资产罪的集体性而缺乏单位犯罪意志的属性，而完全符合贪污罪的犯罪构成，应以共同贪污论处。只不过，这种行为在事实上“超过”了（而不是不符合）贪污罪的构成要件，集体性不是贪污罪的必要特征，因而这种情况下分取国有财产的普通职工不因分取国有财产而成为贪污罪的共犯。但是，从归责原理的角度要求，在决策者和具体经手、管理国有财产的人员成立的共同贪污罪中，作为定罪量刑依据的贪污数额，应当包括普通职工分取的国有财产。因为这些国有财产的损失乃由决策者和具体经手、管理国有财产的人员意志支配下的犯罪行为造成，尽管最终为普通职工非法所有，但应视为决策者和具体经手、管理国有财产的人员共同贪污国有财产后的处分结果。

第二，被侵占或私分的是财产还是其他资产，是国有财产还是其他公共财产？私分国有资产罪与贪污罪在犯罪对象范围上存在交叉，因而仅仅从对象上不能完全区分两者，但是，犯罪对象的性质可以从一个侧面反映行为的性质，从而为准确界定两者提供依据。具体而言：（1）私分国有资产罪的对象是“资产”，而贪污罪的对象是“财物”或“财产”。在外延上，前者广于后者。所以，凡是将财产之外的资产作为侵吞对象的，不可能成立贪污罪，如果侵吞行为反映单位意志并具有集体性，应以私分国有资产罪定罪处罚；如果缺少单位意志或集体性特征，则应按照其他相关罪名或作无罪处理。（2）如前所述，尽管国有资产的存在形式多种多样，国家投资参股、控股的公司、企业也比较普遍，但由于私分国有资产罪主体仅限于国有单位，因而其对象不包括非国有公司、企业中国有资本形成的国有资产，而只能是国有公司、企业中的国有资产（这里没有涉及国家机关等国有单位，仅就公司、企业而言）。与私分国有资产罪不同，贪污罪的对象并不限于纯粹国有公司、企业中的国有财产，根据《刑法》第三百八十二条、第三百九十四条、第一百八十三条第二款和第二百七十一条第二款的规定，贪污罪的对象不仅包括国有财产，而且也包括国有财产之外的其他公共财产（财物），当国有公司、企业或者其他国有单位委派到非国有公司、企业以及其他单位从事公务的人员利用职务上的便利侵占本单位财物时，贪污罪的对象实际上还包括部分私有财产。由此可见，凡是在非纯粹的国有单位中，凡是犯罪对象非属国有，纯粹的国有的情况下，均不存在成立私分国有资产罪的余地。对于侵占非国有单位财产的，即使其中包含有国有财产的成分，也不能以私分国有资产罪定罪处罚，当行为人是利用职务上的便利将这些财产非法占为已有而未体现集体私分的特征时，应以贪污罪论处。比如，国有企业按国家规定提取用于职工工资、奖励、福利等分配给个人消费的基金，并不属于国有资产，但却属于公共财产，集体私分这些财产不成立私分国有资产罪，但行为人利用职务上的便利予以侵吞的，成立贪污罪。由于私分国有资产罪的对象限制，实践中存在的一个问题是：对于国有公司、企业、事业单位工作人员集体私分非国有性质的公共财产的，如何处理？有人认为，对此可以认定为贪污罪，但只处罚集体私分的首要分子。笔者认为，这种行为与贪污罪中体现个人犯罪意志的特征相去甚远，不能以贪污罪定罪处罚；如果以贪污罪论处，则必然造成一种不平衡的局面：集体私分国有资产的，有关责任人员按私分国有资产罪定罪处罚，刑罚相对较轻，而集体私分非国有性质的公共财产的，反而对首要分子以贪污罪定罪处罚，刑罚反而更重。当然，这种行为虽与私分国有资产罪在体现单位意志方面的特征相同，但却在对象上与该罪不符。因此，从行为类型化的角度分析，笔者认为，这种行为应当按照《刑法》第一百六十八条规定的国有公司、企业、事业单位人员滥用职权罪定罪处罚。

第三，对于侵吞国有财产人数较少的情况，仍要严格按照私分国有资产罪与贪污罪的构成予以区分，准确选择罪名，而不能单纯以非法所得的人数的多少来决定罪名的取舍。实践中，有的国有单位人数本身就很少，即使全体成员都参与国有财产的集体私分，人数也十分有限。比如，具有法人资格的、属于国有事业单位性质的某科研所，所长、副所长、科研人员及行政人员总共9人，由所长、副所长讨论决定，在没有完成任何科研项目的情况下将主管部门下拨的20万元科研经费在全体职员的范围内予以瓜分。这种集体私分从人数上来看就十分有限。司法实践中，有人主张私分国有资产罪至少应有10人参与私分，否则就是贪污。笔者不赞同这样的看法，因为即使10人以下对国有财产进行私分，只要符合私分国有资产罪“单位意志”和“集体私分”的特征，也应当以该罪论处；反之，即使10人以上参与，但只要是体现个人贪污故意，不是反映单位私分国有资产的意志，也应当以共同贪污论处。值得注意的是，私分国有资产罪中的“私分”的集体性，应当要求至少有3人参与，否则难以体现集体性，因此，如果一个国有单位只有3人，而3人均对国有财产进行所谓的“集体私分”，则不能视为单位犯罪，而应论以贪污罪。

隐匿国有财产的行为，可否成立私分国有资产罪？毫无疑问，“隐匿国有财产”在刑法上并非类型化的行为，也就是说，它不是某一个罪特有的客观行为。应当视行为人的主观故意及客观行为之具体情况进行具体分析。在“贪污罪”一章，笔者着重论述了国有公司、企业工作人员利用企业改制之机、利用自己职务上的便利，隐匿国有财产并将其转入改制后的、自己占有股份的公司、企业中的行为性质问题。其结论是：如果是国有公司、企业工作人员个人利用职务上的便利实施隐匿公司、企业财产，无论行为人在改制后的公司、企业中占有多少股份，对于这种情况都应认定为贪污罪，将所有隐匿的国有财产作为贪污罪的犯罪数额计算，追究行为人的刑事责任。兹不赘言。但是，必须阐明的是，隐匿国有财产的行为，不论是否在国有公司、企业改制过程中发生的，都存在成立私分国有资产罪的情况，其前提就是如前所述，同时具备“单位集体研究或者主要负责人决定”和“分取国有财产者除了决策者和具体经手、管理财产的人员之外还有普通职工”两个条件，而不是国有公司、企业的工作人员少数人将隐匿的国有财产直接据为己有、为第三人所有或者将之作为自己或亲属在新的股份制公司中股份。总而言之，隐匿国有财产的行为可以成立私分国有资产罪，也可以成立贪污罪，但究竟认定为何罪，应当根据具体情况、依据私分国有资产罪与贪污罪共同犯罪的区分原则，予以具体确定。根据2010年11月26日《最高人民法院、最高人民检察院关于办理国家出资企业中职务犯罪案件具体应用法律若干问题的意见》第二条的规定，“国有公司、企业违反国家规定，在改制过程中隐匿公司、企业财产，转为职工集体持股的改制后公司、企业所有的，对其直接负责的主管人员和其他直接责任人员，依照《刑法》第三百九十六条第一款的规定，以私分国有资产罪定罪处罚”“改制后的公司、企业只有改制前公司、企业的管理人员或者少数职工持股，改制前公司、企业的多数职工未持股的，依照本意见第一条的规定，以贪污罪定罪处罚。”对司法解释的具体适用，仍然应当遵循私分国有资产罪与贪污罪相区分的标准进行。

九、国家工作人员违规减免收取规费并集体予以瓜分的“收黑放黑”行为如何定性

司法实践中，在各种国有单位收取过路过桥费及其他规费的过程中，存在违规减免规费，并由有关工作人员将减免后收取的费用予以瓜分的现象。这种行为如何定性，存在较大争议，值得研究。例如：被告人杨某，S省煤炭运销集团金焦高速路煤焦管理站（以下简称“金焦煤站”）站长；被告人何某、崔某、张某，金焦煤站副站长；被告人靳某、白某、焦某、王某、郭某、李某、石某、牛某，金焦煤站职工。金焦煤站由S省交通、国土资源主管部门联合设立，全站职工分内勤和外勤两类，内勤包括办公室、财务科等部门，外勤主要由指挥岗、过磅计量组等组成，在出省口一线上班。按照S省地方法规的规

定，凡是S省内的煤炭运往外省，运输车户均须缴纳煤炭可持续发展基金等费用（每吨按40元缴纳），由设在S省与相邻省份边界的出省口煤站征收费用或查验已缴纳票证（各出省口均可征收费用；同批煤炭在其中一个出省口征收费用后，如在其他出省口出省，由该出省口煤站查验已缴纳费用票证，车户凭已缴纳费用票证被放行）。2017年12月~2019年5月，被告人杨某在担任金焦煤站站长期间，明知出省口煤站严禁“收黑放黑”（收黑钱、放黑车）的情况下，沿袭以往金焦煤站“老规矩”，安排被告人靳某、白某、焦某、王某、郭某、李某、石某、牛某等人担任指挥岗班长，利用检查可疑车辆、查验补征煤炭可持续发展基金等费用的职务便利，采取不开票据、少收费用的方式，私放部分无票拉煤车辆从收费站过站，帮助拉煤车户逃避部分费用的缴纳（车户逃避缴纳的费用平均占应缴纳总额的20%）。作为副站长的被告人何某、崔某、张某，每人每月各值班10天，在各自的值班期间对指挥岗人员实施相关的“收黑放黑”行为予以默许。其中，被告人靳某亲自或安排白某、焦某收取费用共计532万余元，被告人王某与郭某收取费用约196万余元，被告人李某与石某收取498万余元，被告人牛某收取170万余元。被告人在收取费用的当天晚上，除留取少部分资金供外勤职工加餐所用外，几乎将所收全部款项依据一定比例在内部进行瓜分。瓜分的方式是：作为站长的被告人杨某每天均有所得，约占当日收费总额的20%；作为副站长的被告人何某、崔某、张某，仅在各自值班日有所得，约占当日收费总额的15%；作为普通职工的其他被告人，仅在自己担任指挥岗人员的当日分得。另外，负责对出省车户车辆煤炭过磅称重的磅房的职工，值班当天也有一定款项分得。最终，各被告人个人分得的款项为：杨某280万余元，何某70万余元，崔某65万余元，张某70万余元，靳某65万余元，白某150万余元，焦某110万余元，王某120万余元，郭某105万余元，李某112万余元，石某118万余元，牛某90万余元。数磅房职工共分得30余万元。

对于本案，检察机关以受贿罪起诉杨某等12名被告人，主要理由是：被告人杨某作为金焦煤站站长、被告人何某等三人作为该站副站长、其他被告人作为该站具体从事查验过检出省车户的职工，均属于国家工作人员，具有查验车户是否缴费、收取费用的职权便利，各行为人正是利用这种职权便利，违法为未缴费车户减免部分费用、谋取非法利益，而收取车户的“好处费”——“黑钱”。各被告人在不同的岗位上分工负责，系受贿罪的共同犯罪。

在本案的审理过程中，被告人杨某的辩护人提出金焦煤站构成单位受贿罪、杨某作为直接负责的主管人员承担单位受贿罪的责任，而非构成受贿罪。被告人何某的辩护人提出包括何某在内的本案所有被告人都应当成立私分国有资产罪而非受贿罪。其他被告人的辩护人有的赞同单位受贿罪的意见，有的赞同私分国有资产罪的看法。在合议庭讨论中，也存在受贿罪和私分国有资产罪两种意见的分歧。

笔者认为，本案被告人杨某等人的行为既不成立受贿罪，也不构成单位受贿罪，而属于私分国有资产罪。具体理由如下：

1. 受贿罪是典型的“权钱交易”型渎职犯罪，其实质特征在于具有国家工作人员身份的行为人出卖自己的职权，而通过索贿或者非法收受他人财物的形式取得“对价”（贿赂）。本案中，被告人杨某等12人属于国有单位中从事公务的人员，符合受贿罪的主体，这是没有疑问的。他们在各自的岗位上对收缴、查验票证拉煤车户的煤炭可持续发展基金等费用也都具有相应职责、职权，只不过行使权力的形式有直接、间接之别而已。更值得注意的是，通过免收拉煤车户部分费用放行（“放黑”）的方式，在部分被告人收取车户款项（“收黑钱”）后，各被告人均按一定比例获得数额不等的钱款。因此，从形式上来看，各被告人的行为似乎完全符合受贿罪的特征——利用职务上的便利（利用缴费、查验票证的职权便利）为他人谋取利益（少缴或者不缴费用、在关卡放行车户），非法收受他人财物（共同非法收受车户交纳的款项）。但是，在笔者看来，这种形式的判断未能反映本案各被告人行为的实质特征。在贪污贿赂犯罪的认定中，一般情况下，受贿罪与贪污罪、私分国有资产罪之间不易混淆，但当行为人的职权属于针对财物的支配管理职权而其利用职权获取的非法利益也为物质性利益（财物）时，就存在混淆的可能性，对此有必要从受贿罪、贪污罪（单位集体私分则属于私分国有资产罪，下同）的本质入手加以甄别。本案即属于这种情况。笔者认为，对此，关键的问题是行为人所收取或者获得的物质性利益（财物）是行为人主管、管理或经手的单位公款还是他人（行贿人）所送予的贿赂。如果是前一情形，便属于贪污或私分国有资产；如果是后一情形，则属于受贿。具体到本案中，各被告人之所以不成立受贿罪，正是因为他们获取或者分取的不是车户送予个人或者单位的“好处费”、用于换取工作人员放行的“贿赂”款，而是国有资产（财产）。详言之，有以下几点根据：（1）涉案款项实际上是车户在不要票据的前提下，获得一定减免后交纳的煤炭可持续发展基金等费用。客观上，对于无票车户来说，这些费用本来是应当缴纳的，相应地，对于金焦煤站来说，这些费用也是应当收取的款项、国有资产。虽然从形式上看，这些款项来源于车户个人、最终也归属了各被告人个人，但是，在涉及贪污罪或者私分国有资产罪与受贿罪界限的问题上，财物性质的判断应当从实质角度进行——从应然的归属上，这些款项属于车户应当缴纳的费用（在缴纳后性质由车户个人财物转变为国有资产），也属于金焦煤站工作人员收取后应当上交国库的财物（不过最后被各被告人私分了）。（2）本案中收取无票拉煤车户款项，在长达数年的时间里，都有一个基本标准，即按照应收费用总额的80%左右收取，而不是车户随意给、煤站随意收，煤站并不是车户交多交少都放行，这鲜明地体现了作为应交纳“费用”而非贿赂款的特征。（3）无票车户在交纳涉案款项后，民事上应该被免除了再次交纳相应费用的义务，在有关部门及人员再次查验时可以行使抗辩权，甚至可以举报金焦煤站不给票收费的行为。（4）虽然这些费用在被收取后没有统一存入或放置于“小金库”，没有登记在册，甚至在形式上没有一度被单位控制，但是，作为“国有资产”，并不要求形式上被国有单位实际控制，更不要求有“小金库”或登记造册环节，只要在实质上属于国有的资产即可（在国有企业转制过程中，行为人利用职务上的便利将国有企业应收账款予以隐匿、不予评估而占为己有的，也应认定为贪污罪，其中的应收账款就属于国有单位没有实际控制的国有资产）。（5）受贿罪是权钱交易的犯罪，虽然相互交易的权钱之间没有绝对的对等性，但如果说本案中各被告人共同收取车户应缴款项80%的部分属于“好处费”，明显与只免去车户20%费用不具有对等性，在事理上也难以为人所接受。

2. 本案被告人杨某12人所实施的行为，在主客观上均表现为私分国有资产的整体行为，即各被告人作为单位意志支配下的责任人员，将收取的款项按照一定比例几乎全部予以瓜分，而非各被告人个人收受贿赂的共同犯罪。这种比例在站长、副站长、站员之间存在一定区别，甚至从最终瓜分所得看，一般站员获得的赃款比副站长还多，但这丝毫不影响本案各被告人应定性为私分国有资产罪。具体而言：（1）本案被告人所实施的犯罪行为，实际上是沿袭2017年12月之前金焦煤站的惯例、传统或“老规矩”。2017年12月～2019年5月，各被告人的所作所为不过是对这种传统做法的遵循、默认，这种行为体现的不是金焦煤站职工某一个人或某几个人的意志，也不是某几个人、几十个人犯罪的共同意志，而是体现为一个单位进行内部瓜分国有资产的整体意志。（2）从对所收费用进行瓜分的形式和范围来看，瓜分款项在金焦煤站内部几乎是公开的、至少是半公开的；分取人员不光是站长、副站长，还包括工作一线的指挥岗值班组员等普通职工，还包括同为外勤岗的磅房职工。也就是说，对于外勤岗来说，大多数人员有份，分取行为体现了“利益均沾”的特点。需要指出，私分国有资产罪的成立，并不要求某一单位内部所有部门的成员公开、半公开性地分取国有资产。或者说，瓜分的普遍性不是绝对意义上的，单位的某一个部门、某几个部门的成员分取国有资产，也属于私分国有资产。就本案而言，虽然分取款项的人员主要是外勤岗，但不影响私分行为的单位意志特性和普遍性、公开性特征。另外，在本案中，没有证据表明金焦煤站是通过开会集体讨论研究“少收费用放行并将费用分取”，也难以判断是有决策权的某一个、某几个领导决定的，其单位犯罪意志的形成，主要表现为对过去惯例的延续、默认，但对惯例的延续、默认也是单位犯罪意志的一种形成方式或体现形式。（3）私分国有资产罪在构成上要求私分行为“以单位名义”实施，旨在将此罪区别于个人实施的贪污犯罪，强调其犯罪故意是单一的单位整体意志而非一个人或几个人的意志相加，并不是要求在形式上须以单位的名义进行。因此，只要私分国有资产的行为在实质上体现单位意志，就属于单位名义。

3. 单位受贿罪是国家机关等国有单位实施的索贿、受贿行为，体现的是单位整体的意志。本案中各被告人减免车户缴纳费用并将收取的款项加以瓜分，无疑体现的是单位犯罪的意志。但是，如上文所述，由于车户缴纳的部分款项并不是车户“送予”的“好处费”“贿赂款”，因而本案的定性不宜为单位受贿罪。另外，退一步讲，即便这些款项是贿赂，收受这些款项的金焦煤站即便成立单位受贿罪，对于各被告人，最终仍应当认定为受贿罪而不是对其以单位受贿罪的直接责任人员追究责任。因为根据1999年6月《最高人民法院关于审理单位犯罪案件具体应用法律有关问题的解释》的规定，盗用单位名义实施犯罪，违法所得由实施犯罪的个人私分的，不以单位犯罪论处，而应依照刑罚有关自然人犯罪的规定定罪处罚，即按个人的受贿罪定罪处罚。

十、如何准确认定私分罚没财物罪，其与私分国有资产罪的区别何在

《刑法》第三百九十六条除在第一款规定了私分国有资产罪之外，在第二款还规定了私分罚没财物罪。在财产属性上，罚没财物也是归国家所有，属于国有资产，但是，刑法将私分罚没财物的行为设立独立罪名，旨在突出惩治执

法部门私分罚没财物的重要性。

私分罚没财物罪是指司法机关、行政执法机关违反国家规定，将应当上缴国家的罚没财物，以单位名义集体私分的行为。根据最高人民检察院于1999年9月16日《关于人民检察院直接受理立案侦查案件立案标准的规定（试行)》的规定，涉嫌私分罚没财物，累计数额在10万元以上的，应予立案。这一数额可以被认为是本罪的起刑数额标准。

在本罪的认定中，关于“违反国家规定”“以单位名义集体私分”的界定，私分罚没财物罪与共同贪污罪的区分，与私分国有资产罪认定中的有关问题基本相同，不必赘言。有关司法机关、行政执法机关的派出机构也可以成立本罪，这和国家机关、国有公司、企业、事业单位、人民团体的下属部门（内部职能部门）或者分支机构可以成立私分国有资产罪一样，具有相同的合理性。

需要注意的是：（1）本罪的主体是司法机关、行政执法机关，不包括其他国家机关、国有公司、企业、事业单位、人民团体。因此，凡是其他机关私分罚款等罚没财物的，如果数额达到定罪标准，应当按照私分国有资产罪定罪处罚。这里特别要注意的是，根据我国宪法的规定，监察机关是我国的政治机关，既不属于行政机关，也不属于司法机关，根据《监察法》第十条的规定，监察机关具有对涉嫌贪污贿赂、滥用职权、玩忽职守、权力寻租、利益输送、徇私舞弊以及浪费国家资财等职务违法和职务犯罪进行调查的职责，还有对涉嫌职务犯罪的公职人员将调查结果移送人民检察院依法审查起诉的职责，而且《监察法》第六十四条还规定：“监察机关经调查，对违法取得的财物，依法予以没收、追缴或者责令退赔；对涉嫌犯罪取得的财物，应当随案移送人民检察院。”但是，在罪刑法定原则的要求下，不属于司法机关和行政执法机关的监察机关，其私分罚没应当上缴国家的财物，以单位名义集体私分给个人的，不得以私分罚没财物罪定罪处罚。（2）本罪的对象仅限于应当上缴国家的罚没财物，因此，司法机关、行政执法机关，以单位名义集体私分应当上缴国家的罚没财物之外的其他国有资产的，也应当以私分国有资产罪定罪处罚。所谓罚没财物，包括：①司法机关、行政执法机关追缴、没收的违法犯罪所得的赃款、赃物及其犯罪工具等。例如贪污受贿的赃款，生产的伪劣产品，传播淫秽物品的影碟机，作为犯罪工具的汽车等等。②行政执法机关依据有关法律、法规，对公民、法人组织的行政罚款，例如质量监督管理部门对不合格商品生产者的罚款；公安机关对违反治安管理处罚法者所处的罚款，环保部门对污染环境企业的罚款，国土资源管理部门对违反土地管理法律法规的个人或单位所处的罚款，等等。③法律、法规授权的机构依据有关法律、法规，对违背有关行政法律秩序的公民、法人组织的罚款。例如，国家文物管理部门授权文物所在地的文物管理机构，对参观文物时毁坏文物者所处以的罚款。依据我国《行政处罚法》和财政部 1993 年《关于对行政收费、罚没收入实行预算管理的规定》，罚没财物，均当折价上缴国家财政，拒不上缴而擅自留作单位自用者，属行政违法行为；拒不上缴而又集体加以私分者，可以构成本罪。需要特别注意的是，司法机关、行政执法机关扣押的财物，并不属于罚没财物。扣押财物是指司法机关、行政执法机关对当事人依法采取强制措施扣留的款项和物品，以及对犯罪嫌疑人、被告人决定取保候审而收取的保证金。扣押财物在被司法机关、行政执法机关扣押期间，应视为国有财产，对于以单位名义集体私分这些扣押财物的，应以私分国有资产罪定罪处罚。（3）本罪的立法宗旨，是惩治司法机关、行政执法机关将自己依照职权（人民赋予的、由国家机关代行的）应该罚没、依法罚没后也应该上缴国家的罚没财物予以私分的行为，以整饬执法队伍。所以，作为本罪对象的“应当上缴国家的罚没财物”，仅限于依法罚没的财物，而不包括司法机关、行政机关违法罚没的财物，如果司法机关、行政执法机关集体私分违法罚没的财物的，仍应依照私分国有资产罪定罪处罚。（4）一些地方财政部门往往与司法机关、行政执法机关有成文或不成文的协议，允许司法机关、行政执法机关按照一定比例将所罚没款作为财政经费返还，由于这些罚没款的性质已经发生变化——由罚没款变成了作为财政经费的国有财产，因此，对于有关单位将这些返还的罚没款予以私分的，应按照私分国有资产罪定罪处罚。

附　录

贪污贿赂罪司法认定的相关法律法规以及立法、司法解释

中华人民共和国刑法（节录）

（1979年7月1日第五届全国人民代表大会第二次会议通过
1997年3月14日第八届全国人民代表大会第五次会议修订
1997年3月14日中华人民共和国主席令第八十三号公布
自1997年10月1日起施行）

第一百六十三条【经2006年6月29日《刑法修正案（六）》修正】 公司、企业或者其他单位的工作人员利用职务上的便利，索取他人财物或者非法收受他人财物，为他人谋取利益，数额较大的，处五年以下有期徒刑或者拘役；数额巨大的，处五年以上有期徒刑，可以并处没收财产。

公司、企业或者其他单位的工作人员在经济往来中，利用职务上的便利，违反国家规定，收受各种名义的回扣、手续费，归个人所有的，依照前款的规定处罚。

国有公司、企业或者其他国有单位中从事公务的人员和国有公司、企业或者其他国有单位委派到非国有公司、企业以及其他单位从事公务的人员有前两款行为的，依照本法第三百八十五条、第三百八十六条的规定定罪处罚。

第一百六十四条【经2006年6月29日《刑法修正案（六）》、2015年8月29日《刑法修正案（九）》修正】 为谋取不正当利益，给予公司、企业或者其他单位的工作人员

以财物，数额较大的，处三年以下有期徒刑或者拘役，并处罚金；数额巨大的，处三年以上十年以下有期徒刑，并处罚金。

为谋取不正当商业利益，给予外国公职人员或者国际公共组织官员以财物的，依照前款的规定处罚。

单位犯前款罪的，对单位判处罚金，并对其直接负责的主管人员和其他直接责任人员，依照第一款的规定处罚。

行贿人在被追诉前主动交待行贿行为的，可以减轻处罚或者免除处罚。

第一百六十六条　国有公司、企业、事业单位的工作人员，利用职务便利，有下列情形之一，使国家利益遭受重大损失的，处三年以下有期徒刑或者拘役，并处或者单处罚金；致使国家利益遭受特别重大损失的，处三年以上七年以下有期徒刑，并处罚金：

（一）将本单位的盈利业务交由自己的亲友进行经营的；

（二）以明显高于市场的价格向自己的亲友经营管理的单位采购商品或者以明显低于市场的价格向自己的亲友经营管理的单位销售商品的；

（三）向自己的亲友经营管理的单位采购不合格商品的。

第一百六十八条　国有公司、企业的工作人员，由于严重不负责任或者滥用职权，造成国有公司、企业破产或者严重损失，致使国家利益遭受重大损失的，处三年以下有期徒刑或者拘役；致使国家利益遭受特别重大损失的，处三年以上七年以下有期徒刑。

国有事业单位的工作人员有前款行为，致使国家利益遭受重大损失的，依照前款的规定处罚。

国有公司、企业、事业单位的工作人员，徇私舞弊，犯前两款罪的，依照第一款的规定从重处罚。

第一百六十九条　国有公司、企业或者其上级主管部门直接负责的主管人员，徇私舞弊，将国有资产低价折股或者低价出售，致使国家利益遭受重大损失的，处三年以下有期徒刑或者拘役；致使国家利益遭受特别重大损失的，处三年以上七年以下有期徒刑。

第一百八十三条　保险公司的工作人员利用职务上的便利，故意编造未曾发生的保险事故进行虚假理赔，骗取保险金归自己所有的，依照本法第二百七十一条的规定定罪处罚。

国有保险公司工作人员和国有保险公司委派到非国有保险公司从事公务的人员有前款行为的，依照本法第三百八十二条、第三百八十三条的规定定罪处罚。

第一百八十四条　银行或者其他金融机构的工作人员在金融业务活动中索取他人财物或者非法收受他人财物，为他人谋取利益的，或者违反国家规定，收受各种名义的回扣、手续费，归个人所有的，依照本法第一百六十三条的规定定罪处罚。

国有金融机构工作人员和国有金融机构委派到非国有金融机构从事公务的人员有前款行为的，依照本法第三百八十五条、第三百八十六条的规定定罪处罚。

第一百八十五条　商业银行、证券交易所、期货交易所、证券公司、期货经纪公司、保险公司或者其他金融机构的工作人员利用职务上的便利，挪用本单位或者客户资金的，依照本法第二百七十二条的规定定罪处罚。

国有商业银行、证券交易所、期货交易所、证券公司、期货经纪公司、保险公司或者其他国有金融机构的工作人员和具有商业银行、证券交易所、期货交易所、证券公司、期货经纪公司、保险公司或其他国有金融机构委派到前款规定的非国机构从事公务的人员有前款行为的，依照本法第三百八十四条的规定定罪处罚。

第二百七十一条 公司、企业或者其他单位的人员，利用职务上的便利，将本单位财物非法占为己有，数额较大的，处五年以下有期徒刑或者拘役；数额巨大的，处五年以上有期徒刑，可以并处没收财产。

国有公司、企业或者其他国有单位中从事公务的人员和国有公司、企业或者其他国有单位委派到非国有公司、企业以及其他单位从事公务的人员有前款行为的，依照本法第三百八十二条、第三百八十三条的规定定罪处罚。

第二百七十二条 公司、企业或者其他单位的工作人员，利用职务上的便利，挪用本单位资金归个人使用或者借贷给他人，数额较大、超过三个月未还的，或者虽未超过三个月，但数额较大、进行营利活动的，或者进行非法活动的，处三年以下有期徒刑或者拘役；挪用本单位资金数额巨大的，或者数额较大不退还的，处三年以上十年以下有期徒刑。

国有公司、企业或者其他国有单位中从事公务的人员和国有公司、企业或者其他国有单位委派到非国有公司、企业以及其他单位从事公务的人员有前款行为的，依照本法第三百八十四条的规定定罪处罚。

第三百八十二条 国家工作人员利用职务上的便利，侵吞、窃取、骗取或者以其他手段非法占有公共财物的，是贪污罪。

受国家机关、国有公司、企业、事业单位、人民团体委托管理、经营国有财产的人员，利用职务上的便利，侵吞、窃取、骗取或者以其他手段非法占有国有财物的，以贪污论。

与前两款所列人员勾结，伙同贪污的，以共犯论处。

第三百八十三条【经2015年8月29日《刑法修正案（九）》修正】 对犯贪污罪的，根据情节轻重，分别依照下列规定处罚：

（一）贪污数额较大或者有其他较重情节的，处三年以下有期徒刑后者拘役，并处罚金。

（二）贪污数额巨大或者有其他严重情节的，处三年以上十年以下有期徒刑，并处罚金或者没收财产。

（三）贪污数额特别巨大或者有其他特别严重情节的，处十年以上有期徒刑或者无期徒刑，并处罚金或者没收财产；数额特别巨大，并使国家和人民利益遭受特别重大损失的，处无期徒刑或者死刑，并处没收财产。

对多次贪污未经处理的，按照累计贪污数额处罚。

犯第一款罪，在提起公诉前如实供述自己的罪行、真诚悔罪、积极退赃，避免、减少损害结果发生，有第一项规定情形的，可以从轻、减轻或者免除处罚；有第二项、第三项规定情形的，可以从轻处罚。

犯第一款罪，有第三项规定情形被判处死刑缓期执行的，人民法院根据犯罪情节等情况可以同时决定在其死刑缓期执行二年期满依法减为无期徒刑后，终身监禁，不得减刑、假释。

第三百八十四条　国家工作人员利用职务上的便利，挪用公款归个人使用，进行非法活动的，或者挪用公款数额较大、进行营利活动的，或者挪用公款数额较大、超过三个月未还的，是挪用公款罪，处五年以下有期徒刑或者拘役；情节严重的，处五年以上有期徒刑。挪用公款数额巨大不退还的，处十年以上有期徒刑或者无期徒刑。

挪用用于救灾、抢险、防汛、优抚、扶贫、移民、救济款物归个人使用的，从重处罚。

第三百八十五条　国家工作人员利用职务上的便利，索取他人财物的，或者非法收受他人财物，为他人谋取利益的，是受贿罪。

国家工作人员在经济往来中，违反国家规定，收受各种名义的回扣、手续费，归个人所有的，以受贿论处。

第三百八十六条　对犯受贿罪的，根据受贿所得数额及情节，依照本法第三百八十三条的规定处罚。索贿的从重处罚。

第三百八十七条　国家机关、国有公司、企业、事业单位、人民团体，索取、非法收受他人财物，为他人谋取利益，情节严重的，对单位判处罚金，并对其直接负责的主管人员和其他直接责任人员，处五年以下有期徒刑或者拘役。

前款所列单位，在经济往来中，在账外暗中收受各种名义的回扣、手续费的，以受贿论，依照前款的规定处罚。

第三百八十八条　国家工作人员利用本人职权或者地位形成的便利条件，通过其他国家工作人员职务上的行为，为请托人谋取不正当利益，索取请托人财物或者收受请托人财物的，以受贿论处。

第三百八十八条之一【由2009年2月28日《刑法修正案（七）》增设】　国家工作人员的近亲属或者其他与该国家工作人员关系密切的人，通过该国家工作人员职务上的行为，或者利用该国家工作人员职权或者地位形成的便利条件，通过其他国家工作人员职务上的行为，为请托人谋取不正当利益，索取请托人财物或者收受请托人财物，数额较大或者有其他较重情节的，处三年以下有期徒刑或者拘役，并处罚金；数额巨大或者有其他严重情节的，处三年以上七年以下有期徒刑，并处罚金；数额特别巨大或者有其他特别严重情节的，处七年以上有期徒刑，并处罚金或者没收财产。

离职的国家工作人员或者其近亲属以及其他与其关系密切的人，利用该离职的国家工作人员原职权或者地位形成的便利条件实施前款行为的，依照前款的规定定罪处罚。

第三百八十九条　为谋取不正当利益，给予国家工作人员以财物的，是行贿罪。

在经济往来中，违反国家规定，给予国家工作人员以财物，数额较大的，或者违反国家规定，给予国家工作人员以各种名义的回扣、手续费的，以行贿论处。

因被勒索给予国家工作人员以财物，没有获得不正当利益的，不是行贿。

第三百九十条【经 2015 年 8 月 29 日《刑法修正案（九）》修正】 对犯行贿罪的，处五年以下有期徒刑或者拘役，并处罚金；因行贿谋取不正当利益，情节严重的，或者使国家利益遭受重大损失的，处五年以上十年以下有期徒刑，并处罚金；情节特别严重的，处十年以上有期徒刑或者无期徒刑，可以并处罚金或者没收财产。

行贿人在被追诉前主动交待行贿行为的，可以从轻或者减轻处罚。其中，犯罪较轻的，对侦破重大案件起关键作用的，或者有重大立功表现的，可以减轻或者免除处罚。

第三百九十条之一【由 2015 年 8 月 29 日《刑法修正案（九）》增设】 为谋取不正当利益，向国家工作人员的近亲属或者其他与该国家工作人员关系密切的人，或者向离职的国家工作人员或者其近亲属以及其他与其关系密切的人行贿的，处三年以下有期徒刑或者拘役，并处罚金；情节严重的，或者使国家利益遭受重大损失的，处三年以上七年以下有期徒刑，并处罚金；情节特别严重的，或者使国家利益遭受特别重大损失的，处七年以上十年以下有期徒刑，并处罚金。

单位犯前款罪的，对单位判处罚金，并对其直接负责的主管人员和其他直接责任人员，处三年以下有期徒刑或者拘役，并处罚金。

第三百九十一条【经 2015 年 8 月 29 日《刑法修正案（九）》修正】 为谋取不正当利益，给予国家机关、国有公司、企业、事业单位、人民团体以财物的，或者在经济往来中，违反国家规定，给予各种名义的回扣、手续费的，处三年以下有期徒刑或者拘役，并处罚金。

单位犯前款罪的，对单位判处罚金，并对其直接负责的主管人员和其他直接责任人员，依照前款的规定处罚。

第三百九十二条【经 2015 年 8 月 29 日《刑法修正案（九）》修正】 向国家工作人员介绍贿赂，情节严重的，处三年以下有期徒刑或者拘役，并处罚金。

介绍贿赂人在被追诉前主动交待介绍贿赂行为的，可以减轻处罚或者免除处罚。

第三百九十三条【经 2015 年 8 月 29 日《刑法修正案（九）》修正】 单位为谋取不正当利益而行贿，或者违反国家规定，给予国家工作人员以回扣、手续费，情节严重的，对单位判处罚金，并对其直接负责的主管人员和其他直接责任人员，处五年以下有期徒刑或者拘役，并处罚金。因行贿取得的违法所得归个人所有的，依照本法第三百八十九条、第三百九十条的规定定罪处罚。

第三百九十四条 国家工作人员在国内公务活动或者对外交往中接受礼物，依照国家规定应当交公而不交公，数额较大的，依照本法第三百八十二条、第三百八十三条的规定定罪处罚。

第三百九十五条【经 2009 年 2 月 28 日《刑法修正案（七）》修正】 国家工作人员的财产、支出明显超过合法收入，差额巨大的，可以责令该国家工作人员说明来源，不能说明来源的，差额部分以非法所得论，处五年以下有期徒刑或者拘役；差额特别巨大的，处五年以上十年以下有期徒刑。财产的差额部分予以追缴。

国家工作人员在境外的存款，应当依照国家规定申报。数额较大、隐瞒不报的，处二年以下有期徒刑或者拘役；情节较轻的，由其所在单位或者上级主管机关酌情给予行政处分。

第三百九十六条 国家机关、国有公司、企业、事业单位、人民团体，违反国家规定，以单位名义将国有资产集体私分给个人，数额较大的，对其直接负责的主管人员和其他直接责任人员，处三年以下有期徒刑或者拘役，并处或者单处罚金；数额巨大的，处三年以上七年以下有期徒刑，并处罚金。

司法机关、行政执法机关违反国家规定，将应当上缴国家的罚没财物，以单位名义集体私分给个人的，依照前款的规定处罚。

全国人民代表大会常务委员会

关于《中华人民共和国刑法》第九十三条第二款的解释

(2000 年 4 月 29 日第九届全国人民代表大会常务委员会第十五次会议通过
根据 2009 年 8 月 27 日全国人民代表大会常务委员会
《关于修改部分法律的决定》修改)

全国人民代表大会常务委员会讨论了村民委员会等村基层组织人员在从事哪些工作时属于刑法第九十三条第二款规定的“其他依照法律从事公务的人员”，解释如下：

村民委员会等村基层组织人员协助人民政府从事下列行政管理工作，属于刑法第九十三条第二款规定的“其他依照法律从事公务的人员”：

（一）救灾、抢险、防汛、优抚、扶贫、移民、救济款物的管理；

（二）社会捐助公益事业款物的管理；

（三）国有土地的经营和管理；

（四）土地征收、征用补偿费用的管理；

（五）代征、代缴税款；

（六）有关计划生育、户籍、征兵工作；

（七）协助人民政府从事的其他行政管理工作。

村民委员会等村基层组织人员从事前款规定的公务，利用职务上的便利，非法占有公共财物、挪用公款、索取他人财物或者非法收受他人财物，构成犯罪的，适用刑法第三百八十二条和第三百八十三条贪污罪、第三百八十四条挪用公款罪、第三百八十五条和第三百八十六条受贿罪的规定。

现予公告。

最高人民检察院

关于贯彻执行《全国人民代表大会常务委员会关于〈中华人民共和国刑法〉第九十三条第二款的解释》的通知

2000年6月5日　　高检发研字〔2000〕12号

各省、自治区、直辖市人民检察院，军事检察院，新疆生产建设兵团人民检察院：

第九届全国人民代表大会常务委员会第十五次会议于2000年4月25日通过了《全国人民代表大会常务委员会关于〈中华人民共和国刑法〉第九十三条第二款的解释》（以下简称《解释》）。为认真贯彻执行《解释》，现就有关工作通知如下：

一、各级检察机关要认真学习《解释》和刑法的有关规定，深刻领会《解释》的精神，充分认识检察机关依法查处村民委员会等村基层组织人员贪污、受贿、挪用公款犯罪案件对于维护农村社会稳定、惩治腐败、保障农村经济发展的重要意义。

二、根据《解释》，检察机关对村民委员会等村基层组织人员协助人民政府从事《解释》所规定的行政管理工作中发生的利用职务上的便利，非法占有公共财物，挪用公款，索取他人财物或者非法收受他人财物，构成犯罪的案件，应直接受理，分别适用刑法第三百八十二条、第三百八十三条，第三百八十四条和第三百八十五条、第三百八十六条的规定，以涉嫌贪污罪、挪用公款罪、受贿罪立案侦查。

三、各级检察机关在依法查处村民委员会等村基层组织人员贪污、受贿、挪用公款犯罪案件过程中，要根据《解释》和其他有关法律的规定，严格把握界限，准确认定村民委员会等村基层组织人员的职务活动是否属于协助人民政府从事《解释》所规定的行政管理工作，并正确把握刑法第三百八十二条、第三百八十三条贪污罪、第三百八十四条挪用公款罪和第三百八十五条、第三百八十六条受贿罪的构成要件。对村民委员会等村基层组织人员从事属于村民自治范围的经营、管理活动不能适用《解释》的规定。

四、各级检察机关在依法查处村民委员会等村基层组织人员涉嫌贪污、受贿、挪用公款犯罪案件过程中，要注意维护农村社会的稳定，注重办案的法律效果与社会效果的统一。对疑难、复杂、社会影响大的案件，下级检察机关要及时向上级检察机关请示。上级检察机关要认真及时研究，加强指导，以准确适用法律，保证办案质量。

五、各省级检察院对执行《解释》和本通知过程中遇到的新情况、新问题，要及时报告最高人民检察院。

最高人民检察院

关于《全国人民代表大会常务委员会关于〈中华人民共和国刑法〉第九十三条第二款的解释》的时间效力的批复

2000 年 6 月 29 日　　　　高检发研字〔2000〕15 号

天津市人民检察院：

你院“关于《全国人民代表大会常务委员会关于〈中华人民共和国刑法〉第九十三条第二款的解释》的实施时间问题的请示”收悉。经研究，批复如下：

《全国人民代表大会常务委员会关于〈中华人民共和国刑法〉第九十三条第二款的解释》是对刑法第九十三条第二款关于“其他依照法律从事公务的人员”规定的进一步明确，并不是对刑法的修改。因此，该《解释》的效力适用于修订刑法的施行日期，其溯及力适用修订刑法第十二条的规定。

全国人民代表大会常务委员会

关于《中华人民共和国刑法》第九章渎职罪主体适用问题的解释

(2002 年 12 月 28 日第九届全国人民代表大会常务委员会第三十一次会议通过)

全国人大常委会根据司法实践中遇到的情况，讨论了刑法第九章渎职罪主体的适用问题，解释如下：

在依照法律、法规规定行使国家行政管理职权的组织中从事公务的人员，或者在受国家机关委托代表国家机关行使职权的组织中从事公务的人员，或者虽未列入国家机关人员编制但在国家机关中从事公务的人员，在代表国家机关行使职权时，有渎职行为，构成犯罪的，依照刑法关于渎职罪的规定追究刑事责任。

现予公告。

最高人民法院

关于如何认定国有控股、参股股份有限公司中的国有公司、企业人员的解释

法释〔2005〕10号

（2005年7月31日最高人民法院审判委员会第1359次会议通过）

为准确认定刑法分则第三章第三节中的国有公司、企业人员，现对国有控股、参股的股份有限公司中的国有公司、企业人员解释如下：

国有公司、企业委派到国有控股、参股公司从事公务的人员，以国有公司、企业人员论。

最高人民检察院

关于镇财政所所长是否适用国家机关工作人员的批复

2000年5月4日　　　　高检发研字〔2000〕9号

上海市人民检察院：

你院沪检发［2000］30号文收悉。经研究，批复如下：

对于属行政执法事业单位的镇财政所中按国家机关在编干部管理的工作人员，在履行政府行政公务活动中，滥用职权或玩忽职守构成犯罪的，应以国家机关工作人员论。

此复

最高人民检察院

关于合同制民警能否成为玩忽职守罪主体问题的批复

2000年10月9日　　　　高检发研字〔2000〕20号

辽宁省人民检察院：

你院辽检发诉字［1999］76号《关于犯罪嫌疑人李海玩忽职守一案的请示》收悉。经研究，批复如下：

根据刑法第九十三条第二款的规定，合同制民警在依法执行公务期间，属其他依照法律从事公务的人员，应以国家机关工作人员论。对合同制民警在依法执行公务活动中的玩

忽职守行为，符合刑法第三百九十七条规定的玩忽职守罪构成条件的，依法以玩忽职守罪追究刑事责任。

此复

最高人民检察院

关于属工人编制的乡（镇）工商所所长能否依照刑法第三百九十七条的规定追究刑事责任问题的批复

2000 年 10 月 31 日　　　　高检发研字〔2000〕23 号

江西省人民检察院：

你院赣检研发（2000）3 号《关于乡（镇）工商所所长（工人编制）是否属于国家机关工作人员的请示》收悉。经研究，批复如下：

根据刑法第九十三条第二款的规定，经人事部门任命，但为工人编制的乡（镇）工商所所长，依法履行工商行政管理职责时，属其他依照法律从事公务的人员，应以国家机关工作人员论。如果玩忽职守，致使公共财产、国家和人民利益遭受重大损失，可适用刑法第三百九十七条的规定，以玩忽职守罪追究刑事责任。

此复

最高人民检察院

关于企业事业单位的公安机构在机构改革过程中其工作人员能否构成渎职侵权犯罪主体问题的批复

高检发研字〔2002〕3 号

（2002 年 4 月 24 日最高人民检察院第九届检察委员会第 107 次会议通过自 2002 年 5 月 16 日起施行）

陕西省人民检察院：

你院陕检发研［2001］159 号《关于对企业事业单位的公安机构在机构改革过程中其工作人员能否构成渎职侵权犯罪主体问题的请示》收悉。经研究，批复如下：

企业事业单位的公安机构在机构改革过程中虽尚未列入公安机关建制，其工作人员在行使侦查职责时，实施渎职侵权行为的，可以成为渎职侵权犯罪的主体。

此复

最高人民检察院法律政策研究室
关于对海事局工作人员如何适用法律问题的答复

2003 年 1 月 13 日　　　　高检研发字〔2003〕第 1 号

辽宁省人民检察院研究室：

你院《关于辽宁海事局的工作人员是否为国家机关工作人员的主体认定请示》（辽检发渎检字〔2002〕1 号）收悉。经研究，答复如下：

根据国办发〔1999〕90 号、中编办函〔2000〕184 号等文件的规定，海事局负责行使国家水上安全监督和防止船舶污染及海上设施检验、航海保障的管理职权，是国家执法监督机构。海事局及其分支机构工作人员在从事上述公务活动中，滥用职权或者玩忽职守，致使公共财产、国家和人民利益遭受重大损失的，应当依照刑法第三百九十七条的规定，以滥用职权罪或者玩忽职守罪追究刑事责任。

最高人民检察院
关于工人等非监管机关在编监管人员私放在押人员脱逃行为适用法律问题的解释

2001 年 3 月 2 日　　　　高检发释字〔2001〕2 号

为依法办理私放在押人员犯罪案件和失职致使在押人员脱逃犯罪案件，对工人等非监管机关在编监管人员私放在押人员行为和失职致使在押人员脱逃行为如何适用法律问题解释如下：

工人等非监管机关在编监管人员在被监管机关聘用受委托履行监管职责的过程中私放在押人员的，应当依照刑法第四百条第一款的规定，以私放在押人员罪追究刑事责任；由于严重不负责任，致使在押人员脱逃，造成严重后果的，应当依照刑法第四百条第二款的规定，以失职致使在押人员脱逃罪追究刑事责任。

最高人民检察院
关于人民检察院直接受理立案侦查案件立案标准的规定（试行）

高检发释字〔1999〕2号

（1999年8月6日最高人民检察院第九届检察委员会第41次会议通过
1999年9月16日最高人民检察院公告公布　自1999年9月16日施行）

根据《中华人民共和国刑法》《中华人民共和国刑事诉讼法》和其他法律的有关规定，对人民检察院直接受理立案侦查案件的立案标准规定如下：

一、贪污贿赂犯罪案件

（一）贪污案（第三百八十二条、第三百八十三条，第一百八十三条第二款，第二百七十一条第二款，第三百九十四条）

贪污罪是指国家工作人员利用职务上的便利，侵吞、窃取、骗取或者以其他手段非法占有公共财物的行为。

“利用职务上的便利”是指利用职务上主管、管理、经手公共财物的权力及方便条件。

受国家机关、国有公司、企业、事业单位、人民团体委托管理、经营国有财产的人员，利用职务上的便利，侵吞、窃取、骗取或者以其他手段非法占有国有财物的，以贪污罪追究其刑事责任。

“受委托管理、经营国有财产”是指因承包、租赁、聘用等而管理、经营国有财产。

国有保险公司的工作人员和国有保险公司委派到非国有保险公司从事公务的人员利用职务上的便利，故意编造未曾发生的保险事故进行虚假理赔，骗取保险金归自己所有的，以贪污罪追究刑事责任。

国有公司、企业或者其他国有单位中从事公务的人员和国有公司、企业或者其他国有单位委派到非国有公司、企业以及其他非国有单位从事公务的人员，利用职务上的便利，将本单位财物非法占为己有的，以贪污罪追究刑事责任。

国家工作人员在国内公务活动或者对外交往中接受礼物，依照国家规定应当交公而不交公，数额较大的，以贪污罪追究刑事责任。

涉嫌下列情形之一的，应予立案：

1. 个人贪污数额在5000元以上的；

2. 个人贪污数额不满5000元，但具有贪污救灾、抢险、防汛、防疫、优抚、扶贫、移民、救济款物及募捐款物、赃款赃物、罚没款物、暂扣款物，以及贪污手段恶劣、毁灭证据、转移赃物等情节的。

（二）挪用公款案（第三百八十四条，第一百八十五条第二款，第二百七十二条第二款）

挪用公款罪是指国家工作人员利用职务上的便利，挪用公款归个人使用，进行非法活动的，或者挪用公款数额较大、进行营利活动的，或者挪用公款数额较大、超过3个月未还的行为。

国有金融机构工作人员和国有金融机构委派到非国有金融机构从事公务的人员，利用职务上的便利，挪用本单位或者客户资金的，以挪用公款罪追究刑事责任。

国有公司、企业或者其他国有单位中从事公务的人员和国有公司、企业或者其他国有单位委派到非国有公司、企业以及其他单位从事公务的人员，利用职务上的便利，挪用本单位资金归个人使用或者借贷给他人，数额较大，超过3个月未还的，或者虽未超过3个月，但数额较大，进行营利活动的，或者进行非法活动的，以挪用公款罪追究刑事责任。

涉嫌下列情形之一的，应予立案：

1. 挪用公款归个人使用，数额在5000元~1万元以上，进行非法活动的；

2. 挪用公款数额在1万元~3万元以上，归个人进行营利活动的；

3. 挪用公款归个人使用，数额在1万元至3万元以上，超过3个月未还的。

各省级人民检察院可以根据本地实际情况，在上述数额幅度内，确定本地区执行的具体数额标准，并报最高人民检察院备案。

“挪用公款归个人使用”，既包括挪用者本人使用，也包括给他人使用。

多次挪用公款不还的，挪用公款数额累计计算；多次挪用公款并以后次挪用的公款归还前次挪用的公款，挪用公款数额以案发时未还的数额认定。

挪用公款给其他个人使用的案件，使用人与挪用人共谋，指使或者参与策划取得挪用款的，对使用人以挪用公款罪的共犯追究刑事责任。

（三）受贿案（第三百八十五条、第三百八十六条，第三百八十八条，第一百六十三条第三款，第一百八十四条第二款）

受贿罪是指国家工作人员利用职务上的便利，索取他人财物的，或者非法收受他人财物，为他人谋取利益的行为。

“利用职务上的便利”，是指利用本人职务范围内的权力，即自己职务上主管、负责或者承办某项公共事务的职权及其所形成的便利条件。

索取他人财物的，不论是否“为他人谋取利益”，均可构成受贿罪。非法收受他人财物的，必须同时具备“为他人谋取利益”的条件，才能构成受贿罪。但是，为他人谋取的利益是否正当，为他人谋取的利益是否实现，不影响受贿罪的认定。

国家工作人员在经济往来中，违反国家规定，收受各种名义的回扣、手续费，归个人所有的，以受贿罪追究刑事责任。

国有公司、企业中从事公务的人员和国有公司、企业委派非国有公司、企业从事公务的人员利用职务上的便利，索取他人财物或者非法收受他人财物，为他人谋取利益，或者在经济往来中，违反国家规定，收受各种名义的回扣、手续费，归个人所有的，以受贿罪追究刑事责任。

国有金融机构工作人员和国有金融机构委派到非国有金融机构从事公务的人员在金融业务活动中索取他人财物或者非法收受他人财物，为他人谋取利益的，或者违反国家规定，收受各种名义的回扣、手续费归个人所有的，以受贿罪追究刑事责任。

国家工作人员利用本人职权或者地位形成的便利条件，通过其他国家工作人员职务上的行为，为请托人谋取不正当利益，索取请托人财物或者收受请托人财物的，以受贿罪追究刑事责任。

涉嫌下列情形之一的，应予立案：

1. 个人受贿数额在5000元以上的；

2. 个人受贿数额不满5000元，但具有下列情形之一的：

（1）因受贿行为而使国家或者社会利益遭受重大损失的；

（2）故意刁难、要挟有关单位、个人，造成恶劣影响的；

（3）强行索取财物的。

（四）单位受贿案（第三百八十七条）

单位受贿罪是指国家机关、国有公司、企业、事业单位、人民团体，索取、非法收受他人财物，为他人谋取利益，情节严重的行为。

索取他人财物或者非法收受他人财物，必须同时具备为他人谋取利益的条件，且是情节严重的行为，才能构成单位受贿罪。

国家机关、国有公司、企业、事业单位、人民团体，在经济往来中，在账外暗中收受各种名义的回扣、手续费的，以单位受贿罪追究刑事责任。

涉嫌下列情形之一的，应予立案：

1. 单位受贿数额在10万元以上的；

2. 单位受贿数额不满10万元，但具有下列情形之一的：

（1）故意刁难、要挟有关单位、个人，造成恶劣影响的

（2）强行索取财物的；

（3）致使国家或者社会利益遭受重大损失的。

（五）行贿案（第三百八十九条、第三百九十条）

行贿罪是指为谋取不正当利益，给予国家工作人员以财物的行为。

在经济往来中，违反国家规定，给予国家工作人员以财物，数额较大的，或者违反国家规定，给予国家工作人员以各种名义的回扣、手续费的，以行贿罪追究刑事责任。

涉嫌下列情形之一的，应予立案：

1. 行贿数额在1万元以上的；

2. 行贿数额不满1万元，但具有下列情形之一的：

（1）为谋取非法利益而行贿的；

（2）向3人以上行贿的；

（3）向党政领导、司法工作人员、行政执法人员行贿的；

（4）致使国家或者社会利益遭受重大损失的。

因被勒索给予国家工作人员以财物，已获得不正当利益的，以行贿罪追究刑事责任。

（六）对单位行贿案（第三百九十一条）

对单位行贿罪是指为谋取不正当利益，给予国家机关、国有公司、企业、事业单位、人民团体以财物，或者在经济往来中，违反国家规定，给予上述单位各种名义的回扣、手续费的行为。

涉嫌下列情形之一的，应予立案：

1. 个人行贿数额在 10 万元以上、单位行贿数额在 20 万元以上的；

2. 个人行贿数额不满 10 万元、单位行贿数额在 10 万元以上不满 20 万元，但具有下列情形之一的：

（1）为谋取非法利益而行贿的；

（2）向 3 个以上单位行贿的；

（3）向党政机关、司法机关、行政执法机关行贿的；

（4）致使国家或者社会利益遭受重大损失的。

（七）介绍贿赂案（第三百九十二条）

介绍贿赂罪是指向国家工作人员介绍贿赂，情节严重的行为。“介绍贿赂”是指在行贿人与受贿人之间沟通关系、撮合条件，使贿赂行为得以实现的行为。

涉嫌下列情形之一的，应予立案：

1. 介绍个人向国家工作人员行贿，数额在 2 万元以上的；介绍单位向国家工作人向行贿，数额在 20 万元以上的；

2. 介绍贿赂数额不满上数标准，但具有下列情形之一的：

（1）为使行贿人获得非法利益而介绍贿赂的；

（2）3 次以上或者为 3 人以上介绍贿赂的；

（3）向党政机关、司法机关、行政执法机关介绍贿赂的；

（4）致使国家或者社会利益遭受重大损失的。

（八）单位行贿案（第三百九十三条）

单位行贿罪是指公司、企业、事业单位、机关、团体为谋取不正当利益而行贿，或者违反国家规定，给予国家工作人员以回扣、手续费，情节严重的行为。

涉嫌下列情形之一的，应予立案：

1. 单位行贿数额在 20 万元以上的；

2. 单位为谋取不正当利益而行贿，数额在 10 万元以上不满 20 万元，但具有下列情形之一的：

（1）为谋取非法利益而行贿的；

（2）向 3 人以上行贿的；

（3）向党政领导、司法工作人员、行政执法人员行贿的；

（4）致使国家或者社会利益遭受重大损失的。

因行贿取得的违法所得归个人所有的，依照本规定关于个人行贿的规定立案，追究其刑事责任。

（九）巨额财产来源不明案（第三百九十五条第一款）

巨额财产来源不明罪是指国家工作人员的财产或者支出明显超出合法收入，差额巨大，而本人又不能说明其来源是合法的行为。

涉嫌巨额财产来源不明，数额在30万元以上的，应予立案。

（十）隐瞒境外存款案（第三百九十五条第二款）

隐瞒境外存款罪是指国家工作人员违反国家规定，故意隐瞒不报在境外的存款，数额较大的行为。

涉嫌隐瞒境外存款，折合人民币数额在30万元以上的，应予立案。

（十一）私分国有资产案（第三百九十六条第一款）

私分国有资产罪是指国家机关、国有公司、企业、事业单位、人民团体，违反国家规定，以单位名义将国有资产集体私分给个人，数额较大的行为。

涉嫌私分国有资产，累计数额在10万元以上的，应予立案。

（十二）私分罚没财物案（第三百九十六条第二款）

私分罚没财物罪是指司法机关、行政执法机关违反国家规定，将应当上缴国家的罚没财物。以单位名义集体私分给个人的行为。

涉嫌私分罚没财物，累计数额在10万元以上，应予立案。

最高人民法院
关于印发《全国法院审理经济犯罪案件工作座谈会纪要》的通知

2003年11月13日　　　　法〔2003〕167号

省、自治区、直辖市高级人民法院，解放军军事法院，新疆维吾尔自治区高级人民法院生产建设兵团分院：

现将《全国法院审理经济犯罪案件工作座谈会纪要》印发，供参照执行；执行中有什么问题，请及时报告我院。

全国法院审理经济犯罪案件工作座谈会纪要

为了进一步加强人民法院审判经济犯罪案件工作，最高人民法院于2002年6月4日～

6日在重庆市召开了全国法院审理经济犯罪案件工作座谈会。各省、自治区、直辖市高级人民法院和解放军军事法院主管刑事审判工作的副院长和刑事审判庭庭长参加了座谈会，全国人大常委会法制工作委员会、最高人民检察院、公安部也应邀派员参加了座谈会。座谈会总结了刑法和刑事诉讼法修订实施以来人民法院审理经济犯罪案件工作的情况和经验，分析了审理经济犯罪案件工作面临的形势和任务，对当前和今后一个时期进一步加强人民法院审判经济犯罪案件的工作作了部署。座谈会重点讨论了人民法院在审理贪污贿赂和渎职犯罪案件中遇到的有关适用法律的若干问题，并就其中一些带有普遍性的问题形成了共识。经整理并征求有关部门的意见，纪要如下：

一、关于贪污贿赂犯罪和渎职犯罪的主体

（一）国家机关工作人员的认定

刑法中所称的国家机关工作人员，是指在国家机关中从事公务的人员，包括在各级国家权力机关、行政机关、司法机关和军事机关中从事公务的人员。

根据有关立法解释的规定，在依照法律、法规规定行使国家行政管理职权的组织中从事公务的人员，或者在受国家机关委托代表国家行使职权的组织中从事公务的人员，或者虽未列入国家机关人员编制但在国家机关中从事公务的人员，视为国家机关工作人员。在乡（镇）以上中国共产党机关、人民政协机关中从事公务的人员，司法实践中也应当视为国家机关工作人员。

（二）国家机关、国有公司、企业、事业单位委派到非国有公司、企业、事业单位、社会团体从事公务的人员的认定

所谓委派，即委任、派遣，其形式多种多样，如任命、指派、提名、批准等。不论被委派的人身份如何，只要是接受国家机关、国有公司、企业、事业单位委派，代表国家机关、国有公司、企业、事业单位在非国有公司、企业、事业单位、社会团体中从事组织、领导、监督、管理等工作，都可以认定为国家机关、国有公司、企业、事业单位委派到非国有公司、企业、事业单位、社会团体从事公务的人员。如国家机关、国有公司、企业、事业单位委派在国有控股或者参股的股份有限公司从事组织、领导、监督、管理等工作的人员，应当以国家工作人员论。国有公司、企业改制为股份有限公司后，原国有公司、企业的工作人员和股份有限公司新任命的人员中，除代表国有投资主体行使监督、管理职权的人外，不以国家工作人员论。

（三）“其他依照法律从事公务的人员”的认定

刑法第九十三条第二款规定的“其他依照法律从事公务的人员”应当具有两个特征：一是在特定条件下行使国家管理职能；二是依照法律规定从事公务。具体包括：

1. 依法履行职责的各级人民代表大会代表；

2. 依法履行审判职责的人民陪审员；

3. 协助乡镇人民政府、街道办事处从事行政管理工作的村民委员会、居民委员会等农村和城市基层组织人员；

4. 其他由法律授权从事公务的人员。

（四）关于“从事公务”的理解

从事公务，是指代表国家机关、国有公司、企业、事业单位、人民团体等履行组织、领导、监督、管理等职责。公务主要表现为与职权相联系的公共事务以及监督、管理国有财产的职务活动。如国家机关工作人员依法履行职责，国有公司的董事、经理、监事、会计、出纳人员等管理、监督国有财产等活动，属于从事公务。那些不具备职权内容的劳务活动、技术服务工作，如售货员、售票员等所从事的工作，一般不认为是公务。

二、关于贪污罪

（一）贪污罪既遂与未遂的认定

贪污罪是一种以非法占有为目的的财产性职务犯罪，与盗窃、诈骗、抢夺等侵犯财产罪一样，应当以行为人是否实际控制财物作为区分贪污罪既遂与未遂的标准。对于行为人利用职务上的便利，实施了虚假平账等贪污行为，但公共财物尚未实际转移，或者尚未被行为人控制就被查获的，应当认定为贪污未遂。行为人控制公共财物后，是否将财物据为己有，不影响贪污既遂的认定。

（二）“受委托管理、经营国有财产”的认定

刑法第三百八十二条第二款规定的“受委托管理、经营国有财产”，是指因承包、租赁、临时聘用等管理、经营国有财产。

（三）国家工作人员与非国家工作人员勾结共同非法占有单位财物行为的认定

对于国家工作人员与他人勾结，共同非法占有单位财物的行为，应当按照《最高人民法院关于审理贪污、职务侵占案件如何认定共同犯罪几个问题的解释》的规定定罪处罚。对于在公司、企业或者其他单位中，非国家工作人员与国家工作人员勾结，分别利用各自的职务便利，共同将本单位财物非法占有的，应当尽量区分主从犯，按照主犯的犯罪性质定罪。司法实践中，如果根据案件的实际情况，各共同犯罪人在共同犯罪中的地位、作用相当，难以区分主从犯的，可以贪污罪定罪处罚。

（四）共同贪污犯罪中“个人贪污数额”的认定

刑法第三百八十三条第一款规定的“个人贪污数额”，在共同贪污犯罪案件中应理解为个人所参与或者组织、指挥共同贪污的数额，不能只按个人实际分得的赃款数额来认定。对共同贪污犯罪中的从犯，应当按照其所参与的共同贪污的数额确定量刑幅度，并依照刑法第二十七条第二款的规定，从轻、减轻处罚或者免除处罚。

三、关于受贿罪

（一）关于“利用职务上的便利”的认定

刑法第三百八十五条第一款规定的“利用职务上的便利”，既包括利用本人职务上主管、负责、承办某项公共事务的职权，也包括利用职务上有隶属、制约关系的其他国家工作人员的职权。担任单位领导职务的国家工作人员通过不属自己主管的下级部门的国家工作人员的职务为他人谋取利益的，应当认定为“利用职务上的便利”为他人谋取

利益。

（二）“为他人谋取利益”的认定

为他人谋取利益包括承诺、实施和实现三个阶段的行为。只要具有其中一个阶段的行为，如国家工作人员收受他人财物时，根据他人提出的具体请托事项，承诺为他人谋取利益的，就具备了为他人谋取利益的要件。明知他人有具体请托事项而收受其财物的，视为承诺为他人谋取利益。

（三）“利用职权或地位形成的便利条件”的认定

刑法第三百八十八条规定的“利用本人职权或者地位形成的便利条件”，是指行为人与被其利用的国家工作人员之间在职务上虽然没有隶属、制约关系，但是行为人利用了本人职权或者地位产生的影响和一定的工作联系，如单位内不同部门的国家工作人员之间、上下级单位没有职务上隶属、制约关系的国家工作人员之间、有工作联系的不同单位的国家工作人员之间等。

（四）离职国家工作人员收受财物行为的处理

参照《最高人民法院关于国家工作人员利用职务上的便利为他人谋取利益离退休后收受财物行为如何处理问题的批复》规定的精神，国家工作人员利用职务上的便利为请托人谋取利益，并与请托人事先约定，在其离职后收受请托人财物，构成犯罪的，以受贿罪定罪处罚。

（五）共同受贿犯罪的认定

根据刑法关于共同犯罪的规定，非国家工作人员与国家工作人员勾结，伙同受贿的，应当以受贿罪的共犯追究刑事责任。非国家工作人员是否构成受贿罪共犯，取决于双方有无共同受贿的故意和行为。国家工作人员的近亲属向国家工作人员代为转达请托事项，收受请托人财物并告知该国家工作人员，或者国家工作人员明知其近亲属收受了他人财物，仍按照近亲属的要求利用职权为他人谋取利益的，对该国家工作人员应认定为受贿罪，其近亲属以受贿罪共犯论处。近亲属以外的其他人与国家工作人员通谋，由国家工作人员利用职务上的便利为请托人谋取利益，收受请托人财物后双方共同占有的，构成受贿罪共犯。国家工作人员利用职务上的便利为他人谋取利益，并指定他人将财物送给其他人，构成犯罪的，应以受贿罪定罪处罚。

（六）以借款为名索取或者非法收受财物行为的认定

国家工作人员利用职务上的便利，以借为名向他人索取财物，或者非法收受财物为他人谋取利益的，应当认定为受贿。具体认定时，不能仅仅看是否有书面借款手续，应当根据以下因素综合判定：

1. 有无正当、合理的借款事由；
2. 款项的去向；
3. 双方平时关系如何、有无经济往来；
4. 出借方是否要求国家工作人员利用职务上的便利为其谋取利益；

5. 借款后是否有归还的意思表示及行为；

6. 是否有归还的能力；

7. 未归还的原因；等等。

（七）涉及股票受贿案件的认定

在办理涉及股票的受贿案件时，应当注意：

1. 国家工作人员利用职务上的便利，索取或非法收受股票，没有支付股本金，为他人谋取利益，构成受贿罪的，其受贿数额按照收受股票时的实际价格计算。

2. 行为人支付股本金而购买较有可能升值的股票，由于不是无偿收受请托人财物，不以受贿罪论处。

3. 股票已上市且已升值，行为人仅支付股本金，其“购买”股票时的实际价格与股本金的差价部分应认定为受贿。

四、关于挪用公款罪

（一）单位决定将公款给个人使用行为的认定

经单位领导集体研究决定将公款给个人使用，或者单位负责人为了单位的利益，决定将公款给个人使用的，不以挪用公款罪定罪处罚。上述行为致使单位遭受重大损失，构成其他犯罪的，依照刑法的有关规定对责任人员定罪处罚。

（二）挪用公款供其他单位使用行为的认定

根据全国人民代表大会常务委员会《关于〈中华人民共和国刑法〉第三百八十四条第一款的解释》的规定，“以个人名义将公款供其他单位使用的”“个人决定以单位名义将公款供其他单位使用，谋取个人利益的”，属于挪用公款“归个人使用”。在司法实践中，对于将公款供其他单位使用的，认定是否属于“以个人名义”，不能只看形式，要从实质上把握。对于行为人逃避财务监管，或者与使用人约定以个人名义进行，或者借款、还款都以个人名义进行，将公款给其他单位使用的，应认定为“以个人名义”。“个人决定”，既包括行为人在职权范围内决定，也包括超越职权范围决定。“谋取个人利益”，既包括行为人与使用人事先约定谋取个人利益实际尚未获取的情况，也包括虽未事先约定但实际已获取了个人利益的情况。其中的“个人利益”，既包括不正当利益，也包括正当利益；既包括财产性利益，也包括非财产性利益，但这种非财产性利益应当是具体的实际利益，如升学、就业等。

（三）国有单位领导向其主管的具有法人资格的下级单位借公款归个人使用的认定

国有单位领导利用职务上的便利指令具有法人资格的下级单位将公款供个人使用的，属于挪用公款行为，构成犯罪的，应以挪用公款罪定罪处罚。

（四）挪用有价证券、金融凭证用于质押行为性质的认定

挪用金融凭证、有价证券用于质押，使公款处于风险之中，与挪用公款为他人提供担保没有实质的区别，符合刑法关于挪用公款罪规定的，以挪用公款罪定罪处罚，挪用公款数额以实际或者可能承担的风险数额认定。

（五）挪用公款归还个人欠款行为性质的认定

挪用公款归还个人欠款的，应当根据产生欠款的原因，分别认定属于挪用公款的何种情形。归还个人进行非法活动或者进行营利活动产生的欠款，应当认定为挪用公款进行非法活动或者进行营利活动。

（六）挪用公款用于注册公司、企业行为性质的认定

申报注册资本是为进行生产经营活动作准备，属于成立公司、企业进行营利活动的组成部分。因此。挪用公款归个人用于公司、企业注册资本验资证明的，应当认定为挪用公款进行营利活动。

（七）挪用公款后尚未投入实际使用的行为性质的认定

挪用公款后尚未投入实际使用的，只要同时具备“数额较大”和“超过三个月未还”的构成要件，应当认定为挪用公款罪，但可以酌情从轻处罚。

（八）挪用公款转化为贪污的认定

挪用公款罪与贪污罪的主要区别在于行为人主观上是否具有非法占有公款的目的。挪用公款是否转化为贪污，应当按照主客观相一致的原则，具体判断和认定行为人主观上是否具有非法占有公款的目的。在司法实践中，具有以下情形之一的，可以认定行为人具有非法占有公款的目的：

1. 根据《最高人民法院关于审理挪用公款案件具体应用法律若干问题的解释》第六条的规定，行为人“携带挪用的公款潜逃的”，对其携带挪用的公款部分，以贪污罪定罪处罚。

2. 行为人挪用公款后采取虚假发票平账、销毁有关账目等手段，使所挪用的公款已难以在单位财务账目上反映出来，且没有归还行为的，应当以贪污罪定罪处罚。

3. 行为人截取单位收入不入账，非法占有，使所占有的公款难以在单位财务账目上反映出来，且没有归还行为的，应当以贪污罪定罪处罚。

4. 有证据证明行为人有能力归还所挪用的公款而拒不归还，并隐瞒挪用的公款去向的，应当以贪污罪定罪处罚。

五、关于巨额财产来源不明罪

（一）行为人不能说明巨额财产来源合法的认定

刑法第三百九十五条第一款规定的“不能说明”，包括以下情况：

1. 行为人拒不说明财产来源；

2. 行为人无法说明财产的具体来源；

3. 行为人所说的财产来源经司法机关查证并不属实；

4. 行为人所说的财产来源因线索不具体等原因，司法机关无法查实，但能排除存在来源合法的可能性和合理性的。

（二）“非法所得”的数额计算

刑法第三百九十五条规定的“非法所得”，一般是指行为人的全部财产与能够认定的

所有支出的总和减去能够证实的有真实来源的所得。在具体计算时，应注意以下问题：

（1）应把国家工作人员个人财产和与其共同生活的家庭成员的财产、支出等一并计算，而且一并减去他们所有的合法收入以及确属与其共同生活的家庭成员个人的非法收入。

（2）行为人所有的财产包括房产、家具、生活用品、学习用品及股票、债券、存款等动产和不动产；行为人的支出包括合法支出和不合法的支出，包括日常生活、工作、学习费用、罚款及向他人行贿的财物等；行为人的合法收入包括工资、奖金、稿酬、继承等法律和政策允许的各种收入。

（3）为了便于计算犯罪数额，对于行为人的财产和合法收入，一般可以从行为人有比较确定的收入和财产时开始计算。

六、关于渎职罪

（一）渎职犯罪行为造成的公共财产重大损失的认定

根据刑法规定，玩忽职守、滥用职权等渎职犯罪是以致使公共财产、国家和人民利益遭受重大损失为构成要件的。其中，公共财产的重大损失，通常是指渎职行为已经造成的重大经济损失。在司法实践中，有以下情形之一的，虽然公共财产作为债权存在，但已无法实现债权的，可以认定为行为人的渎职行为造成了经济损失：

1. 债务人已经法定程序被宣告破产；

2. 债务人潜逃，去向不明；

3. 因行为人责任，致使超过诉讼时效；

4. 有证据证明债权无法实现的其他情况。

（二）玩忽职守罪的追诉时效

玩忽职守行为造成的重大损失当时没有发生，而是玩忽职守行为之后一定时间发生的，应从危害结果发生之日起计算玩忽职守罪的追诉期限。

（三）国有公司、企业人员渎职犯罪的法律适用

对于1999年12月24日《中华人民共和国刑法修正案》实施以前发生的国有公司、企业人员渎职行为（不包括徇私舞弊行为），尚未处理或者正在处理的，不能按照刑法修正案追究刑事责任。

（四）关于“徇私”的理解

徇私舞弊型渎职犯罪的“徇私”应理解为徇个人私情、私利。国家机关工作人员为了本单位的利益，实施滥用职权、玩忽职守行为，构成犯罪的，依照刑法第三百九十七条第一款的规定定罪处罚。

最高人民法院　最高人民检察院

关于办理妨害预防、控制突发传染病疫情等灾害的刑事案件具体应用法律若干问题的解释（节录）

法释〔2003〕8号

（2003年5月13日最高人民法院审判委员会第1269次会议
2003年5月13日最高人民检察院第十届检察委员会第3次会议通过）

为依法惩治妨害预防、控制突发传染病疫情等灾害的犯罪活动，保障预防、控制突发传染病疫情等灾害工作的顺利进行，切实维护人民群众的身体健康和生命安全，根据《中华人民共和国刑法》等有关法律规定，现就办理相关刑事案件具体应用法律的若干问题解释如下：

……

第十四条　贪污、侵占用于预防、控制突发传染病疫情等灾害的款物或者挪用归个人使用，构成犯罪的，分别依照刑法第三百八十二条、第三百八十三条、第二百七十一条、第三百八十四条、第二百七十二条的规定，以贪污罪、侵占罪、挪用公款罪、挪用资金罪定罪，依法从重处罚。

挪用用于预防、控制突发传染病疫情等灾害的救灾、优抚、救济等款物，构成犯罪的，对直接责任人员，依照刑法第二百七十三条的规定，以挪用特定款物罪定罪处罚。

最高人民法院研究室

关于对行为人通过伪造国家机关公文、证件担任国家工作人员职务并利用职务上的便利侵占本单位财物、收受贿赂、挪用本单位资金等行为如何适用法律问题的答复

2004年3月30日　　法研〔2004〕38号

北京市高级人民法院：

你院〔2004〕15号《关于通过伪造国家机关公文、证件担任国家工作人员职务后利用职务便利侵占本单位财物、收受贿赂、挪用本单位资金的行为如何定性的请示》收悉。经研究，答复如下：

行为人通过伪造国家机关公文、证件担任国家工作人员职务后，又利用职务上的便利实

施侵占本单位财物、收受贿赂、挪用本单位资金等行为，构成犯罪的，应当分别以伪造国家机关公文、证件罪和相应的贪污罪、受贿罪、挪用公款罪等追究刑事责任，实行数罪并罚。

最高人民法院

关于村民小组组长利用职务便利非法占有公共财物行为如何定性问题的批复

法释〔1999〕12号

（1999年6月18日最高人民法院审判委员会第1069次会议通过 1999年6月25日最高人民法院公告公布 自1999年7月3日起施行）

四川省高级人民法院：

你院川高法〔1998〕224号《关于村民小组组长利用职务便利侵吞公共财物如何定性的问题的请示》收悉。经研究，答复如下：

对村民小组组长利用职务上的便利，将村民小组集体财产非法占为己有，数额较大的行为，应当依照刑法第二百七十一条第一款的规定，以职务侵占罪定罪处罚。

此复

最高人民法院

关于印发《全国法院维护农村稳定刑事审判工作座谈会纪要》的通知（节录）

1999年10月27日　　法〔1999〕217号

各省、自治区、直辖市高级人民法院，解放军军事法院，新疆维吾尔自治区高级人民法院生产建设兵团分院；全国地方各中级人民法院，各大单位军事法院，新疆生产建设兵团各中级法院：

现将全国法院维护农村稳定刑事审判工作座谈会纪要印发，望认真贯彻执行。

全国法院维护农村稳定刑事审判工作座谈会纪要

为了贯彻党的十五届三中全会作出的《中共中央关于农业和农村工作若干重大问题的决定》（以下简称《决定》），落实1999年8月最高人民法院在上海召开的全国高级法院院长座谈会（以下简称“上海会议”）关于推进人民法院改革、切实把人民法院的工作重点放在基层的精神，进一步探索和开拓刑事审判为农村稳定和农业发展服务的工作思路，最高人民法院于1999年9月8日～10日在山东省济南市召开了全国法院维护农村稳定刑事审判工作座谈会。出席会议的有各省、自治区、直辖市高级人民法院主管刑事审判工作的副院长、刑事审判庭庭长。解放军军事法院和新疆维吾尔自治区高级人民法院生产建设兵团分院也派代表参加会议。最高人民法院副院长刘家琛在座谈会上作了重要讲话。

与会同志总结交流了近年来自地法院审理农村中刑事案件的情况和经验，分析了当前农村治安形势和农村中刑事案件及农民犯罪的特点，认真讨论了当前审理农村几类主要刑事案件和农民犯罪案件应当注意的若干问题；对当前及今后一个时期加强刑事审判工作，维护农村稳定提出了明确要求，现纪要如下：

……

三、会议在认真分析了农村中犯罪、农民犯罪的原因和特点的基础上，结合我国农村基层组织的作用的现状，对处理农村中犯罪案件中应当把握的政策界限进行研究，对正确处理以下问题取得了一致意见：

（三）关于村委会和村党支部成员利用职务便利侵吞集体财产犯罪的定性问题

为了保证案件的及时审理，在没有司法解释规定之前，对于已起诉到法院的这类案件，原则上以职务侵占罪定罪处罚。

最高人民法院

关于审理贪污、职务侵占案件如何认定共同犯罪几个问题的解释

法释〔2000〕15号

（2000年6月27日最高人民法院审判委员会第1120次会议通过
2000年6月30日最高人民法院公告公布　自2000年7月8日起施行）

为依法审理贪污或者职务侵占犯罪案件，现就这类案件如何认定共同犯罪问题解释如下：

第一条　行为人与国家工作人员勾结，利用国家工作人员的职务便利，共同侵吞、窃取、骗取或者以其他手段非法占有公共财物的，以贪污罪共犯论处。

第二条　行为人与公司、企业或者其他单位的人员勾结，利用公司、企业或者其他单位人员的职务便利，共同将该单位财物非法占为己有，数额较大的，以职务侵占罪共犯论处。

第三条　公司、企业或者其他单位中，不具有国家工作人员身份的人与国家工作人员勾结，分别利用各自的职务便利，共同将本单位财物非法占为己有的，按照主犯的犯罪性质定罪。

最高人民法院
关于在国有资本控股、参股的股份有限公司中从事管理工作的人员利用职务便利非法占有本公司财物如何定罪问题的批复

法释〔2001〕17号

（2001年5月22日由最高人民法院审判委员会第1176次会议通过
2001年5月23日最高人民法院公告公布　自2001年5月26日起施行）

重庆市高级人民法院：

你院渝高法明传〔2000〕38号《关于在股份有限公司中从事管理工作的人员侵占本公司财物如何定性的请示》收悉。经研究，答复如下：

在国有资本控股、参股的股份有限公司中从事管理工作的人员，除受国家机关、国有公司、企业、事业单位委派从事公务的以外，不属于国家工作人员。对其利用职务上的便利，将本单位财物非法占为己有，数额较大的，应当依照刑法第二百七十一条第一款的规定，以职务侵占罪定罪处罚。

此复

最高人民法院、最高人民检察院关于办理职务犯罪案件认定自首、立功等量刑情节若干问题的意见

2009年3月12日　　　　法发〔2009〕13号

为依法惩处贪污贿赂、渎职等职务犯罪，根据刑法和相关司法解释的规定，结合办案工作实际，现就办理职务犯罪案件有关自首、立功等量刑情节的认定和处理问题，提出如下意见：

一、关于自首的认定和处理

根据刑法第六十七条第一款的规定，成立自首需同时具备自动投案和如实供述自己的罪行两个要件。犯罪事实或者犯罪分子未被办案机关掌握，或者虽被掌握，但犯罪分子尚未受到调查谈话、讯问，或者未被宣布采取调查措施或者强制措施时，向办案机关投案的，是自动投案。在此期间如实交待自己的主要犯罪事实的，应当认定为自首。

犯罪分子向所在单位等办案机关以外的单位、组织或者有关负责人员投案的，应当视

为自动投案。

没有自动投案，在办案机关调查谈话、讯问、采取调查措施或者强制措施期间，犯罪分子如实交待办案机关掌握的线索所针对的事实的，不能认定为自首。

没有自动投案，但具有以下情形之一的，以自首论：（1）犯罪分子如实交待办案机关未掌握的罪行，与办案机关已掌握的罪行属不同种罪行的；（2）办案机关所掌握线索针对的犯罪事实不成立，在此范围外犯罪分子交待同种罪行的。

单位犯罪案件中，单位集体决定或者单位负责人决定而自动投案，如实交待单位犯罪事实的，或者单位直接负责的主管人员自动投案，如实交待单位犯罪事实的，应当认定为单位自首。单位自首的，直接负责的主管人员和直接责任人员未自动投案，但如实交待自己知道的犯罪事实的，可以视为自首；拒不交待自己知道的犯罪事实或者逃避法律追究的，不应当认定为自首。单位没有自首，直接责任人员自动投案并如实交待自己知道的犯罪事实的，对该直接责任人员应当认定为自首。

对于具有自首情节的犯罪分子，办案机关移送案件时应当予以说明并移交相关证据材料。

对于具有自首情节的犯罪分子，应当根据犯罪的事实、性质、情节和对于社会的危害程度，结合自动投案的动机、阶段、客观环境，交待犯罪事实的完整性、稳定性以及悔罪表现等具体情节，依法决定是否从轻、减轻或者免除处罚以及从轻、减轻处罚的幅度。

二、关于立功的认定和处理

立功必须是犯罪分子本人实施的行为。为使犯罪分子得到从轻处理，犯罪分子的亲友直接向有关机关揭发他人犯罪行为，提供侦破其他案件的重要线索，或者协助司法机关抓捕其他犯罪嫌疑人的，不应当认定为犯罪分子的立功表现。

据以立功的他人罪行材料应当指明具体犯罪事实；据以立功的线索或者协助行为对于侦破案件或者抓捕犯罪嫌疑人要有实际作用。犯罪分子揭发他人犯罪行为时没有指明具体犯罪事实的；揭发的犯罪事实与查实的犯罪事实不具有关联性的；提供的线索或者协助行为对于其他案件的侦破或者其他犯罪嫌疑人的抓捕不具有实际作用的，不能认定为立功表现。

犯罪分子揭发他人犯罪行为，提供侦破其他案件重要线索的，必须经查证属实，才能认定为立功。审查是否构成立功，不仅要审查办案机关的说明材料，还要审查有关事实和证据以及与案件定性处罚相关的法律文书，如立案决定书、逮捕决定书、侦查终结报告、起诉意见书、起诉书或者判决书等。

据以立功的线索、材料来源有下列情形之一的，不能认定为立功：（1）本人通过非法手段或者非法途径获取的；（2）本人因原担任的查禁犯罪等职务获取的；（3）他人违反监管规定向犯罪分子提供的；（4）负有查禁犯罪活动职责的国家机关工作人员或者其他国家工作人员利用职务便利提供的。

犯罪分子检举、揭发的他人犯罪，提供侦破其他案件的重要线索，阻止他人的犯罪活动，或者协助司法机关抓捕的其他犯罪嫌疑人，犯罪嫌疑人、被告人依法可能被判处无期徒刑以上刑罚的，应当认定为有重大立功表现。其中，可能被判处无期徒刑以上刑罚，是指根据犯罪行为的事实、情节可能判处无期徒刑以上刑罚。案件已经判决的，以实际判处的刑罚为准。但是，根据犯罪行为的事实、情节应当判处无期徒刑以上刑罚，因被判刑人有法定情节经依法从轻、减轻处罚后判处有期徒刑的，应当认定为重大立功。

对于具有立功情节的犯罪分子，应当根据犯罪的事实、性质、情节和对于社会的危害程度，结合立功表现所起作用的大小、所破获案件的罪行轻重、所抓获犯罪嫌疑人可能判处的法定刑以及立功的时机等具体情节，依法决定是否从轻、减轻或者免除处罚以及从轻、减轻处罚的幅度。

三、关于如实交待犯罪事实的认定和处理

犯罪分子依法不成立自首，但如实交待犯罪事实，有下列情形之一的，可以酌情从轻处罚：（1）办案机关掌握部分犯罪事实，犯罪分子交待了同种其他犯罪事实的；（2）办案机关掌握的证据不充分，犯罪分子如实交待有助于收集定案证据的。

犯罪分子如实交待犯罪事实，有下列情形之一的，一般应当从轻处罚：（1）办案机关仅掌握小部分犯罪事实，犯罪分子交待了大部分未被掌握的同种犯罪事实的；（2）如实交待对于定案证据的收集有重要作用的。

四、关于赃款赃物追缴等情形的处理

贪污案件中赃款赃物全部或者大部分追缴的，一般应当考虑从轻处罚。

受贿案件中赃款赃物全部或者大部分追缴的，视具体情况可以酌定从轻处罚。

犯罪分子及其亲友主动退赃或者在办案机关追缴赃款赃物过程中积极配合的，在量刑时应当与办案机关查办案件过程中依职权追缴赃款赃物的有所区别。

职务犯罪案件立案后，犯罪分子及其亲友自行挽回的经济损失，司法机关或者犯罪分子所在单位及其上级主管部门挽回的经济损失，或者因客观原因减少的经济损失，不予扣减，但可以作为酌情从轻处罚的情节。

最高人民法院、最高人民检察院

关于办理国家出资企业中职务犯罪案件具体应用法律若干问题的意见

2010年11月26日　　法发〔2010〕49号

随着企业改制的不断推进，人民法院、人民检察院在办理国家出资企业中的贪污、受贿等职务犯罪案件时遇到了一些新情况、新问题。这些新情况、新问题具有一定的特殊性和复杂性，需要结合企业改制的特定历史条件，依法妥善地进行处理。现根据刑法规定和相关政策精神，就办理此类刑事案件具体应用法律的若干问题，提出以下意见：

一、关于国家出资企业工作人员在改制过程中隐匿公司、企业财产归个人持股的改制后公司、企业所有的行为的处理

国家工作人员或者受国家机关、国有公司、企业、事业单位、人民团体委托管理、经营国有财产的人员利用职务上的便利，在国家出资企业改制过程中故意通过低估资产、隐瞒债权、虚设债务、虚构产权交易等方式隐匿公司、企业财产，转为本人持有股份的改制后公司、企业所有，应当依法追究刑事责任的，依照刑法第三百八十二条、第三百八十三条的规定，以贪污罪定罪处罚。贪污数额一般应当以所隐匿财产全额计算；改制后公司、企业仍有国有股份的，按股份比例扣除归于国有的部分。

所隐匿财产在改制过程中已为行为人实际控制，或者国家出资企业改制已经完成的，以犯罪既遂处理。

第一款规定以外的人员实施该款行为的，依照刑法第二百七十一条的规定，以职务侵占罪定罪处罚；第一款规定以外的人员与第一款规定的人员共同实施该款行为的，以贪污罪的共犯论处。

在企业改制过程中未采取低估资产、隐瞒债权、虚设债务、虚构产权交易等方式故意隐匿公司、企业财产的，一般不应当认定为贪污；造成国有资产重大损失，依法构成刑法第一百六十八条或者第一百六十九条规定的犯罪的，依照该规定定罪处罚。

二、关于国有公司、企业在改制过程中隐匿公司、企业财产归职工集体持股的改制后公司、企业所有的行为的处理

国有公司、企业违反国家规定，在改制过程中隐匿公司、企业财产，转为职工集体持股的改制后公司、企业所有的，对其直接负责的主管人员和其他直接责任人员，依照刑法第三百九十六条第一款的规定，以私分国有资产罪定罪处罚。

改制后的公司、企业中只有改制前公司、企业的管理人员或者少数职工持股，改制前公司、企业的多数职工未持股的，依照本意见第一条的规定，以贪污罪定罪处罚。

三、关于国家出资企业工作人员使用改制公司、企业的资金担保个人贷款，用于购买改制公司、企业股份的行为的处理

国家出资企业的工作人员在公司、企业改制过程中为购买公司、企业股份，利用职务上的便利，将公司、企业的资金或者金融凭证、有价证券等用于个人贷款担保的，依照刑法第二百七十二条或者第三百八十四条的规定，以挪用资金罪或者挪用公款罪定罪处罚。

行为人在改制前的国家出资企业持有股份的，不影响挪用数额的认定，但量刑时应当酌情考虑。

经有关主管部门批准或者按照有关政策规定，国家出资企业的工作人员为购买改制公司、企业股份实施前款行为的，可以视具体情况不作为犯罪处理。

四、关于国家工作人员在企业改制过程中的渎职行为的处理

国家出资企业中的国家工作人员在公司、企业改制或者国有资产处置过程中严重不负责任或者滥用职权，致使国家利益遭受重大损失的，依照刑法第一百六十八条的规定，以国有公司、企业人员失职罪或者国有公司、企业人员滥用职权罪定罪处罚。

国家出资企业中的国家工作人员在公司、企业改制或者国有资产处置过程中徇私舞弊，将国有资产低价折股或者低价出售给其本人未持有股份的公司、企业或者其他个人，致使国家利益遭受重大损失的，依照刑法第一百六十九条的规定，以徇私舞弊低价折股、出售国有资产罪定罪处罚。

国家出资企业中的国家工作人员在公司、企业改制或者国有资产处置过程中徇私舞弊，将国有资产低价折股或者低价出售给特定关系人持有股份或者本人实际控制的公司、企业，致使国家利益遭受重大损失的，依照刑法第三百八十二条、第三百八十三条的规定，以贪污罪定罪处罚。贪污数额以国有资产的损失数额计算。

国家出资企业中的国家工作人员因实施第一款、第二款行为收受贿赂，同时又构成刑法第三百八十五条规定之罪的，依照处罚较重的规定定罪处罚。

五、关于改制前后主体身份发生变化的犯罪的处理

国家工作人员在国家出资企业改制前利用职务上的便利实施犯罪，在其不再具有国家工作人员身份后又实施同种行为，依法构成不同犯罪的，应当分别定罪，实行数罪并罚。

国家工作人员利用职务上的便利，在国家出资企业改制过程中隐匿公司、企业财产，在其不再具有国家工作人员身份后将所隐匿财产据为己有的，依照刑法第三百八十二条、第三百八十三条的规定，以贪污罪定罪处罚。

国家工作人员在国家出资企业改制过程中利用职务上的便利为请托人谋取利益，事先约定在其不再具有国家工作人员身份后收受请托人财物，或者在身份变化前后连续收受请托人财物的，依照刑法第三百八十五条、第三百八十六条的规定，以受贿罪定罪处罚。

六、关于国家出资企业中国家工作人员的认定

经国家机关、国有公司、企业、事业单位提名、推荐、任命、批准等，在国有控股、参股公司及其分支机构中从事公务的人员，应当认定为国家工作人员。具体的任命机构和程序，不影响国家工作人员的认定。

经国家出资企业中负有管理、监督国有资产职责的组织批准或者研究决定，代表其在国有控股、参股公司及其分支机构中从事组织、领导、监督、经营、管理工作的人员，应当认定为国家工作人员。

国家出资企业中的国家工作人员，在国家出资企业中持有个人股份或者同时接受非国有股东委托的，不影响其国家工作人员身份的认定。

七、关于国家出资企业的界定

本意见所称“国家出资企业”，包括国家出资的国有独资公司、国有独资企业，以及国有资本控股公司、国有资本参股公司。

是否属于国家出资企业不清楚的，应遵循“谁投资、谁拥有产权”的原则进行界定。企业注册登记中的资金来源与实际出资不符的，应根据实际出资情况确定企业的性质。企业实际出资情况不清楚的，可以综合工商注册、分配形式、经营管理等因素确定企业的性质。

八、关于宽严相济刑事政策的具体贯彻

办理国家出资企业中的职务犯罪案件时，要综合考虑历史条件、企业发展、职工就业、社会稳定等因素，注意具体情况具体分析，严格把握犯罪与一般违规行为的区分界限。对于主观恶意明显、社会危害严重、群众反映强烈的严重犯罪，要坚决依法从严惩处；对于特定历史条件下、为了顺利完成企业改制而实施的违反国家政策法律规定的行为，行为人无主观恶意或者主观恶意不明显，情节较轻，危害不大的，可以不作为犯罪处理。

对于国家出资企业中的职务犯罪，要加大经济上的惩罚力度，充分重视财产刑的适用和执行，最大限度地挽回国家和人民利益遭受的损失。不能退赃的，在决定刑罚时，应当作为重要情节予以考虑。

最高人民法院　最高人民检察院

关于办理贪污贿赂刑事案件适用法律若干问题的解释

法释〔2016〕9号

（2016年3月28日最高人民法院审判委员会第1680次会议、2016年3月25日由最高人民检察院第十二届检察委员会第50次会议通过，自2016年4月18日起施行）

为依法惩治贪污贿赂犯罪活动，根据刑法有关规定，现就办理贪污贿赂刑事案件适用法律的若干问题解释如下：

第一条　贪污或者受贿数额在三万元以上不满二十万元的，应当认定为刑法第三百八十三条第一款规定的“数额较大”，依法判处三年以下有期徒刑或者拘役，并处罚金。

贪污数额在一万元以上不满三万元，具有下列情形之一的，应当认定为刑法第三百八十三条第一款规定的“其他较重情节”，依法判处三年以下有期徒刑或者拘役，并处罚金：

（一）贪污救灾、抢险、防汛、优抚、扶贫、移民、救济、防疫、社会捐助等特定款物的；

（二）曾因贪污、受贿、挪用公款受过党纪、行政处分的；

（三）曾因故意犯罪受过刑事追究的；

（四）赃款赃物用于非法活动的；

（五）拒不交待赃款赃物去向或者拒不配合追缴工作，致使无法追缴的；

（六）造成恶劣影响或者其他严重后果的。

受贿数额在一万元以上不满三万元，具有前款第二项～第六项规定的情形之一，或者具有下列情形之一的，应当认定为刑法第三百八十三条第一款规定的“其他较重情节”，依法判处三年以下有期徒刑或者拘役，并处罚金：

（一）多次索贿的；

（二）为他人谋取不正当利益，致使公共财产、国家和人民利益遭受损失的；

（三）为他人谋取职务提拔、调整的。

第二条 贪污或者受贿数额在二十万元以上不满三百万元的，应当认定为刑法第三百八十三条第一款规定的“数额巨大”，依法判处三年以上十年以下有期徒刑，并处罚金或者没收财产。

贪污数额在十万元以上不满二十万元，具有本解释第一条第二款规定的情形之一的，应当认定为刑法第三百八十三条第一款规定的“其他严重情节”，依法判处三年以上十年以下有期徒刑，并处罚金或者没收财产。

受贿数额在十万元以上不满二十万元，具有本解释第一条第三款规定的情形之一的，应当认定为刑法第三百八十三条第一款规定的“其他严重情节”，依法判处三年以上十年以下有期徒刑，并处罚金或者没收财产。

第三条 贪污或者受贿数额在三百万元以上的，应当认定为刑法第三百八十三条第一款规定的“数额特别巨大”，依法判处十年以上有期徒刑、无期徒刑或者死刑，并处罚金或者没收财产。

贪污数额在一百五十万元以上不满三百万元，具有本解释第一条第二款规定的情形之一的，应当认定为刑法第三百八十三条第一款规定的“其他特别严重情节”，依法判处十年以上有期徒刑、无期徒刑或者死刑，并处罚金或者没收财产。

受贿数额在一百五十万元以上不满三百万元，具有本解释第一条第三款规定的情形之一的，应当认定为刑法第三百八十三条第一款规定的“其他特别严重情节”，依法判处十年以上有期徒刑、无期徒刑或者死刑，并处罚金或者没收财产。

第四条 贪污、受贿数额特别巨大，犯罪情节特别严重、社会影响特别恶劣、给国家和人民利益造成特别重大损失的，可以判处死刑。

符合前款规定的情形，但具有自首，立功，如实供述自己罪行、真诚悔罪、积极退赃，或者避免、减少损害结果的发生等情节，不是必须立即执行的，可以判处死刑缓期二年执行。

符合第一款规定情形的，根据犯罪情节等情况可以判处死刑缓期二年执行，同时裁判决定在其死刑缓期执行二年期满依法减为无期徒刑后，终身监禁，不得减刑、假释。

第五条 挪用公款归个人使用，进行非法活动，数额在三万元以上的，应当依照刑法第三百八十四条的规定以挪用公款罪追究刑事责任；数额在三百万元以上的，应当认定为刑法第三百八十四条第一款规定的“数额巨大”。具有下列情形之一的，应当认定为刑法第三百八十四条第一款规定的“情节严重”：

（一）挪用公款数额在一百万元以上的；

（二）挪用救灾、抢险、防汛、优抚、扶贫、移民、救济特定款物，数额在五十万元以上不满一百万元的；

（三）挪用公款不退还，数额在五十万元以上不满一百万元的；

（四）其他严重的情节。

第六条 挪用公款归个人使用，进行营利活动或者超过三个月未还，数额在五万元以上的，应当认定为刑法第三百八十四条第一款规定的“数额较大”；数额在五百万元以上的，应当认定为刑法第三百八十四条第一款规定的“数额巨大”。具有下列情形之一的，应当认定为刑法第三百八十四条第一款规定的“情节严重”：

（一）挪用公款数额在二百万元以上的；

（二）挪用救灾、抢险、防汛、优抚、扶贫、移民、救济特定款物，数额在一百万元以上不满二百万元的；

（三）挪用公款不退还，数额在一百万元以上不满二百万元的；

（四）其他严重的情节。

第七条 为谋取不正当利益，向国家工作人员行贿，数额在三万元以上的，应当依照刑法第三百九十条的规定以行贿罪追究刑事责任。

行贿数额在一万元以上不满三万元，具有下列情形之一的，应当依照刑法第三百九十条的规定以行贿罪追究刑事责任：

（一）向三人以上行贿的；

（二）将违法所得用于行贿的；

（三）通过行贿谋取职务提拔、调整的；

（四）向负有食品、药品、安全生产、环境保护等监督管理职责的国家工作人员行贿，实施非法活动的；

（五）向司法工作人员行贿，影响司法公正的；

（六）造成经济损失数额在五十万元以上不满一百万元的。

第八条 犯行贿罪，具有下列情形之一的，应当认定为刑法第三百九十条第一款规定的“情节严重”：

（一）行贿数额在一百万元以上不满五百万元的；

（二）行贿数额在五十万元以上不满一百万元，并具有本解释第七条第二款第一项至第五项规定的情形之一的；

（三）其他严重的情节。

为谋取不正当利益，向国家工作人员行贿，造成经济损失数额在一百万元以上不满五百万元的，应当认定为刑法第三百九十条第一款规定的“使国家利益遭受重大损失”。

第九条 犯行贿罪，具有下列情形之一的，应当认定为刑法第三百九十条第一款规定的“情节特别严重”：

（一）行贿数额在五百万元以上的；

（二）行贿数额在二百五十万元以上不满五百万元，并具有本解释第七条第二款第一项至第五项规定的情形之一的；

（三）其他特别严重的情节。

为谋取不正当利益，向国家工作人员行贿，造成经济损失数额在五百万元以上的，应当认定为刑法第三百九十条第一款规定的“使国家利益遭受特别重大损失”。

第十条 刑法第三百八十八条之一规定的利用影响力受贿罪的定罪量刑适用标准，参照本解释关于受贿罪的规定执行。

刑法第三百九十条之一规定的对有影响力的人行贿罪的定罪量刑适用标准，参照本解释关于行贿罪的规定执行。

单位对有影响力的人行贿数额在二十万元以上的，应当依照刑法第三百九十条之一的规定以对有影响力的人行贿罪追究刑事责任。

第十一条 刑法第一百六十三条规定的非国家工作人员受贿罪、第二百七十一条规定的职务侵占罪中的“数额较大”“数额巨大”的数额起点，按照本解释关于受贿罪、贪污罪相对应的数额标准规定的二倍、五倍执行。

刑法第二百七十二条规定的挪用资金罪中的“数额较大”“数额巨大”以及“进行非法活动”情形的数额起点，按照本解释关于挪用公款罪“数额较大”“情节严重”以及“进行非法活动”的数额标准规定的二倍执行。

刑法第一百六十四条第一款规定的对非国家工作人员行贿罪中的“数额较大”“数额巨大”的数额起点，按照本解释第七条、第八条第一款关于行贿罪的数额标准规定的二倍执行。

第十二条 贿赂犯罪中的“财物”，包括货币、物品和财产性利益。财产性利益包括可以折算为货币的物质利益如房屋装修、债务免除等，以及需要支付货币的其他利益如会员服务、旅游等。后者的犯罪数额，以实际支付或者应当支付的数额计算。

第十三条 具有下列情形之一的，应当认定为“为他人谋取利益”，构成犯罪的，应当依照刑法关于受贿犯罪的规定定罪处罚：

（一）实际或者承诺为他人谋取利益的；

（二）明知他人有具体请托事项的；

（三）履职时未被请托，但事后基于该履职事由收受他人财物的。

国家工作人员索取、收受具有上下级关系的下属或者具有行政管理关系的被管理人员的财物价值三万元以上，可能影响职权行使的，视为承诺为他人谋取利益。

第十四条 根据行贿犯罪的事实、情节，可能被判处三年有期徒刑以下刑罚的，可以认定为刑法第三百九十条第二款规定的“犯罪较轻”。

根据犯罪的事实、情节，已经或者可能被判处十年有期徒刑以上刑罚的，或者案件在本省、自治区、直辖市或者全国范围内有较大影响的，可以认定为刑法第三百九十条第二款规定的“重大案件”。

具有下列情形之一的，可以认定为刑法第三百九十条第二款规定的“对侦破重大案件起关键作用”：

（一）主动交待办案机关未掌握的重大案件线索的；

（二）主动交待的犯罪线索不属于重大案件的线索，但该线索对于重大案件侦破有重要作用的；

（三）主动交待行贿事实，对于重大案件的证据收集有重要作用的；

（四）主动交待行贿事实，对于重大案件的追逃、追赃有重要作用的。

第十五条 对多次受贿未经处理的，累计计算受贿数额。

国家工作人员利用职务上的便利为请托人谋取利益前后多次收受请托人财物，受请托之前收受的财物数额在一万元以上的，应当一并计入受贿数额。

第十六条 国家工作人员出于贪污、受贿的故意，非法占有公共财物、收受他人财物之后，将赃款赃物用于单位公务支出或者社会捐赠的，不影响贪污罪、受贿罪的认定，但量刑时可以酌情考虑。

特定关系人索取、收受他人财物，国家工作人员知道后未退还或者上交的，应当认定国家工作人员具有受贿故意。

第十七条 国家工作人员利用职务上的便利，收受他人财物，为他人谋取利益，同时构成受贿罪和刑法分则第三章第三节、第九章规定的渎职犯罪的，除刑法另有规定外，以受贿罪和渎职犯罪数罪并罚。

第十八条 贪污贿赂犯罪分子违法所得的一切财物，应当依照刑法第六十四条的规定予以追缴或者责令退赔，对被害人的合法财产应当及时返还。对尚未追缴到案或者尚未足额退赔的违法所得，应当继续追缴或者责令退赔。

第十九条 对贪污罪、受贿罪判处三年以下有期徒刑或者拘役的，应当并处十万元以上五十万元以下的罚金；判处三年以上十年以下有期徒刑的，应当并处二十万元以上犯罪数额二倍以下的罚金或者没收财产；判处十年以上有期徒刑或者无期徒刑的，应当并处五十万元以上犯罪数额二倍以下的罚金或者没收财产。

对刑法规定并处罚金的其他贪污贿赂犯罪，应当在十万元以上犯罪数额二倍以下判处罚金。

第二十条 本解释自2016年4月18日起施行。最高人民法院、最高人民检察院此前发布的司法解释与本解释不一致的，以本解释为准。

关于贪污养老、医疗等社会保险基金能否适用《最高人民法院最高人民检察院关于办理贪污贿赂刑事案件适用法律若干问题的解释》第一条第二款第一项规定的批复

高检发释字〔2017〕1号

（《最高人民检察院关于贪污养老、医疗等社会保险基金能否适用〈最高人民法院最高人民检察院关于办理贪污贿赂刑事案件适用法律若干问题的解释〉第一条第二款第一项规定的批复》已于2017年7月19日由最高人民检察院第十二届检察委员会第六十七次会议通过，现予公布，自2017年8月7日起施行。）

各省、自治区、直辖市人民检察院，解放军军事检察院，新疆生产建设兵团人民检察院：

近来，一些地方人民检察院就贪污养老、医疗等社会保险基金能否适用《最高人民法院、最高人民检察院关于办理贪污贿赂刑事案件适用法律若干问题的解释》第一条第二款第一项规定请示我院。经研究，批复如下：

养老、医疗、工伤、失业、生育等社会保险基金可以认定为《最高人民法院、最高人民检察院关于办理贪污贿赂刑事案件适用法律若干问题的解释》第一条第二款第一项规定的“特定款物”。

根据刑法和有关司法解释规定，贪污罪和挪用公款罪中的“特定款物”的范围有所不同，实践中应注意区分，依法适用。

此复

最高人民法院　最高人民检察院

关于办理职务犯罪案件严格适用缓刑、免予刑事处罚若干问题的意见

2012年8月8日　　法发〔2012〕17号

为进一步规范贪污贿赂、渎职等职务犯罪案件缓刑、免予刑事处罚的适用，确保办理职务犯罪案件的法律效果和社会效果，根据刑法有关规定并结合司法工作实际，就职务犯罪案件缓刑、免予刑事处罚的具体适用问题，提出以下意见：

一、严格掌握职务犯罪案件缓刑、免予刑事处罚的适用。职务犯罪案件的刑罚适用直

接关系反腐败工作的实际效果。人民法院、人民检察院要深刻认识职务犯罪的严重社会危害性，正确贯彻宽严相济刑事政策，充分发挥刑罚的惩治和预防功能。要在全面把握犯罪事实和量刑情节的基础上严格依照刑法规定的条件适用缓刑、免予刑事处罚，既要考虑从宽情节，又要考虑从严情节；既要做到刑罚与犯罪相当，又要做到刑罚执行方式与犯罪相当，切实避免缓刑、免予刑事处罚不当适用造成的消极影响。

二、具有下列情形之一的职务犯罪分子，一般不适用缓刑或者免予刑事处罚：

（一）不如实供述罪行的；

（二）不予退缴赃款赃物或者将赃款赃物用于非法活动的；

（三）属于共同犯罪中情节严重的主犯的；

（四）犯有数个职务犯罪依法实行并罚或者以一罪处理的；

（五）曾因职务违纪违法行为受过行政处分的；

（六）犯罪涉及的财物属于救灾、抢险、防汛、优抚、扶贫、移民、救济、防疫等特定款物的；

（七）受贿犯罪中具有索贿情节的；

（八）渎职犯罪中徇私舞弊情节或者滥用职权情节恶劣的；

（九）其他不应适用缓刑、免予刑事处罚的情形。

三、不具有本意见第二条规定的情形，全部退缴赃款赃物，依法判处三年有期徒刑以下刑罚，符合刑法规定的缓刑适用条件的贪污、受贿犯罪分子，可以适用缓刑；符合刑法第三百八十三条第一款第（三）项的规定，依法不需要判处刑罚的，可以免予刑事处罚。

不具有本意见第二条所列情形，挪用公款进行营利活动或者超过三个月未还构成犯罪，一审宣判前已将公款归还，依法判处三年有期徒刑以下刑罚，符合刑法规定的缓刑适用条件的，可以适用缓刑；在案发前已归还，情节轻微，不需要判处刑罚的，可以免予刑事处罚。

四、人民法院审理职务犯罪案件时应当注意听取检察机关、被告人、辩护人提出的量刑意见，分析影响性案件案发前后的社会反映，必要时可以征求案件查办等机关的意见。对于情节恶劣、社会反映强烈的职务犯罪案件，不得适用缓刑、免予刑事处罚。

五、对于具有本意见第二条规定的情形之一，但根据全案事实和量刑情节，检察机关认为确有必要适用缓刑或者免予刑事处罚并据此提出量刑建议的，应经检察委员会讨论决定；审理法院认为确有必要适用缓刑或者免予刑事处罚的，应经审判委员会讨论决定。

最高人民法院
关于对受委托管理、经营国有财产人员挪用国有资金行为如何定罪问题的批复

法释〔2000〕5 号

（2000 年 2 月 13 日最高人民法院审判委员会第 1099 次会议通过
2000 年 2 月 16 日最高人民法院公告公布　自 2000 年 2 月 24 日起施行）

江苏省高级人民法院：

你院苏高法〔1999〕94 号《关于受委托管理、经营国有财产的人员能否作为挪用公款罪主体问题的请示》收悉。经研究，答复如下：

对于受国家机关、国有公司、企业、事业单位、人民团体委托，管理、经营国有财产的非国家工作人员，利用职务上的便利，挪用国有资金归个人使用构成犯罪的，应当依照刑法第二百七十二条第一款的规定定罪处罚。

此复

最高人民检察院
关于挪用国库券如何定性问题的批复

1997 年 10 月 13 日　　　　高检发释字〔1997〕5 号

宁夏回族自治区人民检察院：

你院宁检发字〔1997〕43 号《关于国库券等有价证券是否可以成为挪用公款罪所侵犯的对象以及以国库券抵押贷款的行为如何定性等问题的请示》收悉。关于挪用国库券如何定性的问题，经研究，批复如下：

国家工作人员利用职务上的便利，挪用公有或本单位的国库券的行为以挪用公款论；符合刑法第三百八十四条、第二百七十二条第二款规定的情形构成犯罪的，按挪用公款罪追究刑事责任。

此复

最高人民检察院

关于挪用公款给私有公司、私有企业使用行为的法律适用问题的批复

2000年3月14日　　　　高检发研字〔2000〕7号

河南省人民检察院

你院《关于挪用公款给私有公司、私营企业使用的行为是否构成犯罪及适用法律问题的请示》(豫检研［1999］12号)收悉。经研究认为，挪用公款给私有公司、私有企业使用的行为，无论发生在刑法修订前后，均可构成挪用公款罪。至于具体行为的法律适用问题，应根据行为发生的时间，依照刑法及1989年11月6日《最高人民法院、最高人民检察院关于执行〈关于惩治贪污罪贿赂罪的补充规定〉若干问题的解答》和1998年5月9日《最高人民法院关于审理挪用公款案件具体应用法律若干问题的解释》的有关规定办理。

此复

最高人民检察院

关于国家工作人员挪用非特定公物能否定罪的请示的批复

高检发释字〔2000〕1号

(2000年3月6日最高人民检察院第九届检察委员会第57次会议通过
2000年3月15日最高人民检察院公告公布　自2000年3月15日起施行)

山东省人民检察院：

你院鲁检发研字［1999］第3号《关于国家工作人员挪用非特定公物能否定罪的请示》收悉。经研究认为，刑法第三百八十四条规定的挪用公款罪中未包括挪用非特定公物归个人使用的行为，对该行为不以挪用公款罪论处。如构成其他犯罪的，依照刑法的相关规定定罪处罚。

此复

最高人民检察院

关于挪用失业保险基金和下岗职工基本生活保障资金的行为适用法律问题的批复

高检发释字〔2003〕1号

（2003年1月13日最高人民检察院第九届检察委员会第118次会议通过）

辽宁省人民检察院：

你院辽检发研字（2002）9号《关于挪用职工失业保险金和下岗职工生活保障金是否属于挪用特定款物的请示》收悉。经研究，批复如下：

挪用失业保险基金和下岗职工基本生活保障资金属于挪用救济款物。挪用失业保险基金和下岗职工基本生活保障资金，情节严重，致使国家和人民群众利益遭受重大损害的，对直接责任人员，应当依照刑法第二百七十三条的规定，以挪用特定款物罪追究刑事责任；国家工作人员利用职务上的便利，挪用失业保险基金和下岗职工基本生活保障资金归个人使用，构成犯罪的，应当依照刑法第三百八十四条的规定，以挪用公款罪追究刑事责任。

此复

最高人民法院

关于挪用公款犯罪如何计算追诉期限问题的批复

法释〔2003〕16号

（2003年9月18日最高人民法院审判委员会第1290次会议通过）

天津市高级人民法院：

你院津高法［2002］4号《关于挪用公款犯罪如何计算追诉期限问题的请示》收悉。经研究，答复如下：

根据刑法第八十九条、第三百八十四条的规定，挪用公款归个人使用，进行非法活动的，或者挪用公款数额较大、进行营利活动的，犯罪的追诉期限从挪用行为实施完毕之日起计算；挪用公款数额较大、超过三个月未还的，犯罪的追诉期限从挪用公款罪成立之日起计算。挪用公款行为有连续状态的，犯罪的追诉期限应当从最后一次挪用行为实施完毕之日或者犯罪成立之日起计算。

此复

全国人民代表大会常务委员会
关于《中华人民共和国刑法》第三百八十四条第一款的解释

（2002年4月28日第九届全国人民代表大会常务委员会第二十七次会议通过）

全国人民代表大会常务委员会讨论了刑法第三百八十四条第一款规定的国家工作人员利用职务上的便利，挪用公款“归个人使用”的含义问题，解释如下：

有下列情形之一的，属于挪用公款“归个人使用”：

（一）将公款供本人、亲友或者其他自然人使用的；

（二）以个人名义将公款供其他单位使用的；

（三）个人决定以单位名义将公款供其他单位使用，谋取个人利益的。

现予公告。

最高人民检察院
关于认真贯彻执行全国人大常委会《关于刑法第二百九十四条第一款的解释》和《关于刑法第三百八十四条第一款的解释》的通知

2002年5月13日　　　　高检发研字〔2002〕11号

各省、自治区、直辖市人民检察院，军事检察院，新疆生产建设兵团人民检察院：

第九届全国人民代表大会常务委员会第二十七次会议于2002年4月28日通过了《全国人民代表大会常务委员会关于〈中华人民共和国刑法〉第二百九十四条第一款的解释》和《全国人民代表大会常务委员会关于〈中华人民共和国刑法〉第三百八十四条第一款的解释》(以下统称《解释》)。为保证《解释》的正确贯彻执行，特通知如下：

一、本次全国人大常委会审议通过的有关刑法的两个法律解释，是立法的重要补充形式，与法律具有同等效力，对于健全社会主义法制，保证国家法律的统一正确实施具有重要意义，尤其对于当前开展“严打”整治斗争，进一步加大反腐败工作力度，将会发挥积极的作用。各级人民检察院要提高对《解释》重要性的认识，组织检察人员认真学习《解释》，全面、深刻领会立法解释的精神，充分发挥法律监督作用，严厉打击黑社会性质组织犯罪和挪用公款犯罪。

二、要正确适用法律，积极发挥检察职能作用。各级人民检察院在办理相关案件的过程中，要充分运用刑法和立法解释的有关规定，依法开展立案侦查和批捕、起诉工作，严格按照《解释》加强对黑社会性质组织和挪用公款犯罪的打击力度，积极发挥检察机关的职能作用。根据《解释》的规定，黑社会性质组织是否有国家工作人员充当“保护伞”，即是否要有国家工作人员参与犯罪或者为犯罪活动提供非法保护，不影响黑社会性质组织的认定，对于同时具备《解释》规定的黑社会性质组织四个特征的案件，应依法予以严惩，以体现“打早打小”的立法精神。同时，对于确有“保护伞”的案件，也要坚决一查到底，绝不姑息。对于国家工作人员利用职务上的便利，实施《解释》规定的挪用公款“归个人使用”的三种情形之一的，无论使用公款的是个人还是单位以及单位的性质如何，均应认定为挪用公款归个人使用，构成犯罪的，应依法严肃查处。

三、要注意区分罪与非罪界限，切实提高办案质量。各级人民检察院在办理相关案件时，要严格依法进行，严格区分罪与非罪、此罪与彼罪的界限，切实保证办案质量。要特别注意区分黑社会性质组织犯罪与一般犯罪集团、流氓恶势力团伙违法犯罪的界限、挪用公款犯罪与单位之间违反财经纪律拆借资金行为的界限，做到办案的法律效果和社会效果的有机统一。

四、要坚持打防并举，综合治理。黑社会性质组织严重破坏经济、社会生活秩序，直接影响到人民群众的安居乐业；挪用公款犯罪严重侵犯公共财产，危害国家正常的财经管理制度，是腐败的重要表现。对上述犯罪，要坚持贯彻打防并举、综合治理的方针。各级人民检察院要充分利用各种途径和方式，广泛宣传《解释》，进一步加大举报和预防工作的力度，加强与有关部门的联系和配合。

五、要加强领导，进一步加大工作指导的力度。黑社会性质组织犯罪案件和挪用公款犯罪案件的认定和处理，是一项政策法律性很强的工作。上级人民检察院要加强对下级人民检察院工作指导的力度，下级人民检察院对于重大、疑难、复杂案件的办理，要及时向上级人民检察院请示汇报。各地在贯彻执行《解释》过程中遇到的新情况、新问题，请及时层报最高人民检察院。

最高人民法院
关于如何认定挪用公款归个人使用有关问题的解释

法释〔2001〕29号

（2001年9月18日最高人民法院审判委员会第1193次会议通过
2001年10月17日最高人民法院公告公布　自2001年10月26日起施行）

为依法惩处挪用公款犯罪活动，根据刑法的有关规定，现就如何认定挪用公款归个人使用的有关问题解释如下：

第一条　国家工作人员利用职务上的便利，以个人名义将公款借给其他自然人或者不具有法人资格的私营独资企业、私营合伙企业等使用的，属于挪用公款归个人使用。

第二条　国家工作人员利用职务上的便利为谋取个人利益，以个人名义将公款借给其他单位使用的，属于挪用公款归个人使用。

第三条　本解释施行后，我院此前发布的司法解释的有关内容与本解释不一致的，不再适用。

最高人民法院
关于审理挪用公款案件具体应用法律若干问题的解释

法释〔1998〕9号

（1998年4月6日最高人民法院审判委员会第972次会议通过
1998年4月29日最高人民法院公告公布　自1998年5月9日起施行）

为依法惩处挪用公款犯罪，根据刑法的有关规定，现对办理挪用公款案件具体应用法律的若干问题解释如下：

第一条　刑法第三百八十四条规定的“挪用公款归个人使用”，包括挪用者本人使用或者给他人使用。

挪用公款给私有公司、私有企业使用的，属于挪用公款归个人使用。

第二条　对挪用公款罪，应区分三种不同情况予以认定：

（一）挪用公款归个人使用，数额较大、超过三个月未还的，构成挪用公款罪。

挪用正在生息或者需要支付利息的公款归个人使用，数额较大，超过三个月但在案发前全部归还本金的，可以从轻处罚或者免除处罚。给国家、集体造成的利息损失应予追缴。

挪用公款数额巨大，超过三个月，案发前全部归还的，可以酌情从轻处罚。

（二）挪用公款数额较大，归个人进行营利活动的，构成挪用公款罪，不受挪用时间和是否归还的限制。在案发前部分或者全部归还本息的，可以从轻处罚；情节轻微的，可以免除处罚。

挪用公款存入银行、用于集资、购买股票、国债等，属于挪用公款进行营利活动。所获取的利息、收益等违法所得，应当追缴，但不计入挪用公款的数额。

（三）挪用公款归个人使用，进行赌博、走私等非法活动的，构成挪用公款罪，不受“数额较大”和挪用时间的限制。

挪用公款给他人使用，不知道使用人用公款进行营利活动或者用于非法活动，数额较大、超过三个月未还的，构成挪用公款罪；明知使用人用于营利活动或者非法活动的，应当认定为挪用人挪用公款进行营利活动或者非法活动。

第三条 挪用公款归个人使用，“数额较大、进行营利活动的”，或者“数额较大、超过三个月未还的”，以挪用公款一万元至三万元为“数额较大”的起点，以挪用公款十五万元至二十万元为“数额巨大”的起点。挪用公款“情节严重”，是指挪用公款数额巨大，或者数额虽未达到巨大，但挪用公款手段恶劣；多次挪用公款；因挪用公款严重影响生产、经营，造成严重损失等情形。

“挪用公款归个人使用，进行非法活动的”，以挪用公款五千元至一万元为追究刑事责任的数额起点。挪用公款五万元至十万元以上的，属于挪用公款归个人使用，进行非法活动“情节严重”的情形之一。挪用公款归个人使用，进行非法活动，情节严重的其他情形，按照本条第一款的规定执行。

各高级人民法院可以根据本地实际情况，按照本解释规定的数额幅度，确定本地区执行的具体数额标准，并报最高人民法院备案。

挪用救灾、抢险、防汛、优抚、扶贫、移民、救济款物归个人使用的数额标准，参照挪用公款归个人使用进行非法活动的数额标准。

第四条 多次挪用公款不还，挪用公款数额累计计算；多次挪用公款，并以后次挪用的公款归还前次挪用的公款，挪用公款数额以案发时未还的实际数额认定。

第五条 “挪用公款数额巨大不退还的”，是指挪用公款数额巨大，因客观原因在一审宣判前不能退还的。

第六条 携带挪用的公款潜逃的，依照刑法第三百八十二条、第三百八十三条的规定定罪处罚。

第七条 因挪用公款索取、收受贿赂构成犯罪的，依照数罪并罚的规定处罚。挪用公款进行非法活动构成其他犯罪的，依照数罪并罚的规定处罚。

第八条 挪用公款给他人使用，使用人与挪用人共谋，指使或者参与策划取得挪用款的，以挪用公款罪的共犯定罪处罚。

最高人民法院

关于国家工作人员利用职务上的便利为他人谋取利益离退休后收受财物行为如何处理问题的批复

法释〔2000〕21号

(2000年6月30日最高人民法院审判委员会第1121次会议通过
2000年7月13日最高人民法院公告公布　自2000年7月21日起施行)

江苏省高级人民法院:

你院苏高法〔1999〕65号《关于国家工作人员在职时为他人谋利，离退休后收受财物是否构成受贿罪的请示》收悉。经研究，答复如下:

国家工作人员利用职务上的便利为请托人谋取利益，并与请托人事先约定，在其离退休后收受请托人财物，构成犯罪的，以受贿罪定罪处罚。

此复

最高人民检察院法律政策研究室

关于佛教协会工作人员能否构成受贿罪或者公司、企业人员受贿罪主体问题的答复

2003年1月13日　　〔2003〕高检研发第2号

浙江省人民检察院研究室:

你室《关于佛教协会工作人员能否构成受贿罪或公司、企业人员受贿罪主体的请示》(检研请〔2002〕9号)收悉。经研究，答复如下:

教协会属于社会团体，其工作人员除符合刑法第九十三条第二款的规定属于受委托从事公务的人员外，既不属于国家工作人员，也不属于公司、企业人员。根据刑法的规定，对非受委托从事公务的佛教协会的工作人员利用职务之便收受他人财物，为他人谋取利益的行为，不能按受贿罪或者公司、企业人员受贿罪追究刑事责任。

最高人民检察院法律政策研究室

关于集体性质的乡镇卫生院院长利用职务之便收受他人财物的行为如何适用法律问题的答复

2003 年 4 月 2 日　　〔2003〕高检研发第 9 号

山东省人民检察院研究室：

你院《关于工人身份的乡镇卫生院院长利用职务之便收受贿赂如何适用法律问题的请示》（鲁检发研字〔2001〕第 10 号）收悉。经研究，答复如下：

经过乡镇政府或者主管行政机关任命的乡镇卫生院院长，在依法从事本区域卫生工作的管理与业务技术指导，承担医疗预防保健服务工作等公务活动时，属于刑法第九十三条第二款规定的其他依照法律从事公务的人员。对其利用职务上的便利，索取他人财物的，或者非法收受他人财物，为他人谋取利益的，应当依照刑法第三百八十五条、第三百八十六条的规定，以受贿罪追究刑事责任。

最高人民法院　最高人民检察院

关于办理受贿刑事案件适用法律若干问题的意见

2007 年 7 月 8 日　　法发〔2007〕22 号

为依法惩治受贿犯罪活动，根据刑法有关规定，现就办理受贿刑事案件具体适用法律若干问题，提出以下意见：

一、关于以交易形式收受贿赂问题

国家工作人员利用职务上的便利为请托人谋取利益，以下列交易形式收受请托人财物的，以受贿论处：

（1）以明显低于市场的价格向请托人购买房屋、汽车等物品的；

（2）以明显高于市场的价格向请托人出售房屋、汽车等物品的；

（3）以其他交易形式非法收受请托人财物的。

受贿数额按照交易时当地市场价格与实际支付价格的差额计算。

前款所列市场价格包括商品经营者事先设定的不针对特定人的最低优惠价格。根据商品经营者事先设定的各种优惠条件，以优惠价格的购买商品的，不属于受贿。

二、关于收受干股问题

干股是指未出资而获得的股份。国家工作人员利用职务上的便利为请托人谋取利益，收受请托人提供的干股的，以受贿论处。进行了股权转让登记，或者相关证据证明股份发生了实际转让的，受贿数额按转让行为时股份价值计算，所分红利按受贿孳息处理。股份未实际转让，以股份分红名义获取利益的，实际获利数额应当认定为受贿数额。

三、关于以开办公司等合作投资名义收受贿赂问题

国家工作人员利用职务上的便利为请托人谋取利益，由请托人出资，“合作”开办公司或者进行其他“合作”投资的，以受贿论处。受贿数额为请托人给国家工作人员的出资额。

国家工作人员利用职务上的便利为请托人谋取利益，以合作开办公司或者其他合作投资的名义获取“利润”，没有实际出资和参与管理、经营的，以受贿论处。

四、关于以委托请托人投资证券、期货或者其他委托理财的名义收受贿赂问题

国家工作人员利用职务上的便利为请托人谋取利益，以委托请托人投资证券、期货或者其他委托理财的名义，未实际出资而获取“收益”，或者虽然实际出资，但获取“收益”明显高于出资应得收益的，以受贿论处。受贿数额，前一情形，以“收益”额计算；后一情形，以“收益”额与出资应得收益额的差额计算。

五、关于以赌博形式收受贿赂的认定问题

根据《最高人民法院、最高人民检察院关于办理赌博刑事案件具体应用法律若干问题的解释》第七条规定，国家工作人员利用职务上的便利为请托人谋取利益，通过赌博方式收受请托人财物的，构成受贿。

实践中应注意区分贿赂与赌博活动、娱乐活动的界限。具体认定时，主要应当结合以下因素进行判断：（1）赌博的背景、场合、时间、次数；（2）赌资来源；（3）其他赌博参与者有无事先通谋；（4）输赢钱物的具体情况和金额大小。

六、关于特定关系人“挂名”领取薪酬问题

国家工作人员利用职务上的便利为请托人谋取利益，要求或者接受请托人以给特定关系人安排工作为名，使特定关系人不实际工作却获取所谓薪酬的，以受贿论处。

七、关于由特定关系人收受贿赂问题

国家工作人员利用职务上的便利为请托人谋取利益，授意请托人以本意见所列形式，将有关财物给予特定关系人的，以受贿论处。

特定关系人与国家工作人员通谋，共同实施前款行为的，对特定关系人以受贿罪的共犯论处。特定关系人以外的其他人与国家工作人员通谋，由国家工作人员利用职务上的便利为请托人谋取利益，收受请托人财物后双方共同占有的，以受贿罪的共犯论处。

八、关于收受贿赂物品未办理权属变更问题

国家工作人员利用职务上的便利为请托人谋取利益，收受请托人房屋、汽车等物品，未变更权属登记或者借用他人名义办理权属变更登记的，不影响受贿的认定。

认定以房屋、汽车等物品为对象的受贿，应注意与借用的区分。具体认定时，除双方交待或者书面协议之外，主要应当结合以下因素进行判断：（1）有无借用的合理事由；（2）是否实际使用；（3）借用时间的长短；（4）有无归还的条件；（5）有无归还的意思表示及行为。

九、关于收受财物后退还或者上交问题

国家工作人员收受请托人财物后及时退还或者上交的，不是受贿。

国家工作人员受贿后，因自身或者与其受贿有关联的人、事被查处，为掩饰犯罪而退还或者上交的，不影响认定受贿罪。

十、关于在职时为请托人谋利，离职后收受财物问题

国家工作人员利用职务上的便利为请托人谋取利益之前或者之后，约定在其离职后收受请托人财物，并在离职后收受的，以受贿论处。

国家工作人员利用职务上的便利为请托人谋取利益，离职前后连续收受请托人财物的，离职前后收受部分均应计入受贿数额。

十一、关于"特定关系人"的范围

本意见所称"特定关系人"，是指与国家工作人员有近亲属、情妇（夫）以及其他共同利益关系的人。

十二、关于正确贯彻宽严相济刑事政策的问题

依照本意见办理受贿刑事案件，要根据刑法关于受贿罪的有关规定和受贿罪权钱交易的本质特征，准确区分罪与非罪、此罪与彼罪的界限，惩处少数，教育多数。在从严惩处受贿犯罪的同时，对于具有自首、立功等情节的，依法从轻、减轻或者免除处罚。

最高人民法院　最高人民检察院

关于在办理受贿犯罪大要案的同时要严肃查处严重行贿犯罪分子的通知

1999年3月4日　　高检会〔1991〕1号

各省、自治区、直辖市高级人民法院、人民检察院，解放军军事法院、军事检察院：

近一时期，各级人民法院、人民检察院依法严肃惩处了一批严重受贿犯罪分子，取得了良好的社会效果。但是还有一些大肆拉拢、腐蚀国家工作人员的行贿犯罪分子却没有受到应有的法律追究，他们继续进行行贿犯罪，严重危害了党和国家的廉政建设。为依法严肃惩处严重行贿犯罪，特作如下通知：

一、要充分认识严肃惩处行贿犯罪，对于全面落实党中央反腐败工作部署，把反腐败斗争引向深入，从源头上遏制和预防受贿犯罪的重要意义。各级人民法院、人民检察院要把严肃惩处行贿犯罪作为反腐败斗争中的一项重要和紧迫的工作，在继续严肃惩处受贿犯罪分子的同时，对严重行贿犯罪分子，必须依法严肃惩处，坚决打击。

二、对于为谋取不正当利益而行贿，构成行贿罪、向单位行贿罪、单位行贿罪的，必须依法追究刑事责任。“谋取不正当利益”是指谋取违反法律、法规、国家政策和国务院各部门规章规定的利益，以及要求国家工作人员或者有关单位提供违反法律、法规、国家政策和国务院各部门规章规定的帮助或者方便条件。

对于向国家工作人员介绍贿赂，构成犯罪的案件，也要依法查处。

三、当前要特别注意依法严肃惩处下列严重行贿犯罪行为：

1. 行贿数额巨大、多次行贿或者向多人行贿的；

2. 向党政干部和司法工作人员行贿的；

3. 为进行走私、偷税、骗税、骗汇、逃汇、非法买卖外汇等违法犯罪活动，向海关、工商、税务、外汇管理等行政执法机关工作人员行贿的；

4. 为非法办理金融、证券业务，向银行等金融机构、证券管理机构工作人员行贿，致使国家利益遭受重大损失的；

5. 为非法获取工程、项目的开发、承包、经营权，向有关主管部门及其主管领导行贿，致使公共财产、国家和人民利益遭受重大损失的；

6. 为制售假冒伪劣产品，向有关国家机关、国有单位及国家工作人员行贿，造成严重后果的；

7. 其他情节严重的行贿犯罪行为。

四、在查处严重行贿、介绍贿赂犯罪案件中，既要坚持从严惩处的方针，又要注意体现政策。行贿人、介绍贿赂人具有刑法第三百九十条第二款、第三百九十二条第二款规定的在被追诉前主动交待行贿、介绍贿赂犯罪情节的，依法分别可以减轻或者免除处罚；行贿人、介绍贿赂人在被追诉后如实交待行贿、介绍贿赂行为的，也可以酌情从轻处罚。

五、在依法严肃查处严重行贿、介绍贿赂犯罪案件中，要讲究斗争策略，注意工作方法。要把查处受贿犯罪大案要案同查处严重行贿、介绍贿赂犯罪案件有机地结合起来，通过打击行贿、介绍贿赂犯罪，促进受贿犯罪大案要案的查处工作，推动查办贪污贿赂案件工作的全面、深入开展。

六、各级人民法院、人民检察院要结合办理贿赂犯罪案件情况，认真总结经验、教训，找出存在的问题，提出切实可行的解决办法，以改变对严重行贿犯罪打击不力的状况。工作中遇到什么情况和问题，要及时报告最高人民法院、最高人民检察院。

以上通知，望认真遵照执行。

最高人民检察院研究室

关于国有单位的内设机构能否构成单位受贿罪主体问题的答复

2006 年 9 月 12 日　　〔2006〕高检研发 8 号

陕西省人民检察院法律政策研究室：

你室《关于国家机关、国有公司、企业、事业单位、人民团体的内设机构能否构成单位受贿罪主体的请示》（陕检研发〔2005〕13 号）收悉。经研究，答复如下：

国有单位的内设机构利用其行使职权的便利，索取、非法收受他人财物并归该内设机构所有或者支配，为他人谋取利益，情节严重的，依照刑法第三百八十七条的规定以单位受贿罪追究刑事责任。

上述内设机构在经济往来中，在账外暗中收受各种名义的回扣、手续费的，以受贿论。

此复

最高人民法院、最高人民检察院

关于办理行贿刑事案件具体应用法律若干问题的解释

法释〔2012〕22 号

2012 年 5 月 14 日最高人民法院审判委员会第 1547 次会议、2012 年 8 月 21 日最高人民检察院第十一届检察委员会第 77 次会议通过　自 2013 年 1 月 1 日起施行

为依法惩治行贿犯罪活动，根据刑法有关规定，现就办理行贿刑事案件具体应用法律的若干问题解释如下：

第一条　为谋取不正当利益，向国家工作人员行贿，数额在一万元以上的，应当依照刑法第三百九十条的规定追究刑事责任。

第二条　因行贿谋取不正当利益，具有下列情形之一的，应当认定为刑法第三百九十条第一款规定的“情节严重”：

（一）行贿数额在二十万元以上不满一百万元的；

（二）行贿数额在十万元以上不满二十万元，并具有下列情形之一的：

1. 向三人以上行贿的；

2. 将违法所得用于行贿的；

3. 为实施违法犯罪活动，向负有食品、药品、安全生产、环境保护等监督管理职责的国家工作人员行贿，严重危害民生、侵犯公众生命财产安全的；

4. 向行政执法机关、司法机关的国家工作人员行贿，影响行政执法和司法公正的；

（三）其他情节严重的情形。

第三条 因行贿谋取不正当利益，造成直接经济损失数额在一百万元以上的，应当认定为刑法第三百九十条第一款规定的“使国家利益遭受重大损失”。

第四条 因行贿谋取不正当利益，具有下列情形之一的，应当认定为刑法第三百九十条第一款规定的“情节特别严重”：

（一）行贿数额在一百万元以上的；

（二）行贿数额在五十万元以上不满一百万元，并具有下列情形之一的：

1. 向三人以上行贿的；

2. 将违法所得用于行贿的；

3. 为实施违法犯罪活动，向负有食品、药品、安全生产、环境保护等监督管理职责的国家工作人员行贿，严重危害民生、侵犯公众生命财产安全的；

4. 向行政执法机关、司法机关的国家工作人员行贿，影响行政执法和司法公正的；

（三）造成直接经济损失数额在五百万元以上的；

（四）其他情节特别严重的情形。

第五条 多次行贿未经处理的，按照累计行贿数额处罚。

第六条 行贿人谋取不正当利益的行为构成犯罪的，应当与行贿犯罪实行数罪并罚。

第七条 因行贿人在被追诉前主动交待行贿行为而破获相关受贿案件的，对行贿人不适用刑法第六十八条关于立功的规定，依照刑法第三百九十条第二款的规定，可以减轻或者免除处罚。

单位行贿的，在被追诉前，单位集体决定或者单位负责人决定主动交待单位行贿行为的，依照刑法第三百九十条第二款的规定，对单位及相关责任人员可以减轻处罚或者免除处罚；受委托直接办理单位行贿事项的直接责任人员在被追诉前主动交待自己知道的单位行贿行为的，对该直接责任人员可以依照刑法第三百九十条第二款的规定减轻处罚或者免除处罚。

第八条 行贿人被追诉后如实供述自己罪行的，依照刑法第六十七条第三款的规定，可以从轻处罚；因其如实供述自己罪行，避免特别严重后果发生的，可以减轻处罚。

第九条 行贿人揭发受贿人与其行贿无关的其他犯罪行为，查证属实的，依照刑法第六十八条关于立功的规定，可以从轻、减轻或者免除处罚。

第十条 实施行贿犯罪，具有下列情形之一的，一般不适用缓刑和免予刑事处罚：

（一）向三人以上行贿的；

（二）因行贿受过行政处罚或者刑事处罚的；

（三）为实施违法犯罪活动而行贿的；

（四）造成严重危害后果的；

（五）其他不适用缓刑和免予刑事处罚的情形。

具有刑法第三百九十条第二款规定的情形的，不受前款规定的限制。

第十一条　行贿犯罪取得的不正当财产性利益应当依照刑法第六十四条的规定予以追缴、责令退赔或者返还被害人。

因行贿犯罪取得财产性利益以外的经营资格、资质或者职务晋升等其他不正当利益，建议有关部门依照相关规定予以处理。

第十二条　行贿犯罪中的“谋取不正当利益”，是指行贿人谋取的利益违反法律、法规、规章、政策规定，或者要求国家工作人员违反法律、法规、规章、政策、行业规范的规定，为自己提供帮助或者方便条件。

违背公平、公正原则，在经济、组织人事管理等活动中，谋取竞争优势的，应当认定为“谋取不正当利益”。

第十三条　刑法第三百九十条第二款规定的“被追诉前”，是指检察机关对行贿人的行贿行为刑事立案前。

后 记

本书的原版内容，完成于2005年我在贵州大学挂职担任校长助理兼法学院院长期间。时光易逝，往事如烟，不觉已过十五载。花溪河的潺潺流水，溪山如黛的美景，依稀还在我的眼前。本书修订再版，或许也包含了对往昔岁月的整理吧。

本书得以再版，特别感谢国家法官学院副院长李晓民教授的推荐，承蒙人民法院出版社副总编林志农女士的垂青，编辑吴朔桦在编辑出版过程中就书稿问题常与我联系，付出了辛勤的劳动。在此一并感谢！

书稿的修订期间，正值新冠肺炎疫情肆虐。被隔离的时光，有诸多亲友和学生的鼓励，书稿修订才得以完成。对他们的鼓励，深表感谢！

肖中华

2020年5月17日于南京